# 以自由之名

## 諾貝爾經濟學獎得主如何與右翼大亨
## 聯手囚禁美國的民主？

---

# DEMOCRACY IN CHAINS

## The Deep History of the Radical Right's Stealth Plan for America

南西・麥克林（Nancy MacLean）——著
劉家安——譯　林向愷——審訂

獻給我的老師們

公共選擇革命為政治上的「我們」敲響了喪鐘。

——皮埃爾・萊米厄[1]

# 目次



## 第一部　成形中的思想

推薦序

# 「上了枷鎖的民主」幫助我們了解布坎南與「新古典自由主義」的大陰謀

／朱敬一

這本書的作者南西．麥克林是歷史學家，任教於杜克大學。不知道是什麼因緣際會，她有機會進入本書主角詹姆斯．布坎南從前的辦公室，翻閱布氏留下的信函札記。我說「不知道是什麼因緣」，是因為布氏辦公室據作者描述像是個荒廢之地，書報雜誌文件雜沓凌亂，任憑作者閱讀梳理。一般人死後文件凌亂並不奇怪，但是布坎南是一九八六年諾貝爾經濟學獎得主，是「公共選擇」學派的開山祖師，生前又與許多右派財團過從甚密，怎麼會落得如此「身後凌亂」，著實令人不解。

要了解公共選擇理論，先得解釋一下經濟學裡的左派與右派。簡單地說，左派比較偏社會主義，強調政府的角色與功能，認為市場機制有其局限，需要政府出面予以補正；因為需要政府干預的面向頗多頗廣，所以左派傾向大政府；又因為政府任務多、所以必須要課徵比較重的稅以為支應。右派比較相信不受干擾的市場機制，不認為市場如左派所說的那麼不濟，而即使政府干預市場，也往往會產生諸多後遺症與副作用；準此，右派主張小政府，順便也搭配輕稅負。左派的大本營是美國東岸的劍橋（Cambridge）地區以及西岸的柏克萊（Berkeley），右派的大本營是芝加哥大學，以及其徒子徒孫遍布之處，例如羅徹斯特（Rochester）、維吉尼亞（Virginia）。至於歐洲，基本上歐洲大陸比較偏左，但英國則略有右派種籽。

如果要追本溯源，經濟學的芝加哥學派也許還要連結上奧地利學派。這一派太古早的人不提，至少海耶克大家都是聽過的，他是一九七四年諾貝爾經濟學獎得主。基本上，右派經濟學師承海耶克、法蘭克．奈特、米爾頓．傅利曼（一九七六年諾貝爾經濟學獎）。這本書的主角布坎南相對年輕，他是奈特的學生，也是傅利曼的學生。

有了上述背景了解，就可以來談布坎南的貢獻。右派主張小政府、宣揚市場機制，主要論點不外乎：一、政府做的事，市場往往做得更有效率；二、市場固然可能「失靈」（market failure），但是政府也可能會失靈，謂之「政府失靈」（government failure）；三、政府之顢頇，我們看看蘇聯、中國即知。

但是對於政府「為什麼」必然顢頇，傳統右派並沒有一套理論。布坎南的公共選擇學派填補了這一塊理論空缺。布氏認為，政府其實是由政客官僚等「人」所組成，而這些官僚政客既然是人，也就適用傳統的個體經濟分析。追求自利的官僚政客會自利自負、勾心鬥角、奸歹算計、利益輸送、結盟結黨。簡言之，政府這個由人所組成的機器，其實也只是另一套分配利益的規則。人民遊說官僚尋求利益（rent-seeking），往往比經過市場機制更為骯髒。用這樣的角度去分析公共政策與政府決策，確實能夠解釋許多「政府失靈」。布坎南在這一方面，確實有其理論貢獻。

但是這本書的重點不只是介紹與批判布坎南的學說，而是要由他的書信札記，去呈現布氏幾近瘋狂的算計與圖謀。全書是由**布朗訴教育委員會**的著名美國最高法院判例說起。這個判例確立了「種族隔離」違憲，是美國平權運動的一個重要里程碑。我們先前提到左派／右派、大政府／小政府之爭論，其實只是政府角色的哲學與政策思辨，與蓄奴、性別歧視、種族隔離等「人權」議題並不相干。但是布坎南書房的文件顯示：布氏所領導的公共選擇學派不只反對政府干預市場，也反對政府介入「人權」議題。

布坎南及其學派成員贊成種族隔離的學校劃分，認為不同種族對於學校的選擇，市場機制能解決得更好。基於個人主義至上的邏輯，極右派認為：如果一群人想要成立一所「只收白人不收黑人的中學」，有什麼不可以呢？政府禁止種族隔離，就是在侵犯這群白人「不想與黑人一起上課」的個人權利，也是在干預「依種族區隔學校」的市場機能。即使富有且主張種族隔離的白人是少數，但他們的市場利益還是不能被侵犯。

所以，左派／右派之辨走到極端，就變成了「人權能否侵犯」之辨。像奴隸，它也有對應的奴隸市場，這個奴隸市場也有它的市場機能，說不定也很有「效率」，市場能夠反映身強體壯奴隸的正確「價格」。而政府如果干預或禁止奴隸市場，當然也就侵犯了蓄奴者的經濟效益。右派走到極限，就會主張連奴隸市場都不該干預。蓄奴者雖然是少數，但是他們的市場利益還是應該被尊重。

作者南西．麥克林梳理布坎南的書信發現，布氏的陰謀還不止於此。布氏其實是智利一九八〇年代獨裁者皮諾契特的軍師。布氏為皮諾契特擬定一套憲法架構，不僅能嚴密保護少數人的既得利益，也使得多數人很難透過修法、修憲去改變這個架構。所以簡言之，布坎南不只是「唯市場自由主義」，甚至不惜用狡詐的法律架構，去穩固市場中的少數利益群體。在布氏心裡，幾乎沒有任何「價值」是高於市場自由的，因此他要設計一個架構，去維持市場機制的絕對穩固。

布坎南不僅影響智利，也透過支持他的右派財團，去影響美國政策，例如雷根政府推動的私有化、小布希政府推動的金融鬆綁、減所得稅、減遺贈稅、遊說國會議員等。這些活動背後都有隱藏議程（hidden agenda），有系統有組織地去推動，一方面拓展公共選擇學派，另一方面也扭轉美國的經濟政策，走向「唯市場自由」之路。但是讀者應該可以看出：「唯市場自由」右派如果走到贊成種族隔離、贊成蓄奴、贊成皮諾契特獨裁、鞏固獨裁政權這樣的地步，它其實也違反了民主的核心價值。本書英文書名為「上了枷鎖的民主」，就是這個意思。

現代民主共和的核心價值是「人本」，以人為本。人是目的，憲政架構與市場機制都只是提升人民福祉的手段。如果在這麼基本的地方走岔了路，剩餘的討論都是枝微末節，了無意義。令人遺憾的是，像布坎南這樣極端的諾貝爾經濟學獎得主，歷年來恐怕並非唯一。

對於麥克林的論點，我也有一些補充。左派／右派之爭，其實是一個「政治哲學」的思辨。麥克林受歷史訓練，對於政治哲學的參照比較少，以致她對於布坎南的批判，其論述還有提升說服力的空間。當代諸如約翰・羅爾斯（John Rawls），羅納德・德沃金（Ronald Dworkin）、羅伯特・諾齊克（Robert Nozick）、邁可・桑德爾（Michael Sandel）等政治哲學大師，對於「唯市場自由派」的缺點，早有數千頁經典寫作。讀者若能摘取閱讀，對於布坎南理論的缺失，會有另一個層次的體認。

作者為中央研究院院士、中央研究院經濟研究所特聘研究員

# 推薦序

## 壓迫與反壓迫的當代美國演義
### ——邪惡如何善用學術包裝？如何與金權結合？而台灣又受到什麼影響？

／吳啓禎

從人類大歷史的角度來看，族群之間以及社會內部，壓迫與反壓迫之間的鬥爭未曾停歇過，只是結構、型態與鬥爭的方式有所不同。自由民主體制之所以曾經被奉為「歷史的終結」（日裔美籍學者法蘭西斯．福山所提出），正是著眼於制度型態的穩定；倡議者認為自由民主體制能夠涵納社會內部各種利益與黨派之間的傾軋，自由市場結合政治上一人一票的定期選舉，為各方利益競爭提供了可以和平進行的制度框架，並且刺激創新、創造經濟繁榮，同時維持一個相對平等的社會，讓大多數人可以獲致發展的自由。

這套歷史終結之說，崛起於冷戰剛要結束，前蘇聯與東歐共產集團正開始相繼瓦解，以美國為代表的自由民主體制似乎取得了空前的勝利，然而往後三四十年的發展至今，在這個喧囂的經濟全球化的時代裡，不僅未能兌現和平紅利，反而出現驚人的財富不均，財富更加集中到極少數人手裡，多數人淪落中下階層。甚且，民主共同體所仰賴的公共教育、醫療、司法、媒體、工會、水電交通等基礎設施乃至退休金制度，遭到以「效率」為名的私有化浪潮的大幅度拆解，讓多數人失去發展機會與參與公共生活的自由，以致民眾對於民主體制失去信心，投票率日益低落，許多地方甚至出現民主倒退——為甚麼？孰令致之？

進一步想，民主的運作方法是多數決，而多數決運行的結果竟然是朝向違反多數人生命福祉的方向墮去。這當中顯然存在某些機巧，讓極少數的壓迫者在這場恆久的鬥爭之中得以占居上風。他們是怎麼辦到的？

現今美國專研公共政策的歷史學者南西．麥克林透過這本書，提供一個非常難得的視角，讓我們得以窺見當代美國反民主壓迫勢力的根源與演變。此一視角之所以難得，是因為源自作者意外發現布坎南的大量個人書信手稿，不再是純理論、典型左與右的意識型態思辨。若將美國當代政經社會發展視為一舞台場景，那麼粉墨登場的主角就是一九八六年獲頒諾貝爾經濟學獎的美國經濟學者布坎南，他在美國激進右翼的反民主運動當中，身兼知識系統建構者與策略路徑指導師的多重角色，行事低調性格暗黑，卻擁有至高學術光環的加持。

另一方面，世人皆知，搞政治光有知識理論不足以成事，必須有充沛的金援子彈，這方面扮演最大金主的正是知名的美國企業家富豪科克。原本各自行事、領域互別的布坎南與科克這對反民主事業的「佳偶」在某一時點結合一起，自此開始創立智庫，在特定大學裡設立機構豢養學者與特工，辦理學術夏令營以召同好壯大學術聲勢，並向下扎根洗腦年輕學子，同時在各州成立相關組織，為共和黨議員提供立法模組……這些以拆解公共利益與民主共同體為職志的舉措與關聯不勝枚舉，本書將之一一細數呈現，不再是左派人士的被害妄想。

值得稍微劇透的是，布坎南與科克這對佳偶終成怨偶，企業家富豪財大不免氣粗，對其所豢養的學者與特工，起初要求思想純粹度與做法的絕對性，隨著時間耐性的消磨，轉而要求「績效表現」，以致組織作風開始張揚，惹惱了講求學術包裝的布坎南。兩相離異的終局是布坎南退休與去世。而科克及其龐大縝密組織網絡，則持續推擁著共和黨的激進右翼，繼續破壞著已然殘破不堪的美國民主地景。

在閱讀中我發現，與其將焦點放在布坎南所具有的「邪惡性」，不如將之視為一個化身，此化身的自我身分認同是承繼蓄奴時期美國南方莊園主人（當然是白人），求學過程中他找到經濟學作為包裹其禍心的語言，此後成為奴隸主利益在廿世紀的最佳代言人。布坎南以貌似嚴謹的經濟學分析，熟嫻操作著反動的邏輯與修辭（例如窮人「剝削」富人）；經濟學經常受批評的「方法論個人主義」（即每個人都在追求私利極大化，只有個人沒有社會）構成布坎南知識系統（公共選擇學派）的基石，用來詆毀所有公共行動的道德與正當性。然而布坎南真正可怕的地方，並不止於其身分認同的階級屬性與種族歧視，也不是隨著諾貝爾桂冠而來的知識影響力，而是他驚人的知性力量：他看到了真正可以實現資本寡頭壓迫式統治的利器，這項利器不是造神，不是推擁誰當上州長或總統，而是修改憲政架構，以達到永久性拆解民主共同體的目標。布坎南的「真知灼見」，讓他有別於其他資本至上自由放任主義者，堪稱是理解當代美國風貌、與其他受影響國家之政策軸心的關鍵人物。

布坎南及其知識系統的破壞力，不限於美國。一九七〇年代，芝加哥經濟學派的掌門人傅利曼與其信徒，共同效力於當時智利的獨裁軍政府，結果導致無數智利人民生活陷入水深火熱。這些斑斑血淚，已經有不少文獻披露，但唯有本書作者能夠抓出布坎南在當中所扮演的角色，其對智利獨裁政府如何「修憲」的指導，所產生的毒性威力，在智利民主化之後久久仍未能解除。

最後，讀者可能不免納悶：布坎南所承繼並且擴大布建的這股力量，到底干台灣何事？其實布坎南創立的「公共選擇理論」在台灣橫跨社會科學與公共行政學領域之信徒不知凡幾，影響所及單是一九九〇年代末期開啟的「政府再造」運動，當中的核心政策如員額管控與公營事業私有化、委外經營等措施，無一不是布坎南知識架構下的主張，弊端之一就是造就大批無法享有正職待遇的政府臨時約聘僱就業者，以及龐大公共利益的損失。其中影響最深遠的，恐怕是布坎南所推崇的這套資本利益至上論，深中切合素喜「拚經濟」的台灣政治人物。為資本利益廣開後門的諸多傾斜政策長久下來，在台灣已然打造出一個「藏於富民」的分配結構，愈來愈高比例的經濟果實由資方拿走，留給廣大受薪勞動階層人民的是低薪長工時的職場環境，以及堪稱全球已開發國家中最差的公共福利體系（以社會支出占比GDP

為比較基準）。但同時，在社會住宅供給政策長期空白之下，人民被迫接受幾乎是全世界最貴的房價（以房價所得比計算），很多人的過半所得須繳房貸。

諸如此類，布坎南倘若天上有知，定然會以台灣為傲！

作者為經濟民主連合智庫社會經濟組共同召集人、英國倫敦大學亞非學院經濟學博士

審訂者導讀

# 民主體制下如何打造富人階級專政？
## ——諾貝爾經濟學獎得主布坎南與公共選擇理論的角色

／林向愷

自本世紀初，美國政壇興起一股信奉市場基本教義派的極右勢力，打擊勞動權與消費者權利，限制部分人民（有色人種、中低所得者以及年輕人）投票權，讓他們沒有發聲（voice）的機會，倡議公共服務私有化，不少人認為這股風潮係由主張自由市場經濟最力的米爾頓・傅利曼或自由主義者安・蘭德或自由放任經濟學者海耶克所鼓動。甚少人會想到一九八六年諾貝爾經濟學獎得主布坎南才是幕後重要的推手。

《以自由之名：諾貝爾經濟學獎得主如何與右翼大亨聯手囚禁美國的民主？》這本書就是讓讀者了解布坎南主要學術研究「公共選擇理論」（public choice theory）與「憲政經濟學」（constitutional economics）形成背景與發展過程，以及如何實際推動「憲政革命」，摧毀民主政治制度，保障富人財產權，讓美國社會有錢階級得以隨心所欲。布坎南一九四〇年自中田納西州立大學畢業，數年後進入芝加哥大學研習經濟學，並取得博士學位。起初他只是一位傳統的財政學者，但愈來愈對經濟理論（尤其是財政理論）忽略政治過程在政策形成、制定與執行的重要性感到不解與失望。

一九五〇年代，大多數人（包括經濟學者）都認為政治人物以及民選官員決策時，會以公眾利益為考量，但布坎南卻認為，這些政治人物與民選官員，就像其他人一樣都以追求他們個人利益為決策考量，只有從這個角度才能充分掌握政治過程以及政策形成。稱許別人是利他主義或積極服務人群，都是浪漫的幻想，政治人物、政府員工只為他們自己利益，教師、醫生或民間團體工作者何嘗不是如此。這些人想的是如何控制別人，如何取走別人手中的資源。在他一九七五年著作《自由的極限》曾說過「每一個人都想做奴隸世界的主人」。

這些想法遂漸形成公共選擇理論的核心概念，後來為了以憲法壓制民主政治的正常運作，他的研究又擴展到憲政經濟學。一九八六年他以這些研究獲頒諾貝爾經濟學獎。布坎南與傅利曼這兩位諾貝爾經濟學獎得主，雖同屬奧地利學派，主張經濟選擇自由以及自由市場經濟，但傅利曼認為市場失靈時，政府應介入市場負起解決失靈問題的責任；布坎南則從財產權角度切入，認為政府介入市場經濟運作，必然會侵犯到個人及企業的財產權，且政府沒有解決市場失靈的能力，主張市場萬能：市場會自我偵錯以及自我修正，無需政府介入，反而提出政府失靈概念。

以傅利曼為首的芝加哥學派顯然承襲亞當・斯密的學說，認為如何讓政府更有效率解決市場失靈才是重點；布坎南領導的維吉尼亞學派則鼓吹政府是問題的製造者而非市場失靈的解決者，主張從根剷除干擾市場經濟運作的政府。他們都是信奉自由放任的市場基本教義派，但對政府的角色與功能看法有所不同，導致他們的政府財政主張有所歧異，傅利曼認為只要對政府收支成長予以限制就已足夠，而布坎南主張「量入為出」以及「平衡預算」財政保守主義原則，以限制政府功能與運作。

布坎南認為在財富分配愈不平均的社會中，擁有大量財富的有錢階級其財富愈容易受到過多的政府支出所侵害；政府支出無節制係因政府回應中低階層民眾對政府公共服務的需求。換句話說：民主政治限縮了財富擁有者的經濟自由，所以必須思索限制那些選民的政治自由。

其實，類似的想法在一八三〇年代已由當時的南卡羅來納州聯邦參議員凱爾宏所提出。他認為：國家干預本身形成了階級和衝突，而非以前思想家認為是生產的勞動關係所造成。只要「社會一些人是政府稅收的淨付出者（稅收生產者），其他人就是淨受益者（稅收消費者）」。根據他的理論，稅收淨受益者是「統治階級」或「剝削者」；而稅收淨付出者則是「被統治者」或「被剝削者」。凱爾宏反轉了大多數人對「誰有更大權力」的認知，一個從奴隸制度中獲得財富的人，成了政府租稅制度的被剝削者，而比較貧窮的選民，則成了需要提防的剝削者。難怪著名的歷史學家霍夫士達特稱他為「奴隸主階級的馬克思」。

凱爾宏與布坎南都很擔憂「民主政治無法保障個人經濟自由」，將政治描述成一個充滿剝削與具有強制力的領域，而經濟是一個自願交換與自由交易的領域。政治領域中，選擇只有簡單的是（yes）與否（no），其餘的多無法透過選票決定，留下許多其他人可運作的空間。經濟領域中，選擇有無限可能，剩下來能夠運作空間很少。「政府稅收的淨付出者與淨受益者」間存在階級衝突，是他們的分析最具革命性之處。換言之，維吉尼亞學派與芝加哥學派最主要差異在於前者思考脈絡是如何讓當時最富有的百分之一，在憲政共和體制下擁有不成比例的發聲機會，藉以保障富人的財產權。

即使在財富分配相當平均的社會，個人經濟自由與政治民主（集體政治自由）間總是會有衝突。只要可以的話，多數人都會利用民主政治過程以集體力量共同改善現狀，此舉可能導致資產階級被迫繳納更多的稅金。長久以來，多數美國人民就是利用他們的政治選擇推動不少需要稅收支應的重大事務，例如：由政府提供公共教育、協助發展製造業、公路與橋梁的興建、保障食品及藥物安全、讓勞工透過工會有集體發聲的機會、避免老年生活貧困、對抗歧視、確保公民投票權、改善空氣和水的品質等等。

由於民主政治體制下個人選擇不同於市場經濟，係由一人一票共同決定，不受個人所得（或財富）的影響。依法國政治學者杜比爾（H. Dubiel）與戈謝（M. Gauchet）的理論，多元民主社會中，即使稅收淨付出者與稅收淨受益者處於對立狀態，只要雙方基於自利，願意透過對話尋求共識，討論政府應提供多少公共服務，此時社會衝突（social conflicts）具有整合與團結社會的功能，不會成為裂解社會的溶劑。民主政治機制亦可如亞當．斯密所說的市場經濟中「那隻看不見的手」一樣，化解社會衝突與階級對立。

布坎南注意到，聯邦政府權力愈來愈大，愈來愈不受拘束，迫使有錢階級為愈來愈多的公共服務與社會政策埋單。舉例說，為黑人學童建造更好的學校，提供更新的課本以及更多元的課程，對學童來說很有幫助，但所需經費要算在誰的頭上？這些學生的家長嗎？還是熱心人士？或是像他一樣的人，被迫繳納更多稅金去支付那些自己並不同意的社會政策？將稅制說成可以促進社會公平正義，只不過是一群暴徒以較文明方式強取豪奪不屬於他們的東西。這個觀察成了他往後研究的重點。

稅收淨付出者與淨受益者在布坎南眼裡，處於零和衝突狀態，一旦稅收淨受益者有足夠發聲機會，雙方就無法公平的透過民主政治中的對話機制，尋求解決方案，民主政治也就不具有解決社會衝突的功能。這些政府提供的公共服務只會減損有錢階層的財富，是他們首要去除的目標。

布坎南進一步指出：財富分配不平均的社會，擁有愈多財富的個人與組織就愈需要被保護，而關鍵不在於由誰統治（who rules），而是統治法則本身（rules themselves）。有錢階級的財富最好透過憲法保護以免被社會多數人政治選擇形成的公共政策所剝削。透過憲法制定的統治法則包括：「量入為出」與「平衡預算」的財政保守主義原則，讓政府無法利用財政赤字擴大政府支出以滿足社會其他人的需求；年金私有化以及教育私有化以減輕政府財政負擔，避免政府對有錢階級及大企業加稅。最後，提高修憲門檻，以絕對多數取代簡單多數，讓這些統治法則不易被改變。

一九七三年推翻民選政府取得政權的智利獨裁者皮諾契特將軍在得不到國際認同與支持情形下，亟需以具有社會進步指標性政策強化其統治正當性。一九七五年，傅利曼受邀訪問智利六天，其間提出財政支出撙節與通貨緊縮的「休克療法」以對抗嚴重物價膨脹，並說服皮諾契特同意這些政策。不少人因此認為智利政經改革的推手是擅長理念行銷的傅利曼，忽略布坎南的幕後推動。

後來，在自由放任主義經濟學者鼓動下，皮諾契特進行深度經濟改革以及草擬新憲，其中包括：禁止產業工會，讓各工廠自組工會彼此競爭。他們鷸蚌相爭愈激烈，就愈無餘力共同向政府施壓。依照布坎南的說法，這就是將經濟事務「去政治化」，讓個別的受雇者取得「個人選擇自由」後，以個體身分與雇主談判，與雇主達成個人協議，而非過去的團體協議。

一九八〇年十一月智利軍事獨裁政權進行年金私有化，廢止實行已有五十多年的隨收隨付制（Pay as you go）公共年金制度改採個人帳戶制，允許個人帳戶中準備金的運用與管理私有化，於一九八二年五月正式實施。然而，維繫軍事獨裁政權統治的軍警情特則無需參加個人帳戶制，另享優渥的退休年金制度，造成嚴重的社會不公平。年金制度一旦私有化，企業不再需要對員工的退休金有任何貢獻的義務，同時也解除政府在保障民眾老年生活的角色。基於「市場原則」建立的私有年金體系將勞工導引到私人財務管理公司開立個人帳戶，這個作法本質上就是要勞工自己拿錢投保，自己負責退休階段的生活開銷。

智利軍政府接著發放從幼兒園到高中的基礎教育券，實現了芝加哥和維吉尼亞學派長久以來「政府退出教育體系以避免國家獨占教育」的主張。至於高中以上的高等教育，智利軍政府接受布坎南的建議將公立大學改為「自籌資金」的營運模式，而營利性企業組織幾乎不受政府監督在大學裡自由競爭，讓比較不會對政府政策提出質疑的實用性科系將人文學科邊緣化。若校內出現引起政治爭議的學生，學校可能因此失去剩餘不多的政府補助。透過這些「改革」，曾經由國家提供的公共教育、醫療衛生保健、社會保障都不再是智利公民應得的權利。

布坎南主張智利新憲法要「嚴格限制政府的權力」，任何政府支出必須有足夠稅收支應，即「量入為出」原則。同時，新憲法要求政府預算平衡，不得任意向外舉借。為避免新的預算項目讓政府支出過度膨脹，新憲法規定任何新的預算項目至少要有三分之二或六分之五國會議員的同意。他提出的這套公式，對軍事獨裁政權來說，已遠遠超過他們期待的規範。

智利是布坎南第一個實踐其憲政革命的場域。布坎南協助制訂的一九八〇年智利憲法明訂，任何條文實質的改變，都必須經過國會絕對多數同意。大部分憲法條文修訂需要五分之三國會議員同意，而涉及關鍵的政經改革條文門檻更高，確保居於社會少數的有錢階級財產權不受傷害。讓社會多數民眾無法跨過絕對多數的門檻而被邊緣化，將財富、權力以及發聲機會集中到與社會隔絕的少數人手中，充分體現獨裁政權的不公不義。對布坎南而言，只要富人及大企業的財富享受憲法絕對的保護，富人或大企業能為所欲為，獨裁政治也沒甚麼不好的。

最後，賦予智利總統前所未有的權力，新憲法不僅讓國會跛行，更允許軍方人士得不經選舉入閣，擔負起限制國會議員權力的煞車功能。新憲法的選舉制度設計更是狡詐，讓代表右翼勢力的少數政黨永遠擁有足夠的席次，以確保「一套被菁英階層利益支配的憲政體制」。為了鞏固菁英階層的國會控制權，憲法中禁止工會領袖參與任何政黨，不得從事「與其工會特定目的無關之活動」。這就是布坎南「憲政革命」二部曲：首先，將激進的政經結構改革方案強加在現有體制上，再將這個政經架構進一步鎖進憲法。智利憲法從此就牢牢拴住民主政治。

智利回歸民主政治至今已有三十年，且有二十四年為中間偏左政黨執政，至今仍能感受到布坎南「憲政革命」遺留的影響。該國的資本家階級仍然根深蒂固地處於權力中心，限制政府對經濟的干預，並且確定政府的手不會伸進主要租稅生產者（資本家階級）的口袋。

二〇〇六年新當選的巴舍萊（Michelle Bachlet）總統提出個人帳戶制改革計畫，指出智利個人帳戶制涵蓋率過低，過高的管理與資產交易手續費用，以及歧視婦女最為人詬病。由於年金私有化政策指導原則入憲，在修憲不易情況下，無法進行結構性改革，她只能大幅提升貧窮勞動階層與婦女的最低年金給付，以及對薪資最低百分之六十的勞工給予額外的團結年金（solidarity pension）。改革完成後，等於宣告智利年金私有化無法得到社會支持而中止，但社會不公平依舊存在。

二〇一九年智利因捷運漲價（漲幅約為新台幣一點二元左右）爆發大規模街頭抗爭，引發早已對社會各種不公平（年金制度、高學費與私有化）以及高漲的生活費用不滿民眾的怒火。為平息社會動亂，智利於二〇二〇年十月底舉行歷史性第二次公投，計有百分之七十八點二四的民眾同意制定新憲法，而且同意只由人民選出男女各半的代表組成制憲會議草擬新憲以取代高修憲門檻的舊憲法。至此，智利終於邁出廢除拴住民主政治的憲法的第一步。

九〇年代，布坎南將憲政革命實踐重心轉回美國。此時，億萬富豪查爾斯．科克長期以來的使命就是「將資本家從民主政治中解救出來」，發現布坎南「公共選擇理論」的核心理念有助於完成他的革命大業。根據本書作者的訪談，科克之所以選擇與布坎南合作，係因傅利曼主張讓政府更有效率解決市場失靈，而非真正市場基本教義派主張的「將失靈的政府剷除」。

有了科克大筆資金贊助以及熱心協助擴展人脈，布坎南開始將他的理念訴諸行動。位於喬治梅森大學的研究中心陸續集結市場基本教義派經濟學者，右翼政治人物以及認同「公共選擇理論」的財團與大企業形成政治新勢力；又為商界、法界人士以及政治人物開設法律經濟學課程以灌輸自由市場經濟等核心理念，整個行動皆以隱密形式進行。企業金主願意投入資金贊助，因為他們相信藉此能讓憲法及法律的解釋對他們有利。

布坎南二〇一三年去世時，科克及其黨羽已成立了美國立法交流理事會並在全美各州構築政策網絡，結合極右翼議員與大財團共同推動有利於大企業的法案，例如：美國最高法院於二〇一〇年解除美國公司對政治活動捐款的上限；經費贊助保守派人士參與州層級的法官與檢察官的選舉；推動共和黨控制的州政府在選民登記設下各種障礙，讓部分公民難以參與投票，並授權州長將州內有財政危機的地方政府交給非民選官員執行財政緊縮政策，取消大部分基本公共服務，以及利用各種宣傳管道散布假訊息讓民眾不再信任聯邦政府，轉而相信體制外的激進抗爭行動。

此外，積極在各州推動嚴重扭曲美國國會政治代表性的「傑利蠑螈」(gerrymander)選區劃分，其目的就是要在科克的革命大業過程中，系統性壓低那些麻煩的美國人在美國國會的代表性，對易於管理與控制的人則給予比例過高的代表性。

最後，打壓地方進步力量的活動，打壓一切會傷害資本家財產權，卻有助於社會團結的各種運動，例如：環境保護、全民醫療體系的建置以及公共年金制度的擴大。這一連貫的策略與行動真正目標是壓縮公部門處理社會不公平的空間、削弱民主政治調合不同階層社會衝突的功能，讓資本家與右翼政治勢力逐漸形成寡頭政治。

九〇年代興起的全球化，由於不同生產要素跨國移動速度不同，產生贏者圈（資金與技術擁有者）與輸者圈（很難跨國移動的本國勞工），財富分配差距因此擴大。美國社會財富分配不均現象尤其嚴重，諾貝爾經濟學獎得主史蒂格利茲（J. E. Stiglitz）教授認為，美國民主已背離林肯「民有、民治、民享」的理想，淪為「百分之一所有、百分之一所治、百分之一所享」的境地。近三十年來，許多經濟學者與政治學者的研究指出，現今美國財富分配嚴重不均的現象，並非完全由全球化或新科技發展所造成，另一個主要原因在於大企業以及富裕的資本家在政治過程和公共政策制定上擁有過多的發聲機會。國際貨幣基金（IMF）就指出：工會組織弱化與金字塔頂端資本家的所得份額增加有密切相關，所以必須將勞工的集體談判權還給勞工，才能減緩財富分配不均的上升速度。

當極右政治勢力在全美各地陸續取消許多聯邦政府管制、公共服務和社會保障，不少年輕人、失業人口、退休老人以及為數不少的中低階層民眾生活因此陷於困境。舉例說，目前美國有六歲以下小孩的母親當中，有三分之二在職場工作，誰來照顧她們的小孩？信奉市場基本教義派的極右勢力認為這根本不是問題，答案很簡單：你自己照顧。若你沒能力照顧，那就要怪你生小孩前沒想清楚，沒做好儲蓄及其他準備。所以，不論是背負學貸的年輕人，或是要照顧嬰幼兒、病患和老年人或是退休人士，每個人從有意識開始，就應該好好思考自己未來可能的需求，並以自己能力去支應這些需求，否則只有自食惡果，國家沒辦法也不應該幫他們解決問題。

書中最後提到：著名的法學家路易士．布朗岱斯，一個一生累積大量財富的人，一再警告美國人民，作為一個國家：「我們必須做出自己的選擇。我們可以有民主，我們也可以讓財富集中在少數人手中，但我們不能兩者兼得。」如果他活在今天恐難想像：一旦足夠的財富集中在少數人手中，極右勢力就會開始明目張膽的摧毀美國民主三大構成要素：民有、民治、民享。

其實，對於布朗岱斯給美國人民的警告，布坎南在《自由的極限》中說到「專制政治是現行民主政治體制唯一的另一種選擇」。利用民主政治達到富人專政，讓富人階級的財產與行為不再被民主政治干擾，民主政治至此被終結。

作者為本書審訂者，曾任國立臺灣大學經濟學系教授（1991-2010）

### 編輯說明

在美國語境下，Libertarians和Liberals兩個群體的政治主張有明顯區別：Libertarians支持最大限度地減少政府干預，擁護完全的經濟自由與市場經濟；Liberals則更支持公民權利與社會正義，期待政府在經濟與社會領域發揮更積極的作用。本書將前者翻譯為「自由放任主義者」或「自由放任派」，後者翻譯為「自由派」。自由放任主義出自自由主義較激進的分支，其支持者所聲稱的「自由」（Liberty）已高度偏向經濟領域，實際上會造成極端的貧富落差與社會不平等，本書並未將自由放任主義者說的「自由」都加上引號，大致仍依其原文。「自由放任派」與「自由派」是兩個對立的政治群體，兩者對自由的主張也大相逕庭，請讀者明察其異同。

# 前言

## 狄克西祕密協議

A QUIET DEAL IN DIXIE

他向達登提議，「找資源給我，讓我在維吉尼亞大學校園裡創設新的中心，以這個中心為基地，建立全新的政治經濟學和社會哲學的學派。」

它將會是一個嚴謹的學術機構，但是檯面下另有政治目的，那就是擊倒「扭曲」的自由主義，這種自由主義試圖摧毀他們的生活方式，而他所謂的生活方式是「建立在個人自由之上的社會秩序」。這個說法別有玄機，但他確定達登聽得懂。布坎南向他承諾，該中心將會訓練出「一批新的思想家」，專門以論述對抗那些「想讓政府進一步掌控經濟與社會」的人。

他有辦法贏得這場戰爭，而且他要用新思想來打贏這場戰爭。

一九五六年年末之際，維吉尼亞大學校長科爾蓋特・懷特海德・達登（Colgate Whitehead Darden Jr.），為他深愛的維吉尼亞州的未來深感擔憂。在這前一年，聯邦最高法院對**布朗訴教育委員會**（*Brown v. Board of Education*）一案作出第二次判決，要求公立學校「盡速」解除隔離制度。對此，維吉尼亞州的州政府官員大發雷霆，決心利用州立法權關閉預計要遵從聯邦法院判決的學校。有些極端分子甚至要求終結公共教育體系。曾經擔任過州長的達登，深知這些舉動的後果不堪設想。光是把這些行動取名為「大抵制」（massive resistance），就讓他心中溫文儒雅的維吉尼亞州聽起來像更南方的密西西比州一樣偏激。

此刻他眼前擺著一份計畫書，撰寫者正是他最近新聘的經濟系系主任。三十七歲的詹姆斯・麥基爾・布坎南（James McGill Buchanan）雖然常自稱是來自田納西州的鄉下男孩，達登很清楚這個人不簡單。連米爾頓・傅利曼（Milton Friedman）這種大人物都曾大力讚揚布坎南的潛力。達登細讀眼前的文件，心裡或許在懷疑，這位新聘的經濟學家是不是對他用了讀心術。他從沒向布坎南提過眼前的危機，這份計畫書卻把達登的心聲給寫了出來：維吉尼亞州得找個更好的方法，才能處理眼前**布朗案**判決侵犯到州權利的問題。

對於大部分住在北方的美國人來說，**布朗案**的判決不過就是在說隔離體制的學校就此告終，僅此而已，而維吉尼亞州所作出的回應是基於種族情緒。但對於達登和布坎南這樣出身南方、受過良好教育並且堅定支持南方特有的政治經濟制度的人來說，他們知道**布朗案**將掀起一場更為翻天覆地的風暴。

最起碼，已經不能再指望聯邦法院會毫不質疑地接受州權的論點。更令人擔憂的是，如果證據充分，上級法院只要認為州政府的行為違反了《憲法第十四條修正案》當中「法律平等保護」(equal protection under the law）原則，很有可能就會介入。實際上，州權利正逐步讓位給個人權利。達登或布坎南都不難想像，如果把有關維吉尼亞州落後的勞資關係、壓制投票的措施、降低北維吉尼亞的城市及郊區的溫和選民代表比例，進而擴張反動保守的鄉村白人權力的證據，都拿到法院上會有什麼結果。聯邦干政的空間將會達到前所未有的地步。

詹姆斯．麥基爾．布坎南並不是維吉尼亞菁英層級的一員；以這個時期的南方白人來說，也沒有任何證據顯示他特別支持種族主義或是無視平等待遇（equal treatment）的概念。然而，不知為何，他在**布朗案**的判決中只看到了「脅迫」，他認為這種脅迫並不抽象，而是相當具有針對性。他確信北方那些自由派（Northern liberals）看不起自己這種南方白人，還跑來教南方人如何管理這裡的社會。更火上澆油的是，州政府為了開始那些所謂必須作也應當作的改革，肯定會向他們這種擁有資產的人課徵更多稅。那他的權利又算什麼？聯邦政府憑什麼隨心所欲改造社會，再叫他們埋單？在這當中，誰來代表並維護他們的利益？於是他下了結論，「我能抗爭，我要抗爭到底。」

他向達登提議，「找資源給我，讓我在維吉尼亞大學校園裡創設新的中心，以這個中心為基地，建立全新的政治經濟學和社會哲學的學派。」它將會是一個嚴謹的學術機構，但是檯面下另有政治目的，那就是擊倒「扭曲」的自由主義（liberalism），這種自由主義試圖摧毀他們的生活方式，而他所謂的生活方式是「建立在個人自由之上的社會秩序」。這個說法別有玄機，但他確定達登聽得懂。布坎南向他承諾，該中心將會訓練出「一批新的思想家」，專門以論述對抗那些「想讓政府進一步掌控經濟與社會」的人。[1]

他有辦法贏得這場戰爭，而且他要用新思想來打贏這場戰爭。

我們現今大部分人都很難想像當時的布坎南或達登，或任何腦袋清楚、講道理的人，會將一九五〇年代實行種族隔離的維吉尼亞州視為建立在「個人權利」之上的社會——無論這個「個人權利」怎麼定義；不過，我們並不難理解，為什麼**布朗案**的判決讓抱持那樣觀點的人感受到嚴重的威脅。[2]布坎南非常清楚眼前的挑戰有多艱鉅，他也不敢保證馬上就有成果，但是他清楚表明，自己將會為如此使命獻上他的熱忱。

也許有些人會認為，達登雖然幫這個研究中心順利找到資金，卻沒有得到多少回報。的確，在整個一九六〇到一九七〇年代，布坎南團隊未能顯著減輕聯邦政府對南方的施壓。但若以更長遠的視角來看，把這個故事往後推進到二〇一〇年代，就可以看到截然不同的圖景，當中不僅見證了布坎南的智識力量，同時也讓人看見當今民主面臨的最強大、最不為人所知的駭人威脅——受到億萬富翁大力資助的激進右翼企圖顛覆民主政治——的意識型態起源。

隨著這則故事十年、十年的推進，我們漸漸明白，這個運動一開始是為了低調阻止維吉尼亞州遵行全國一致的民主標準，例如法律的公平待遇與平等保護；可是六十餘年後，它卻完全掉轉了方向，成了一項同時偷偷拆解州與聯邦制度的祕密行動，試圖把整個美國逆向重建回二十世紀中期維吉尼亞州的政治經濟和寡頭統治，只差沒有種族隔離了。

唉呀，卻要到了二〇一〇年代初期，我們其他人才發現美國政治莫名出現了一些超級麻煩。大家只能夠確定，每隔一段時間就會有激進右翼的政治人物採取行動，而且次數愈來愈多、分布地域愈來愈廣，不但遠遠超出尋常的政黨政治，甚至還比美國幾十年來不斷上演的激烈黨派惡鬥為更為離譜。這類行動似乎千方百計就是要削弱政府的權威和影響力，也在貶抑那些呼籲政府更全面保護他們的權利或提供服務給他們的人們。

其中像是二〇一一年威斯康辛州發生的事件，新當選的州長史考特・華克（Scott Walker）提出法案，藉由制定各種新規定大幅減少工會成員數量，以剝奪政府受雇人員近乎所有的集體談判權。這些規定加總起來的衝擊極其致命，比起過去任何反工會的措施都要來得嚴重。讓眾人更加感到不安的是，這些工會已表示願意作出讓步，以協助州政府解決財務困境。為何還要對工會全面開戰？

在紐澤西州，克里斯・克里斯蒂（Chris Christie）州長對教師們作出用詞尖刻到令人咋舌的攻擊；一條新聞頭條標題點出了這些受攻擊的教師心中的困惑：「教師們想知道，這些鄙視其來何自？」[3]到底為什麼？

同樣讓人不解的是，幾個由共和黨控制的州議會大動作削減公共教育預算，倉促完成得以不受政府管制的公辦民營特許學校（charter schools）的立法，並且為私立教育提供租稅補貼。在威斯康辛州、北卡羅來納州、路易斯安那州、密西西比州、愛荷華州，這些地方都同樣由共和黨控制的州議會發動針對州立大學及學院的立法，即使這些學校長久以來都是各州經濟發展不可或缺的重心之一，也是跨黨派的驕傲。那些膽敢站出來反對這些議程的校長立刻就遭到撤換。[4]

隨後，同步出現了大量壓制投票人數的法案。二〇一一年和二〇一二年，總計有四十一個州的議員提出了超過一百八十個法案，限制可以投票的資格以及投票方式。其中大多數法案似乎都是針對低所得選民，特別是少數族裔的選民、年輕人和行動不便的長者。調查指出，「這個國家上一次見到類似的事情，要回到重建時期結束後，當時南方每一州都對選舉權設下嚴格的限制。」[5]

該運動也在全國各地傾巢而出，志在擊敗歐巴馬政府提出的《平價醫療法案》。為了達成共識，白宮遵循的是一套由保守派智庫所提出，並由共和黨的米特・羅姆尼（Mitt Romney）擔任麻薩諸塞州州長時試驗過的計畫。但是當這項計畫提交國會，右翼反對力量馬上將之貶為「社會主義」。這些人發現自己無法阻擋該計畫通過，便開始阻撓預算案，結果導致二〇一三年聯邦政府部分機關停擺了十六天。

許多獨立觀察評論家認為，這種妨礙議事、政黨惡鬥、破壞政府正常運作的手段是「史無前例」的。二〇一六年初，最高法院大法官安東寧．史卡利亞（Antonin Scalia）驟逝而留下空缺，共和黨員拒絕舉辦大法官提名聽證會，就連通常低調行事的最高法院大法官克拉倫斯．托馬斯（Clarence Thomas）都看不下去了。他對保守派智庫的傳統基金會表示，「總有一天，我們得承認，我們正在摧毀自己的制度。」[6]

但是，如果這些行動的目標**正是**要摧毀整個制度，或是至少設法將其改頭換面到有如先前版本的殘影呢？

很多人都想要搞清楚，到底是什麼驅動了右翼發動這場攻擊。舉例來說，即將就任美國歷史學會會長的威斯康辛大學歷史學家威廉．葛隆納（William Cronon），在華克州長攻擊政府受雇人員工會之後，就做了一些調查。他的調查讓他深信，威斯康辛事件並不是起源於該州。「我們眼前發生的事，」他說，「是一場經過深謀遠慮、仔細協調過的**全國性**運動」的一部分。他很有先見之明，會建議其他人深入調查一個當時並不廣為人知的組織，追溯其活動及背後的金主。這個神秘組織自稱為「全美立法交流理事會」，成員都是由內部挑選且不對外公開。它每年都會制訂出數百條「模範法案」（model laws），讓共和黨議員可以帶回自己州內提案，有高達兩成的法案成功立法。除了用來摧毀工會的法案外，還有重編稅制、撤銷環境保護、公共資源民營化，以及要求警方針對無證移民執法等等。[7]這到底出了什麼問題？

二〇一〇年，傑出的調查記者簡・梅耶爾（Jane Mayer）警告美國大眾留意查爾斯・科克（Charles Koch）及大衛・科克（David Koch）這對億萬富翁兄弟，他們在「與歐巴馬的戰爭」上投入了超過上億美金。她進一步研究並記錄了科克兄弟和其他右翼富豪金主是如何投入大量政治「黑錢」（巧立名目使其無法依法追蹤的政治支出），收到這些錢的團體或候選人的任務就是試圖癱瘓工會、限制投票權、撤銷對企業的管制措施、將稅負轉移到所得較低者身上、甚至還會否定氣候變遷。[8]但是就算仔細回溯這些金流，我們還是少了一塊拼圖，我們仍無法清楚知道這些襲擊背後的總體計畫為何？他們是何時開始進行這場計畫？又是為何而進行？他們的目標是什麼？以及最重要的一點：如果他們贏了，我們會落到什麼地步？

為了要找到總體規畫，瞭解到底這場好戰的新攻勢是源自誰的思想，有些人試圖將當下事態與特定知識名流的思想連結起來，他們一般被稱為新自由主義右派（neoliberal right，之所以稱「新」自由主義，因為他們認同十八到十九世紀之間親市場的古典自由主義思想家，如亞當・斯密）——特別熱衷此道的提倡者有：米爾頓・傅利曼、安・蘭德（Ayn Rand）、弗里德里希・海耶克（Friedrich A. Hayek）。[9]但是線索到這邊就斷了，因為這些大名鼎鼎的人都不是現今這場運動的始祖。把這一切串起來的最後一塊拼圖，就是詹姆斯・麥基爾・布坎南。

這就是當今富裕的激進右翼真正的起源，源自此人的善辯、目標、行動；少了他，整個運動就只會是另一場極右翼妄想，很快就會走進死胡同，無法對美國社會造成什麼嚴重傷害。

• • •

我會發現布坎南在這一股激進右翼勢力的崛起過程中扮演重要的角色，純屬偶然，並非特意尋找。身為歷史學家，我一直都在關注美國的社會運動以及這些運動對公共政策造成的衝擊。大約十年前，我開始對維吉尼亞州在**布朗案**之後，決定發行由州政府補助教育券的政策感興趣，這種教育券是用來補助白人私立學校的學費。提出教育券這個概念的思想家就是米爾頓．傅利曼，我開始研讀他的作品和論文。研讀過程中，我兩次注意到某個註腳提及另一個經濟學家的名字，那就是創建維吉尼亞政治經濟學派的詹姆斯．麥基爾．布坎南。我聽都沒聽過他的大名，但看來他有一些和傅利曼有所不同的大膽思考，儘管他們隸屬同一陣營。[10]既然我要研究維吉尼亞州的政策，就應該多瞭解一點布坎南，於是我開始研讀他的作品。我後來得知，在維吉尼亞州喬治梅森大學費爾法克斯校區有一個不對外開放的檔案庫，裡面收藏著布坎南的論文，於是二〇一三年我決定前往一探究竟，就在布坎南去世後不久。[11]

大多數的檔案庫，都會收藏大量來自不同研究者和研究組織的論文，而且總是有一群訓練有素的檔案管理員和不同領域的助理，不辭辛勞地協助蒐集、整理檔案，讓學者們易於取用。「布坎南檔案庫」（Buchanan House）卻不太一樣，該檔案庫位在喬治梅森大學費爾法克斯校區的一棟古老大宅，這棟古宅正是這位備受尊崇的大人物和他的同僚過去工作的地方。如今則是一片荒蕪。昔日被當成研究室的房間、接待貴賓的會議室，現在都堆滿了紙箱，紙箱裡放的全是來自逝者故居未經整理的資料。整間房子到處都有檔案櫃，我還發現甚至連樓梯下的衣櫃裡都有。

當我上到二樓堂皇的套房，走進布坎南個人辦公室，立刻被滿滿的文件嚇到。整間房間堆滿了文件，雜亂無章，毫無秩序可言。我不知道該從何開始，於是決定將進門左邊椅子上雜亂堆疊的信件為起始點，以順時鐘的方式從頭整理。我拿起眼前的一份文件開始閱讀。這是一疊寫於一九九七年到一九九八年之間的祕密信件，內容是關於查爾斯．科克資助數百萬元給布坎南的公共選擇研究中心，以及隨之而來的一場爭端。我倒抽一口氣，拉了旁邊一張空椅子繼續細讀下去。

我花了很長的時間，才終於把這些文件中散亂的訊息拼湊起來。這些文件揭露了布坎南如何在一九五六年啟動他在維吉尼亞大學的學程計畫，後來這個計畫也跟著他轉移陣地到喬治梅森大學，其目的是訓練新世代的思想家，用來對抗**布朗案**和因為該案件引發的憲政思想和聯邦政策變遷。這個計畫後來更加茁壯，成為更大膽並放眼全國的研究及規畫中心。到了這個階段，該計畫已經不再只是訓練出為思想而戰的知識分子。他們訓練出來的人進入廣布全國、號稱各自獨立但其實彼此縝密相連的科氏機構，成為科克兄弟和他們背後的龐大富豪人脈網底下的工作人員。這些組織包括加圖研究所、傳統基金會、穩定經濟公民基金會、繁榮美國人協會、自由工廠、成長俱樂部、州政策網絡、競爭企業研究所、稅賦基金會、理性基金會、領袖學院……等等，更少不了科氏兄弟自己旗下的查爾斯·科克基金會和科氏工業集團。有些人被招聘進來受訓，是為了推動法律見解和實踐的變革，諸如健康政策、擁槍權利、甚至公部門聘用標準。當然，有些受訓出來的人會為重要的共和黨員及其團隊提供諮詢，從維吉尼亞州幾任州長到多位總統候選人都有。曾任副總統的邁克·彭斯（Mike Pence）就很典型，他多年來與許多這類組織合作，並且和他們志同道合，有著同樣的企圖。[12]

有了這些紀錄，加上在其他地方找到的資料，我開始拼湊出這場運動發起時的具體樣貌，更重要的是，它是如何隨著時間的推移，在目標和策略上不斷演變。我從中了解到查爾斯·科克在一九七〇年代如何接觸到布坎南的著作，又為何開始對布坎南感興趣，進而邀請布坎南協助打造後來的加圖研究所，並且在各種組織中與他的團隊合作。可以確定的是，到了一九九〇年代末期，科克已經認定他終於找到過去二十五年來苦苦尋覓的思想。這些思想是如此具有開創性、如此深思熟慮、又如此縝密細緻，一旦付諸實行，便可以確保美國的治理方式將轉型至他們所樂意見到的方向。從那時開始，科克就慷慨捐助，把這些思想化為他個人的作戰策略，以便如同團隊的預期，讓資本主義**永遠**不受民主迫害。

這些文件還透露出另一些蛛絲馬跡：這場運動為何非得要在檯面下祕密運作？又是怎麼辦到的？早在遊說維吉尼亞州的政客時，布坎南就體認到祕密行動的價值。不過要到了科克手上，祕密行動才成為運動的一貫方針。查爾斯．科克在為布坎南的學程獻出第一筆大額捐款時，就表達他所贊助的行動應該要在多數人背後暗地進行。科克向團隊坦承，「既然我們嚴重寡不敵眾」，這場運動就不可能單靠說服取勝。反之，為了同一奮鬥目標貢獻的局內人，必須利用對於現代民主政治如何運作的了解，掌握「遊戲規則」本身的知識，才能「創造出制勝的策略」。身為在麻省理工學院拿過三個學位的傑出工程師，科克警告他們：「若無法贏在我們的卓越技術上，我們就輸定了。」換句話說：美國人民不會支持他們的計畫。為了要贏，他們得在檯面下運作祕密策略，而不是公開宣布他們真正要的是什麼。[13]

我有條不紊地整理了布坎南個人辦公室中堆積如山的文件，再轉往裝滿文件的檔案櫃，從中得以掌握他的思想和人際交往的每一步演變。這實在很諷刺，我之所以能這麼做，是因為科克的團隊已經整個轉移到喬治梅森大學的另一處指揮控制部門，即巨大新穎的莫卡特斯中心，他們竟然從此對布坎南檔案庫置之不理。這群科克底下的男人（幾乎全都是男人）只放眼未來，完全不在乎他們祕密事跡的歷史事證會落入何方。於是，一個曾以祕密行動為傲，甚至還自豪能夠避人耳目地（特別是記者的視線）偷偷發起革命性運動，到了最後卻忘記鎖上最關鍵的大門，讓我能夠如此大剌剌地直闖堆滿祕密的寶庫，憑著模糊的直覺，成功直探始作俑者的內心深處。

・・・

詹姆斯・布坎南並非一開始就是億萬富翁的說客。事實上，美國在一九五六年根本就沒有億萬富翁。唯一接近這個等級的只有石油大亨保羅・蓋堤（Paul Getty）。[14] 當時像米爾頓・傅利曼這樣的經濟學同儕都在產出更加專業與技術性的學術研究，布坎南有如生不逢時的舊時代人物，夢想成為一個古典式的政治經濟學家，像亞當・斯密（Adam Smith）那樣名副其實的社會思想家。布坎南並沒有和經濟學同儕追逐相似的議題，他反而想要用經濟誘因去檢視政府行為，希望藉此把美國推回到過去的「自由社會」，一九五〇年代的維吉尼亞州僅保留了其中一些特徵。

那麼究竟是什麼構成了所謂保有「個體自由」的「自由社會」呢？布坎南在早期政府力量薄弱的時候，注意到了一些端倪。當時政府力量薄弱，所以沒有制定太多規則來限制人們如何致富，相反地，除了維護秩序和國防的用途外，政府如果想要取用他們手上這份財富，會受到很大的限制。

布坎南注意到，聯邦政府的力量愈來愈大，似乎愈來愈不受拘束，可以迫使有錢人為愈來愈多的公共財和社會福利埋單，但付錢的人卻對這一切沒有置喙的空間。這激起了布坎南的研究欲念，並成了他善於分析的心智關注的焦點。比方說，為黑人學生提供更好的學校、更新的課本、更多的多課程，或許對學童來說很有幫助，但是這些改善措施要花的錢是要算在誰頭上呢？這些學生的家長嗎？自願投入的熱心人士？或是跟他一樣的人，他們被迫繳納更多稅金去資助自己並不想支持的社會政策？對布坎南來說，將稅制說成是可以促進社會正義或是公共利益，只不過是一群暴徒以現代的手段試圖強取豪奪，強摘他們在道德上沒有權利索求的東西，比如別人努力耕耘的果實。在他看來，保護個人財富就是保護個人不被任何法律許可下的強盜行為所侵犯。

這種強盜行為是從哪裡開始的呢？我們可能以為都是來自於某些想做好事的政治家，有志專攻憲法，期待名留青史的律師，甚至更採取司法積極態度的法官。但布坎南給達登的解釋是，其實源頭在更早以前就開始了：個體在各自單獨行動的時候毫無力量可言，然後他們發現，如果他們聯合起來推動社會運動，就能利用人數優勢，吸引政府官員注意他們的訴求，並且促使政府官員付諸實現。

當時最具影響力的社會運動，在布坎南的計畫書中稱之為「勞動壟斷運動」（labor monopoly movement），也就是我們今天所謂的勞工團體。但其他對他來說同樣有害的社會運動也蠢蠢欲動，包括影響力愈來愈大的民權運動，還有年長的公民也重新組織起來，這是自大蕭條以來前所未見的事。從他自視優越的角度看來，前述所討論的那些運動，其參與者究竟是工會成員、民權運動家、還是害怕貧窮終老的老年人，這些一點都不重要。不管他們訴求背後的使命感多有正當性、他們的處境又多艱難、還是他們試圖扭轉過去遭受了多久的不公不義，這些都無法動搖布坎南。他眼裡只看得見一個事實，那就是這些人源自「集體」而來的力量，而且集體力量一旦形成，這些運動就會一直持續存在，並且緊盯著政府官員做事，有時還會利用他們的人數優勢，在投票時淘汰那些不回應他們需求的人。這樣對其他分散的個體公平嗎？這樣怎麼還稱得上是「美國」？

布坎南打從心底相信，如果有一群人想從政府身上得到資源，卻無法憑自身能力去贏得每個公民的支持，包括其中最富有的那些人，那麼這群人企圖利用人數優勢取得他們想要的東西，這不是在說服多數人，而是在脅迫少數人，這是侵犯個別納稅人的自由。

他建議，為了不讓少數個體受到脅迫，必須阻止「政府墮落」。他指的就是政府官員與團體組織之間悄悄達成的交換條件，政府官員不假思索地協調和回應這些民間團體提出的要求，來換取自己的選票。[15]起初，布坎南以為他能直接說服政府官員，讓他們理解這種安排會製造多少問題；即使依循大蕭條後盛行的凱因斯經濟學理論，政府也只應於經濟衰退時容許赤字。但很快他就發現，就算是在一九五〇年代充滿反民主氛圍的維吉尼亞州，也很少政客會願意聽從他的建議，因為這樣做不利於他們自己的選戰。

一九五〇年代，維吉尼亞大學並不是頂尖的研究機構，但仍然備受推崇，所以布坎南深知，這種在非營利高等教育機構中設立政治中心的計畫，不可能要求達登資助。為了避免招來在校內建立「帶有極端觀點的組織或是政治宣傳打手」的批評，他建議，該中心名稱中**不要**冠上「經濟自由」這個詞，雖然這才是「他們真正的目的」。[16]

他對他的經濟分析架構命名亦同樣高明，即為後來眾所皆知的「維吉尼亞政治經濟學派」。他將政府官員如何決策的研究稱為「公共選擇經濟學」(public choice economics)，至於如何改變政府運作規則來使官員無法依照多數人意志行事的分析，則稱為「憲政經濟學」(constitutional economics)。他把他的心腹大患稱為「集體秩序」(the collective order)，也就是暗指那些尋求政府支持的社會組織和政治團體。

除了這些術語，布坎南多年來借助他的研究中心讓學程計畫變得更加完善，同時也弄清楚如何制定精緻的策略來實現他的願景。他既是學術研究者，也是政治行動者，不過雖然他在學術方面取得了巨大成就，在政治行動方面卻沒有多大進展。

布坎南對誘因機制如何引導政府行動有著深具洞見的分析，這讓他在一九八六年榮獲諾貝爾經濟學獎。這個獎項無疑證明了他的學術成就。另一方面，布坎南為右派理想作馬前卒的表現卻令人失望。一九五〇年代末期，布坎南曾經嘗試在維吉尼亞州推動激進的提案，但最後以失敗告終，因為州議員們很清楚一件布坎南最初不懂的事情：他這套政治經濟願景並不受歡迎。

一九六四年，貝利．高華德（Barry Goldwater）競選總統，布坎南又燃起了一絲希望。高華德希望終止我們所熟知的公辦社會安全制度；希望以財產權和州權利為由，擋下《民權法案》；希望建立一套單一稅率制度；並且削減公共教育支出。但這些政見一曝光，除了在自家的亞利桑那州和少數深南州以外，他在其他州全部都敗選。[17]

即使後來保守派順利在美國政治上取得上風，布坎南仍只能看著他的經濟自由理念被擱置一旁。出身共和黨的理查．尼克森（Richard Nixon）總統擴張政府規模的程度超越了他的前任，引入了所費不貲的新機構和法規，其中包括架構龐大的環境保護署。與尼克森同台較勁的喬治．華萊士（George Wallace）則對南方及右派理念都有著強烈認同，即使如此，他也支持政府要增加有助於白人的公共支出。羅納德．雷根（Ronald Reagan）總統雖高唱小政府，但到頭來任內八年的財政赤字卻暴增。一九八九年冷戰驟然結束，社會運動組織開始交流「和平紅利」(the peace dividend）該如何應用的想法，每個組織都有各自想要改善的目標。此時，老問題又碰上新麻煩。民選的政府官員看似盟友，一旦權力在握，卻不會將理念付諸行動。令這個狀況更為難解的，就是一九九三年《全國投票人登記法》通過，愈來愈多窮人成為選民，在布坎南看來，這些人大概會支持更燒錢的計畫。此外，一九九〇年代開始，環保人士還將氣候變遷炒成全國議題，他們呼籲政府應該採取大膽的新行動，看起來會得償所願，畢竟當時有這麼多公民自居為環保人士。這些事情很難不讓布坎南悲觀起來。

話說回來，要是當時沒有另外一個人跟布坎南同樣深感挫折，同樣下定決心背水一戰，但還更具備敏銳的組織才能，那麼本書要講的故事，結局肯定截然不同。但確實有這個人。這個關鍵人物就是查爾斯．科克，一個天才企業家，他所繼承的公司在其經營下，收益提升了上千倍。同時，科克也有一個未竟的自由之夢，夢想著完全不受政府干預的資本主義，至少在他看來，唯有這種形式的資本主義，才能夠達成繁榮與和平。科克全心思索著這個難題：大多數人其實並不樂見他所想要的未來，究竟要如何在民主體制下達成他的目標？

一九八〇年科克資助的自由人黨（The Libertarian Party）出馬與雷根競選，他的弟弟大衛．科克則是該黨副總統候選人，事後證明這筆投資成了笑話，除了吸引一些新成員為其使命效力之外，幾乎沒有任何收穫。他斥資成立的加圖研究所在倡議上也沒有多少成效，或許有成功說服一些政治人物喊喊加圖研究所的口號，像是「所有權社會」（the ownership society）之類的，但是每次到了節骨眼，他們就退縮回去，不願意堅持科克團隊追尋的徹底變革。這表示正常的選舉政治永遠給不了科克想要的。

查爾斯．科克對思想幾近癡狂，他花了三十年的時間，找出並培養最具潛力的自由放任主義者（libertarian），希望能從中找到突破僵局之道。在這個過程中，他資助一間不甚知名的學術機構「人文研究所」，甚至一度自己跳下來主持。他曾解釋，過去這些年「我資助數以百計的學者，對我來說，這是找出最優秀人才和策略的實驗」。[18]

科克最早是在一九七〇年代初期聽聞布坎南的大名，當時這位經濟學家正從研究為何政府官員無法拒絕赤字，轉而推動更為激進的體制改革，激進到布坎南自己稱之為一場革命。布坎南向他的同事們宣布，他們使命的目標不應該再把希望都放在特定黨派或特定候選人身上，不該再想如何去影響**作決策的人**。與其去影響作決策或執政的**人**，不如將重點放在去改變**現行的規則與法律**。布坎南主張，為了讓自由蓬勃發展，他們的奮鬥目標應是想辦法給公職人員戴上法律、其實更是憲政的鎖鏈。這副鎖鏈的力量無比強大，不論這些官員有多麼同情多數人的意願，不論他們多麼關心自己的連任，他們都將無法回應那些試圖以人數優勢使政府聽命的人。此外，布坎南提出的解決方案還有更為惡毒的第二個層面，如今我們看到這個層面也影響科克的思想。公職人員一旦套上這些憲政枷鎖，就得讓他們永遠被束縛、永遠無法取下。若要確保多數人之意志再也無法影響代議政府如何處理政治經濟的核心議題，唯一的途徑就是發動他所謂的「憲政革命」(constitutional revolution)[19]。

這也是布坎南為他一手締造的革命留下的最後禮物：他堅稱多數決的規則在現代社會已經演變為系統性的墮落，嚴重威脅到資本主義，最後出現一個「沒有任何現存的憲政體制足以約束或限制」的政府。「這樣看來，當下所有憲政體制都是失敗的」，他不斷地告訴他的團隊所訓練的右翼人士和企業金主，「幾乎所有改革的方案」亦是如此。[20]

到了一九九〇年代後期，查爾斯·科克意識到詹姆斯·布坎南正是他一直在尋找的思想家。這個人瞭解政府是如何取得現有的龐大權力，也知道要如何收回這些權力以解救資本主義；這個人緊守祕密行動的必要性，他知道唯有逐步各別擊破、同時互相強化地攻擊體制，才能躲過媒體的窺探。有那麼一段時間，布坎南和科克看起來似乎要並肩共同領導這場革命。可是對於他們這種人來說，一山難容二虎，他們無法共享權力，開始陷入競爭，而兩人誰會勝出早已成定局。已屆退休之齡的布坎南選擇急流勇退，在有生之年看著科克領著核心團隊，以驚人的速度將他的想法化為實際的革命行動，並且取得成功。

科克從不欺騙自己。雖然這場革命行動中的有些人自稱為保守派，科克非常清楚他的奮鬥目標有多激進。其中一位受他贊助的人很早就告訴他，革命組織的戰術手冊早由列寧（Vladimir Lenin）寫好了。科克學著列寧，依樣畫葫蘆地培育了一群值得信賴的高階特工「幹部」（cadre），致力於建立一場絕不妥協的革命行動，利用精明的操作策略讓各種政治賽局變得有利於己。

但是手上沒有一兵一卒，光靠一群將軍也是打不贏戰爭的。要成就他心中的奮鬥目標，他還需要廣大人民的支持，而不能局限於右翼的自由放任主義者，雖然後者持有相似的信念，但是人數實在太少了。為了掩飾更為激進的意圖，他這群幹部透過找出共同的目標，逐漸靠近、拉攏龐大且活躍的保守派草根基層。[21]事實上，二〇〇八年以後，這群幹部愈來愈常扮演起保守派的角色，雖然他們完全不想採取保守路線，但是他們發現這樣做對他們有利。

出於同樣的功利態度，科克決定與宗教右翼人士至少在短期內和平共處，儘管實際上包含布坎南在內，許多自由放任主義者都是無神論，他們打從心底看不起對神懷抱信仰的人。但若要動員白人福音派參與政治，就需要教會裡的組織者，像是牧師傑瑞．法威爾（Jerry Falwell）、拉爾夫．里德（Ralph Reed），以及提姆．菲利普斯（Tim Phillips）等人，他們本身就是獨樹一幟的企業家，有能力在信徒之間喚起共同的使命感。這些虔誠信教的企業家很樂於向他們的信徒兜售自由放任主義經濟學，尤其是反對公共教育體制和呼籲以家庭或慈善機構來取代政府的救助。[22]科克的團隊同樣也學會了如何善用更廣泛的企業支持，雖然他們反對企業遊說政府所收穫的果實，比如農業補貼和針對性的稅收減免，以及保護特定產業使其不受外國競爭的作法。[23]

科克團隊最重要的祕密行動，也是成功最關鍵的一步，是從一九九〇年代末期開始奪取共和黨政治機器的控制權，二〇〇八年之後他們決定加強力道，更加堅定地向目標推進。自此之後，他們宣稱自己才是共和黨的真正代表，其他人都只是「名義上的共和黨員」（RINOS）。雖然這些右翼激進分子都在共和黨內部活動，並且利用共和黨做為實現目標和宣傳的工具，但請別誤會：這群幹部對這個「大老黨」（Grand Old Party）以及該黨的傳統或掌旗者一點都不忠誠。他們只忠於自己的革命大業。

共和黨一些老黨員原本相信自己會受到公平的待遇，但很快就發現，他們對共和黨長久以來的貢獻和付出，在那些新主人眼中一點意義也沒有。掌舵的新主人只尊重那些服從的人，如果得不到服從，他們就會迅速報復。幹部團隊的目標是清除任何製造問題的老共和黨人，在下一次初選中砸下大筆資金，以將他們趕下台，並且用更「保守」的人來取而代之，或至少教他們乖乖聽話。

來自賓州的聯邦參議員阿倫・史派克特（Arlen Specter）就是第一批因為不服從而被拉下台的資深共和黨人。他將那些斷送他政治生涯的人稱為「食人族」，那些人要「摧毀掉我們所熟悉的黨內運作」。其他人則從經驗中學習如何活下來。二〇一二年，已連任六屆的猶他州「雷根派共和黨」參議員歐林・海契（Orrin Hatch）遭到自己同黨對手的攻擊，海契對此相當不滿，直言：「這些人才不是所謂的保守派。他們才不是共和黨人。他們是激進的自由放任主義者……我鄙視這些人。」他沒說錯，這些人並不是他們對外聲稱的那種保守派，但是這場連任危機讓他學到教訓，不要再反抗而是好好服從，以保住他的職位。另一個有名的例子是前眾議院議長約翰・貝納（John Boehner），他在二〇一五年終於放棄抵抗而黯然退場，臨走前狠批在國會大廈內率領這群人的泰德・克魯茲（Ted Cruz）儼然是「魔鬼化身」（Lucifer in the flesh）。[24]

這可不是一個正常的政黨組織內會對信賴的隊友說的話。

我們之所以難以理解這中間發生的事，一部分是因為我們長期以來看待政治紛爭的方式沒有跟著變化。過去，美國人一直被教導著，所有政治紛爭或分歧都可以簡化為保守派對自由派、市場派對政府派、共和黨對民主黨，因此很難注意到更複雜的問題正在發生。這些僵化的二分法讓我們沒有注意到，一場精明的持久戰正在慢慢進行。

我們不知道的是，那個家父大半輩子都投票支持的老共和黨，早已不復存在。很多人確實注意到，掛著共和黨這個招牌的組織，好像變得更加強硬且紀律嚴明，這對美國主要政黨來說相當罕見；但是，我們卻沒有合適的言語可以形容它現在的樣貌，我們假定自己所看到的只是非常醜陋的黨派惡鬥，也許是因為社群媒體的關係而變得更糟糕。[25]但是問題遠比這個還要複雜。共和黨現在被一群狂熱信徒所掌控，對他們來說，妥協是個髒字。

他們號稱自己的使命，就是推行個人自由。但是他們口中的個人自由，指的是政府不得插手私人財產權，並且將長期的公共資源（學校、監獄、西部國有地……等等）交由私人企業來經營。然而這樣的體系，反而大幅削弱了大多數人的自由。[26]簡而言之，這些人的目標是掏空民主抵抗的能力。而且從他們的標準來看，幾乎成功了。[27]

• • •

二〇一六年的總統大選，共和黨的贏面甚大，看起來將會橫掃全場贏得大選。打從總統初選開始，贊助系統就投入了龐大的資金和權力，讓共和黨每一位擁有優勢的角逐者，全都屈從他們所提出的待辦事項。沒有人承認氣候變遷是真議題，沒有人承認槍枝不是好東西——甚至會說槍枝愈普遍愈好。每個人都在攻擊公共教育及教師工會，倡議成立更多特許學校，甚至為宗教學校提供租稅補貼。所有人都在呼籲徹底改革稅制和政府支出。每個人都宣稱公辦社會安全制度和聯邦醫療保險（Medicare）面臨重大危機，而且最好的解決方案就是設立個人退休及健康保險帳戶，所累積的資金則交由華爾街的公司管理與投資。參選人傑布・布希（Jeb Bush）甚至和科克一直很青睞的作者克林特・柏力克（Clint Bolick）一起寫了一本新書，敦促政府應該依照他們的設想改變移民法規。[28]

但是此時半路殺出程咬金，那就是以房產大亨出名的電視名人——唐納・川普（Donald Trump），他也參加了初選，有錢到不需要科克的捐款系統資助，而且他似乎對這場運動的目標一無所知。不只如此，為了取得領先，川普嘲笑那些已被科克他們威嚇的候選人是受人操縱的「玩偶」，而且川普提出了一套截然不同的經濟願景。川普無疑熱愛資本主義，但是他怎麼說都不會是自由放任主義者。和前總統比爾・柯林頓（Bill Clinton）一樣，川普聲稱自己非常理解選民心中的痛苦。川普承諾選民他將努力止住他們的痛苦，他的做法是扼制其他共和黨競選人意圖推動的政策，誓言不再簽訂將讓美國工廠倒閉的自由貿易協定、不會削減公辦社會安全制度或聯邦醫療保險、當國家基礎建設發生嚴重問題，政府不會吝於修建。他甚至誇下海口承諾斥巨資建造一堵「長城」，阻止移民進入美國搶去美國公司所提供的工作，因為這些公司可以用更低的薪資去雇用這些絕望又沒有權利的移民。他甚至還說了很多難聽的話，做了很多煽動性的事。就這樣到了十一月，選舉結果出爐，全世界為之震驚：川普贏了選舉人團投票。

雖然川普本人可能不完全明白他的勝利意味著什麼，這場勝選讓他卡在兩個從根本上就完全不同、相互對立的政治經濟學方法論之間，而這確實會為我們所有人帶來現實的影響。在布坎南著手他的研究時，主流學派是凱因斯經濟學，凱因斯（John Maynard Keynes）相信現代資本主義下的民主要能興盛，所有人就都得能夠共享經濟帶來的果實，所有人都要能夠參與治理。凱因斯深知，市場有巨大的優點，但是也有著顯而易見的內在缺陷，只有政府有力量去糾正。我自己並非經濟學家，對凱因斯也沒有特別的好惡，他觀點的細節就交由其他人去辯論。但身為一個歷史學家，我很清楚在經濟大蕭條時期，當時的政府正是循著他的思路施政，就在資本主義即將大崩潰之際，凱因斯經濟學守護了美國的自由民主，沒有讓法西斯主義和共產主義打敗。這套經濟學理論後來繼續塑造了戰後秩序。這套秩序的運作框架讓人們一面倒地希望，可以透過共同行動和徵稅來支持共同的目標，讓所有人的生活都可以變得更美好。[29]

另一方面布坎南的維吉尼亞學派，則強烈反對凱因斯的觀點。這個學派認為這種共同利益的美好想像只不過是「索求者」為了剝削「創造者」製造出來的煙霧彈，用現在的話來說，讓索求者能夠透過向政治勢力靠攏來用「選票換牛肉」，而不是以自己的汗水去掙得回報。傅利曼和海耶克雖然在方法上有所分歧，但兩人都接受公職人員是真心試圖為公民服務，布坎南則深信政府的失敗源於不誠實：社運人士、選民和官員都口口聲聲談著公共利益，然而僅僅是一種遮掩，實際上他們是以犧牲他人為代價來追求個人利益。[30]他抱持這種懷疑論的看法其實非常有害，如果大家相信他，就會侵蝕公民生活的基石。[31]到了一九七〇年代，他更進一步堅持，必須永遠禁止人民與代表行使他們長久以來握有的公共權力。必須在他們貪婪的雙手上戴上重重鎖鏈。

•••

在撰寫本書，敘述一九五六年以來布坎南以及他一脈相承的學術後輩的故事時，我發現我愈來愈在意一個令人糾結的問題。我們眼前要處理的究竟只是一場右翼社會運動，他們的激進思想終須被大眾詳加檢視，根據自身價值來決定成敗；還是我們談的是美國歷史上前所未見的事件？難道這整件事有如第五縱隊對美國民主體制的攻擊？我光是要說出第五縱隊這個詞，就相當猶豫、考慮再三。

所謂第五縱隊，這個詞源自於西班牙內戰（Spanish Civil War），根據當時《紐約時報》的報導，在這場推翻民選政府的軍事叛亂中，西班牙獨裁者法蘭西斯科．佛朗哥（Francisco

Franco）麾下的一位將領表示，「他指望馬德里城外的四支縱隊，此外還有一支潛藏在城裡的縱隊，一旦攻城者進到首都，就會裡應外合加入他們。」[32]從此之後，「第五縱隊」就被用來指潛藏暗處的敵人內應，透過政治宣傳甚至惡意破壞來協助敵人達成目的。這個用詞對學者來說相當棘手，尤其是第五縱隊因為帶有祕密、滲透的氣味，曾被當權者用來製造恐懼，促使人民和政府團結起來反對異議者，還大幅犧牲公民的自由，典型例子就是冷戰時期的「紅色恐慌」（Red Scare）。[33]這當然不是我樂見也不是我想做的事。我認為，我們現在非常需要變得更加開放，進行更深入的討論，而不是噤若寒蟬。

即使第五縱隊並不是最完美的說法，但在許多關鍵方面，對於這場為了促成資本至上的革命行動，我還是找不到其他更好的形容詞。畢竟一場深知自己不可能獲得多數支持的運動，不會是典型的社會運動。縱觀美國的歷史，美國一直都受到社會運動的改變，大部分都是好的方向，還包含廢奴運動這種激進的改革。我們國家在過去兩百五十年的歷史中，一次又一次證明，公民可以從社會運動中學習和成長，在眾聲喧嘩的各種主張當中，篩選我們認為適合的版本。社運人士若贏得多數人支持，事態就會有所進展；反之，若不得民心，運動遲早會退潮。

這本書所談的革命行動，情況截然不同。在背後驅使這場革命行動的人是相對少數的極端右翼富商大賈，他們對美國現代政府體制深惡痛絕，這群人花了數十年打造一個政治機關，專門用來掏空民主的正常運作。事實上，其中一份宣言就是呼籲，對華府來一場「惡意收購」（hostile takeover）吧。[34]

這套惡意收購的策略和第五縱隊十分相似，以經過精心計算的方式行動，有別於投入常規政治協商機制的公開團體，這更像是一支占領部隊，而且還是一支規模龐大的部隊。主導科氏網絡研究計畫的一位社會科學家寫道，該網絡的「運作規模相當於一個美國全國性政黨」，雇用的人數是二〇一五年共和黨各委員會聘雇人數的三倍之多。這就指出了另一項第五縱隊的特色：藉由擾亂正常政治程序的運作，來癱瘓正常政治程序的戰術。事實上，這個資金充沛的龐大勢力正逐步把它所占領的這個政黨轉向大多數共和黨選民不樂見的方向，比方說將公辦社會安全制度、聯邦醫療保險，以及公共教育等諸多社會福利予以民營化。[35]

如前所述，這套計畫和常見的社會運動不同，它不像一般社會運動那樣坦然揭露自己的終極目標，以爭取多數選民的支持。當然，建立和支持這項計畫的人，完全有權利為了自己的信念而戰鬥，但是他們在所有的行動中都應該要完全誠實、公開。他們不應該在暗中顛覆民主機制，而是要充分告知美國大眾他們真正的目標是什麼，讓人民瞭解全部真相之後，再選擇是否支持。

•
•
•

這場革命行動的領袖會告訴你，這場行動是在追求個人自由。布坎南在本世紀初就曾在訪談中表示，「我想要一個沒有人有權支配他人的社會。我不想要控制你，也不想被你控制。」[36]這聽起來很合理、公平，而且很吸引人。但是這本書的故事將會告訴你，這句話的後半段才是重點。這場革命行動的成員，並不想被所謂的「你」，也就是美國大多數的人民所控制。在他們打造這套機制的時候，從不承認經濟力量就是潛在的統治工具：對他們而言，不受約束的資本主義**才是**真正的自由。

這項革命行動真正追求的，是把美國推回到寡頭政治，回到一個經濟和政治實權都集中在少數人手中的世界。它希望重新回復二十世紀初美國盛行的那套政治經濟體制，當時大多數的選民都沒有投票權，工會在法律上仍屬非法組織，這讓大企業和富豪得以控制國會和大多數的州政府，完全不用擔心法院會干涉他們的統馭。

• • •

要瞭解這場革命行動真正想要追求的是什麼，首先我們得要追溯它的核心思想從何而來。儘管他們的代言人想讓你相信，他們是美國憲法主要起草者詹姆斯・麥迪遜（James Madison Jr.）的使徒，但這些都是一派胡言。[37]他們的思想領袖是約翰・凱爾宏（John C. Calhoun）。在美國建國後一個世代之後，奴隸制這套殘忍的經濟體制深深扎根在南方，凱爾宏形塑了一套對民主的激進批判論述，麥迪遜要是聽到他口中的願景恐怕會目瞪口呆吧。

# 序章

# 奴隸主階級的馬克思

THE MARX OF THE MASTER CLASS

這位南卡羅來納州的政治家，想盡辦法讓他轄區內的勞動制度看起來比較能被接受。他公開聲稱，這一切是天性使然，不同種族的人「無法和平或和諧地共處，或是找到共同利益」，除非由一個種族統治另一個種族，就像白人在南方統治黑人一樣。非歐洲血統的人身為奴隸是正當的處境。而且聖經不也寬恕了奴役嗎？對此，凱爾宏曾對他的論點做出如此的總結：「奴隸制是一套天意指定的制度，歷經時間的考驗、受到福音的認可，對於個人和國家自由都格外有利。」

當今試圖顛覆整個政治體系的這些人，其實承繼了兩個世紀以來的一套連貫的思想：以財產霸權對抗民主。這套思想最早在一八二〇年代末到一八三〇年代間在美國興起，最初由南卡羅來納州的約翰·凱爾宏所提出。凱爾宏是統治階級的策略家，洞察力相當敏銳，著名的歷史學家理查·霍夫士達特（Richard Hofstadter）稱他為「奴隸主階級的馬克思」（the Marx of the master class）。[1] 霍夫士達特給他的這個封號充滿了諷刺意味，凱爾宏那套策略最具革命性的地方，就是讓當時最富有的百分之一（實際上其實更少），在憲政共和體制下擁有不成比例的強大權力。曾任副總統的凱爾宏，在擔任聯邦參議員時想出這個計畫，並成為美國第一個抗稅運動（tax revolt）的策略家，無庸置疑地也是美國最具影響力的激進分子。

他的思想就從此傳承下來，這也不是祕密。詹姆斯·布坎南的弟子中，有些人就認為布坎南的政治經濟學派和約翰·凱爾宏的想法如出一轍。亞歷山大·塔巴羅克（Alexander Tabarrok）和泰勒·柯文（Tyler Cowen）這兩位經濟學教授，同時也是喬治梅森大學一項由查爾斯·科克資助並監督的計畫的核心成員。他們稱凱爾宏這位內戰前的南卡羅來納州參議員是「現代公共選擇理論的先驅」，而公共選擇理論正是布坎南所開創的，他們所在的喬治梅森大學也是布坎南最後任教的地方。這兩位教授在合著的書中提到，布坎南與凱爾宏都很擔憂「民主無法保障個人的自由」。具體來說，布坎南和凱爾宏兩人都認為，「租稅的生產者與消費者」間存在某種階級衝突，並將政治描述成一個充滿剝削和強制力的領域，而經濟是一個自由交換的領域。兩人都設計了別出心裁的機制去捍衛少數菁英的權利，而這些權利其實都超出許多憲法中已經賦予的保障範圍。[2] 凱爾宏和布坎南先後各自設計了一套憲政機制，保護少數經濟菁英不受其他多數同胞的「剝削」，並且提倡少數否決權。根據他們追隨者的說法，他們兩人所設計的少數否決權都有「相同的目的和效果」。[3] 這兩位思想家試圖限制選民在民主制度下能夠集眾人之志所達成的目標，且不違反最富有者的利益。[4]

堪薩斯州的富豪查爾斯・科克多年來資助的智庫，會如此欣賞約翰・凱爾宏的理念並非一時失察，他們甚至不斷援引凱爾宏的理論。在凱爾宏的反民主理論當中，尤其他所寫的《政府專題》以及他的長篇代表作《論美國憲法及政府》之中，哪些思想對科克及其支持者來說最有價值呢？[5]

身為科氏兄弟資助的第一批學者之一，奧地利學派經濟學家莫瑞・羅斯巴德（Murray Rothbard）就公開將他們努力的目標歸功於凱爾宏，特別是他對稅收的階級分析是自由放任運動的基石。羅斯巴德解釋道，「凱爾宏認為，國家的干預**本身**造成了階級和衝突，」而不是像以前思想家所相信的那樣，是因為經濟的勞動關係所造成。凱爾宏認為，「社區中的一些人是政府稅收的淨付出者，而其他人就是淨受益者。」（用現在的話來說，就是租稅製造者和取用者。）根據他的理論，稅收的淨受益者就是「剝削者的『統治階級』」；稅收的淨損失者（淨付出者）則是「『被統治者』或『被剝削者』」。最關鍵的一點是，凱爾宏和羅斯巴德反轉了多數人對「誰有更大權力」的認知。一個從奴隸制中獲取財富的人，成了政府租稅體制的受害者，而比較貧窮的選民，則成了需要提防的剝削者。羅斯巴德指出「凱爾宏將重點放在稅收及財政的政策」，兩者是讓民主開始威脅經濟自由的基石。[6]因此，只要進一步了解當時凱爾宏怎麼推展他的計畫，就更能了解現在正悄悄進行中的轉型計畫。

•••

到了一八六〇年，身家超過十萬美元的美國人相對較少，其中三分之二都住在梅森—迪克遜分界線以南的南方。當時，紐約人均收入百萬的富翁比密西西比州還要少。南卡羅來納州是整個聯邦中最富有的州。南方富裕的來源是大宗農產品，特別是由男女老少的奴隸生產出來銷往世界的棉花。倚賴奴隸的產業其獲利無可匹敵，使得當時的資金灌注在奴隸身上，遠超過對工業和鐵路的投資。[7]

當時最關切奴隸投資安全的，便非約翰．凱爾宏莫屬了。他在這方面的態度堅毅不屈，當時一位婦女甚至稱他為「鋼鐵般的男子」。凱爾宏雙眼炯炯有神，臉龐稜角分明，嚴厲的神情跟激進好戰的廢奴主義者約翰．布朗（John Brown）相去無幾，但是兩人的使命可說是南轅北轍。凱爾宏設計了一套機制，限制了民主政府的運作，在他那個時代，甚至在那之後的一個世紀裡，他那套被某位知名政治科學家稱為「憲政伎倆」的威力幾乎所向披靡。[8]

凱爾宏接受過早期美國僅有極少數菁英才能得到的高等教育，包含在耶魯大學取得的大學學位以及法學訓練。他利用自己所受的那套教育，來促進他認為他所屬的特殊階級應該享有的利益，這個階級比以往任何時候都要富有，而且凱爾宏深信，按照當時對憲法的理解，這個階級的利益並沒有充分地受到保障。

凱爾宏對當時的政治自由主義（political liberalism）展開意識型態的攻擊，已經到了狂熱的地步，甚至連他的盟友都會對此感到擔憂。凱爾宏的各種行為都令人筋疲力盡，他深信「命運的力量」引導著他，他總是無視細節差異地過度簡化推論，甚至在人際關係上，他毫不遮掩自己只將別人視為工具的態度。對他來說，同情、耐心、幽默感似乎都不存在，就像他從不認為他擁有的奴隸，有他們自己的思考能力和夢想。就連凱爾宏所屬的政黨領袖安德魯·傑克森（Andrew Jackson）總統都會說過，凱爾宏應該以叛國罪判以絞刑。這聽起來像是氣到失去理智說的話，但其實並非毫無道理，而且也不單純是因為凱爾宏惹人厭而已。凱爾宏對於政府的概念，與當初建國元勳和憲法起草者的願景之間存在著巨大分歧，甚至連他所屬政黨的想法也與他相去甚遠。對他來說，只有像他這樣的農場主階級擁有宰制其他所有人的權力，即便這個階級只是非常少數。[9]

嚴格說起來，不論是凱爾宏還是他的現代接班人都沒說錯：個人經濟自由的願景和政治民主之間確實有所衝突。只要可以的話，多數人都會利用政治過程來改善自己的現狀，這就有可能導致有錢階級被迫支付額外的稅金。美國人民曾利用他們的權力做了很多需要稅收的重大事情，像是提供公共教育、發展製造業、建造公路與橋梁、政府贈地設立大學、保障食品及藥物安全、讓勞工得以透過工會合力發聲、避免老年貧困、對抗歧視、確保投票權、改善空氣和水的品質等等，這些都還只是一小部分例子，而且都是大多數公民引以為傲的成就。[10]

但是對如今的捐款階級（donor class）裡那些激進的個人經濟自由放任主義者來說，這些成就都是透過他們極度痛恨的手段達成的。這些人就像凱爾宏一樣，相信麥迪遜的憲法有缺陷，因為憲法缺乏徹底限制人民「集體行動」的能力。畢竟前述提到的所有政府政策，都是人們透過集體行動，說服了政府做出相應的舉措。政府採取的方式必然會限制少數公民的自由，但這些少數公民仍想要以舊有的方式繼續生活下去。

這就是為何凱爾宏會認為，如果非得要在個人經濟自由與政治自由之間擇一犧牲的話，那麼就該犧牲政治自由。必須以農場主的意志為優先。他們的財產權應該勝過一切。美國制憲會議的南方代表在憲法中，為包括奴隸主在內的財產持有者訂立大量的保護措施。但是在凱爾宏的眼中，這些遠遠不夠。他還主張各州政府應該要能夠通過任何他們認為合適的法律，確保「各州內部的和平與安全」，特別是「為了維護主人與奴隸之間的關係的所有必要的法律」。其中甚至還包含立法禁止反奴隸文學傳播。他以保障財產安全之名，呼籲聯邦政府讓其所掌控的郵政管理局實施這道禁令，限制《憲法第一條修正案》中保障的出版及閱讀的自由。[11]

從中你可以注意到相似之處。他們再次使用一貫的模式：凱爾宏一方面批評政府行動會威脅到他們財產持有者的經濟自由，另一方面卻又理所當然地要求聯邦政府動用警察權力，協助他的階級扼殺其他人對其作法不滿的聲音。他一邊否定政府為公共利益採取行動的正當性，一邊利用政府公權力來打壓異己。這套伎倆會不斷出現在本書後續的內容中。事實上，如今推廣布坎南思想的團隊成員跟凱爾宏一樣，他們實際上並不是真的想要對抗大政府本身，而是在具體情況下，擴大他們最能掌握的政府部門的力量。

畢竟，對於凱爾宏這種人來說，他們也知道政府的存在可用於保護他們的財產權，即使這麼做會犧牲其他人言論和行動自由的權利。他反對新加入聯邦的州基於人民主權原則自行決定奴隸制是否應該合法。[12]同樣地，在一八四七年，凱爾宏曾警告一位主張廢奴的非裔自由人，說要是對方膽敢踏進查爾斯頓，就會被「趕出城外」。他的理由是什麼呢？凱爾宏的說法是，如果「我們容許自由的黑人來到這裡，他們可能會鼓動他們的非裔同胞造反」。[13]

我們現今的處境，還有這本書回顧的歷史，都一再顯示凱爾宏有多麼渴望壓制其他人。雖然他總是夸夸其談地指稱強大的聯邦政府所帶來的威脅，但可別以為他會比較偏好更能反映人民真實意志的地方政府。情況正好相反。凱爾宏在共和早期曾領導一場以財產權及個人權利為名義的運動，剝奪了更受普通百姓影響的地方當局的權力，而將權力集中到州政府上。為什麼呢？因為州政府才是他這種階級最容易控制的層級。在南卡羅來納州，他實行了一套全新的州政府集權治理模式。歷史法學家蘿拉・愛德華斯（Laura Edwards）稱之為「徹底背離過去的做法」。在他的領導之下，南卡羅來納州政府成為內戰前美國背離民有、民治、民享的理想政府最遙遠的州政府。另一位南方領袖則將之視為擁有無限權力的「專制民主」（despot's democracy）。[14]當時的凱爾宏和他的盟友們早已背離憲法起草先賢的初衷，他們為了讓他們的階級獲得更多的權力，構思出一套權力重組的新作法。

新成立的州政府為了更多權力，踐踏地方社區長久累積的權力，而這樣的模式在現今共和黨控制的紅州也經常看到，與此同時，類似凱爾宏路線的做法也在美國首都重新流行起來。[15]現在去爭論奴隸制已無意義，但為了滿足最激進的少數者的欲望，而去侵害多數人的集體權利，這件事情則非同小可。自二〇一〇年以來，聯邦政府裡狂熱的經濟自由放任擁護者已成功控制了一些州政府，他們試圖推翻地方政府既有的權利，急著徹底改變既有法律。這部分可以在本書的最後一章中看到。

本書的核心主題，就是要去檢視這類策略為何一再復活。我們現在看到的是：美國長久以來的老問題不斷以新樣態出現，一些資產階級將限制「民主對多數人的承諾」視為己任，因為他們深知如果有所選擇，多數人將會選擇對他們不利的政策。（值得注意的是，這些人在資產階級之中其實是一小部分意識型態上的極端分子；這種「極端」也有人稱之為「貪婪」。）

•••

有趣的是，就像二〇〇九年以後引發美國政治大震盪的茶黨，以及近來因不敵外國競爭而沒落的美國製造業，兩者在二〇一六年總統選舉所扮演的角色，正有如當年凱爾宏不滿稅收被拿去補助新興產業，促使他倡議極端主義的做法，甚至還自創了了一套「政治科學」（political science）來合理化他的倡議。[16]

一八二八年，聯邦政府開始對進口的製造業產品課徵關稅，被憤怒的南方農場主們稱為「可憎的關稅」（Tariff of Abominations）。一八一二年美英戰爭之後，美國暴露出嚴重的經濟弱點，為了協助新興產業發展，政府推出保護性的關稅，最大受益者就是企圖發展製造業的東北部自由州。這道關稅便不成比例地打擊到了以出口為導向的南方棉花種植業，南方那些最有權勢的人並不太在乎經濟多元性，他們都是靠以奴隸為基礎的產業獲利。凱爾宏疾呼不公，他嚴厲批評這項措施令他們「成了這個體系下遭虐待如奴隸的人」。他認為這是歧視性的稅制，氣得他走上激進的道路。其激進的立場幾乎要動搖憲法起草者一個世代前剛打造出來的有效政府之框架。凱爾宏警告，一個「完全基於多數決為原則的政府」必定會竊取其他人的財產，侵犯他們的「自由」。[17]

他站出來發起了美國史上第一次區域性抗稅運動，同時，不論是否有意為之，凱爾宏也開始質疑代議政府本身。說一個可能會令今日的讀者感到訝異的事：當年凱爾宏和類似思想的大奴隸主，常常出來質疑那些為了促進公共性而課徵的稅不具正當性，總是覺得他們自己在孤軍奮戰。根據首位仔細研究早期美國的州稅和地方稅的歷史學家羅賓．安霍恩（Robin Einhorn）提出的證據顯示，沒有奴隸制的地方就沒有這種問題。安霍恩發現，那些可以自由行使權力的地方，選民經常會要求政府提供他們重視的服務，並且選出承諾會提供這些服務的候選人。正如後來的大法官小奧利弗．溫德爾．霍姆斯（Oliver Wendell Holmes Jr.）所說的一樣，他們相信租稅是「我們為了文明社會所付出的代價」。[18]

早期自由州的美國選民，之所以會喜歡自治自由州所推出的稅賦政策，是因為身為人民的他們，能夠透過多數決的原則，來決定他們希望他們所選出的官員拿稅收去做什麼，以及如何為此徵稅。對於這些公民而言，「自由」意味著能夠對治理問題有發言權，能夠參與公共辯論，一起討論什麼才是最好的做法。安霍恩追溯了從殖民時代到南北戰爭的辯論，他發現：在奴隸制影響力微不足道甚至根本不存在的地方，「美國的政府更民主、更強大、而且更有能力」；相較之下，奴隸制占有優勢的地方，政府反而變得「更貴族政治、更軟弱、更沒有能力」，更容易受到少數有錢人的掌控和利用。自由州的選民想要積極作為的政府：他們繳稅換來的是公共教育、便於往返各地的公路、便於運輸貨物的運河，以及諸如此類的公共服務。在南方一些奴隸比較少的窮鄉僻壤，那裡的自耕農常常試圖讓政府解決他們擔憂的問題，卻發現「大型農場主會把任何不受他們控制的政治行動，都視為對他們的『財產』的威脅，即使這些自耕農實際上要求的只是像道路、學校這類的普通的服務」。這一切充滿了諷刺，如同安霍恩指出：「我們的政治生活持續吸收這套反政府論調，竟然根源於『支持』奴隸制，而不是自由。」也就是說，如今我們看到各種讓政府束手無策的強烈不信任，很多都不是來自普通民眾，而是來自像凱爾宏這種菁英階級中的極端分子，因為他們認為聯邦政府的權力已經威脅到他們的種族奴隸制度。[19]

不僅如此，凱爾宏為了阻止這套他想像會剝削到像他一樣的人的制度，他開始設法去改變對美國憲法的詮釋。根據南方這位最自私自利的資本家的說法，當初麥迪遜和其他憲法起草者設計出來保障財產權的制度其實並不完整。美國憲法的制衡機制舉世聞名，主要目的之一就是防止公眾輿論突然的擺動會破壞政治制度，特別是那些保護財產的制度。但這些人卻依然認為，美國憲法沒有充分地限制人民的權力。對他們來說，憲法似乎已不堪用。

要瞭解凱爾宏到底偏離當初憲法起草時的願景有多遠，得先提醒一件事情：不論是麥迪遜或是他的同僚，都不是「純粹民主」的擁護者。身為憲法的主要架構者，麥迪遜自己也是一個身懷巨富的奴隸主，他花了很長的時間仔細思考要如何在基於人民主權建立起來的政府中，保障少數人的權利，這裡所謂的人民，在當時指的是擁有財產的白人。他和其他憲法起草者在憲法中加入了許多保障少數人的權利和財產權的條款，其中包括了選舉人團和參議院，這兩個代表制都對人數較少的州比較有利。他們也在憲法中捍衛奴隸制，最著名的例子就是憲法第一條第二款的規定，它指出在分配代表名額和稅額的時候，「自由人」（free Persons）和印地安人二者以外的「其他人」（all other Persons），也被視為是五分之三個人（"three fifths" of a person）。不過麥迪遜、傑佛遜和其他建國時期的政治家們對奴隸制感到非常羞愧，所以他們從未在文件中直接寫上奴隸兩個字。他們預期這套人類奴役制度在未來將會而且也應該消失。[20]

凱爾宏就不這麼認為。他本人不是革命世代，不像先賢那樣會對可以買賣奴隸的這套「特殊制度」感到尷尬。凱爾宏是軋棉機世代，軋棉機這個技術創新，讓以奴隸為基礎的棉花種植產業成為史上利潤最高的資本主義產業。凱爾宏以奴隸制為傲，甚至在參議院上公開宣稱奴隸是「會帶來正面效益的財貨」。凱爾宏聲稱奴隸制是個好制度，不論對於南方的奴隸主還是北方的資本家來說都是好事。（因為奴隸制讓南方成為「強大的保守勢力」，得以保護全國資產階級的利益，免受自由勞工的抗爭。）甚至對奴隸本身來說也是好事，照凱爾宏的說法，奴隸可以藉此取得食物和住處，相較之下，北方的自由薪資階級得自己想辦法。[21]

身為早成的政治科學家，凱爾宏開始積極主張奴隸制的優勢，那時候擁有自由勞工的北方人口正在超越南方，其政治制度也逐漸變得更加包容勞動階級（這跟二十一世紀初令一些億萬富翁感到擔憂的人口結構和投票權的變化很相像）。當時一些逃跑奴隸、自由黑人以及主張廢奴的白人重生教徒發起了反對奴隸制的運動，這些人認為奴隸制是冒犯神的制度、褻瀆了基督的教誨、糟蹋了獨立宣言，但是凱爾宏並沒有因此就打算放棄棉花王國（King Cotton）許諾的財富。凱爾宏很精明，他很快發現整個國家政治的局勢正在改變。如果不做點什麼，等南北人口更均勢的時候，奴隸主很快就會失去建國時享有的影響力。他在一八三一年提出警告，「南方已經是絕望的少數」。[22]

這位南卡羅來納州的政治家，想盡辦法讓他轄區內的勞動制度看起來比較能被接受。他公開聲稱，這一切是天性使然，不同種族的人「無法和平或和諧地共處，或是找到共同利益」，除非由一個種族統治另一個種族，就像白人在南方統治黑人一樣。非歐洲血統的人身為奴隸是正當的處境。[23]而且聖經不也寬恕了奴役嗎？對此，凱爾宏曾對他的論點做出如此的總結：「奴隸制是一套天意指定的制度，歷經時間的考驗、受到福音的認可，對於個人和國家自由都格外有利。」[24]

奴隸制對自由有利？雖然凱爾宏及其同僚援引了許多聖經和當時有關種族的偽科學來支持他們的論點，但他們很清楚一項殘酷的事實：他們正在實行的奴隸制就是一種資本主義，若華府不去壓制多數人的意見，這種資本主義在民主監督下撐不了多久。即使南方以外的人並沒有打算要馬上廢除奴隸制，更別提要賦予受害者平等的公民權和政治權，但他們逐漸傾向於將奴隸制視為對建國原則的侮辱，會對他們自己未來的經濟和政治帶來致命的威脅。所以他們開始高呼「土地自由、勞動自由、人身自由」，這是他們的希望所在，也是他們的擔憂所在。[25]

相較之下，對凱爾宏來說，「自由」最重要的是能夠自由使用和享受個人手上的生產性財產，不受到任何人的影響。如果他認為有必要「重鞭三十」，或是以「簞食瓢飲」伺候他的勞工，這是他身為主人的特權。當年他曾這樣懲罰一位名叫艾列克的年輕逃跑奴隸。他要怎麼管理他的勞工讓企業能夠持續獲利，都是他自己的事，別人無從置喙。[26]這些都落在財產權的範圍，而且凱爾宏正打算把財產權變成完全不受任何管制，因為一直以來，這個社會一直在用各種方式規範財產權，雖然當時主要仍落在州和地方的層級。[27]

在凱爾宏的詮釋中，對於資產階級來說經濟應該要是一個完全自由放任的領域，而政府（尤其是聯邦政府）則是容易濫權的領域，尤其政府若處於多數人控制之下，資產階級就必須時時小心戒備必然發生的「壓迫」。隨著他所在階級的利益和其他公民的利益漸行漸遠，凱爾宏愈來愈認為聯邦政府的存在就是對經濟自由的威脅。凱爾宏害怕首都的民主制度會讓他所在地區的奴隸制搖搖欲墜，他開始歇斯底里地否認「美國人民這個共同體曾經存在過」。「不！」他高呼，全部的「主權」都歸屬於同意加入聯邦的「各州人民」，「沒有一丁點存在於全體美國人民之中」。[28]

到底「全體美國人民」的什麼東西讓凱爾宏如此害怕呢？他跟他的徒子徒孫都恐懼，他們這些信奉個人財產至上的人再也無法控制政府。不過許多他目前的徒子徒孫，很可能都沒有讀過凱爾宏的原始論述，大多是從當今其他自由放任主義者那裡學來的，這些自由放任主義者為了解決那些同樣困擾著他們的問題，挖出了凱爾宏的論述。

• • •

事實上，那條激進少數有錢人爭取權利的道路，並非持續前行，中間中斷了很長一段時間。[29]一八六五年四月李將軍（Robert E. Lee）和他的北維吉尼亞軍在阿波馬托克斯投降之後，凱爾宏的想法被束諸高閣了將近一個世紀。然而一些受過教育的南方菁英一直了解凱爾宏的思想價值，這些人心中對這場南北戰爭有一套神話般的想像，他們不稱內戰，而是稱之「州際之戰」（War Between the States），認為這場戰爭是為了維護自由，而非為捍衛奴隸制而起。然而，凱爾宏和他的仰慕者心中所想像的南方並非真正的南方，真實的南方，不但黑白種族共存，也有數百萬低薪階級和中產階級的白人，他們全都受益於民主國家稅收所帶來的公共資源。

然而，在美國南方這個歷史意識最強的地區，白人菁英卻拒絕承認，極端財富與不平等是和反民主以及種族主義的統治策略是永不分開的。手裡握有財產的南方人，率先制定了一套壓制民主的計畫，因為他們決心要維護這套獨特的、以種族為基礎的、過度剝削的地區政治經濟。凱爾宏和同為農場主的夥伴費心費力地共同打造這種經濟，一開始是建立在可買賣奴隸的制度上，後來是奠基於被剝奪權力的低薪勞動階層、種族隔離和缺乏資源的公部門之上。[30]你在美國任何地方都找不到像這裡這樣，《獨立宣言》所宣稱的理想，與現實經濟和政治權力之間存在著如此巨大的落差。

當共同的理想被侵犯時，唯一有力量阻止不正義的就是聯邦政府，如果它們在外界壓力下願意這麼做的話。南方的菁英階級比任何地方都來得自覺，更加策略性地思考如何繼續統治那些臣服於他們意志的人——以及如何阻礙全國性的民主發展。他們所有的努力都投注在以對自己最有利但又很精明的方式解讀憲法，強調各州的權力，再以一連串的其他規範來壓制人民，不分黑人白人。有個很好的例子是，為了壓制該地區在世紀之交所發生的跨種族農民的運動，但同時又不去牴觸《憲法第十四條修正案》，南方各州一個接一個訂立了各種新法律，在不提及種族的情況下大幅降低了黑人的選民人數。數個世代以來，這些法規壓制了所有富裕階級以外的人，但受害最深的就是少數族裔，因為他們需要聯邦政府保障他們的權利，避免受到雇主及州政府官員的打壓，現在依然如此。就跟凱爾宏盤算的一樣，打從一開始，他們就把聯邦政府無權干預州政府的概念，與刺激白人維持種族和階級優勢的渴望綁在一起操作。因此，那些遊說非菁英階級起身反對聯邦力量的論調，總是或明或暗地訴諸引發白人種族焦慮的作法，雖不令人意外，卻會帶來毀滅性的後果。[31]

在一九五〇年代，全國最熟悉怎麼設計出精明的規則，藉以確保少數菁英擁有相對優勢的地方就是維吉尼亞州。維吉尼亞州又被稱為舊自治領（Old Dominion），擁有悠久的政治領導傳統。美國前五位總統中有四位來自維吉尼亞州。這個地方是南方邦聯的首都，也是聯邦參議員哈利．伯德（Harry Byrd）名符其實的領地，其人是富蘭克林．羅斯福（Franklin Roosevelt）總統和新政的宿敵。二十世紀中葉，伯德像領主統治莊園一樣主宰整個維吉尼亞州。詹姆斯．布坎南博士來到維吉尼亞大學任教的時候，參議員伯德的盟友正好在考掘凱爾宏的政府理論，準備對抗**布朗訴教育委員會案**。

CHAPTER

# 1

# 勢不可當

## THERE WAS NO STOPPING US

哈瑞・伯德手持權柄，以保護自由之名恣意揮舞——不過，是以他的理解去定義的自由。他所代表的維吉尼亞州出身的憲法制定者，比任何一個州都來得多，而他決心要根據他的解讀方式來貫徹這些革命先賢的意志。有位進步分子曾罵他是個「反對二十世紀大多數事物的老頑固」，但是伯德倒是對自己始終如一的反進步政治立場引以為傲。伯德在權力無邊的參院財政委員會中擔任主席，某位同儕說他「衡量自己身為參議員的成就，不是看自己通過了什麼，而是看擋下了什麼」。在他的觀點裡，若要守護自由，聯邦政府應該只負責國防與司法，其他都不要碰。

**布朗訴教育委員會案**總共包含五宗案件，其中一宗的被告是維吉尼亞州。維吉尼亞這件案子緣起於一名高中生，她因為受夠了被歧視的生活，而決心做出改變。她名叫芭芭拉．羅斯．約翰斯（Barbara Rose Johns），來自維吉尼亞州的愛德華王子郡。這一帶過去是棉花的主要產區之一。芭芭拉上的羅伯特羅莎莫頓高中，是一棟棟用焦油紙糊成的棚屋，總是人滿為患，使用的教材是「代代相傳」的二手舊書。直到某一天，她再也受不了這樣簡陋的上課環境。她決定發起為期兩週的罷課大作戰，與大約四百五十位同學一起向政府抗議，要求提供更好的教育品質。芭芭拉的叔叔正是那位行事激進的弗農．約翰斯（Vernon Johns）牧師。弗農後來還當過馬丁．路德．金恩（Martin Luther King）牧師的導師。不過，芭芭拉從來沒有跟這位遠在蒙哥馬利的叔叔，商量過罷課計畫的事情。[1]

這位總是神采奕奕、笑容滿面、勤奮向學的女孩，第一個找上的人是她最喜歡的老師——伊涅斯．戴文波特（Inez Davenport）老師。戴文波特老師的課開在下午，上課的教室是臨時拼湊出來的，連室內管線也沒有，不知情的人路過會以為這裡是雞舍。學生總是對她抱怨，「這一點都不公平」。每回碰到下雨，屋頂一定漏水，冬天得燒柴取暖，學生們的課桌椅個個搖搖欲墜，甚至連課本都是從白人學校撿回來的二手書。而白人學生上的學校卻是嶄新的校舍，實驗室、室內管線、蒸氣暖爐皆一應俱全，圖書室裡館藏豐富，甚至還有體育館。一九五〇年秋季某次上課，學生們又抱怨起學校有多慘。這次，戴文波特老師跟他們分享了一則新聞，她說麻薩諸塞州有學生發起罷課，最後，學生們為自己贏得了應有的權益。她說，「如果他們辦得到，你們當然也行。」芭芭拉對此深感興趣，於是下課後特地留下來問老師：她是真心認為可以辦到嗎？當時新聞常常有罷工的報導，美國的勞工確實因此拿到更好的薪資，獲得了更多權力。但是，芭芭拉從沒想過，原來學生也可以罷課。[2]

那天下午討論完之後，師生兩人開始祕密合作。他們的合作即將帶來前所未有的影響，將會撼動維吉尼亞州的種族隔離制度（Jim Crow system）。其實在家長會上，黑人家長早就一次又一次地懇求督學和學校董事會改善學校環境。一九四七年，該州的教育委員會調查結果支持了他們的訴求，而且眼見戰後嬰兒潮肯定會讓入學人數暴增，因而裁定羅伯特羅莎莫頓高中「不合格」。請願者如今至少能夠獲得申訴的機會，這要歸功於全國有色人種協會，該協會一直以來大力主張黑白人種學校的待遇都應該「平等」。南方州政府的官員心裡有數，聯邦政府已經開始懷疑起號稱「隔離但平等」（separate but equal）的教育環境了。[3]

不過，最終要能促成改變，可謂道阻且長。因為維吉尼亞州實行人頭稅（poll Tax），許多低收入戶家長更難以對民選官員施壓，追究他們忽視孩童權益的責任。和很多美國南方州一樣，當時的維吉尼亞州要求投票者必須要繳稅才能夠參與政治，而且維吉尼亞州是採用累計制的州之一，意思是說，假設前兩次選舉都沒有你感興趣的候選人，但第三次有，你想要投票給他，你得繳清三次的稅。像愛德華王子郡，多數黑人農工過著貧窮的日子，沒有財力參與政治，人頭稅有效地阻止他們影響政策。因此這些家長只能苦苦哀求。而該郡的主事者們不為所動，他們不認為黑人學生的教育值得投入更多經費。[4]

莫頓高中的校長博伊．瓊斯（Boyd Jones）對此表示，官員為了自圓其說，「總是會提起黑人貢獻的稅收太少了」，只占該郡的財產稅總收入的一成。「他們期望我們不改善教育就能提升所得。」[5]要為黑人蓋好一點的高中，就得要提高稅率或發行債券，這兩者都不受白人選民支持，因為他們的小孩在自己的學校裡面過得好好的。白人官員的想法很簡單，反正這些「黑人小鬼」之後也只能在農地、廚房或工廠工作，那麼現在為他們做再多有什麼用呢？[6]抱持這類想法的白人從不去了解黑人孩子的需求，隨隨便便就認定這些孩子沒有未來。

芭芭拉平常就密切關注罷工新聞，她很清楚，這種時候人微言輕的老百姓，想要能夠跟統治階級的菁英分庭抗禮，唯一的方式就是像罷工團體那樣組織起來。於是，戴文波特老師播下的種子，就這樣開始萌芽。優秀的芭芭拉同時身為合唱團、辯論隊、戲劇社和學生議會的成員，經常代表學校造訪州內其他學校，她覺得她看過夠多間學校的現況，值得一試。戴文波特老師的願景很直截了當：「如果孩子們發動罷課，就能傳達訊息給學校委員會——這些孩子是認真的，我們得為他們蓋出好一點的學校。」但她也知道罷課可能會讓她、甚至讓其他人工作不保。當時老師們沒有工會保障，隨時可能被報復性解雇。所以她告訴芭芭拉，從現在開始她們所有單獨會談都必須祕密進行，不能被人看到。她們必須透過書信交流，在戴文波特辦公桌上的音樂課本底下藏起小紙條傳遞訊息。這麼大膽的行動前所未聞，在實行種族隔離的維吉尼亞州尤其危險。為了安全起見，她們一讀完紙條就會馬上銷毀。戴文波特老師打從一開始就堅持，整個籌畫過程必須保密，而且罷課行動必須「有秩序、有禮貌」。[7]

戴文波特老師指示芭芭拉，務必循序漸進小心翼翼地行事，先招募一些有實力的學生成為合作夥伴，這些學生得本來就是大受歡迎的風雲人物，還得要有點家世背景，才不會因為家庭關係受制於雇主的勢力。根據她招募的第一個夥伴說，芭芭拉行事井井有條，「像是響尾蛇飛彈一樣朝著目標直衝而去。」這名夥伴是約翰·斯托克斯（John Stokes），他是班長、也是位高材生，不僅是田徑隊和辯論隊的成員，他還被選為「美國新農民協會」的維吉尼亞分會主席，這個協會主要在協助鄉村地區年輕黑人發展領導能力。約翰的妹妹凱莉·斯托克斯（Carrie Stokes）則是莫頓高中的學生議會會長，這個議會是由校長所成立，為的是讓學生體驗真實生活中無法體驗的民主集會。斯托克斯家族是連白人報紙都認可過的「傑出人士」。兩兄妹的父母皆是受過教育、擁有自己土地的農民，也是深受當地黑人農民信賴的顧問。家中年紀較長的三個兒子都是陸軍士官出身，長女在美國海軍陸戰隊服役。芭芭拉把約翰和凱莉兩兄妹召集到學校操場角落，在煤磚砌成的看台上開了祕密會議。[8]

三人開始商議他們的「曼哈頓計畫」，這個名字取自二戰時研發出第一枚原子武器的軍事計畫。他們以「品行和領導能力」為準則，組成了一支二十人的「核心罷課部隊」。罷課計畫簡單明瞭：在集會時，芭芭拉「將會公開致詞表達我們的不滿」。跟其他罷工一樣，學生也要高舉口號標語，一起遊行進城，讓「眾人聽見我們，看見我們，了解我們的困境」。一些學生擔任糾察隊，「駐守在校區外圍」，阻止任何想破壞罷課行動的人進入莫頓高中。[9]

約翰．斯托克斯回想道，「我們將這件事計畫得一絲不苟。」。[10]他們整整準備了六個月，直到一九五一年四月二十三日，預定的「作戰日」終於來臨。作戰依照規畫在早上十一點開始，為了避免校長受到罷課波及，幾個學生在作戰開始前一刻謊稱有緊急事件，將校長引出校園外，其他人則藉機召開全校集會。罷課委員會站上了舞台。約翰．斯托克斯帶著學生們念主禱文，祈禱一切順利。老師們也被趕出體育館外，以免他們因為與學生合作而被開除。在舞台上，籌備小組像希臘戲劇中的合唱團般一字排開站在芭芭拉身後，芭芭拉開始她的演講。芭芭拉克制著怒火，細數著所有同學都知道的問題慘況：這間學校殘破不堪、人滿為患，比起其他學校的高中生，能幫助學習的資源他們一個都沒有，這些不該是白人孩子的特權。她告訴台下全神貫注的聽眾說，他們必須現在就團結起來，一同發聲要求全新的學校設施，否則一切都不會改變。[11]

「老天，那場演說讓所有人為之瘋狂，」斯托克斯對此津津樂道，當時眾人鼓譟拍手跺地，「沒有人還坐得住。」學生們離開了座位，所有人一同向外走去，有些人還拿出了幾天前做好藏起來的口號標語。他們昂首闊步，遊行進城，準備去見白人督學。罷課委員會全擠進了督學辦公室，而芭芭拉當著所有人的面告訴那位督學，既然學生們生活在「現代世界，我們很希望學習環境也能夠與時俱進」。督學威脅著要將他們開除，卻沒有絲毫嚇阻效果。他警告學生如果再不停手，就要將他們的家長關進大牢，這番話起初讓他們有所遲疑，不過很快就有人注意到，鎮上的監獄太小，根本關不了所有人。「那之後，」斯托克斯說，「我們勢不可當。」[12]

在另一位當地的大人法蘭西斯・格里芬（Francis Griffin）牧師居中牽線下，芭芭拉・約翰斯與凱莉・斯托克斯聯繫上了全國有色人種協會的本州分會。[13]兩位來自里奇蒙的協會律師，斯伯茲伍德・羅賓森（Spottswood W. Robinson）和奧利弗・希爾（Oliver Hill）同意到郡首府所在的法姆威爾，與罷課學生以及家長會面。他們告訴學生願意接下這個案子，但原告必須同意，不能光只是要求平等的學校設施，還得去挑戰隔離政策這根本的不平等。約翰斯與斯托克斯並不知道在與律師接洽前，全國有色人種協會才剛做出這個很重要的決定。協會的律師團是由傑出的霍華大學法學院院長查爾斯・漢密爾頓・休斯頓（Charles Hamilton Houston）領軍，他們早期的訴訟策略是訴求黑白人種的學校即使隔離，也要達到真正的平等，但是現在他們不再滿足於此。因為雖然他們在好些不同的郡成功改善了黑人教師的薪資、新建了黑人學校，但問題是，這種打法得面對源源不絕的一次性戰役——光是維吉尼亞州就有七十五個學區要打。儘管難如登天，直接挑戰種族隔離制度似乎才是一勞永逸的辦法。[14]

律師團還提出了另一個條件：罷課必須拿到超過百分之九十五黑人家長的背書。[15]格里芬牧師再次伸出援手，協助學生在幅員廣大的窮鄉僻壤間拿到家長簽名。就連佃農和受人雇傭的勞工，也冒著被老闆報復而失去工作的風險，簽下了自己的名字。沒有人願意看到自己孩子眼中閃爍的嶄新火苗就此熄滅。[16]

五月三號，全國有色人種協會律師團正式向愛德華王子郡學校委員會提出訴願，要求終結隔離且次等的教育制度。那一晚，家長和學生都聚集在第一浸信會的教堂，眾人將教堂擠得「水洩不通」，許多大人都站出來為學生說話。但是，其中最讓大家難以忘懷還是芭芭拉・約翰斯的呼告。「我們就靠大家了。」她對著齊聚一堂的父母、祖父母們號召，台下則回以淚水和喝采。格里芬牧師為這場會議做了結語：「這些孩子如此勇敢地站了出來，任何還不願意支持他們的都不配做人。」[17]

就這樣，罷課終於落幕了。四百五十位青少年一路以來展現了無比的團結，在所有人都同意五月七日星期一恢復上課以前，沒有任何一個人退出。也是在同一天，他們的律師團將案件帶上了聯邦法院：**戴維斯訴愛德華王子郡學校委員會案**（*Davis v. County School Board of Prince Edward County*），原告名單以九年級生桃樂絲・戴維斯為首，共計一百一十七位學生及六十七位家長。[18]

這起案件震驚了白人菁英階級。「他們的」黑人竟敢如此忘恩負義，簡直令人難以置信。

官司開打之後，他們開始尋找代罪羔羊，進行報復。郡府官員拒絕續聘校長。瓊斯校長從此被列入維吉尼亞州的黑名單。他與先前暗中為芭芭拉．約翰斯指點迷津的戴文波特老師結了婚，新婚的兩人決定搬去阿拉巴馬州的蒙哥馬利。他們在當地順利找到新工作，並且加入弗農．約翰斯牧師的會眾。先前在連署書上簽名的家長，名字全被公開在《法姆威爾先驅報》上，許多人都遭受經濟報復。看似安全的自耕農也沒有逃過一劫，他們找不到當地買家收購他們的農產品，在需要融資的收割期，也沒有銀行願意借錢給他們。眼見肅殺之氣漸凝，羅伯特．約翰斯和維奧莉．約翰斯兩夫婦也趕緊將女兒芭芭拉送去蒙哥馬利，讓她住在弗農叔叔家，安全地唸完高中。為了在必要時自我防衛，斯托克斯家「隨時備好五把上膛的槍」，其他黑人家庭也都屯滿散彈槍的彈藥，以防麻煩找上門。[19]

幸好，最終都沒有私刑事件發生。維吉尼亞州並不是惡名昭彰的喬治亞州、密西西比州或阿拉巴馬州，這些地方的政客以包庇罪犯出名。維吉尼亞州自譽是紳士統治的法治之地，以自己將種族關係管理得很好為榮。[20]但是這並不代表他們會對黑人讓步。州法院站在白人這方，蒙受不公平對待的人只能繼續上訴。

當**戴維斯訴愛德華王子郡學校委員會案**上訴到美國聯邦最高法院時，它被列入**布朗訴教育委員會案**五案共同審理，維吉尼亞州政府則以代表該郡學校委員會及督學的身分介入。歷史學家詹姆斯．赫斯曼（James H. Hershman Jr.）指出，「維吉尼亞州政府攻擊全國有色人種協會提出的心理學證據，他們找了自己的專家證人出面反駁，主張黑人在心智發展上本來就比較差。」[21]該州檢察長請出了維吉尼亞出身的哥倫比亞大學心理學系系主任，擔任辯方的「重要證人」。亨利・蓋瑞特（Henry Garrett）博士出庭作證時，表示隔離政策就只是「常識」，而且符合全體學生的最佳利益。原告方引了肯尼斯・克拉克（Kenneth Clark）博士和馬米・菲利浦斯・克拉克（Mamie Phipps Clark）博士的研究；這兩位心理學家剛好之前都是蓋瑞特教授指導的博士生，而蓋瑞特教授非常堅持種族隔離未必是一種污名。[22]跟其他論點一樣，這套說法也沒能說服法庭。

一九五四年五月，法院作出對**布朗訴教育委員會案**的判決，辯方全敗。儘管甚少為人注意，不過文獻指出，事實上大部分維吉尼亞州的白人公民也傾向於接受現實。雖然沒有幾個人喜歡這個結果，但這畢竟是本國最高法院一致通過的判決。其實不少人打從心底清楚，這套隔離系統非常的不公平。既然最終的判決大勢已定，種族隔離注定走上末路，他們也沒什麼可做。一時間，風波暫時平息了下來。[23]不過，該州的統治菁英並不這麼想。由前州長暨聯邦參議員伯德所領導的「伯德幫」（Byrd Organization），一直以來主宰著該州南部過去以種植棉花為主的黑人聚落，例如愛德華王子郡。在他們眼中，聯邦最高法院這項駭人聽聞的新判決，延續了羅斯福新政以來的新方向，不斷侵犯地方的權利。對他們而言，隔離政策和整套複雜的體制相輔相成，兩者的維繫同等重要，是他們必須堅守的「生活方式」。[24]

究竟這些舊秩序的捍衛者，如何以合法的方式打擊**布朗案**？身先士卒的是來自奧克拉荷馬州的一位年輕記者，他叫詹姆斯・傑克遜・克派屈克（James Jackson Kilpatrick）。他當時剛被提拔為該州主要報社《里奇蒙新聞領導報》的編輯。他在報社的前輩兼導師約翰・戴那・懷思（John Dana Wise）是個深具學識的保守派人士，很喜歡引用洛亞諾克的約翰・蘭道夫（John Randolph）的話，後者是維吉尼亞州第一家族內的紈褲子弟，他曾對外宣稱，「我就是貴族。我愛自由；我恨平等。」克派屈克回憶起剛入報社的時候，說道，「每當我的文章不小心透露了一絲進步的想法，（懷思）就會把我叫進辦公室」，開始「逐行」檢討。當時某位評論家指出，報社老闆認為，這個社會將自己的人民分成兩邊，只有「騎驢的人和被人騎的驢」。[25]

而克派屈克想當那個騎驢的人。一九五一年學生們提出告訴的時候，他曾刊出一份驚人的言論。他在文中宣告：「用稅金支持公共教育」的時代可能已經過去了。[26]在聯邦最高法院作出**布朗第二案**的判決，亦即將廢除種族隔離措施交由各地方法院負責之後，一九五五年十一月，克派屈克開始疾呼教育私有化，發起運動對抗聯邦政府的「專制」。[27]一九五五年十一月二十一日，克派屈克率先鼓譟發難；從那天起一直到一九五六年一月，他每日都在專欄上抨擊此案，認為這種事情無論如何都不能放手讓聯邦政府來決定，不該讓聯邦政府干預維吉尼亞州的州務。他援引了十九世紀內戰前南卡羅來納州聯邦參議員約翰・凱爾宏提出的憲政理論。當時，凱爾宏積極建立擁軍好戰的南方邦聯。

為了保護他所在地區的獨特政治經濟模式，把黑人視為個人財產，凱爾宏認為：州政府如果認為哪些聯邦法條可憎而難以接受，州政府有權抗命不從。這套論點依據的是美國《憲法第十條修正案》：「舉凡憲法未授予合眾國行使，而又不禁止各州行使的各種權力，均保留給各州政府或人民行使之。」凱爾宏擔心北方和西部掀起的反奴隸潮流，他堅持美國聯邦憲法的權限並非由美國人民集體授予，而是由各州政府授權給聯邦。因此他推斷，各州首長本來就有權「介入」聯邦政府和該州人民之間。[28]

大多數思考過這些議題的美國人都認為，聯邦在內戰取得勝利的時候，就已經解決問題了。一個由「民有、民治、民享的政府」的全國聯邦，擊敗了想要堅持州政府權威，拒絕聯邦主流民意干預的農場主階級。但是克派屈克需要找個更體面的說法，讓他能在**布朗案**上站得住腳，停留在「時常令人反感的種族問題」上面是不行的，凱爾宏的州政府介入權（Interposition）似乎是他唯一的選項。[29]《華盛頓郵報》為此將他稱為介入權的「使徒」，想用這套理論影響整個地區。[30]

他每天工作長達十四小時，發表一篇又一篇的社論，接連寫了六個禮拜，就為了說服其他南方白人相信他們有憲法賦予的權利，可以拒絕聯邦要求終止種族隔離教育的命令——而且此刻有義務這麼做。他雄辯滔滔地大作深奧論述，就是要說服讀者：「在**布朗案**中，九位大法官赤裸而傲慢的宣示」儼然是在「強暴憲法」。克派屈克的熱切和目標引起了注意。當地送報人回憶道，那段時間「人們從報攤買了《新聞領導報》後，會立刻翻到社論版，你要親眼看到才會相信」。[31]

讓克派屈克驚慌的是，維吉尼亞州雖不打算接受聯邦法院的決策實質精神，準備好一套讓黑人好好融入校園的計畫，但已對決策表面文字做了象徵性讓步。州長任命的改革委員會，接受了死忠隔離主義分子的一些建議——其中最重要的是稅收補貼的學費補助。以現在的說法就是，白人至上派的家長若是不接受種族融合，可以接受補助，把孩子送到種族隔離的私立學校，這些學校的學費在沒有補助的情況下，通常貴到只有最有錢的家庭才讀得起。但是，「格雷委員會」這個以主席州參議員加蘭．格雷（Garland Gray）命名的公共教育委員會，也提了一個因地制宜的方案：收到法院命令的各學區，可以自行決定要不要遵守這道命令，但是仍得要配合州政府打造的學生安置計畫，由州政府決定能否讓學生入學，這樣一來，即使是願意配合反隔離的學區，也難敵州政府強硬的規定。[32]

當阿靈頓郡學校委員會宣布將配合法院制定反隔離計畫時，一位克派屈克派的支持者就出面要求其他立法者：「若他們不站在我們這邊，那我們就逼他們過來。」——若有人膽敢對黑人學生打開校門，就逼他們整間學校關門。[33]

克派屈克計畫著他的下一步棋，其中最關鍵的人物就是維吉尼亞州的資深聯邦參議員哈瑞・伯德。六十八歲的伯德，雖然髮線退了不少，但叱吒政壇的氣魄仍絲毫不減，他在華府是舉足輕重的大人物，在家鄉維吉尼亞州更是最有權勢的人。那些有志在二十世紀中葉的維吉尼亞政壇取得影響力的人，都有必要先問一個問題：哈瑞會怎麼看？畢竟哈瑞・伯德如日中天，那些有辦法在這個圈子找到一席之地的人，都吃了伯德幫的奶水。（評論家更喜歡的說法是伯德機器。）

《時代》雜誌將聯邦參議員伯德評論為「貨真價實的貴族」。但是根據一九五〇年代ABC新聞台的調查報告，他當年變得非常富有，有部分是因為他在「當地失業率相當高」的情況下，還引進了「加勒比海的廉價勞工」替他耕作。某位聯邦官員表示，這種引進外勞的手法「根本就介於現代版的奴隸買賣，以及契約奴工制度之間」。外籍勞工在美國基本上沒有任何權利可言，「每週工作六十個小時，領到六十美元，甚至更少」——這份微薄薪酬還得再從中扣除交通費和其他費用。尤其那些從巴哈馬來的，像是伯德參議員的勞工，「受到的剝削最為嚴重」。[34]

但一件事情是不是剝削，跟你從哪個角度去看很有關係。在伯德這種財產權擁護者眼中，這不過就是自由市場的正常運作：大量願意用更低薪水簽約的勞工，雇主也可從中得利，藉此將營運利潤推向新高。引進外籍勞工對大型農場主來說再理想不過，畢竟只要雇用這些人，就能輕易避開「聯邦基本生活或工作條件」等繁瑣的相關勞權規定。到了二十世紀中葉，伯德已經是「世上最大的個人蘋果園農場主」。從他宮殿般的豪宅往下望，「綿延兩英里的二十萬株果樹」一覽無遺，豪宅奢華程度可以媲美維農山莊和蒙提瑟洛的傑佛遜莊園。伯德將自己視為自由企業家的成功典範：這是個人自由的展現，各州有權利保護個人自由不受聯邦政府的侵擾。[35]

儘管他總是故作謙恭，但事實上，這麼多年從沒有人能像他一樣，將整個州把持在指掌之間。一九二〇年代大部分時間，伯德都穩坐州長大位，自一九三三年起擔任聯邦參議員，一直做到一九六五年退休，他獲得的權力之大，大概連凱爾宏也會自嘆不如。但是，哈瑞・伯德主導的伯德幫，與其他來自北方城市的政治機器，沒有絲毫相似之處。後者提供了豐富的福利來吸引形形色色的低收入選民支持，前者完全走相反路線，某個維吉尼亞州政界的權威人士指出，這是「壟斷維吉尼亞州的保守當權派」，「伯德就是其中的最高主席」。伯德幫的目標，就是讓州政府能夠免於輿論壓力，不用提高公共支出進行其他改革。為達目的，他們不惜誅鋤異己。每間地方法院都有伯德幫的打手，只要他們對誰「放點消息」，就足以讓任何商家關門大吉，也可以讓任何人前途黯淡。[36]

哈瑞・伯德手持權柄，以保護自由之名恣意揮舞——不過，是以他的理解去定義的自由。他所代表的維吉尼亞州出身的憲法制定者，比任何一個州都來得多，而他決心要根據他的解讀方式來貫徹這些革命先賢的意志。有位進步分子曾罵他是個「反對二十世紀大多數事物的老頑固」，但是伯德倒是對自己始終如一的反進步政治立場引以為傲。伯德在權力無邊的參院財政委員會中擔任主席，某位同儕說他「衡量自己身為參議員的成就，不是看自己通過了什麼，而是看擋下了什麼」。在他的觀點裡，若要守護自由，聯邦政府應該只負責國防與司法，其他都不要碰。[37]

伯德幫知道自己支持的政策往往違背大多數人的利益，所以傾力操弄投票和代議體制相關規則。其中，人頭稅就是屢試不爽的好工具，大刀一揮就能有效地把多數白人和幾乎所有的黑人全擋在投票亭外。自一九〇二年針對黑人的憲法條款推行後，黑人選民人數暴跌到原先的七分之一，但是受創的還不只黑人。一位來自里奇蒙的編輯，談及一九二〇年代的**白人**市政參與狀況時抨擊道，「兩成的選民就能決定結果，最多就兩成，我們把這種東西稱為民主！」另一個關鍵手法則是惡意操作州議會的席次比例，這是從殖民時期一路沿襲而來的手法，讓偏保守派的鄉村代表席次過高，中間選民的城市和郊區代表席次過少。歷史學家道格拉斯・史密斯（J. Douglas Smith）解釋道，其實「一九五六年維吉尼亞州議會投票決議寧願關閉公立學校也不支持種族整合時，投下贊成票的二十一位議員所代表的維吉尼亞選民人數，比另外十七位議員投下反對票的議員還要少」。[38]

事實上，有長達四十年的期間，伯德幫成員單靠可投票選民總人數一成的票數，就可以贏得選舉。「在美國諸州當中，維吉尼亞州可說是寡頭政治最徹底的一州。」觀察南方政局的政治科學家凱伊（V. O. Key Jr.）在一份經典的研究報告中指出這一點。凱伊語帶雙關地說，比起維吉尼亞州，「密西西比州堪稱民主溫床。」[39]

維吉尼亞州的寡頭們能夠牢牢掌握一切，靠的可不是摸黑夜行，而是小心翼翼地設計好一整套自己的遊戲規則。他們對於深南部（the Deep South）常見的私刑手法毫不寬容。事實上，在伯德擔任州長的期間，就強力取締3K黨（Ku Klux Klan），最後將他們全都送上了絞刑台。[40]這些人站在統治階級的高度，他們比誰都清楚，只要巧妙利用法律規定就能把維吉尼亞州的投票率砍到全國最低，同時，對富有階級徵收的稅也維持在全國最低。最重要的是，這些遊戲規則可以遏制集體力量，讓民主的拳腳無法進一步施展開來。[41]

舉例來說：維吉尼亞州是全國少數搶先立法禁止封閉工廠的州，「封閉工廠」原本是工會用來限制資方只能聘用工會成員的手法，也是談判的籌碼。一九四七年，保守的國會通過《塔虎脫—哈特來法》，這套推翻杜魯門總統的否決而通過的勞資關係法，也被評論家戲稱為「奴役勞工法」，在這法案推出的幾個月前，維吉尼亞州的州長就已經簽署了「工作權」法案來削弱工會。[42]為了阻止人民影響政府，他們布下了各種精緻的陷阱，就算真的有公民避開了陷阱，組織起來尋求改變，那也只要讓媒體輕描淡寫地無視他們就好了。這也是「維吉尼亞玩法」的一部分。若沒辦法完全阻止集體行動，至少可以控制新聞媒體讓他們不見天日。[43]

這就是他們以自由為名創造的系統，他們不顧一切也要守住這個優勢。克派屈克批判州政府在**布朗案**上讓步，正好打在痛點上，讓維吉尼亞州史上最有權勢的人相當興奮。「我仔細地讀過你每一篇社論。」伯德盛讚這位盟友的「傑出」文筆。密西西比州的聯邦參議員詹姆斯・伊斯特蘭（James Eastland）也對此感到欣喜，他在一九五五年的聖誕節前夕歡欣鼓舞地致電給伯德，稱讚克派屈克的「計畫在整個南方激起了一陣熱潮」。為了確保沒有南方的參議員「傷害我們的信念」並接受**布朗案**的裁決，伯德將克派屈克邀到華盛頓，與他們一群人開了一場作戰會議，討論如何奠立「十一州聯合戰線」（a united front of 11 states）的「基石」。這簡直是凱爾宏再現。[44]

有了維吉尼亞州的前例，在一九五六年末前，共有十一個南方州議會各自建立了介入手段和大抵制的相關措施，總計為此立了一百零六條法案。他們在參眾兩院的代表發表了聯合聲明，即後來所謂的「南方宣言」（Southern Manifesto），共同支持這場鬥爭。一位來自奧勒岡州的參議員對此評論，「你會誤以為凱爾宏還在世，正在參議院中大行其道。」總計一百零一位來自前南方邦聯各州的國會議員共同簽署了這份宣言，其中包括維吉尼亞州全體議員，共同譴責聯邦最高法院的判決是「曲解」（unwarranted）了「建國元勛」的用意。[45]

該年八月，為對抗聯邦政府，維吉尼亞州議會召開特別會議，通過了一連串大抵制措施——被襲擊得暈頭轉向的州參議員表示，簡直是經歷了一場席捲議會的「立法風暴」。這場風暴的其中一個特點就是要消滅地方對教育的控制權，如果有任何想要遵從聯邦法院命令進行解除隔離措施的學校，這場抵制將逼迫州長關閉學校並撤回經費資助。這也就代表著，若是地方官員要配合聯邦法院的決議，白人學生也會沒書可唸，畢竟面對訴訟的學校都是白人學校。同時他們也訂立另一條法案，同意若白人家長要將小孩送到私校可以獲得公費的學費補助，藉以規避聯邦最高法院的判決。他們的用意就在於利用這些措施建立隔離專校。他們另外設立了七條法令來削弱全國有色人種協會，如此一來，協會就更難繼續發起抗爭對抗不平等的體制。這確實奏效了，只在一年內這個民權團體曾經蓬勃的維吉尼亞分會人數就少了三分之一，美國猶太委員會將此歸咎於這場南方史上「為了重挫全國有色人種協會而精心打造、系統化且複雜的作為」。[46]

・・・

這道狂潮讓科爾蓋特・懷特海德・達登非常擔憂。[47]在維吉尼亞州關係密切的白人菁英階級中，達登是領導人物之一，他靠著地主富紳和各大企業領袖的支持起家。不論是關於雇主權益、地方政府權力還是種族隔離的議題上，他總是站在正確的這一方，也因此被選入國會並且進一步當上州長。他之所以當上維吉尼亞大學的校長，是過去的導師哈瑞・伯德，和大學外部審議委員會（Board of Visitors）其他右派成員共同推舉的結果。達登很清楚，不論他作什麼決定，這些人都希望他能夠對此感恩戴義，做出回報。但是，身為一個由哥倫比亞大學法學院和牛津大學訓練出來的律師，他也很清楚這些大抵制法令終將失敗。與此同時，若真的要強制關閉所有想要解除隔離的學校，無疑會重創該州搖搖欲墜的公共教育體系，傷害經濟發展。[48]達登預見，時代已去，未來已經不再是光靠著群情激憤、高呼訴諸凱爾宏理論，就可以改變這個國家的時代了。他們需要其他手段。而維吉尼亞州要能夠在這場危機中再次立足，最大的機會或許就是當時的學界新秀——詹姆斯．布坎南。

# 第一部

# 成形中的思想

# THE IDEAS TAKE SHAPE

CHAPTER

# 2

# 鄉村男孩進軍風城芝加哥

## A COUNTRY BOY GOES TO THE WINDY CITY

老布坎南從此一蹶不振，他的孫子描述他在失敗後「身心受創」，回到原本他痛斥是在壓迫人民的民主黨。還有另一點讓老布坎南深感挫折：當時他下令要鎮壓礦工暴動，警長們卻認為這道命令不得人心而拒絕執行。因為警長們也知道，抗議群眾廣受支持，他們可不想為了替他討好礦業公司，而賠上自己的官位。老布坎南的挫敗，改變了布坎南對民主政治的看法，他開始質疑民主政治運作的方式，他發現若是選民人數愈多，對他這種相對少數的白人資產階級愈不利。

詹姆斯・布坎南生於一九一九年，來自田納西州一個名為「崗」的小村莊，這個小村坐落在納希維爾東南方郊外，沿著狄克西高速公路約一小時車程之處。和維吉尼亞州不同，田納西州當年還是個不毛之地。布坎南成長的年代裡，公路上才剛開始有零星的汽車，和馬車並行在路上。鄉間民宅室內沒有水電，沒有辦法取暖，大家都習慣戶外就地「解放」的生活。若想要在晚上唸書，還得點起煤油燈才能挑燈夜戰。田納西州的西半部是以孟斐斯為中心的農場文化，東半部則是以諾克斯維為中心的山居文化，而布坎南所居住的地帶則正好位於兩者之間，田納西州的中產階級大多數都住在這裡。中田納西有著出了名的肥沃土地，其中散布許多中型農場，農場周遭是藍草（bluegrass）生長的牧地，由鬱鬱蔥蔥的雪松林環繞。[1]

「我來自貧困的家庭。」布坎南晚年總向身邊的人這麼說，倒也沒錯，畢竟那是一九二〇年代，當時的農業部門死氣沉沉，正如其他衰敗中的產業一樣預示緊接而來的大蕭條。但是就連他自己也會說：貧窮是比較出來的。相較於田納西州的普遍狀況而言，甚至在他住的中產階級社區當中，布坎南的家境都堪稱優渥。他們的家屋盤踞山頂，俯瞰著數百英畝的拉瑟福德郡土地，全州酪農生產力最高的寶地。他們家也養了一大群純種娟姍乳牛，可以產出乳脂豐厚的高品質牛奶，就近賣給新建的雀巢三花牛奶工廠。此外，有別於其他租地、打零工的居民，布坎南家可是擁有自己農場的地主。雖然他們的房子可能真的說得上是「年久失修」，還常常需要粉刷上漆，但是他們家有十四個房間，還有十座壁爐可供取暖，在鄰居眼中，這根本是棟豪宅了。[2]

他們家族相對優渥的生活條件，以及「純蘇格蘭及愛爾蘭」的血統，無疑都烙印在他的腦海中，為年幼的小詹姆鑄造了優越的世界觀。雖然他自己從來不曾提起，根據一九二〇年的人口普查資料，其實在他剛出生的時候，他父母聘了一位住在家裡的僕人兼農場長工，他叫做弗斯特．嘉納，是位二十一歲的黑人。到了一九四○年，還有一大家子黑人佃農在他家的土地上工作。布坎南家光是房子就價值兩千元美金，還握有兩百五十五畝土地，價值高達六千三百元美金，相較之下，他們手下的黑人佃農才是真正的貧困階級，每月還要付四美元的租金，收成季節就得結清。[3]

布坎南家的家世也讓他們引以為傲。小詹姆的爺爺是約翰．布坎南（John P. Buchanan），小詹姆和他兩個姊妹就讀的公立學校就是以他命名的。布坎南爺爺是民粹主義者，在一八九〇年由田納西農民聯盟與勞動工會推舉參選當上州長。當時南方製造業不發達，但是煤礦產業盛行，眾多礦工和農民有一些共同敵人，其中最大的敵人就是鐵路運輸的大企業，特別是剝削農民和雇用遭到不公平定罪罪犯勞工的鐵路公司。農民聯盟的成員熱切地深信民有、民治、民享的政府將會到來，研究這場抗爭的歷史學家評論道，「他們有著嚴肅的責任感，認真捍衛工業經濟的公平性。」他們認為那些所謂的「壟斷者」（monopolists）不應該擁有「特權」。他們不容許任何人將「辱人」的工作利用懸殊的個人經濟差距強加在他人身上，也不該有農民被債務壓垮。政府應該是為了所有人民服務，而不是服侍那些自以為是「貴族」的「傲慢」傢伙。[4]農民聯盟的運動鼓舞了數千人，為他們帶來新的希望。

布坎南晚年陳述自己的人生故事時，他說自己想要繼承爺爺的衣缽，立志成為艱苦人的同伴，挺身而出阻止那些要將「特殊利益」攬在自己身上的人。他說自己年輕時，會為此花上很多時間沉浸在爺爺收藏的書海當中。[5]只是他從沒提及約翰・布坎南為什麼只短短地當了一任州長就做不下去。他省略不提的原因值得玩味，因為老布坎南是被一連串的反政府運動推垮的，而且還是鍍金時期南方最引人注目的事件，由工人階級站出來對上州政府和企業間的政商勾結的一場大戰。這或許也就能解釋為什麼後來布坎南會對勞工團體抱有敵意。

當地人將這一整年橫掃田納西東部到中部的的抗爭稱為「定罪之戰」(convict wars)。故事從頭說起，一手將約翰・布坎南推上州長的農民和礦工有個共同目標，他們最大的心願就是要藉此終結民營監獄的強制勞動體制，監獄勞動是田納西州政府和礦業富豪勾結出來的體制，用來確保他們手下有廉價勞力，再從中賺取暴利，許多想要養家餬口的無辜礦工都為了他們的利益慘遭犧牲。這套惡名昭彰的系統，可說是延續了已被廢除的奴隸制，州政府先是立法讓煤礦公司可以租用罪犯作為廉價勞工，這就成了栽贓的動機，接下來只要把人冠上一些小罪名關起來，就能取代普通的自由礦工。當時，自由礦工組成美國聯合礦工聯合會，正在要求足以餬口的工資和合理對待的勞動環境，罪犯勞動就成了取代自由礦工的對應手段。

礦工們千方百計地想要廢除這個體制：發起正面勸說、透過媒體報導、請人遊說政府，甚至也透過法律提出訴願。但是，相關單位都充耳不聞，當時某位州議員直言，因為他耳中已經被「企業耳塞」給堵上了，什麼都聽不進去。礦工推舉約翰・布坎南擔任州長，他卻遲遲沒對這個體制開刀，原本支持他的人終於忍無可忍，決定直接採取行動。上千名礦工發動遊行抗議，他們同仇敵愾地上街頭走向敵方大本營：田納西煤炭、鋼鐵和鐵路公司。示威路上，其他農民、地方商家、專家，甚至意見相投的婦女都紛紛站出來加入他們的行列。滿腔怒火的公民推倒了鐵路公司的圍欄，他們將囚禁在裡面的罪犯不分種族釋放出來。他們甚至幫這些人換下囚衣，以免再被抓回去受虐。但是，事件演變至此，老布坎南身為州長，卻沒有借勢廢除糟糕的體制，反而是召集了州政府指揮的民兵，對抗這些他曾誓言要保護的人。一陣激戰之後，許多人犧牲了，礦工方敗陣了，罪犯勞動體制也留下來了，選民只能等到下一次選舉，以選票反擊老布坎南，讓他曾經看來前程似錦的政治生涯畫上句點。[6]

老布坎南從此一蹶不振，他的孫子描述他在失敗後「身心受創」，回到原本他痛斥是在壓迫人民的民主黨。[7]還有另一點讓老布坎南深感挫折：當時他下令要鎮壓礦工暴動，警長們卻認為這道命令不得人心而拒絕執行。因為警長們也知道，抗議群眾廣受支持，他們可不想為了替他討好礦業公司，而賠上自己的官位。老布坎南的挫敗，改變了布坎南對民主政治的看法，他開始質疑民主政治運作的方式，他發現若是選民人數愈多，對他這種相對少數的白人資產階級愈不利。所以當共和黨提出法案要讓華府出面保護南方人民應有的普選權，布坎南二話不說就跳出來強烈反對。他警告說，這會讓「有色人種踩在白人頭上」，創造「黑鬼霸權」。而且他還推動提高人頭稅，阻止他眼中這些暴民走進投票所。[8]

小詹姆的媽媽是莉拉・史考特・布坎南，比起其他鄰居，她也有著更接近中產階級的家世。雖然同樣來自鄉間，但是她的家族並不務農，而是來自「副警長和長老教會傳教士」的世家。布坎南太太十分著惱當地學校連拉丁文課都開不成，但這位前教師自己給小詹姆的教是如此之好，讓小詹姆直接跳了兩級。她似乎決心**不要**讓她的獨子步上老公的後塵，詹姆斯・布坎南一世（James Buchanan Sr.）儘管俊秀迷人，但是作為一家之主卻一點也不可靠，更別提他還毫無上進心了。這段在家受教育的經歷，後來就成了布坎南建立自己經濟學思維的養分。爺爺將「布坎南莊園」分給眾多子嗣共同繼承，責任就如同獎賞一樣分散了，小詹姆覺得，「父親缺乏好好維護房產的誘因。」就算油漆斑駁脫落、廊舍日漸破舊，反正這片地也不單歸他管，他為什麼要在乎？不論原因為何，布坎南最後似乎認為老詹姆斯不值一提，甚至在布坎南往後追求志業的過程中，他還拋棄了原有的詹姆斯・布坎南「二世」之名。[9]

全家的希望就放在即將大放異彩的小詹姆身上，期望他能像爺爺老布坎南一樣在政治舞台上有所成就，或許有一天還能重返榮耀再度登上州長寶座。但是他偏偏就是少了他爸那種萬人迷的魅力。簡單來說，布坎南不太喜歡別人，而別人也覺得他不討喜——這通常不是一個成功的政治人物會有的特質。他的一舉一動都讓人感到「死板」，他一位後來的同僚解釋說，雖然他是個「正人君子」，為人正直，但同時他也是「我遇過最沒人情味的人之一」。身為一個從成長階段就習慣孤獨的孩子，他認為自己這一輩子「總是個局外人」。在二〇一三年他的追思會上，一位與他相識三十年的好友被問起：你是怎麼認識布坎南的？他卻回答：「我認識他？」[10]

不過毫無疑問的，小詹姆擁有一顆非凡的敏銳頭腦，這是連他自己都深信不疑的，他也渴望自己的未來可以超越農莊的生活。當布坎南家族在為小詹姆的未來規畫藍圖時，納希維爾的范德堡大學有著舉足輕重的地位，畢竟它當時是全州最頂尖的私立大學，無疑有著莫大的吸引力。范德堡也是一項特定文化事業的基地，這是吸引詹姆斯·布坎南的另一個原因——就是這裡的思想打造出了他心目中美好的社會和公正的政府。這所大學當時是南方重農派的基地，他們由一群稱為「十二個南方人」的作者團體主導，在一九三〇年共同發表了一篇宣言叫《我的立場：南方與農業傳統》，內容就在表彰南方農村生活。這群人大部分都是文人雅士、小說家和詩人，他們最為人所知的就是歌頌田野人本價值，鄙視工業主義與物質主義蔓延下的腐敗。不過在他們高呼的人本價值當中，其他種族可沒被算在人裡面，他們的使命深具政治色彩。光是高唱象徵南方諸州的「狄克西」(Dixie)之名，不難理解到他們就是想要贖回南方的「重農傳統」，重拾內戰前的往日榮光。[11]

為了保衛該地區既有的生活方式，納希維爾農本主義者想出的辦法就是要建立一套強勢的意識型態，以進攻取代防守。他們的首要任務就是洗刷南方的惡名，要把過去在「州際戰爭」（the War Between the States）中，白人統治階級得到的惡名漂白。就如布坎南後來說的，他們要喚醒「傑佛遜心中的理想小農政體」。他們重新塑造南方形象，試圖將其打造成受到北方菁英迫害的受害者，如此一來，先前南方邦聯的白人好戰分子使用暴力來阻止黑人選民投票，就變成只是為了對抗北方的自我防衛手段。他們為內戰後受到鄙視的南方邦聯發聲，重新賦予他們高貴的使命感，即使從他們的信件當中可以發現，他們當初為了達成目的，不只存心遮掩歷史，還有計畫地貶低非裔美國人。[12]

在布坎南心中萌生了一個新的知識體系，其中影響最深的，就是納希維爾作家唐納．戴維森（Donald Davidson）。戴維森是南方重農派的領袖，就是他將進步時代開始擴張的聯邦政府描述成一頭摧毀地方民俗、邁向「極權國家」的惡獸。戴維森也為此將敵人命名為：利維坦。利維坦出自舊約聖經，原先是指一種巨大的海怪，聖經預言神將會在末日來臨時摧毀牠。在十七世紀，湯瑪斯．霍布斯（Thomas Hobbes）就曾用這個名字做為討論政府起源專著的標題及譬喻。但是戴維森用了一個全新而獨特的方式來解釋「利維坦」這個詞：他用來喚起一個邪惡的全國性政府形象，由於北方人的自私和糟糕的信念而得到擴張，首先吹起廢奴的風潮，接著又推動勞工權益和聯邦管制。戴維森堅持認為，這種思想不可能來自美國的土地。

這都是由一些惡徒從歐洲進口來的「外來種」。他眼中的利維坦就是「人性中最狡詐危險的敵人——戴著人道主義和善意面具的暴君」。[13]布坎南也將他的政治生涯前半生都用來剝下這個他蔑稱為「浪漫的」面具，並將餘生都用來箝制這頭巨獸。

結果，受到大蕭條的影響，布坎南沒能如願進到范德堡大學。他選擇了莫夫里斯波羅的中田納西州立師範學院，因為學費便宜而且也離家比較近。如此一來，上課時間之外，他還能早晚在家擠牛奶賺點學雜費，上課就搭衛理公會在不同教堂間的接駁車。布坎南選了三項主修：英文、數學和經濟學，畢業後拿到田納西大學的獎學金，前往該校就讀研究所，並且取得經濟學碩士。然而，他始終還是對其他來自更菁英學校的人，對他母校嗤之以鼻的態度耿耿於懷。[14]

當他在一九四一年離開田納西前往紐約從軍時，剛畢業的他看待社會的方式，就彷如戴上了完全由唐納．戴維森打造的濾鏡。根據這位納希維爾作家的說法，紐約本身就是名符其實的髒話，光是紐約兩字就可以代稱一切現代美國改革思潮帶來的惡。[15]「我覺得像是闖進了敵人的地盤。」布坎南回憶起他第一次來到這座美國最先進的城市，被各種「奇人異事」包圍時的感覺。[16]

儘管如此，這趟罪惡城市之旅的經驗還是彌足珍貴，提供他私人理由去對某個菁英階層抱持敵意，更準確來說，就是針對他原本就沒有好感的「東岸菁英」（eastern establishment）。

在晚年，布坎南多次提及自己在紐約市海軍預備役軍官訓練營的故事，他和東岸菁英的梁子就是那時候結下的。布坎南忿忿不平地提起這段回憶，「我當時明顯受到歧視，東岸菁英大學畢業的學生受寵得多。」他第一次與軍校長官會面時，根本不被當一回事，而且他還不是輸給頂尖的常春藤名校，而是輸給洛克斐勒大學的畢業生。他說，那簡直是「公然歧視」。這件事情更強化了他的「民粹主義偏見」，他深信北方菁英的優勢來自消費「南方人、中部人和西部人」。的確，很少有人會說當時的社會是憑能力出頭的。然而值得注意的是，布坎南使用戴維森式的區域框架來表述問題，而這個框架無視對特定群體偏見造成的極壞後果：猶太人、墨裔美國人、工人階級白人，以及受害最深的非裔美國人。[17]

事實上，他一點都不同情非裔美國人的困境，他反而認為，黑人社群之所以在解放後仍無法興旺，並不是因為種族藩籬，而是證明「人類對自由的渴望與責任，或許根本沒有啟蒙哲學家想像得那麼普遍」。[18] 這樣無知的言論令人瞠目結舌，也清楚顯示，他刻意無視那些超出自己思維模式的事物。布坎南和科克一樣，都選擇相信勞動市場是個自由的公平市場，所以會盲目無知地對那些在勞動市場中失利的人說出羞辱的言論。

• • •

不可思議的是，當時相當年輕的布坎南，對個體效率的信仰、集體權力的厭惡、政府濫權的質疑，幾乎都和芝加哥大學經濟學系的教義如出一轍。芝加哥大學在十九世紀末建校，創始人是石油大亨約翰·洛克斐勒，建校後不久就以推動進步改革的社會科學實驗室廣受好評。但是，二十七歲的布坎南在一九四六年入學時，學風已大相逕庭，當時的校長還對學校贊助人誇口該校擁有「全世界最保守的經濟系」。[19]

布坎南之所以選擇芝加哥大學，並不是因為價值理念投契，當時他對南方以外的學校幾乎一無所知。田納西大學的一位教授曾建議他去自己的母校，這位教授在芝加哥大學取得政治學學位，告訴布坎南芝加哥大學是如「世外桃源般」適合「陶冶知識」的沃土。於是布坎南從海軍退役後，就前往該校攻讀博士學位。相伴在側的是他的妻子，來自北達科他州的護士安·貝克，她比布坎南大十歲，兩人在歐胡島的美軍基地相識。她對這位年輕士官頗有好感，戰爭結束後，兩人在舊金山再次相遇，一個月後便步上婚姻。婚後，布坎南進了芝加哥大學就讀，立志成為專業的經濟學家，她則身兼數職來支撐兩人的生計。根據布坎南的描述，當時研究所的學費來自美國軍人權利法案的獎學金以及「部分來自新婚妻子的支持」。[20]

現在，談起芝加哥經濟學派，大多數人會想到米爾頓·傅利曼。可是在布坎南入學時，明星教授是法蘭克·海克曼·奈特（Frank Hyneman Knight），他當時頗具盛名，在擁護他的學生之間甚至有個說法：「世上沒有神，只有法蘭克·奈特的神旨。」布坎南深受奈特影響，稱他讓自己在經濟學上宛如重生。[21]

奈特既是社會哲學家也是經濟學家。他讓他的學生認真思考「優良社會應有的道德本性」。出於對早年所受「草原福音教派」教育的反叛，奈特對於任何型態的教條都深感厭惡。他質疑任何一種主張，尤其大家愈是覺得理所當然，他愈想挑戰，而當時眾人最深信不疑的，就是羅斯福派的自由主義和凱因斯主義經濟學。布坎南很欣賞奈特那種中西部人的謙遜，而不像他在其他學校成員身上看到的「東岸那種較為世故、有時懦弱而隨波逐流的文化」。兩人都是鄉村男孩，雖然奈特是伊利諾州的鄉下長大的，但是兩人的母校都是田納西大學。當奈特初次與這位剛退役的軍人接觸時，用的是緩慢而柔和的語調，這不像他的其他同僚，其他人通常都有自負的口吻。一次悠閒的交談之中，奈特和布坎南傾吐真言：對他來說，學術生涯「總比犁田好」。出身農家的布坎南也曾在家中那條叫做羅達的騾身後推過無數道犁痕，奈特這話對他不證自明。[22]

依照布坎南的說法，上了六週課程之後，他投靠奈特並深受感召，從此「轉為熱衷於市場秩序的倡導者」。不知道布坎南是受到奈特的教誨說服，還是因為看到芝加哥南邊的鋼鐵業和肉品加工業的工人放下手上的工具，發動了美國歷史上最大的罷工。總之，芝加哥學派的價格理論確實讓布坎南找到一個方式支持自己「反政府」的想法。布坎南跟從芝加哥經濟學派的信念，相信任何形式的社會主義——就是那些想要介入市場運作的團體或政府——都只是感情用事而危險的錯誤。對這位初出茅蘆的自由放任主義經濟學家來說，通往繁榮最公平且可靠的道路，就是確保個人的經濟自由可以擴張到盡可能大的範圍。意思是說，每個人都應該要能夠追求個人利益且不受到任何干涉，不論是出於價值觀或目標的差異，也不論是哪一種取向的利益，那些自以為是、總說是為了別人好的政府菁英都不應該介入干涉。[23]

那年秋天，保守派人士橫掃了史稱「牛排選舉」的選戰，肉品製造商和肉品店在這場選戰當中扮演了重要角色。當時面對經濟轉型，政府持續控制物價，於是他們透過囤貨的方式發起抗爭。在國會中剛取得多數的共和黨發揮權力，通過了一九四七年的《塔虎脫—哈特來法》，[24]一舉終止了政府對物價的控制，以及阻擋了產業工會聯合會，包含了他們想要在南方建立工會和讓南方民主化的企圖。

一場長期抗戰的號角響起，雙方陣營紛紛列陣：集體安全對上個人自由的對決就要開打了。

• • •

事實上，早在那年春天，法蘭克·奈特和一些芝加哥大學同僚就曾前往瑞士，為這一戰設定策略。他們最後帶著新創立的培勒林山學會回到美國。他們是由奧地利學者弗里德里希·海耶克召集在一起的。海耶克是一位跨領域的學者，接受過法律、政治學和經濟學的專業訓練。大約三十幾位男性和幾位女性學者響應了他的號召，前往阿爾卑斯山會面，在那裡眺望歐洲唯一沒有受到剛結束的世界大戰波及的中立國瑞士。在那個還沒有廉價航空的年代，這些美國學者得搭上郵輪橫越大西洋前往歐洲，歐洲的其他學者也得搭上火車，穿越飽受戰火摧殘的英國、法國和德國。他們在沃韋附近山區的杜派克飯店會合，入住這一棟優雅的美好年代（Belle Époque）豪宅。

與會者都擔憂著他們所知的西方文明面臨危急存亡之秋：由自由結社的個體所組成的自治國家，以及曾在進入二十世紀時讓歐美成為生產與文化霸權的市場資本主義，兩者是否有足夠的韌力存活下去？看看一九一七年共產元年的到來，還有緊跟在後讓世界震撼的法西斯主義。全球衝突一觸即發，即使此刻衝突的總代價還難以估算，他們仍清楚明白地認知到脆弱的現代社會正在邁向自我毀滅，真正的和平還沒有來到。歐洲大多數地方都被炸得體無完膚，糧食配給、黑市猖獗，整個歐洲的政治前景未明。希臘和義大利開始左傾——而在這場會面前一個月，哈利．杜魯門（Harry Truman）總統剛宣告了預算龐大的杜魯門主義（Truman Doctrine）政策，不惜一切要阻止左傾。三十八位成員當中有學者、記者、基金會成員和商業巨擘，他們共同在山上開了十天研討會，每天都排滿「早、中、晚」三場緊湊的議程。在會議上，他們關注如何讓歷史潮流遠離他們所謂的「國家主義」，或是一般常說的大有為政府。[25]

將志同道合的朋友找來齊聚一堂的海耶克，本身就是個難民，他在一九一九年的共產革命年代裡，拋棄了家傳的波希米亞貴族頭銜。[26]就算沒了貴族頭銜，高瘦身形、仔細打理過的小鬍子，還戴著無框圓眼鏡，他的行為舉止依然處處展現著舊世界禮儀的優雅。早在一九三〇年代前期，海耶克就特別擔憂社會民主體制日漸擴大的吸引力。他對於當時歐美國家的公民組織尋求的治理模式相當有意見，這些人想要打造一個以勞動工會主義、福利國家、政府介入以保障經濟安全為基礎的治理模式。為此，海耶克才開始與其他有著共同擔憂的人展開對話，這也促成了後來一場可以說是「智識上的反革命」。但是他真正聞名天下是因為一九四四年出版《到奴役之路》一書，布坎南在芝加哥攻讀博士學位時就曾研讀此書。[27]

有三間美國出版社先後拒絕出版《到奴役之路》，很大原因是無法接受本書的大前提。最後由芝加哥大學的法學家艾朗・戴維德（Aaron Director）出面，與芝加哥大學出版社斡旋後，這本書才得以面世。不過《讀者文摘》的某位編輯看出本書大有潛力，認為或許能在他們上百萬訂戶的雜誌當中取得共鳴。確實，它辦到了。「想像一下我多驚訝，」這位內斂的教授談起在紐約演講時，超過三千名聽眾擠滿大講堂，他面前是「一大排麥克風和熱切盼望的人頭湧動」。《週六評論》在一九四五年五月時記載這段故事時寫著：「很少見到經濟類和非虛構的書籍能在短短時間引爆如此熱潮。」[28]

《到奴役之路》吹響了思想戰爭的號角。海耶克提出的論點是「法西斯主義和納粹的興起，並不是對前一階段社會主義浪潮的回應，而是這些浪潮的必然結果」。在他的觀點中，他們顯而易見的共同病徵就是依賴中央政府，而病因就是他們的人民對個人自立的背離。[29]他寫道，痛恨納粹的無數人「努力追求理想，到頭來正走向他們深惡痛嫉的暴政」。[30]

問題就出在這裡，「因為幾乎所有人都想要這樣，所以我們就往這個方向去。」不論在哪，都有著「社會主義和自由可以合而為一」的假象，雖然實際上兩者水火不容，人們還是選擇相信這套說法。對此他提出反駁，他認為政府規模的擴張終將侵蝕所有的自由，直奔向極權國家。[31]

如果依賴政府是通往奴役之路，通往救贖的曲徑就是復興古典自由主義，找回海耶克口中「被廢棄的道路」。為了避免走向滅亡，西方世界必須重拾對個人自由的尊崇，尤其是經濟自由。海耶克花了很大的力氣說服讀者：自由市場不單只是高效率推動經濟進步的方法而已。只有當市場價格能夠反映供給與需求，才能讓無數自由的經濟個體，不需要政府強制介入，就能夠協調彼此的行動跟欲望，海耶克將此稱之為「自發性秩序」。若沒有「經濟自由」就不會有長久的「人身和政治的自由」。除此之外，別無選擇：「社會主義就是奴役。」[32]

不出意料，海耶克的書寫進了右翼美國商人的心底，這些人還在試圖平復傷痛，他們因為失去資產階級的傳統特權而感到失落，而且現在被迫要和工會談判，還要遵從新的管制機構訂立的規範和標準。對他們來說，大蕭條和第二次世界大戰帶來的重整，就是一場非法的「革命」。羅斯福新政「不過就是社會主義教條換了個名稱罷了」，在他們成立美國自由聯盟與新政對抗時，就有人這樣說。[33]

對自己損失感到憤怒的死硬商人，為了對抗新秩序開始設立新機構。其中影響最深遠的就是威廉・沃爾克基金會。基金會主席哈羅德・盧諾（Harold Luhnow）正是海耶克的美國金主，他不止出資讓他巡迴全美演講，還補助他在芝加哥大學十年的部分薪資，同樣拿到這筆錢的還有同在芝加哥大學的艾朗・戴維德、紐約大學的奧地利學派領袖路德維希・馮・米塞斯（Ludwig von Mises）。一九四七年夏天，還資助讓法蘭克・奈特和其他美國代表前往瑞士參加研討會。[34]

海耶克對於要在哪裡與如何「劃出界線」含糊其詞，即使他說過有必要在計畫經濟與極權主義間作出區隔。他的朋友與智識宿敵凱因斯，認為這就是這本書的核心缺陷；但是，此時海耶克仍認為不需回歸鍍金時期的自由放任（laissez-faire）。同樣地，他和其他共同創立學社的學者對被貼上保守派標籤同感憤怒。「我們必須拿出勇氣來創造嶄新的開始」，打造「更好的世界」，《到奴役之路》最後如此總結。[35]

在瑞士會面十天之後，他們組成了一個只有受邀才能加入的跨國人脈網絡，將學者與志趣相投的記者，以及能夠欣賞他們的商人和基金會高層連結在一起。由知識分子帶頭，學會成員們著手扭轉歷史潮流——為確保長久的和平與繁榮，他們要解放全世界的市場，讓市場不受集體行動和政府計畫干擾，因為學會成員都相信只有這樣才能避開危險。[36]

布坎南的導師——法蘭克・奈特備受尊崇，名列該學會三位創辦人當中唯一出身美國的學者。有別於另外兩位創辦人弗里德里希・海耶克以及路德維希・馮・米塞斯，奈特和布坎南一樣都受過民粹主義的洗禮。當歐洲成員提議要將這個團體以艾克頓勳爵（Lord Acton）和阿勒克西・德・托克維爾（Alexis de Tocqueville）為名時，奈特擋下這個提議。他說這絕對不行。一個推行「自由社會」和個人自由的團體不應該以「羅馬天主教貴族」為名。因此，有鑑於奈特反對兩位奧地利人的提案，最後他們決定依聚會所在地為名，命名為培勒林山學會。後來米爾頓・傅利曼提起，「選這個名字就只是因為不會冒犯任何人，其他的提案都會。」[37]

・・・

布坎南雖然受到導師奈特的啟發，加入了奈特引發的這場跨國思想對決，但與此同時，他也在找尋屬於自己的聲音，部分是因為他對年輕一代的芝加哥學派持保留態度，特別是米爾頓・傅利曼。對他來說，傅利曼不會帶來啟發，說是個惱人的傢伙還比較貼切。相較於「受人愛戴的」奈特像是慈父一樣扶持其他人成長，布坎南說，傅利曼則是用他「雄霸一方的學術才華」來羞辱學生。他們個性不合，或許部分也是因為傅利曼來自布魯克林區，布坎南難以信任他那種紐約萬事通的傲慢態度。除了個性之外，更深層的衝突來自他們對經濟學該做什麼逐漸產生的分歧。如果說傅利曼公開倡導的研究取徑突破了什麼窠臼的話，那就是朝向

「實證經濟學」的發展。他告訴我們，學者不應該在自己的作品中作出規範性的判斷，而是應該發展出一套「科學」，透過數學來檢驗可被駁斥的假說。奈特的生產力在六十歲後漸漸停頓，傅利曼領導的新一代芝加哥學派取代了他的地位，從此以講究數學模型化的技術聞名於世。[38]

相較之下，布坎南仍傾心於老派的政治經濟學，比起在數學上取得突破，他更關注社會契約和經濟治理的問題。在布坎南晚年參與課程時，他表明了過度著重於數學「技術」讓他覺得惱人。他痛惜經濟學已遠離初心，不再像是亞當．斯密那種「全面的道德哲學」。他夢想將來能建立起一套新的典範，以更大膽的方式對抗集體主義。

一九四八年，布坎南博士班最後一年，他在一次與同窗華倫．納特（Warren Nutter）的偶然交談中發現自己並不孤單。兩人同樣是打過第二次世界大戰的退役軍人，政治理念也志趣相投，納特和他一樣討厭主流學派將焦點放在數學技術和實證研究的訓練上，即使他們身在這樣的芝加哥大學。他們談起自己這種經濟學家能為社會做出很多貢獻，前提是要將焦點放回到研究這個世界面臨的重大政治經濟問題上。[39]或許，有一天他們真的能有機會去實現這個目標。

就像奧地利學派的海耶克和馮．米塞斯一樣，布坎南特別想要讓其他人了解，市場就是協調為數龐大的個體目標最有效率的方式，遠甚於透過政府。市場不只是分配商品和服務最有效率的方法，更是最好的社會決策者，可以讓人們遠離爭論不休的政治場域。布坎南最後覺得，凡是要用政治來促進所謂的公平，就會建立起由當權控制的經濟體系，並強迫他人接受。[40]然而，經歷了大蕭條及其引發的全球衝突，美國人因而——更正確地說，全世界的人都——不再信任市場，愈來愈依賴政府的保護，也認為那是好事，布坎南要如何在這樣的年代將他反社會主流的觀點傳播出去呢？

布坎南選擇了想在南方公立大學任教的自由放任主義經濟學家會投身的領域：公共財政學，這是一門將焦點放在政府應該扮演何種角色的經濟學。這門學問涵括了租稅、歲出和公私領域間的關係，南方官員對這些議題都有著堅定的信念。[41]當他投入這一門領域時，學界主要焦點放在「市場失靈」上：當營利事業無法有效或公平地分配商品或服務時，就需要政府介入以解決問題。

但他卻以批判的眼光翻轉了視角，建立一家之言。他找出並分析「政府失靈」（government failure）的現象與原因來支持他的論點：我們不應該無條件認為政府能有效影響市場運作，而是要先精確估算政府干預可能引發的副作用。這在當時很創新，而且直覺上也相當合理。我們怎麼會單純地假設政府會做得比較好？但布坎南在論證時，從來都不著重實證比較，他的學派也是。他把所有的興趣及天才（或許是為惡的天才），都用來敘述一種直覺性的看法，那就是信任在政治中的重要性。只要打破目前統治者與被統治者之間的信任關係，即使是持進步觀點的自由派，也會對政府的作為失去信心。[42]

廣讀德國、法國和義大利的學說後，布坎南決定向海外發展以尋找新的概念和工具，因為他知道接下來要面對一場政治角力。在一九四八年的某天，翻遍了芝加哥大學豐富的藏書後，他找到了半世紀前由十九世紀的瑞典政治經濟學家克努特・維克塞爾（Knut Wicksell）以德文寫成的論文。維克塞爾認為，經濟學家不應該繼續向那些「仁慈的暴君」提供政策建議，幻想這些決策者會為了公共利益而行事。相反地，學者們應該要先假定，政府官員和經濟參與者（economic actors）一樣都有自利動機，並且進一步詳審細察那些形塑政府和官僚決策框架的實際運作規範、作法和激勵措施。布坎南將這套衍生自維克塞爾的觀點，稱為「不作浪漫幻想的政治」。他後來說，這項洞見對他的研究產生巨大的影響，因為他自己的學術貢獻，大多都是「重申、詳述、衍生」自維克塞爾首次提出的論點。[43]

這一點或許所言不虛。舉例來說，維克塞爾提出了一套概念，認為稅賦政策的訂立應該要獲得全體一致的同意。「若我們逼迫某人為了不會帶來他的利益、甚至與他的利益完全相悖的活動付出對應的成本，」他寫道，「這樣顯然有失公允。」[44]在哈利・杜魯門宣布的美國公平社會（Fair Deal America）中，持續提高高收入族群的邊際稅率，除了剛要開始的冷戰占去一大部分預算以外，這些稅收還用於富裕階級較無意支持的其他支出方案，比方說，增加預算給田納西河谷管理局增建電力設施，將電力輸送到鄉間供貧困人口使用，增聘負責確保公平勞動基準的工廠檢查員。布坎南借用了維克塞爾的思考方式來理解公平性，這正好符合他二十世紀中葉右派的政治傾向。（這點其實很諷刺，因為維克塞爾其實是傾向左派的人，他以這套思維解釋他為何認為強迫人民繳稅補貼君權政府，用以施行一些人民無權干涉的計畫就是在剝奪受薪階級。）布坎南後來說，維克塞爾的概念「似乎完全與我內心原有的想法不謀而合」，但是「在那個時代的公共財政思維下，我不敢表達出來」。[45]

布坎南繼續在歐洲思想中尋找能夠讓他在職業生涯立足的論述。一九五五到一九五六學年，布坎南爭取到傅爾布萊特獎學金，前往義大利研讀公共財政理論。由於義大利長久的貪腐歷史，這一派的論述對於中央政府和中央稅賦抱持懷疑，甚至可以說根本是帶有敵意。在羅馬和佩魯加那段日子裡，他潛心研究義大利的國家理論，以及稅收的政治決策過程。到了學年終末，他說，他「忽然間看到曙光」。這道嶄新的曙光，與南方州「救贖者」（Redeemer）政府終結重建時期的舊教條極其相似，不過布坎南並沒有針對兩者的相似之處加以評論，我們也不確定他是否意識到這一點。就此，他為自己的財政傾向找到了理論依據：削減稅賦，並且限制政府支出。在他的第一本書中，布坎南下結論，「隨收隨付制」（pay as you go）在經濟學上是個聰明的作法，在道德上也同樣公正。他與「被瞧不起的普通人」站在一側，將國家預算比為家庭帳本，兩者都得量入為出。他深信，當政府每年都被迫要量入為出時，決策就得像是十九世紀的聯邦政府和南方諸州一樣，維持節流政策，他認為這就會帶來經濟自由。[46]

布坎南沒說的是，這套理論框架吸引到的是右翼的資產階級，這些人藉以降低自己的租稅負擔，並且拒絕讓負擔不起的人享受基本民生服務——像是學校、道路和衛生下水道設施。布坎南先後在田納西大學和佛羅里達州立大學任教，一九五六年迎來了生涯上的突破：就任維吉尼亞大學經濟系系主任。更讓他高興的是，該系同時聘用了華倫．納特，早在十年前的研究所同窗時期，兩人就提過要一起創立具有哲學基礎的新學程。包含納特在內，維吉尼亞大學持續擴編布坎南旗下的戰力，這讓他獲得足夠的力量，將原先只是區域性的自由放任派信條轉為全國性的反革命浪潮。

CHAPTER

# 3

# 別有用心的計畫

## THE REAL PURPOSE OF THE PROGRAM

同年九月，詹姆斯·布坎南剛從瑞士培勒林山學會最近的會議回到維吉尼亞州，他私下表示艾森豪總統「派兵」前往小岩城是個大錯誤。他認為，隔離派和反隔離派的對立因此被「搞成一團糟」，本來這就應該「顧及當地情感循序漸進推動」。他從來不承認實際上這就是小岩城的學校委員會和維吉尼亞州另外三個學區一直以來都在做的事情，他們原本就試著讓少數黑人學生慢慢進到白人校園，只是權力在握的各州菁英強勢否決了他們的計畫。

千載難逢的機會來了。維吉尼亞大學這所由湯瑪斯．傑佛遜（Thomas Jefferson）親手創立的學校，打算放手讓經濟系的下一任系主任有『完全自由發揮』的空間，以創造出一套前所未有的學程。根據布坎南自述，當時經濟學這門學科「正面臨變得枯燥至極的危機」，於是他的新雇主決定放手一搏，讓他和華倫．納特去設計出一套全新的學程。[1]

一九五六年十二月，布坎南私下提出一份計畫書給時任校長科爾蓋特．達登，他在計畫書中擘畫了對未來「湯瑪斯．傑佛遜政治經濟和社會哲學中心」的眾多願景。其中他保證將以兩項傳統作為核心主軸：一是回歸「老派自由放任」的思想，重拾十九世紀英美的自由放任（laissez-faire）經濟政策；二是以「西方保守派」的方式，謹慎處理所謂的「群眾動亂」，尋求新的方法來確實維繫「社會秩序」。文件裡頭也表明，有些人「不得參與」這個計畫：那些有意無意認同新政的核心觀點，把「安全」看作比自由更重要的人，以及任何想要以「集體秩序的強制力」取代「個人和自願性組織」角色的人都在此列。後者就包括了產業工會和讓政府介入經濟的支持者。與之相反，布坎南立志要訓練出一批「社會哲學家」，讓這些男性（當時這所大學只招收男性學生）學者，能夠實現以自由作為根基的社會。對於學術機構來說，抱著戒心排除異己確實很不尋常，布坎南帶著一絲辯護的味道說：「對於一所偉大的大學來說，從小規模著手來培養出一整個學派的新思想家，是完全合理的作法。」布坎南信誓旦旦地說該中心成員會處理維吉尼亞州執政菁英關心的議題，像是對抗工會力量的興起、導正聯邦政府與州政府間的關係(這一點在聯邦最高法院宣判**布朗案**之後顯得格外急迫)、「平等主義帶來的問題」(尤其是「所得重分配」、「福利國家」和「賦稅結構」,他的學程也正是針對這些問題而設計),以及「公辦社會安全體系與個人主動性(如何被威脅)」。[2]

更精確來說,該中心創立目標正好就是要對抗其創辦人所說的「社會工程」(social engineering),這必須要先改變人們的思考方式。一如布坎南後來說的,他們希望能夠阻止「集體主義的意識型態對知識分子心智所加諸的強大控制」。[3] 當時幾乎所有的專業經濟學者,都接受凱因斯學說的那套政府要投入資金來刺激經濟的說法,相信要先確保需求才能維繫經濟成長。雖然在細節認知上略有出入,可是學者們幾乎都同意,在這個大型企業盛行的時代,美國需要自由派經濟學家約翰・肯尼斯・高伯瑞(John Kenneth Galbraith)口中的「抗衡力量」來對抗大型企業:也就是勞動階級和消費者組織的力量。聯邦政府也必須要站在人民這一邊,以確保公平的遊戲規則,讓經濟天平能夠維持穩定平衡。簡單來說,大多數美國人都相信政府。布坎南說,在那個時代,「我們想做的事情真的**非常顛覆**。」[4]

達登也很清楚,布坎南所謂以「集體主義」解決社會問題的方式是什麼意思。畢竟他的岳父——杜邦公司的前總裁艾倫尼・杜邦(Irenee du Pont)就是全美國最富裕的人之一,而且正是那種最右翼的富豪。杜邦痛恨羅斯福總統的新政,還一手創立美國自由聯盟,一度想跟企業同僚聯手,試圖要讓羅斯福新政胎死腹中,期望藉此復興「雇主天堂」,但卻沒能成功。

他們提出的論述太過粗糙，一看就知道只在乎雇主的利益，結果反而給羅斯福總統一個大好機會，將這些百萬富翁貶為一心只想壓榨他人的「經濟保皇黨」。[5]

科爾蓋特．達登比較低調，他不會像岳父那樣高唱自己的右翼立場，但是他和布坎南所見略同，一致認為強大的工會、民權團體和其他組織都在期待聯邦政府帶來他們自己所描繪的社會正義。任職國會議員時，達登也曾公開投票反對「集體主義」的核心法案：《社會安全法案》。[6] 達登對這些咒文般的法條倒背如流，而在右翼商業巨擘眼中，這些法規正如同緊箍咒，讓聯邦政府入侵私人商業領域並施加箝制。在這些人心中，一手將美國經濟打造成世界經濟霸權的是他們，不是聯邦政府，更不是他們底下的受雇階級。所以當國稅局（IRS）找上門，說有錢人不止要繳稅，還要比別人繳更多稅時，他們為此憤慨，認為這不只是有礙經濟發展，根本就是侵害人身自由。聯邦官員憑什麼教他們怎麼管教員工？失業補助和退休基金也不該算在他們頭上，明明是那些人沒有儲蓄，為什麼是他們埋單？聯邦政府根本不該插手，這種事情應該要讓資產階級決定如何處理。[7]

不過，達登和他的老丈人不同的是，早在一九二〇年代初期，他還在紐約市哥倫比亞大學法學院攻讀法學博士，就知道天平另一端的許多傑出論述。經歷重建時期的失敗後，紐約的法庭由擁護自由市場的新興菁英所主導。但是後來，北方的法律學者用一套精心設計且有系統的方式，削弱自由市場意識型態的影響力，改變司法體系的認知，讓他們逐漸放下原本擁護的自由市場主義，允許聯邦政府擁有新型態的權力，因應大蕭條時期的經濟變局。一位傑出的歷史學家評論：「所有現實主義者都會同意——法律早已脫離了現實。」在大型企業主宰的年代，要說經濟領域是自由的國度，所有政府措施都是難以忍受的強制干涉，這已明顯不符合美國現況。勞工和農民發動的各種大規模抗爭，也一再證明政府與社會二元對立的虛假，二十世紀初社會科學和歷史的主流學者反駁了鍍金時代的天方夜譚，不再相信不受限制的財產權和契約自由能夠保障全民的自由和公平正義。[8]

到了一九五〇年代布坎南受聘維吉尼亞大學時，時代已經改變了，人們為了拋開過去迎向未來，把原先在十九世紀彷彿神聖不可侵犯的私有財產權拉下神壇，轉而試圖讓公民組織及他們的政府去抗衡企業的力量。這已經成為幾乎所有西方民主國家的主流立場。哥倫比亞大學、威斯康辛大學和哈佛大學連成一線，打造了一連串著重實證的精緻論述，為現代的自由主義提供了穩健的學術基礎。這些學校的研究者提出各種新政策，甚至參與設計新制度。在羅斯福新政中要求資方與正式選出的勞方代表保持良好溝通、建立社會安全網、進行失業救濟，以及最新出爐的法院判決：認定隔離體制是「本質上不平等」而侵犯了《憲法第十四條修正案》中的平等保護條款，背後都與這些人有關。[9]

布坎南明白他要對付這些論點，就得面對背後的權威和決心。但是早在軍旅生涯那幾年，他就受夠了這些常春藤出來的北方佬，他對此無所畏懼。他很樂於藉機打造一個學術團隊，壯大聲勢，發展出一套自己的政治經濟學論點，以「保護建立在個人自由之上的社會秩序」，並且以此為營向聯邦力量發動大反攻。以一個經濟學家來說，他這個願景和維吉尼亞州的菁英階級幾乎是完美契合，同時還避開了一些可能會受人非議的陷阱。比方說，為學程描繪未來方向時，他對種族議題絕口不提。研究中心也只用維吉尼亞大學的創辦人湯瑪斯・傑佛遜命名。他在向校長提出的計畫書中特別提到，要做這番事業，得要先有個看起來無傷大雅的名字，這樣大家才不會注意到中心成員的「極端觀點……不管這個計畫是不是別有用心」。[10]

為了幫他手上的經濟系壯大聲勢，他找了國際知名的自由市場論代表人物，他把這些人請來大學所在的沙洛茲維爾擔任駐校學者，其中包含了奧地利的海耶克、英國劍橋大學的彼得・鮑爾（Peter Bauer）、義大利帕維亞大學的布魯諾・李奧尼（Bruno Leoni）、南非開普敦大學的威廉・赫特（William Harold Hutt），當然，最後還從他的母校芝加哥大學請來多位經濟學者。[11]

當布坎南提出這個特別計畫時，達登心中早有一些可能的金主口袋名單，其中就包含了威廉・沃爾克基金會。基金會現任主席強烈反對羅斯福新政，他也很清楚，此時他需要培養一批學者作為後盾，這一仗才有獲勝的機會。所以，達登猜想，或許他們會有興趣為了這個使命在南方建立一個前哨基地。他猜對了，沃爾克基金會確實對此深感興趣，他們在布坎南的中心計畫上投入了五年期的新創基金，砸下共計十四萬五千美元的經費。（以二〇一六年來說，換算相當於一百二十萬美金。）[12]

所有像湯瑪斯・傑佛遜中心這種大型提案，都需要經過學校的外部審議委員會同意，但這也不是什麼大問題。長久以來，外部審議委員會的成員都是伯德幫的人，其中南方民主黨的隔離主義者與國會中那些北方商界的共和黨人之間的橋梁，就是由委員會的霍華德・史密斯（Howard W. Smith）代表一手打造的。[13]這種人想必會對布坎南提出的計畫深感興趣。同一年，外部審議委員會還頒了一面新聞報導金牌給詹姆斯・傑克遜・克派屈克，獎勵他筆下談州介入權的眾多社論。[14]在**布朗案**當中，學校方之所以能找來亨利・蓋瑞特博士擔任「重要證人」為隔離教育辯護，也是外部審議委員會的功勞。[15]後來，下一任的校長發現那些經濟系的大老根本就是在搞意識型態思想改造，負責聘用布坎南的院長依然適時提點：「在維吉尼亞州，我保證這些人的立場對你來說利大於弊。」[16]

事實也是如此，雖然我們不知道布坎南和伯德參議員究竟有沒有見過面，但若是說起財政政策和社會改革，兩人的看法可說是膠漆相投。伯德是參院財政委員會主席，在華府緊盯政府債務，他相信借債本質上就是不道德的，而這個觀點融合一些經濟政策及政府角色觀點後，就成了後來所謂的供給面經濟學。在伯德的觀點中，政府應該將經濟運作完全交給企業，同時在預算上取得平衡，以勤儉持家的方式管理預算。他將「隨收隨付」作為箴言掛在嘴邊：

所有公共投資都必須得以不負債為前提才能進行，就算是大有希望的投資計畫也一樣。他想必會讚賞布坎南受聘時正在撰寫的書，該書主題正是討論公共債務，他必定也會讚賞布坎南躋身培勒林山學會這件事。伯德參議員歷年來最欣賞的書之一就是奧地利經濟學家海耶克的《到奴役之路》，這本書為對抗集體主義提供了堅強的論述。[17]

• • •

與此同時，維吉尼亞州的公立學校在種族整合上毫無進展，更甚之，州政府官員持續以大抵制措施，大動作回應聯邦最高法院的判決。雙方僵持不下，這也給了他們時間建構新的私立學校體系，因為私立學校不直屬政府管轄，也就不需要配合**布朗案**的判決進行種族整合。當時全國各地的自由主義者，不分東南西北，全都將眼前的議題視為是爭取法律上的種族平權，而且更讓非裔美國人擁有實踐美國夢的機會。可是，其中有一群北方自由放任派（northern libertarians）先驅不同，當時他們正開始以這個詞彙定位自己，全都站在支持維吉尼亞州菁英的陣線上。為了迴避顯而易見的種族爭議，他們將這場對峙定調為南方各州抵抗聯邦強大力量、捍衛州政府權利和經濟自由的聖戰，但他們完全不在意黑人公民從中受到的衝擊。**布朗案**攪動了原本是一灘死水的局面。

這些北方自由放任派先驅到底是哪些人，他們又為什麼這麼在意這個議題？《自由人》

（*The Freeman*）的創刊人法蘭克・丘多洛夫（Frank Chodorov）是個紐約客，他創辦這本自由放任運動的首份刊物就是為了實踐他們的使命，也成功啟發了很多人。丘多洛夫將**布朗案**視為終結「公共教育體系」的大好良機，並且要趁機把空間「釋出給個別的公民團體，以私校的方式營運」。[18]來自南加州的羅伯特・勒斐勒（Robert LeFevre）也熱中於此，他即將創立的自由學校（the Freedom School）吸引了幾乎所有抱有相同信念的主要意見領袖，也帶來了一些願意砸下重金推廣這個信念的富裕企業家。「關於種族隔離的判決」做得太過火了，將會帶來「政治局面大洗牌」，這個想法就是由他傳給克派屈克的。勒斐勒斷言，「群情激憤的南方人」與對抗聯邦濫權的北方人將會組成新的聯盟。[19]

於是，憤怒的各路極右翼分子，在**布朗案**的催化下形成一股龍蛇雜處的新勢力，其中有些人甚至不再樂意稱呼自己是「自由放任主義者」。他們認為這名字聽起來實在太學術了，永遠都出不了學術殿堂，若要成為家喻戶曉的口號，他們需要一個更能激起熱情、衝撞出火花的新說法。於是他們有些人就想用直接了當的方式稱呼自己：「激進」右派。其他人則認為，若是掛上「激進」兩個字，恐怕會讓對他們使命感興趣的金主退避三舍，而他們很需要這些人，所以他們傾向於用「保守派」來取代「自由放任主義者」。儘管「保守派」這個詞的確有可能引來一些強大有力的盟友，但卻完全無法描述他們想要拆解整個社會的願景。[20]

培勒林山學會的會員們起初則稱自己為「新自由主義者」（neoliberal），用以表示他們是承繼了十九世紀推廣自由市場的概念，這也成了當今評論家對於他們推廣的政策取向的主要稱呼方式。但是「新自由主義」這個詞又讓很多美國人感到困惑，因為羅斯福派的民主黨員當時也緊咬著「自由主義」不放。所以有些人就改稱為「古典自由主義者」（classical liberal），或是乾脆說自己是「十八、十九世紀的自由主義者」。但是這樣還是有個大問題，因為他們的人之間的概念已經和真正的古典自由主義大相徑庭，光是亞當・斯密和約翰・史都華・彌爾（John Stuart Mill）這些人對於公共教育的熱忱，就與他們截然不同。不管選了哪個詞，至少所有主張經濟自由的人都同意，這就是一場由「右派」或「右翼」對上「左派」和任何像是「左翼」的人之間的抗戰。左派與右派的分野是從法國大革命而來，左派倡導大眾參與、人人平等，右派則擁護私有財產權、階級秩序，而一九五〇年代的這些人就是站在右派這邊——並且為此感到驕傲。

任何尋求改變世界的使命，要有所進展都得要靠政治宣傳。這時，就輪到來自芝加哥的亨利・雷格納里（Henry Regnery）出場了。他是培勒林山學會的初期成員之一，在學會創辦時期就同步創辦了出版社，藉以推廣右派思想。[21]此時此刻正是他大展鴻圖的時候。眼見克派屈克在社論上高呼，喊著要讓維吉尼亞州任何同意種族整合的學區裡的公立學校關門大吉，雷格納里就找上門，問克派屈克要不要借題發揮出一本書。[22]

於是在一九五七年初，《主權在州》正式出版，跨越南北雙方的經濟自由倡議者都予以好評。在書中，克派屈克再次發揚凱爾宏論點，州政府能以「介入權」或對聯邦行動的「否決權」來保護各州特有的利益，他並以此作為立論，進一步認為聯邦最高法院在一九三七年的商業條款釋憲有誤，使聯邦得以對各州訂下管制規章，這是違背了開國元勳的原始用意。同理可證，《勞資關係法》（或稱華格納法）、《社會安全法》、《勞動公平標準法》都一如**布朗案**般違憲。[23]

對於二十世紀初渴望極端經濟自由的那些人來說，這本書可謂擲地有聲，從此之後也成為隔離主義者的聖經。比方說在一九三〇年代主導南方農本主義的范德堡大學教授唐納・戴維森，他就大力稱讚克派屈克「開闢道路」，讓南方引導這場「全國性戰役」，阻止朝向「歐洲式中央集權的社會主義中央政府」的「歪風」。[24]

威廉・沃爾克基金會打從一開始，就不遺餘力地推廣自由市場的理念。他們買了一大批《主權在州》，免費送往一千兩百所大學院校的圖書館以及兩百六十所私立中小學，還計畫向特定媒體展開教育推廣活動。這對他們來說確實很重要，南方民權鬥爭在全國媒體都受到廣泛報導，許多右派人士抱怨這是「自由派媒體」在搞鬼。他們得要想辦法對付這些記者，他們害得南方州政府官員和主張自由放任的雇主都面色難堪。[25]

當時杜懷特・艾森豪（Dwight Eisenhower）總統剛以二戰英雄身分當選總統，成為二十年來第一位當選總統的共和黨人，美國卻沒有因此急轉右傾，有些人對此感到深切的失望，而克派屈克的書就成了這類美國人的指路明燈。有別於大多數採取中間立場的共和黨選民，這些人無來由地期待總統站在他們這邊，可是艾森豪總統和他們的運動其實毫無關聯，也沒有什麼理由為他們所爭取的議題感同身受。實際上還正好相反，艾森豪相信資方和勞方需要合作才能確保穩定和繁榮。他接受了新政的福利國家體制，讓勞工階級的大型工會在政局上保有影響力，也默許了蘇聯在東歐的宰制力，這些都是既成事實。他維持現狀，不做改變。他甚至進一步擴張社會安全網，讓更多人受惠，還要求國會讓「不受法律保障的數百萬低薪勞工」也享有最低薪資的保障。甚至就**布朗案**而言，主導判決的聯邦最高法院首席大法官厄爾·華倫（Earl Warren）就是艾森豪任命的，這一切足以表明他的立場了。艾森豪將他的行政團隊和解決問題的手法定位成「現代共和主義」，或許在極右派的眼中才是最讓人惱怒的一點，這擺明了暗指經濟大蕭條前那套不擇手段維護經濟自由的作法，已經是過時的老古董了。[26]

有人說，最能引發社會運動的，莫過於期望破滅，這句話在此得證。維吉尼亞州與聯邦政府的權力鬥爭成了導火線，讓那些在一九五〇年代在民主黨還是共和黨都找不到歸屬的極右派有了新的出口。「我們（作為選民）現在好像只有一個黨可以選，」某位來自紐澤西的商人就對克派屈克抱怨，「怎麼選都是羅斯福新政！」（the New Deal Party）他進一步建議，「若能有個不搞新政的新黨，由南方民主黨的保守派主導，但是對共和黨的保守派也張開雙手歡迎，」那麼一來就「會有很大的機會能在一九五六年成功翻轉局面」。[27]

哈利・伯德的一位好友柯爾曼・安德魯斯（T. Coleman Andrews）也下了同樣的結論。一九五六年他就用這個策略參選總統，主打捍衛州政府權利這張牌，成功吸引到為新型態自由放任主義使命效力的頂尖領袖，他們群起支持。安德魯斯表示，當時需要的是「政局重組」，依照「我們這個時代的核心議題與衝突」重新劃分派系：「集體主義和奴隸體制對決資本主義和自由體制」。[28] 南方黑人爭取教育平權，但是他們沒有繳同等的稅金，卻要聯邦政府幫他們拿到一樣的好處，這就是個集體主義危害自由的典型範例。這全都是「朝向社會主義發展的危險潮流」，而他參選總統就是要與之作戰。[29]

他驕傲地以「減稅運動首領」的身分自居，他當時住在里奇蒙，有著合格會計師的身分，原本他甚至還擔任過艾森豪的國稅局局長，為了堅持他的信念，他在一九五五年請辭。安德魯斯表示，國稅局的職位他實在待不下去，因為他發現累進所得稅制根本是「貪婪的邪魔歪道」，簡直和「奴隸制」沒有兩樣。在他的評估中，累進所得稅制有一籮筐的問題，但是最主要的抱怨，還是因為他身為自由放任主義者，從意識型態上就反對這件事。他聲稱，累進所得稅制「就是用來『仇富』的歧視制度」。在《美國新聞與世界報導》的專訪當中，他直言：政府從公民身上「以可負擔能力為原則，沒收他們的財產，這就是社會主義」。[30]

安德魯斯站出來參選後，不只受到深南部白人公民委員會的隔離主義者愛戴，同時也吸引了批判集體主義的人。事實上，在梅森—迪克遜分界線以南的美國南方，這兩群人的使命真的很難區分。根據維吉尼亞州軍人艾迪森・哈根的說法，大多數支持安德魯斯的是商人和專業人士，這些人認為自己是「為生命和自由而戰，是被遺忘的沉默多數白人」，對抗的是「社會主義浪潮」。他抱怨兩黨領袖都在犧牲「多數白人」來「討好少數群體，像是農夫、工會、黑鬼和猶太人」，儘管是「白人先賢打造了這個國家」。[31]南方之外，極端經濟自由的主要擁護者也所見略同，發起動員來支持維吉尼亞州這場帶有抗議性質的競選活動。這些人當中，有一位是羅伯特・威爾許（Robert Welch），兩年後他將會邀請安德魯斯、聖母大學法學家兼電台主持人克萊倫斯・曼寧（Clarence Manion），以及其他同一陣線的自由市場支持者，共同創辦約翰伯奇協會。[32]

但是這次選下來，安德魯斯最後唯一拿下的大位，就只有里奇蒙商會的主席。在全國諸多選區當中，他只在一個地方成功贏得多數選票：維吉尼亞州愛德華王子郡，正是芭芭拉・約翰斯和她的同學們發動罷課，爭取教育平權並引發**布朗案**釋憲的原爆點。[33]

一九五七年九月，柯爾曼・安德魯斯競選結束後的那年秋天，又有另一個人站出來對抗聯邦政府。阿肯色州州長歐威爾・法柏斯（Orval Faubus）調派了該州的國民兵前往小岩城的中央中學，阻止九位非裔美國學生依照聯邦法院的命令入學。國民兵在校外搭起防線擋下學生，抗議群眾則高舉南部邦聯旗和「**黑鬼滾回家**」的標語，兩方將學生夾在中間。當年十五歲的伊莉莎白・艾珂福特（Elizabeth Eckford）走向學校時，卻被國民兵推向鼓譟的群眾。為了自身安全，她再次走回國民兵行列，但是國民兵卻對她的求救視而不見：州長給他們的任務就是要讓她這種黑人離學校遠一點。聽聞此事，克派屈克大感興奮，這正是介入權的具體展現，他在社論中呼籲：「州長拿了一手好牌，可別在這時候打錯牌了。」[34] 法柏斯的確沒有收手棄牌，他繼續大膽玩下去。即使這九名少年少女都非常優秀，而且是自願參加這個計畫並接受訓練，只為了讓這間兩千人的學校以盡量低調的方式完成轉型，那又怎樣？即使這間學校為了一步步推行溫和的種族整合計畫，已經為此籌備了三年，那又怎樣？[35] 其實，從頭到尾，整個衝突的重點是要挑戰華府的聯邦政府。

艾森豪總統本來對協助種族整合一事不甚關心，他表態好幾次了，但是這次事件已形同公然挑戰全國司法體制，作為自由世界的領導者，他擔心若不能妥善處理此事，自己會顏面盡失，何況蘇聯已在廣為宣傳。身為三軍統帥，他按兵不動等了超過兩個禮拜，直到某個週五，聯邦法官正式下令要法柏斯州長撤回國民兵。眼見下週一學生就能正式入學，聚集在外的數百名白人抗議者群情激憤，甚至對在場的四名黑人記者拳打腳踢，即使其中一名記者已倒地不支仍不收手，還威脅要將他們私刑絞死。沒有人出面阻止這場暴動。《華盛頓郵報》的發行人急忙打給司法部副部長，「我們瀕臨恐怖時期（reign of terror），現在已經警力潰散、暴民當街。」總統到底還在等什麼？他道出了眾人心中的疑惑，全世界的焦點此刻都放在小岩城上。當晚，艾森豪總統開口了，全國有三分之二的電視都播出談話，他詔告全國，他將會派出美國一〇一空降師前往阿肯色州執法。除此之外，他也將該州的國民兵收歸聯邦管轄，並且以聯邦身分再次派往中央中學，不同的是，這次下給他們的命令是要保護學生。[36]

這時已經不只有克派屈克這種搧風點火的南方人會說「即將血流成河」了。[37]《國家評論》的編輯小威廉・巴克利（William F. Buckley Jr.）也出面捍衛州長的行動，告訴讀者法柏斯只是在行使他職務的「介入權」，用以抵抗聯邦最高法院的「暴政」。巴克利譴責：「此情此景簡直不堪入目，全副武裝的重兵巡邏……擾亂原本平靜的小鎮。」都怪聯邦最高法院的九位大法官，他們把情況搞成「必須透過暴力和武力威脅才能平息」。巴克利還說，除了這些之外，還要怪全國有色人種協會在背後搧風點火，他們誇大了這些學生受到的不當對待。他們不過是被罵「一些難聽的話」、被吐口水、被「推擠」，這哪有像「大一統的勞動工會組成的糾察線」那麼嚴重？[38]巴克利語重心長地說，「小岩城這一排刺刀」一直都藏在「福利國家老母親的裙襬底下」。巴克利還警告，在民權、勞動工會和社會保險的大旗下，最後終將以「軍隊占領……強制人民無條件投降」。[39]

・・・

同年九月，詹姆斯・布坎南剛從瑞士培勒林山學會最近的會議回到維吉尼亞州，他私下表示艾森豪總統「派兵」前往小岩城是個大錯誤。他認為，隔離派和反隔離派的對立因此被

「搞成一團糟」，本來這就應該「顧及當地情感循序漸進推動」。[40]他從來不承認實際上這就是小岩城的學校委員會和維吉尼亞州另外三個學區一直以來都在做的事情，他們原本就試著讓少數黑人學生慢慢進到白人校園，只是權力在握的各州菁英強勢否決了他們的計畫。

布坎南不管那麼多，他的心思只放在眼前的任務：建立起他承諾要蓋出來的中心，著手打造能帶來改變的力量。在這一方面，他就做得鉅細靡遺。布坎南不懈地將中心打造成充滿理想抱負的右派青年心目中的聖地。其中有人就說，參與中心計畫的學生被布坎南私下稱為「我們的孩子」，他們就是他「最好的信徒」。他們認為自己參與的是改變世界的計畫。「布坎南改變了我一生，」另一位學生這樣說，「他讓我們加入一段學術探索和征服的旅程，那真是永生難忘。」要征服世界可能還要花上一段時間，但是從一開始，他們的使命就很明確。一如劍橋大學的社會氛圍鑄造出一九三〇年代打造新世界的凱因斯學派，沙洛茲維爾的氛圍也催生出一九五〇年代後期的反革命風氣，他們反對政府做出行動來回應集體公民的意志。維吉尼亞大學的經濟系一舉成為該校少數達到全國排名前十五名的研究所。在布坎南的領導下，整個學程脫胎換骨，集全所之力打造出一個全新的學派。[41]他們以維吉尼亞政治經濟學派打出名堂，不曾或忘初衷。

布坎南後來回憶起，在藍嶺山脈的山麓地帶，「這裡足夠與世隔絕，可以遠離主流思想的壓迫，令世人眼中的旁門左道生發信心。」[42]中心擁有一整棟精美的建築，緊鄰創校時期由湯瑪斯・傑佛遜設計的庭園，他們每天就在裡面共同研討，布坎南讚譽為「全世界最優美的園地」，如蜂巢般孕育了他們的創造力，打造共同意志。他們不以職位相稱，而是統一尊稱彼此「先生」，氣氛彷彿回到創校時期一樣，系上的老師和學生共同致力於「維護個人自由」與學術創新的「道德承諾」。[43]

那是段熱情高漲的年代。威廉・伯烈特（William Breit）回想起當時，「我們在重新探索政治經濟學這條路上並肩同行。」他們共同參與並深深投入這個計畫，因而對彼此無比忠誠。不論是星期幾，幾乎所有人都會到辦公室報到。他們會在十二點半準時一同前往學校餐廳用餐，利用午餐時間評論彼此的研究及期刊論文，看上去每天都像是在開研討會。布坎南以身作則立下了標竿。「他的大門永遠為中心敞開。」若有人請他看一篇論文，他會用最快的速度看完並且提出有益的建議。多年後，某位對他心存感激的校友回憶，布坎南比傅利曼好，對於纖細脆弱的學生，布坎南會格外留意「絕不羞辱或貶低對方」。一種運動氛圍正在打造成形，這是師生彼此提攜的學術文化。[44]

雖然該校在一九七〇年之前都不招收女性（而且還是在被告上聯邦法庭後才正式開放女性入學），但是當時整個使命成功與否繫於一位女性身上。那就是布坎南的秘書，一輩子效忠於布坎南，五十年來都待在他身邊的「女助理」（gal Friday），並被公認是維吉尼亞學派的「第一夫人」（First Lady）。她叫做貝蒂・海爾・蒂爾曼（Betty Hall Tillman），是整個中心的靈魂人物，也是唯一的女性員工。她當時剛離婚，對一個在家十二年的家庭主婦來說，能夠找到一份全職工作就已深感欣慰，即使起薪只有兩百元美金的月薪。不過她還得撫養三個小孩，這可不容易，只好和媽媽與姊妹同住，上班時還要託她們幫忙帶小孩。蒂爾曼太太會用些甜言蜜語安撫中心成員，稱呼他們「親愛的」、「小甜心」，她的每日善舉讓這些男人們更加緊密交流，也有促進研究之效。對於這些經濟學者來說，蒂爾曼簡直無所不能，他們很依賴她，比方說，當有人休假歸來時，她會處理好一切大小事，像是宿舍搬遷、整理廚房和書籍、架設電話、刷洗地板、甚至還會把老舊的「浴簾好好清乾淨」。[45]

一段時日下來，整個中心的師生都開始自以為是英雄，認為自己在為正義而戰，可是其實這種美好想法之所以沒有破滅，是因為根本沒人會真的去質疑他們，校區裡面都是自己人，沒幾個人會去想這一切到底拯救了誰的自由，又是要以誰為代價。當時也沒有多少勞工子弟能進到維吉尼亞大學。就算有誰真的是吃苦耐勞擠出學費進來的（當時沒什麼獎助學金，畢竟以人口和財富比例來看，這是全國財務狀況最差的公立大學），也得面對這個封閉的鄉村俱樂部式文化的冷眼對待。一九五三年之前，該校教務長是由一位相信優生學的生物學家擔任，他曾提出「科學的理論基礎」來支持該州自一九二〇年代以來的「種族健全」（racial integrity）隔離法案。二十年來，艾維．路易斯（Ivey Lewis）擔任教務長時手握聘任教師和決定課程計畫的生殺大權，從不手軟去攔下「可能以批判角度審視南方傳統、主張對社會問題採取干預措施，或是任何會動搖他在大學裡精心打造的蓬勃優生學社群的申請人」。他建立起知識霸權，比方說，他會糾正學生不要「傻頭傻腦地相信四海之內皆兄弟的說法」。[46]

非裔學生就成了這種態度下首當其衝的受害者。該校的第一位黑人學生在一九五〇年的秋天才正式入學，這還是因為全國有色人種協會一狀告到聯邦最高法院才得來的機會，在**斯韋特訴佩因特案**（Sweatt v. Painter）的判決下，所有研究所和專業學程都得要開放給所有符合入學條件的人申請。因此葛果里・史旺森（Gregory Swanson）才能成功進到該校法學院，成為該校創校一百二十五年來，第一位以粗工以外的身分正式走進校園的黑人。他在課堂上只有輕微感受到敵意，但是在課堂外不堪入耳的閒言閒語沒停過，更別提直接朝他身上飛來的菸蒂。當史旺森想要參加某場校園舞會時，校方告訴他因為舉辦舞會的兄弟會屬於「私人組織」，因此有權歧視不讓他進入。這項歧視的權利也受到校刊編輯和沙洛茲維爾《每日進步報》編輯的堅定支持。史旺森那一年底就退學了，校方才鬆了一口氣。[47]

布坎南和納特不只在校園內是大人物，在推動自由企業使命的陣營之中也成了新起之秀。當海耶克受邀前往參觀他們在沙洛茲維爾打造的「新傑佛遜中心」時，他不但應邀前往，而且還留下深刻印象，當下就邀請了布坎南和納特兩人加入培勒林山學會，並且贊助他們旅費去參加歐洲的年會。如潮水般接連來訪的貴賓，更為創新增添了動力：懷抱共同使命的學術明燈時常上門，一待就會好一陣子，這也是靠著來自右翼人士的慷慨贊助，研究中心的成員因而感到自己與更偉大的使命緊緊相繫。[48]當布坎南專心打造經濟系和傑佛遜中心時，納特則著手協助老威廉・巴魯迪（William Baroody Sr.）將美國企業研究院從一個只能站在邊線喊話的小角色轉型成引領主流公共政策的機構。[49]

對維吉尼亞州的權勢寡頭來說，這些名流的造訪在一項對他們有利的計畫上增添了不少光彩：利用工作權（right-to-work）法案來阻礙工人建立強大工會的能力。美國勞工聯盟及工會組織對於伯德幫來說有如芒刺在背，該組織推動了工作場域中的民主治理，還站出來對抗人頭稅和州政府的大抵制措施。在這之前的一段時間，「工作權」的推動還處於守勢。本來在已開發國家的資本主義世界中，美國對工會始終不太友善，但是羅斯福新政施行，《勞資關係法》通過之後，受薪階級的權益開始受到保障。到了一九五〇年代初期，沒有人會反對勞動階級要擁有足以與企業抗衡的話語權，除了專橫的商人和狄克西民主黨（Dixiecrats）＊的政客仍持反對立場以外。[50]

然而有了傑佛遜中心之後，歐洲的經濟學家就能透過造訪沙洛茲維爾來發聲，為南方的州政府官員在勞工運動上的政策背書。海耶克當時已經是哈利・伯德最喜歡的思想家，他在

---

＊編按：狄克西民主黨正式名稱為州權民主黨（States' Rights Democratic Party），成員為出身南方的保守民主黨人，為反對民主黨推進種族平權的政策於一九四八年成立，選舉失利後即解散，許多成員後轉投共和黨。

一九五八年的春天再次來訪，為的就是在研討會上發表以「工會力量帶來的公共風險」為題的演說。在這場演講中，他不只尖酸地概括批評勞動工會，又特別將進步派的美國汽車工人聯合會的主席華特·魯瑟（Walter Reuther）貶為「政治脅迫」（coercion）的代理人，不應該「容許他繼續下去」。緊接在海耶克之後，又有另一位培勒林山學會的外籍成員大駕光臨，來自英國的赫特也受邀擔任長期訪校學者。贊同經濟自由的瑞爾姆基金會負擔了大部分的經費，這也不意外，畢竟赫特早在一九五四年就以《集體協商理論》一書獲得開山始祖馮·米塞斯的讚賞。[51]

布坎南將反勞動組織的訊息帶到課堂上，傳達給他的學生，告訴他們：《勞資關係法》給了「工會壟斷」扭曲薪資結構的權力。他以該州的勞動市場為例，譴責美國礦工聯合會造成礦區失業率上升。隨著失業率上升，進一步造成阿帕拉契地區更加貧困。布坎南的課堂講義上，對此仍然堅定表示：「但是政府應該介入嗎？不。」[52]

布坎南對於他自稱的學術企業家精神引以為傲。從企業來的捐款開始湧入，其中有像是奇異公司和一些石油公司的資金，同時也有一些右翼人士的個人贊助，反對羅斯福新政的基金會也會提供資金，吸引更多有前途的研究生。[53]很快地，中心共同創辦人們就有機會向伯德幫證明自己對企業的價值，關鍵就在這些年來對伯德幫成員來說至為重要的議題：公立學校的未來。

CHAPTER

# 4

## 盡人事、聽天命

LETTING THE CHIPS FALL WHERE THEY MAY

當初布坎南向達登校長提出他的計畫時，他就定調以自由為名抵擋聯邦政府的過度干預。但是當家長們動員起來挽救公立學校時，殘酷的真相揭露了：並不是只有北方菁英反對他心目中的自由社會。當伯德以維吉尼亞州名義在抵擋聯邦權力時，數萬名維吉尼亞州的溫和派白人公民卻站在聯邦政府那邊。事實上，就連反對閉校法案的參議員所代表的公民人數，都還比贊成的人多。只是因為州議會席次比例分配出了問題，讓鄉村代表的票數大於城市代表與郊區代表加起來的票數。

詹姆斯．布坎南和華倫．納特直到一九五九年初，才針對教育危機提出解決方案。整個方案看來就像是拉下所有的窗簾、不看報、不食人間煙火的人寫出來的，對當時在哈利．伯德主導下維吉尼亞州內興起的聲浪充耳不聞。這兩位經濟學家與他們的盟友仍堅定地主張，這場戰爭是在對抗聯邦政府，是在對抗外來的脅迫，是在為堅守經濟自由而戰。他們無視公然的種族歧視，對長久以來侵犯黑人公民自由和憲法權利的行為視而不見，導致聯邦政府的干預。這些才是事實。不過，從一九五八年到一九五九年初，開始有一些不同的聲音湧入，挑戰了他們對這場衝突狹隘而排他的視角，這群人來自維吉尼亞的中產階級白人家庭，特別是其中為人父母的，他們對州政府官員的行為感到詫異，決定起身反抗。他們大多數人是介於共和黨與民主黨之間的中間選民，來自擴張中的維吉尼亞州北部郊區和城市地區。這六個月來，他們發表了許多擲地有聲的言論，逼得布坎南和納特不得不公開解釋，他們所謂的自由，在當下急迫的現實中意味著什麼。[1]

一九五八年夏天，三個大異其趣的城市改變了作法，分別是海軍基地駐在的港口都市諾福克、維吉尼亞大學坐落的沙洛茲維爾，和位在謝南多厄河谷的紡織工業小鎮弗蘭特羅亞爾，這些地方先後宣布要在九月開學的新學期，招收少數黑人學生進入原本是白人專屬的學校。他們之所以這麼做，並不是因為白人鎮民或地方教育委員會忽然大澈大悟，一夜之間決定支持種族平權。當然，確實有少數人改觀了，可是大多數人從小就在種族隔離的環境下長大，要改變想法相當困難。[2]但無論如何，很多人認為自己是奉公守法的愛國好公民，所以既然法院已經作出判決就不應該違抗，就算牽涉到種族議題也一樣。聯邦法院的判決已經明白宣示他們的社區應即刻著手廢除種族隔離，特別是那些全國有色人種協會的訴訟針對的學校，他們打算遵從指示。這些地方的計畫引發州政府採取一九五六年已完成的立法，發動大抵制，該立法讓州長有權強制關閉任何計畫招收黑人學生的白人學校。這樣一來，估計將剝奪大約一萬三千名白人學生接受公共教育的權利，從小學一年級到高中高年級的學生都會受到衝擊。（沒有白人學生爭取要去讀黑人學校，所以黑人學校不受影響。）[3]

• • •

一九五八年七月，時任州長小林賽．阿爾蒙德（J. Lindsay Almond Jr.）宣布要於九月關閉這些接納黑人孩童的學校，一週之後，一位在維吉尼亞州鄉村執業、原先不太關注政治的醫生，宣布要站出來競選，爭奪聯邦參議員伯德的席次。那位醫生的名字叫露易絲．溫佐（Louise Wensel），溫佐醫生毫不迴避地直言，她的參選就是為了拉下伯德：因為伯德參議員「大抵制的目的就是要關閉我們的學校，對維吉尼亞的孩童而言，這帶來的傷害比起其他任何團體都來得大」。[4]她也是個五歲孩子的媽媽，她為此深感恐懼，才毅然決定站出來參選。

她做的還不止如此，因為問題並不只是當地社區究竟能不能決定讓黑人也能讀白人學校那麼簡單而已。她認為實際上，整個維吉尼亞州的下一代，不分黑人白人，都需要更多、更好的教學環境。在她競選政見裡面，教育改革只是個開端。有鑑於農業勞動人口需求縮減，她宣布：州政府不應該再如此吝嗇，為了對抗失業率，政府應該要開始投資公共建設，也應該要更重視人民的健康。身為醫生的她告訴報社記者，她經常造訪住在偏鄉的年邁病患，他們「住在紙板搭建的簡陋房舍，沒有暖氣，甚至沒有門窗抵禦冬天的寒風」。她進一步質疑，維吉尼亞州明明是南方最富裕的州之一，怎麼「給出的老年津貼僅超過密西西比州而位居全國之末（？）……我不相信節省開支會比拯救生命、減輕痛苦來得更重要」。[5]這一席話就算是羅斯福總統來說，恐怕也無法說得更好了。

溫佐無懼伯德幫的勢力，挑明了伯德就是在背後操縱選舉系統的黑手，害得大部分公民都無法投票。「我相信，」她說，「無論是維吉尼亞州或是俄羅斯，各地的人們都應該要有機會站出來，將票投給反對政治機器壓迫人民的候選人。」伯德幫口口聲聲保護的自由，到底是誰的自由？她指出，在美國參議院當中，伯德是「最直言反對政府集權的人之一」。然而，「他的政治機器正逐步剝奪我們的地方自治權力」，甚至將魔爪伸進地方教育委員會，規定什麼能做、什麼不能做。她的競選口號正是維吉尼亞州的官方格言：「**暴政必亡**」（Sic semper tyrannis）。這就是溫佐醫生給維吉尼亞州開出的處方：是站起來抵抗暴政的時候了！[6]

該州的勞工團體全力支持溫佐。事實上說服她出來參選的人，正是美國勞工聯盟及工會組織的維吉尼亞分會會長哈羅德・博伊德（Harold M. Boyd）。溫佐那時剛投書到一家主流日報譴責迫害教育體制之事。工會發出了數萬張傳單，呼籲維吉尼亞州的「中立」多數選民共同「發聲」並「組織起來」抵制「沒有學校」的未來。[7]一群信奉主流新教的宗教領袖和信徒，也同樣為了「你們願意人怎樣待你們，你們也要怎樣待人」的黃金法則站了出來。他們是維吉尼亞最早組織起來，支持和平推動校園反隔離的白人團體。[8]

其中最令伯德幫頭痛的勢力，大概是一群眼見自己的孩子們沒學校可念，紛紛團結起來的白人家長。九月執行閉校前夕，維吉尼亞的中立派白人記者班傑明・謬思哀嘆道：「關閉公立學校，是一件多麼醜惡而不文明的事情——鎖上大門，將學生和教師都擋在門外，形同在現代社會中停下教育的腳步。」[9]

許多受到影響的孩童和家長，對此都深有同感。家家戶戶都在忙著應付這個問題。維吉尼亞大學所在的沙洛茲維爾，有十所國小的家長教師聯合會的媽媽們組成了家長緊急教育委員會，他們在教堂地下室、家庭客廳、俱樂部設立臨時教室，避免所有人都急著去私立學校就讀。雖然這些媽媽們或許有些地方會各持己見，「但是，我們全員一致同意：我們要阻止政府廢除公立學校體制。」根據維吉尼亞大學校刊記載，當時光從鎮上氛圍就感受到異樣，「空氣變得凝重，不再是那個平靜日常的阿爾伯馬爾郡。」[10]

在距離沙洛茲維爾七十五哩遠的弗蘭特羅亞爾，一些青少年向記者抱怨，閉校措施讓他們覺得「我們就要沒書念了」。記者在報導中寫著，「他們想上學，他們才不會為了有幾個黑人小孩要和他們同班，就拿自己的未來開玩笑。」九月二十七日，諾福克有將近一萬名白人青少年被學校拒之門外，於是這裡成了家長、學生和老師們最積極組織抗議的地方。在諾福克的抗議場合上，一位高中生高舉標語，上頭寫著：**二—四—六—八，我們還要多久才畢業？**[11]在當時的作家筆下，諾福克可是「維吉尼亞州最四海一家而且種族相處最融洽的城市」，畢竟這是座駐有大型海軍基地的城市，當地的公立學校教職員才不會配合教育私有化運動。他們的替代方案是幫四千名學生補習，雖然人數不到所有失學學生的一半，但比進入隔離專校的學生總數多了十六倍。[12]

一些草根組織開始組織起來爭取重啟校園，試圖將公共教育從整個秋季都在大行其道的大抵制中拯救出來，溫佐則將他們的訊息送進新聞媒體。仍在執業行醫的溫佐醫生忙碌不堪，即便如此，她還是把剩下的時間都花在選舉活動上，她會搭著她那台老舊的綠色旅行車全州四處巡迴，幫她開車的司機是她的大兒子伯特。當地的報社編輯說她的選戰是一場資源懸殊的「大衛與歌利亞之戰」。該編輯表示，「要不是她決心起身反對州政府決策，根本就不會有辯論的餘地」，所有維吉尼亞人「都該心存感激」。[13]

伯德仍輕而易舉贏得大選。[14]不過，溫佐在沒有任何政黨奧援下，獲得的票數比「過去五次大選中任何一個伯德對手的票數都還要高」。由於選民資格受到嚴格限制，幾乎大多數黑人以及部分白人都沒有投票權，即便如此，她仍成功拿到了十二萬票，這相當於投票總數的三分之一。為了保護公立學校的存續，這些人選擇了將票投向保障共有財貨的社會願景。不止如此：他們用選票要求維吉尼亞州確實地對富裕的資產階級課稅，不能再只是意思意思收一點零頭而已，這樣該州的人民才能有更好的教育、更好的醫療體系、更好的道路建設，然後有更多機會打造更好的生活。[15]

此外還有一件很重要的事。雖然許多公民被剝奪了選舉權，使得這場選舉注定有利於伯德幫，但是那些受到溫佐醫生激勵而起的人並沒有因此心灰意冷。相反地，他們繼續致力於尚未解決的公立學校危機。那年十二月，在維吉尼亞州的教師協會和家長教師聯合會的支持下，十五個「開放學校聯盟」(open-schools)的委員會聯合起來，成立了全州性的維吉尼亞公立學校委員會。大約有兩萬五千名維吉尼亞公民參與這場運動，比支持大抵制的「州主權捍衛者」(Defenders of State Sovereignty)在巔峰時期聲稱的人數，足足多了兩倍。[16]

在檯面下，他們組織了新的行動聯盟，這給該州過去總是對世事充耳不聞的商業菁英不少壓力，他們也開始動搖了。該州經濟最被看好的地區輿論四起，部分企業領袖急忙與州長辦公室及州議會密談，討論大抵制繼續下去的風險。[17]總部位於里奇蒙的維吉尼亞工業化團體（Virginia Industrialization Group），成員多是該州最大的銀行、零售商以及新興產業。他們警告州長：關閉公立學校將會為產業招商「帶來阻礙」，特別是像諾福克，那裡大多數工作都與聯邦政府息息相關，這樣做簡直是自尋死路。他們也指出，在該州以黑人為主的南部鄉間設立新的私立學校，讓少數白人可以就讀，跟整個州全面「廢棄或是閹割公立學校體系」是完全兩件不可相提並論的事。後者會是場「災難」。[18]

到了一九五九年一月，法院宣告讓這些不確定終告結束。不論是聯邦法院還是州法院，都裁定關閉公立學校的法律違憲。基於公平保障原則，他們認為只要該州境內任何一個學區有公立學校，那麼關閉其他學區的公立學校，就是對當地居民的不公平待遇。最後州長終於讓步，承認維吉尼亞州仍需遵從聯邦法院判決。他召開了一場臨時州議會，撤銷了閉校法令，並且另外組成新的委員會來提出一套新的行動方針。[19]

• • •

在維吉尼亞州議會著手新計畫的同時，布坎南和納特也在為他們的計畫收尾。二月十日，諾福克重啟學校的八天後，布坎南和納特寄出了一份「私人」報告給委員會所有成員。兩位經濟學家使用乍看之下種族中立、沒有特定立場的學術語言，自稱完全以經濟論點進行分析——「基於事實，無關個人價值觀」。實際上，他們是在要求州政府不必理會憂心忡忡的白人家長，繼續把那些爭取教育平等的非裔美國人都擋在外面。他們對此心知肚明，這就是他們為何特別強調：採取行動之後，剩下就是「盡人事，聽天命」了。[20]

雖然社會制度的運作拖慢了整個發展趨勢，但大多數維吉尼亞人都認為，該州大部分地區未來種族勢必逐步整合，不過布坎南和納特兩位教授可不這樣想，他們提出一個完全相反的方向：徹底的教育私有化。他們主張個人經濟自由至上，他們既不贊同「非自願（或強制）的隔離」，也不贊同「非自願的種族整合」。[21]他們認為，由政府稅收輔助私校是唯一的解方。

他們提出一套計畫，認為這個計畫可以延續之前大抵制的精神，同時可以通過法院審查。他們要怎麼做呢？答案是將教育私有化，而且是奠基在嚴格的經濟論證上。其中，最重要的一點：他們聲稱現行的公立學校實際上是一種「壟斷」，他們堅持用「州立學校」（state-run schools）稱呼這些州政府開辦的學校。這些所謂的州立學校缺少足夠的競爭，畢竟選擇這些學校的家長通常也無法負擔其他選項。結果就跟所有的壟斷一樣，州立學校必然缺乏改善的誘因。相較之下，「私人運營的學校」因為彼此競爭招生，所以他們會有強烈的誘因去嘗試「多樣化」的課程，不僅鼓勵各種實驗，還會開發出不同取向的課程。就本質上來說，「每位家長都能夠在這個（教育）市場投下自己的一票，並且發揮影響力。」為了促進這套私校體系的發展，維吉尼亞州應該提供由稅收補助的教育券，讓家長可以隨自己所願地將孩子送到私立學校就讀。而那些私立學校則享有不受政府干預的自主權力，可以根據自己的需求，錄取或拒絕學生。[22]

這套經濟學論述並不重要，重要的是它提供了一套說法，去反駁那些認為維吉尼亞州無力負擔為了維持種族隔離，而去補助私校的家長和其他人。[23]這兩位芝加哥學派訓練出來的學者認為有這些想法的人不懂會計，忘了現有的學校設施仍然有很高的現金價值。如果相關單位「將所有學校建築和設備賣給私人營運者」，就能在兩套系統的營運成本之間達到平衡，這樣私立學校就能展現出它們先天的優勢。另外，他們向負責提出嚴謹方案供議會審查的州議會委員會保證，雖然企業界聲稱：「除非保留傳統的公立學校體系，不然維吉尼亞就會面臨企業出走潮。」但這只是無稽之談，不需對此感到畏懼。他們進一步表示，企業界才不在意學校是誰開的，只要教學品質夠好就行了。以經濟學的角度而言，「問題在」州政府是否提供「既便宜又有效率的」教育體系，至於誰負責營運一點也不重要。[24]

這無疑是個很極端的提案，他們眼中只有意識型態，寫出來的論點完全專注在他們自己的假想世界裡，對於所有反證都不屑一顧，甚至也鄙視經濟學以外學科的大聲疾呼。事實上，就在他們寫信給州參議員們的十天前，有超過一百五十位立場溫和的當地教授連署發起請願，希望政府能「尊重法紀」，換句話說就是要服從聯邦法院的判決。他們在請願書中表示，「我們自治政府的民主體系」就是建立在「維護有效的公共教育體系之上」。對這個拒絕讓黑人公民有任何政治表述空間的州，他們也特別呼籲「所有種族……都應該受到對等諮詢」，在這個危機上共同參與「以尋求一個皆大歡喜的解決方案」。「我們堅決相信，依照民主的基本原則，」本地人民有權「自行解決我們的教育問題」，他們在結論中以此含蓄地譴責州政府關閉公立學校的措施，捍衛像是沙洛茲維爾這種願意配合法院宣判而受到州政府制裁的地方社區。[25]

布坎南和納特不同意他們的看法：對這兩人來說，他們和克派屈克一樣認為這就是屈服於聯邦政府的脅迫。他們兩人來到本州生活以後，這是他們組建的團隊第一次對這裡的公共政策議題出手，他們必須幹得漂亮。於是，納特找來了他在芝加哥大學的老師，幫忙檢視他們在這個「燙手山芋」上提出的論述。畢竟，他們這套論述與米爾頓·傅利曼在一九五五年為了幾乎一樣的目的所寫的文章不謀而合。當時支持隔離主義的政府官員威脅要關閉公共教育體系，因而受到全國媒體關注成為熱議話題，傅利曼撰文支持政府官員的觀點。[26]

傅利曼看了布坎南和納特在一九五九年寫的報告之後，認為這份報告「值得讚賞」。於是他要兩人「盡可能私底下把這份報告流傳出去，另外要認真考慮如何正式出版，公開這份報告」。接著傅利曼也承認，若是他的話「不會止步於此，……原則上學童的學費應該由家長自行全額負擔」，而不該由州政府埋單。聽到這裡你可能會感到疑惑，傅利曼難道是想要讓政府退出教育體系嗎？他的概念是要推廣個人節育的義務。如果家長得要全額負擔學童的學費，他相信家長就會將小孩的數目控制在「合理的數量」。[27]

反政府干預派的經濟學家本來就很擔心維護公共教育需要投入高額預算，當時這筆預算已經近乎霸權般強勢難以動搖，他們擔心這將會反映在租稅負擔上。布坎南和志同道合的經濟學家羅傑．費里曼（Roger A. Freeman）曾在全國租稅協會的公共教育預算委員會中共事，當時兩人將因應嬰兒潮而增加的公共教育預算視為政治分贓問題（pork barrel problem），而且也會威脅到州政府的權利，因為聯邦政府分配教育投資預算的同時，也會規範預算的執行條例。「要用誰的稅入來資助這些野心勃勃的計畫？」費里曼在一份由美國企業研究所發表的出版品中提出質疑。[28]針對高中義務教育，他說：「從沒有任何國家試過讓這麼多孩童待在學校這麼久。」他暗指試圖讓這麼多人持續受教育就是過度民主的後果，納稅人將為此付出高昂的代價。[29]

費里曼教授也警告布坎南的金主，也就是資助研究中心以及大多數自由放任主義者的威廉．沃爾克基金會，他認為眼前的敵人，也就是呼籲要投入更多經費在教育上的人，不只「在全國有著緊密的組織」，他們的研究功力也是一流，而且「極有效率地散布」他們的研究結果。相較之下，「用以抵銷這種宣傳力道的行動卻微不足道」，因為反對政府增加預算的人還是「一盤散沙」。[30]然而，隨著南方教育體系之爭開始，事情有了變化，給站在威廉．沃爾克基金會這邊的財產權至上派打開了新的希望。

這個希望要成立有個前提，那就是要對非裔美國人所受到的傷害保持冷漠，這還是最好的情況。畢竟，無一例外，吵著要州政府以公費補助私立學校的南方人都是那些想要維持隔離體制的白人。相反地，維吉尼亞的黑人則將這種教育券視為公然侮辱而群起抵制。當初一開始替罷課學生提出訴訟的全國有色人種協會律師奧利弗．希爾提出聲明，清楚地表明他們反對私校學費補助的大原則：「在一個民主的社會，沒有任何一個人有權將公共支出挹注到個人的私心偏見上。」[31]

的確，就連布坎南在芝加哥大學的導師法蘭克．奈特，在造訪沙洛茲維爾之前也曾表達對於當地「種族歧視」的憂慮。布坎南對此回應，芝加哥的「種族仇恨」比起南方任何他待過的地方都來得深。他向奈特進一步保證，**布朗案**後「維吉尼亞州對這團亂局的態度」並非根基於種族歧視。他向他的恩師解釋，「真正至關緊要的議題是：究竟聯邦政府是否應該有權主導地方如何解決問題。」[32]

確實，當時很多觀察家以及後來的學者，都將衝突簡化成只是種族立場上的對立，太輕易忽略白人在政治經濟上的擔憂與執著堅守的世界觀，也可能是讓他們拒不退讓的原因。所以比較合理的說法是「以上皆是」。確實，自從廢奴主義者在憲法的《商業條款》中禁止州際間的人口買賣，後續的羅斯福新政又以此為由管制經濟，從此階級和種族問題已經與財產權和公權力交織在一起，很難以單一因素的分析去深入理解這個議題。[33]然而，像布坎南那樣，將公私立學校的議題說成是「非此即彼」的議題，顯然是在刻意誤導。這樣一來就可以摒除現實考量，反對學校解除隔離的人只要學會援引憲法，就能合理化他們的立場，不需要再靠著白人霸權強勢通過。現在，他在教他們巧妙利用憲法，也教他們善用培勒林山學派的經濟學。

可是布坎南為什麼會認為，他所提出公立學校全面私有化的倡議會吸引更多州議員支持呢？難道他沒看到溫佐競選帶來的熱潮，沒聽到群眾對在造勢大會上為公立學校存亡搖旗吶喊嗎？這些群眾可不是右派代言人口中常指的那些特地南下來鬧事的北方佬。這些人實際上就是艾森豪總統所謂的「現代共和黨員」，正是布坎南想要爭取的對象。[34]

當初布坎南向達登校長提出他的計畫時，他就定調以自由為名抵擋聯邦政府的過度干預。但是當家長們動員起來挽救公立學校時，殘酷的真相揭露了：並不是只有北方菁英反對他心目中的自由社會。當伯德以維吉尼亞州名義在抵擋聯邦權力時，數萬名維吉尼亞州的溫和派白人公民卻站在聯邦政府那邊。事實上，就連反對閉校法案的參議員所代表的公民人數，都還比贊成的人多。只是因為州議會席次比例分配出了問題，讓鄉村代表的票數大於城市代表與郊區代表加起來的票數。（就像是美國聯邦參議院和選舉人團制，也會讓人數較少的鄉村州票數代表比例比實際上還要高。）[35]

對於那些提倡經濟自由的人來說，問題是出在多數決本身嗎？從經濟學家們的下一步來看，確實有這個可能性。

•••

在一九五九年四月初，布坎南和納特的報告提出將近兩個月後，特別設立以提出未來規畫的委員會投票，以二十二比十六的比數，決議反對向州議會提出州憲法修正案，讓公共教育全面私有化的選項出局。當時這個概念還很新，甚至「私有化」這個詞都還沒有出現。該規畫有沒有選擇自由（freedom-of-choice）的教育券方案？有。會不會修改州憲法以便推動公共教育私有化？不會。後者惹火了大抵制派，先前推動大抵制的力量再度集結起來，營造輿論壓力試圖逼迫州政府修改州憲法。不過，在閉校事件之前，他們原本在輿論風向上有絕對優勢，如今歷經溫和派大動員之後，雙方勢力已旗鼓相當。若是要在下個會期的州議會上伺機取勝，他們就得借助外援。

此時，布坎南和納特再度踏入這場辯論。他們顯然是在事前就和還在報社的克派屈克談好了出手的時機，抓準了最後一刻說服州參議員採取更進一步行動。克派屈克先發出社論推動改革，說這樣可以讓州議會「將權力下放給地方，讓他們（下放投票權）給人民自行投票決議是否要完全捨棄公立學校，全面轉向採用獎學金（教育券）的方式」。這也正是愛德華王子郡想要採用的方式，眼下當地的法院已經頒布命令：下個學期就得終止種族歧視的措施。只要關閉學校，當地的白人決策者就能對法院說：既然沒有人可以讀公立學校，也就不會有人在學校被歧視。州憲法修正案也會開放讓地方可以將原先屬於公立學校的建物和資源轉賣出清給私人經營者，正如布坎南和納特的報告中所提出的方案一樣。社論發出三天後，經濟學家二人組按照米爾頓．傅利曼的建議，將事前準備好的長篇報告公開在《里奇蒙每日快報》上，用了整整兩版倡議公立學校私有化。[36]

即使如此，進到政治競爭的場域後，布坎南團隊再次鎩羽而歸。是否要終止由州憲法所保障的全州人民免費就讀公立學校的權利——這個議題進入該州眾議院表決後，以五十三比四十五的比數遭到否決。州議會不願意走到那個地步其實也不意外。沒有多少人真的相信布坎南那一套說法：「重要的不是我們的孩子受到什麼教育，而是各州的權利。」其中有位持反對立場的州議員來自阿波馬托克斯，這可是內戰時李將軍代表南方向聯邦投降的地方。即使是會以聯邦最高法院的反抗者自居的州議員，都會覺得這種方案太偏激了。他們大多數都理解，若是真的把用政府稅收蓋出來的公立學校賤賣給私校運營者，對他們而言形同政治自殺。他們只是想要阻止種族整合，可不想要為此丟了官位。[37]

這場表決就此為維吉尼亞州針對**布朗案**的大抵制風波正式畫下句點。某位記者評論道，「伯德機器誤判了維吉尼亞多數人民的情感。」[38]伯德幫從此殞落，難以重返往日榮光。

• • •

至於布坎南，他也從中得到慘痛的教訓，這次的經驗改變了他畢生的思想。看到投票結果反映出來的多數意見，他理解到政客給出的口頭承諾都不可靠。就算是那些信誓旦旦說會效忠於該州主權、個人自由、商業自由的人，也會為了他們在下一次選舉中的自身利益而轉彎。布坎南也終於理解到，他選擇居住並在此建立學派的這個州，對於公共教育體系的承諾，比起他過去從伯德和克派屈克那邊聽來得還要更堅定。當然，他最主要還是怪罪那些「教育界人士」(educrats)，他低估了這些人的影響力。(隔離主義者常常將教師協會、各校校長、家長教師聯合會、學校教職員統稱為教育界人士。)他還學到一件事：各州憲法很重要。如果該州憲法本身就允許他所謂的「社會主義」，(以這個例子來說，就是指需要維持公立學校體系。)那麼要達成他心目中的徹底改革就必然要先修改該州憲法，不然是不可能辦到的。

接下來這幾年，南方選民總人數擴張，哈利．伯德也失去了垂簾聽政的權力，詹姆斯．布坎南則開始發展一套創新的政治經濟論述，後來更將因此而獲頒諾貝爾獎。從大抵制時期的最後一役當中，我們可以看到一些熟悉的概念萌芽，從當時開始到現在，對公部門和強健民主的攻擊仍保有相似的模式。

與此同時，回到芭芭拉．約翰斯一開始爭取公平待遇的原點愛德華王子郡，當地官員仍堅持與其順從聯邦法院的「暴政」，他們寧願完全放棄公共教育，當地監督委員會在幾週之後投票決議關掉所有公立學校。[39]那年九月，他們鎖上了所有公立學校的大門，為白人學童另外創辦新的私立學校，至於剩下一千八百位沒辦法受到正式教育的黑人學童則棄之不理。根據《華爾街日報》報導，「這是全國第一個完全沒有任何公立學校的郡。」因此，當地的黑人青年在一九五九年到一九六四年間長期面臨失學，直到聯邦法院介入，這段不當對待才畫下句點。[40]

這五年之間，詹姆斯．布坎南仍繼續培育維吉尼亞政治經濟學派，即使這場悲劇備受矚目，他也對此不置一詞。至於那些白人地方領袖自我辯解的「自由」說詞，只因為受到特定社區在聯邦法院上的挑戰就拒絕為其提供教育，他也認為不需要特地去區別這些人與他的新思想學派之間的差別。正好相反，他積極去捍衛維吉尼亞州的立場。當時，愛德華王子郡的學校仍大門緊閉，維吉尼亞州開始以政府稅收補助黑白隔離的私立學校，（黑白有別的學費補助系統直到一九六八年才由法院宣告終止。）黑人仍被人頭稅擋在投票所外，另一位南方的經濟學家布洛卓斯．米契爾（Broadus Mitchell）此時找上了布坎南。米契爾早在二十年前就因約翰霍普金斯大學拒絕讓黑人入學而從學校辭職，此時更出面挑戰湯瑪斯．傑佛遜研究中心，要他們離開優美的哲學思辨，以「教育民主」（democracy in education）之名創辦新學程，並以「社會良善」（social decency）之名支持維吉尼亞大學內的種族整合。布坎南只簡短地回覆：「在我看來，維吉尼亞州已經解決了大半屬於自己州的教育問題。」布坎南接著另外寫了一封信給新任校長，斥責米契爾這封「惱人」的信，說這是「長久以來熱衷於所有『愚笨的』『進步派』使命」的人寫出來的，並謊稱這份評論以學者來說「毫無貢獻可言」。[41]

CHAPTER

# 5

## 保護資本主義不受政府干預

TO PROTECT CAPITALISM FROM GOVERNMENT

布坎南和杜洛克就此湊成絕配冤家。布坎南是生產力非常高的學者：拂曉醒來，不久後就會開始伏案研究，幾乎不會在離家之後十二小時內回到家——在他一手教出來的研究同僚觀察當中，他是「永遠在工作」的人。相較之下杜洛克與布坎南天差地遠，總是振振有詞說個不停，不依循傳統的方式行事，「看起來總是沒在工作」。

漸漸地，布坎南和杜洛克成了彼此最珍視的評論者。不只如此，更重要的是共同使命讓他們變得難分難捨：他們要盡可能挑出政府的毛病，藉此保護市場（和財產）不受一般民眾（也就是大多數人）的干預。

要是從**布朗案**衍生而來的州權利與個人權利之間的爭辯能有所緩和，那麼詹姆斯・布坎南和為他的研究中心背書的右翼金主可能就不會感到如此急迫。但是事與願違。法院宣判種族隔離制度違反憲法的平等保障條款之後，果然很快就延燒到南方生活的其他領域，法院注意到這些領域中州政府的作為是在製造或保障不平等。在社會脆弱之處，沒有比州政府抑制公民參與政治程序的行為（尤其是但不限於針對非裔美國人的部分），以及扭曲多數人的意志還糟糕的。於是，毫不意外地，關於投票權的案例浮上檯面成為全國議題。同樣不出意料的是，進到議場之後的結果改變了一切。

歷史學家亞歷山大・凱薩（Alexander Keyssar）寫道，「在一九五〇年代末到一九七〇年代初，投票權的法律基礎經歷了美國史上前所未有的大轉變。」[1]在黑人民權運動與他們華盛頓的盟友共同推進下，其他沒有合理政治代表、無法發聲的人也陸續加入，一起帶來一個又一個的改變。對此感到困惑不已的哈利・伯德參議員就曾抱怨，州政府權力和財產權論述在過去明明就能和北方企業利益相符而無往不利，如今卻擋不下種族改革的列車。有些人認為抵制蒙哥馬利公車運動是將天平推向平權的關鍵。在長達十三個月的抗爭中，黑人不分男女走路通勤之事登上了新聞媒體，他們寧願每天疲憊不堪地走上數英里，就是不能接受阿拉巴馬的市公車系統帶給他們的恥辱，這些新聞撼動了數百萬白人走出舒適圈。同樣撼動人心的還有年輕的馬丁・路德・金恩牧師，他辯才無礙的演說和抗爭到底的決心，以及一九六〇年開始靜坐抗議的大學生們的勇氣。[2]

國會和法院被公民催促以全新的眼光看待這一切。民權組織、工會以及民間團體長久以來持續譴責人頭稅，認為這形同要求人們花錢買自己的選票。一九六四年，《美國憲法第二十四條修正案》通過，從此禁止在**聯邦**選舉中，以人頭稅作為投票門檻。兩年後，一九六六年，最高法院聽審**哈珀訴維吉尼亞州選舉委員會案**（*Harper v. Virginia Board of Elections*）。出身貧窮的威廉·道格拉斯（William O. Douglas）大法官說，富裕程度或是能否支付費用「不適於用來判斷某人是否有理智能力參與政治程序」，並裁決「投票權太寶貴了、太基本了，不應該施加太多負擔或條件限制」。[3]從此州層級的選舉也不受人頭稅限制。

一九六二年，在**貝克訴卡爾案**（*Baker v. Carr*）及**雷諾茲訴辛氏案**（*Reynolds v. Sims*）兩案的裁決中，最高法院終止了州政府長久以來操縱議員席次的手法，最高法院認定，依照人口普查資料顯示偏溫和派的都市和郊區人口成長較多，過去卻是無視實際普查數據，把席次不成比例的分配給保守派的鄉下地區。地方官員會這樣做的原因無他：這樣一來，就能利用席次優勢，在投票時壓制溫和務實派的公民，阻擋他們對改善政府提供的公共服務的要求——像是開拓道路、建設學校、公費醫療設施。如今最高法院已經對此做出裁決，州政府就必須依照「一人一票」的原則分配民意代表的席次。[4]隨後其他相關案件及法令也接踵而來，涉及了公共設施的使用權，到禁止就業歧視的法律。

對於現在的我們來說，大部分的人都會認為這段歷史就是在矯正長久以來的錯誤，這涉及法治社會中最基本的公平待遇原則。而且一樣重要的是，從前南方的情況，讓我們看到絕對的權力讓人絕對地腐化。如果財產權幾乎不需要讓步於其他類型的權利，即使在其他人受到嚴重的不平等待遇（像是黑人青少年只能就讀屋頂是瀝青油紙鋪設的學校），而且他們受害程度遠超過資產階級會受到的損害（多繳一點稅金）的情況下也一樣，那麼原本在一開始是更為保護財產權的體制，就會逐漸變成只保護財產權而其他什麼都不管的體制。確切地說，這個體制只保護白人資產階級的財產權。

不過，不管是當時或今天，對於另一部分的人來說，這段故事都有另一個版本，它不被視為進步，而是被視為一個失敗的故事。在這些人眼中，這個故事是在說：民權時期（the civil rights era）以及更之前的新政時期（the New Deal era），多數群眾不經少數白人菁英的同意，奪走他們認為是美國原本就承諾給他們的東西——財產權的保障。這些累積了巨額財產的人，通常相信美國在成為一個偉大國家的過程中，他們是最功不可沒的一群人，也因此，更加深了他們感受到的背叛感。如今，社運人士與站在他們那邊的政府盟友，還將這些人說成是社會毒瘤，這簡直就是在傷口上灑鹽。以現實來看，過去被資產階級貶低為社會底層的人，不再願意依照他們的遊戲規則而屈居下位，他們提出比較公平的規則來取代舊規則。隨著自由擴張到其他人身上，受到挑戰的這些人發現，他們所熟知的自由和權力受到充分的抑制。

[5]其中某些人就決心要從這些社會底層手上奪回往日榮光，這些人想到的辦法就是：醜化帶給社會底層勝利的社會運動、重鑄政府官員修訂法令的動機、質疑社會底層的改革當中的價值觀。

• • •

為了達到這個目的，詹姆斯．布坎南在維吉尼亞大學研究中心的主要金主：威廉．沃爾克基金會在一九五八年九月送了一個博士後研究員過去支援他，雖然這當中仍有一些小問題：被派來支援的人沒有經濟學博士學位，也沒打算要拿。但是他擁有對於他們共通的思想背景而言更重要的東西，也就是開啟革命計畫的始祖——路德維希．馮．米塞斯對其工作的支持，當時他正在從事對政府官僚體制的批判性分析。他的名字叫高登．杜洛克（Gordon Tullock）。他看上去就是個典型的美國男人，自稱是成長在一個「堅定的中西部保守」家庭，全家「痛恨羅斯福」。杜洛克是個直言不諱的人。比方說，他就大方承認他「既沒上過更沒教過任何基礎經濟學的課」。但是他認為，正因如此，他能夠「站在完全沒有偏見的客觀立場」去斷言「他們學錯了」。[6]

布坎南和杜洛克就此湊成絕配冤家。布坎南是生產力非常高的學者：拂曉醒來，不久後就會開始伏案研究，幾乎不會在離家之後十二小時內回到家——在他一手教出來的研究同僚觀察當中，他是「永遠在工作」的人。相較之下杜洛克與布坎南天差地遠，總是振振有詞說個不停，不依循傳統的方式行事，「看起來總是沒在工作」。當布坎南的書桌上研究資料「堆得像隨時都會雪崩一樣高」，杜洛克的桌面乾淨得像是他的冷笑。更不用提寫作風格的差異，終身未婚的杜洛克，在某個學生眼中是一個「反覆無常地」愛寫什麼就寫什麼的人。幾乎沒有人要找當他指導教授，某個學生就開玩笑說，因為「他的行為實在當不上別人的榜樣」。但是，一個每週工作六十小時的人配上一個在學術領域間跳躍來去的人，兩人竟意外地有種相輔相成的奇效。漸漸地，布坎南和杜洛克成了彼此最珍視的評論者。不只如此，更重要的是共同使命讓他們變得難分難捨：他們要盡可能挑出政府的毛病，藉此保護市場（和財產）不受一般民眾（也就是大多數人）的干預。[7]

「我要從內而外擊垮這個利維坦國度。」杜洛克是這樣向沃爾克基金會誇下海口的，他想要證明：公共官僚體系本身的特質，就會讓政府官員難以達成他們宣稱要達成的目標。當時其他政治光譜上不同位置上的美國人，也開始對他們社會中日漸壯大的官僚體系有所保留、有所質疑，從一九五五年改編為電影的小說《一襲灰衣萬縷情》就在針砭沉悶的企業文化，到一九六二年學運團體「學生爭取民主社會聯盟」（ＳＤＳ）提出的〈休倫港宣言〉所呼籲的參與式民主，都是在反映這一點。維吉尼亞大學團隊與眾不同的地方在於，他們決心要針對政府本身挑出問題。從來不曾懷疑自己的杜洛克宣誓：「我很確定，我能證明我們現有的官僚體制根本就沒有能力做到他們宣稱要做的事。」難怪這個信奉自由放任主義的重要基金會這麼疼惜他，畢竟只要他能成功，其破壞性甚至會遠遠超過芝加哥學派擁戴自由市場的效果。[8]

在接下來的幾年間，布坎南與杜洛克兩人合著了《同意的計算》（*Calculus of Consent*）一書，對當時的經濟學來說跨出了一大步。一如該書副標「立憲民主的邏輯基礎」所示，這本書著墨於政治理論，幾乎沒有在討論標準的經濟問題。他們的重點放在政治程序上，認為政治人物應該要被視為理性的普通人，他們也會以自己的利益作為決策的最高準則（也就是贏得下一次選舉）。兩人合力在書中重新打造「共同財貨」和「公眾福利」的定義，他們將這些說成是煙霧彈，用來掩護試圖利用政府中飽私囊的官員和與他們勾結的人。布坎南和杜洛克認為，只要去研究任何一個社會中的憲法，你就能發現其中有許多誘因和限制，形塑了所謂的人民公僕的行為以及他們口中為公眾利益著想的政策與其結果。[9]

為了證明所言不假，他們列出認定的關鍵問題，然後在自身的假設下，以唯有這樣才能合理的方式自問自答。其中，他們就問：在社會景氣的時期，既然已經不用刺激投資了，為何政府支出仍持續節節高升？

他們認為，唯一的解釋是：在多數決的原則下來分配資源，就會鼓勵選民組織成團體，不論稱作「特殊利益團體」或是（對政府的）「壓力團體」，都是為了在制定政府計畫的過程中追求特定「利益」（這個理論後來被稱為「尋租理論」）。於是，想要執政的候選人感到若要贏得選舉，自己就非得爭取這些特殊利益團體的支持不可，因此就會向眾多選民團體承諾保障他們的利益。[10]

白話一點說就是：由於政治人物不會自掏腰包，只要這麼做符合自己的利益，他們就會從第三方的納稅人身上拿錢用於自己的私利分配。

更糟的是，這套體系還鼓勵同樣導致揮霍預算的「投票交換」（logrolling）。為了要獲得同儕的支持，民選官員會進行投票交換，也就是會對彼此說：**只要你支持我的提案，我也會支持你的提案（同意你要的預算）**。由於這些預算是由官僚機構執行，行政官員也有誘因讓這筆錢持續周轉，因為花出去的錢愈多，管理的人就益發重要，他們的權限就更可能擴大。[11]

你可能會發現，當今億萬富翁投注巨資，打造各種腳鐐來箝制民主的作法，就是從這裡開始的。《同意的計算》認為：簡單多數決容易導致「公部門過度投資」。布坎南和杜洛克認為，選民團體、政治人物、政府官僚三方結盟後，公部門得以藉此自肥，他們合力將大部分的財政負擔透過「差別稅率」強加在少數人身上，或乾脆債留子孫。他們進一步斷言，這種病態的症候群不只會侵犯少數人的利益，也會壓抑私人資本的累積和投資，因此將會導致經濟發展停滯。這個結論敲響了警鐘。現存的法規當中「沒有任何有效方式能限制」會被投入公庫的資源，即使這些錢「留在經濟的私領域流通會更有生產力」。[12]

有趣的是，這些結論純粹由抽象的思考當中得來，而非來自任何政治實務的研究。確實，就算是認同他們的科學家，也難免會說維吉尼亞學派的「最大缺陷就是無法為他們的新理論提出實證的佐證」。[13]然而，即使缺少證據，也阻止不了布坎南和杜洛克提出他們心目中的唯一解：截斷金流、改變誘因。多數決的規則不該被當成不可侵犯的聖牛。它只是各種可能的決策方式當中的一種，而且也稱不上是個理想法則。這種法則常常會侵犯少數族群的自由，畢竟總會有些不甘不願的公民會受制於此，得要配合達成別人的目標。布坎南和杜洛克堅持，任何能夠將州政府納為己用的集體力量，在「自由人構成的社會」中都是不合法理的。唯一真正公平的決策，而且能「在可接受的範圍內，限制某人對他人（政治上）的剝削」的方式只有全體一致同意原則：讓每一個獨立個體都有否決權，能夠拒絕他人提出的方案，如此一來，就不會有多數強迫少數的情形。他們主張，只有獲得全體一致同意的措施，才能被說成是「公共利益」。[14]

他們給自己提出來的新方法一個簡短的名字：「公共選擇理論」，以區隔其他經濟學分析方法，他們將焦點放在市場以外的決策過程——最主要就是政府決策過程。雖然這套工具也可以用在其他地方，但是對這兩位作者來說，他們的分析有明確的政治用途（儘管他們一開始其實否認是政治用途）。它給了政治經濟學一套道德詞彙，就像是十九世紀末的美國主流說法一樣，當時財產權幾乎是神聖不可侵犯的最高權利。

兩人在書中表明，比起一九六〇年代的狀況，他們偏好一九〇〇年代的憲政體制，這對於熟知脈絡的人形同吹響了「狗哨」。他們所指的是法律學者以**洛克納訴紐約案**（*Lochner v. New York*）和**布雷西訴弗格森案**（*Plessy v. Ferguson*）為分界點的特殊時期，在這兩個關鍵案例當中，最高法院的裁決確保了企業擁有極高的經濟自由，並且在剝奪公民權利上絲毫不留餘地，不論是勞動時數方面還是民權方面都一樣。「歷史事實」顯示，民主涵括的民眾比例一旦增加，就注定「以集體行動處理的領域與範圍會顯著擴張」，試圖追求該書作者口中「差別待遇或歧視性法律的訂定」。言下之意，民主開始會向有錢階級和企業徵較高稅率的累進所得稅制、鼓勵投資製造業或為其課收保護性關稅，以及允許勞工組織工會。一旦公民團體可以透過選舉來選出政府官員，就會選出會回應他們需求的人。該書作者對此結論道，這樣一來政府就會變成一言堂，沒有任何反對聲音。因為這會產生一個系統性問題，若要讓選舉結果保有多元性，唯一的方式就是在參與者身上套上轄繩：也就是要喚回憲政限制，有效地削弱多數決。[15]

雖然布坎南和杜洛克認為他們這世代的政治決策似乎是一面倒向另一方，但是他們從不承認，他們想要的那套體制，也是單方面影響勞動和市場規範，以及妨礙民權和投票權。擁有最多資產的階級手握大權，透過法院來箝制代議政府，讓種族隔離在各州合法化，並阻止工薪階級的美國人爭取更多的利益，還阻礙數量不斷成長的中產階級改革者，他們試圖在所見的貪婪企業與不停索求的勞工持續對決的局面中尋求可能的中間道路。[16]

布坎南後來解釋：「我們其實很清楚這場運動不言而喻的用意，就是要去保護美國憲法中麥迪遜建立的架構。」[17]如果他真的這樣相信，那他可能並沒有真的搞懂麥迪遜。麥迪遜確實熱切盼望財產權受到保障，但他也同樣致力於實現持久的多數治理，同時保護到少數人的利益，但不是反過來由少數人支配。如同布坎南和杜洛克所倡議的一樣，約翰．凱爾宏也曾提出少數的否決權力，當時麥迪遜就明確表態他對此持反對立場，他認為若是「把這麼大的權力交到少數幾個人身上，讓他們凌駕多數人的意見，就勢必會推翻自由政府的第一原則，實際上也就是推翻政府」。然而布坎南也知道，只要宣稱自己的研究議題是承繼自麥迪遜、傑佛遜這些開國元勛認證的想法，他就能有效推動他的極端論點，輕易擊退其他人的批評。[18]

後來發表在加圖研究所出版的期刊中的一篇回顧文章當中，準確地將「保障資本主義不受政府干預」的指引歸功於這本書。[19]其實，「保障資本主義不受民主影響」可能還更恰當。

富蘭克林．羅斯福總統曾在聯邦俱樂部發表過一篇著名演講，用上「經濟憲政秩序」（economic constitutional order）這個新詞來向美國人解釋，他們組織起來努力想要找到的答案是什麼。他指出大蕭條的各種混亂，正是走向「經濟寡頭壟斷」這樣結構性變革的高峰，並進一步提出他的論點，認為在這個大企業掛帥的年代，資本主義已展現出走向自我毀滅，甚至帶著整個社會陪葬的跡象，唯一的解方就是透過憲政改革保障經濟穩定，以免陷入「無政府狀態」。[20]布坎南的論點則完全相反，他認為代議政府正在敲詐資產階級，這將會摧毀資本主義——除非能夠不顧多數選民的意願，透過憲政改革來保障經濟自由。

• • •

對於該怎麼達成這個目標的方法，他有個貼近的觀察位置，那就是以培勒林山學會的思想模式進行轉譯。一九五八年教育危機達到最高峰時，維吉尼亞州議會設立了新的維吉尼亞憲政委員會來為他們的政策背書。雖然其他像是密西西比州之類的地方也有類似的組織，但是維吉尼亞州的憲政委員會有著比保護白人至上更廣大的使命。他們最大的攻擊目標是羅斯福新政，它是後來美國社會動盪的發動機。更精準的說，他們作戰的對象是富蘭克林・羅斯福主政下被「曲解」的美國憲法。總之，該委員會的目標就是要痛擊對憲政的整套理解，因為聯邦規範、組織工會的力量和民權保障都是同樣建立在這套理解方式之上。[21]

委員會大力推銷他們的概念：聯邦政府自從一九三〇年代以來都是非法執政，這套學說後來被稱為憲法流亡（the Constitution in Exile）學派，以克拉倫斯・托馬斯大法官以及其他右派法學家為代表。克派屈克負責維吉尼亞憲政委員會的出版與宣傳，主要任務就是確保該團體發行的刊物可以送到眾多目標讀者手上，這就包含各州議員、各州州長、國會議員、聯邦法官、律師協會、商業領袖、商會成員、多不勝數的各鄉鎮及法學院的圖書館，還要刊上各大日報和全國雜誌。最後，他們發行了超過兩百萬份書刊及傳單，向眾多讀者傳授了對憲法的限制性解讀。[22]

在媒體上，維吉尼亞憲政委員會也獲得了該州最高學府的支持。比方說，科爾蓋特・達登就擔任了他們的代言人。布坎南和杜洛克開始針對憲政議題撰寫論述的同時，達登和克派屈克在維吉尼亞大學規畫了一場大型研討會，主題正是憲政議題，內容則是如何突顯聯邦制限制華府權力的機制。最後研討會沒有辦成，因為他們沒料到法學院院長堅持「雙方的觀點都要能確實完整呈現」。[23]畢竟，維吉尼亞大學還是高等教育機構。但是，維吉尼亞州的有力人士正想辦法推動一套更精緻的南方狄克西憲政論述，每一個有抱負並持類似理念的人都會注意。布坎南對此高度關注。

事實上，維吉尼亞憲政委員會的核心理念，就成了維吉尼亞學派政治經濟學方法的一部分。一位備受景仰的企業律師擔任主席時表示，我們要「清楚分辨出聯邦政府力量的不斷增長是因為一七八七年以來世界上的各種驚人改變，還是官僚體制不必要的擴編，後者只是那些膨脹自己的工作價值或自以為最了解公眾事務的傢伙搞出來的而已」。[24]當布坎南和杜洛克進一步闡述他們的概念，解釋追逐私利怎麼成為政府不法擴張的原動力時，他們增添了許多更學術化的語彙。但是分析這套動機的基本想法，其實不像後來的一些評論家以為的那麼創新，只是把培勒林山學會二十世紀中葉的老調拿出來重彈罷了。

眼見各路盟友都紛紛出面聲援維吉尼亞憲政委員會，湯瑪斯．傑佛遜中心也不落人後地竭盡所能提供火力。經濟系還聘了新的成員，從芝加哥大學來的另一位博士，來自英國的經濟學家羅納德．寇斯（Ronald H. Coase），他正在著手研究如何「透過更嚴格的產權定義來消除對政府監管的需求」，後來他還為此獲頒諾貝爾獎。里奇蒙的商人小尤金．西德諾和達登校長想必非常讚許經濟系的識人之明。但是不止如此，實際上布坎南的行動當中，對維吉尼亞憲政委員會的幫助還有更直接的。他們簽下了委託研究的合約，像是對維吉尼亞學費獎助系統的多年研究計畫。這個計畫外包給了布坎南口中的「選擇自由學說之父」里昂．杜爾（Leon Dure），他過去就曾參與擊潰南方最具潛力的跨種族工會，在那之後，他就開始推廣私校教育。他的研究指出，以公費補助私立學校的模式不僅成效斐然，還能夠有效地避免受到政府干預與控制。維吉尼亞州這套辦法，還透過布坎南的引介而橫越大西洋，介紹給英國智庫顧問，最後讓首相柴契爾夫人（Margaret Thatcher）進行了革命性的政策改造，並在英國達成相似的結果。[25]

•••

布坎南的計畫一開始是純粹知識性的，只是為了創造全新的學術領域。但後來，他追求的不只是在象牙塔得到讚譽，而是衝擊真實世界。他深知要培養出能夠改變公眾論述的思想家，才能夠讓改造政治經濟學的事業繼續下去。難怪政治學教授索尼婭・阿瑪德（S. M. Amadae）會在她對布坎南的突破性研究中指出：「他不斷強調『要讓人知道候選人在政治光譜上的位置』。」[26]在培勒林山學會的教誨中，思想是可以向下涓流到普羅大眾身上的，或是至少也可以透過海耶克教授所謂的「思想二手商」轉賣給普通人。布坎南有可能是在某次的學會聚會上，想出怎麼巧妙地利用一套精心打造的思想體系往使命目標邁進，他在私下裡對同僚稱之為「大戰略」。

沃爾克基金會也很清楚地傳達出同樣的訊息：他們不只是支持知識分子的學術研究，而是要追求真實的改變——確切地說，激進的改變。他們認為要達成這樣的改變，勢必需要一整世代的思想家，不僅如此，還得要將這些思想家的想法付諸行動。「我們可以從列寧和他的信徒身上學到很多。」莫瑞・羅斯巴德在一九六一年時表示，他那時以曼哈頓為根據地，替沃爾克基金會物色學者。他澄清說，這並不是要流血革命，但是他認為布爾什維克革命的領導者有著無與倫比的策略和戰術能力。為了要達成眼下這個目標，就要採取列寧主義式的手法「推進自由放任主義思想和思想家中的『核心先鋒』」，其他一切就會隨著時間水到渠成。他對於沃爾克基金會最近的投資很滿意，因為這代表著他們認知到「知識分子和學者對於構成自由放任主義戰線有著無比的重要性」。由經濟學家來提倡不受限的經濟自由是最可靠的，他們可以在未來領頭打造這個「核心先鋒」。[27]

要達到這個目標，維吉尼亞州是最適合將思想轉化為行動的前進基地。「希望你能夠在那邊吸收到一些州權精神」，羅斯巴德在高登．杜洛克前往維吉尼亞大學就職前對他這樣說，當時是一九五八年，正值針對**布朗案**的大抵制開始之時。[28]布坎南則確保了這筆投資物超所值。靠著沃爾克基金會的贊助，他把推動自由放任主義的領頭羊都請來維吉尼亞州，同時也靠著他們將維吉尼亞學派傳到歐洲。像是彼得．鮑爾就是來過沙洛茲維爾後，「幾乎一手包辦安排了布坎南在一九六一年到一九六二年間在劍橋大學的一整年活動，而布魯諾．李奧尼也在來過維吉尼亞州之後，招待布坎南去了義大利的「帕維亞、斯特里薩以及其他地方」。[29]布坎南、納特以及寇斯三人也列名沃爾克基金會講座的指定講師，前往美國其他學院演講。[30]

沃爾克基金會也派出代表到維吉尼亞大學，學習「沙洛茲維爾地區學校私有化運動」。[31]米爾頓．傅利曼就在一九六〇年受布坎南及納特的邀請，在沙洛茲維爾舉辦公開講座，大談教育經濟學，其中有參加的教授為公共教育辯護，還被主持講座的經濟學家們「公開奚落」了一番。[32]就像林肯．斯蒂芬斯（Lincoln Steffens）造訪蘇聯後大肆讚揚一般，傅利曼回去以後感嘆說：「我看見未來了，這行得通。」[33]次年，海耶克也以維爾克基金會講座身分，在傑佛遜中心客座，結束時他也同樣大力推崇維吉尼亞的私校學費補助機制。[34]要不是路德維希．馮．米塞斯此時已經高齡八十，年邁的他只能待在紐約家中，不然他大概也會趕來南方見證未來。

要不是布坎南在學術上成就斐然，不然這場列寧式的長跑，恐怕只會落得一場空。《同意的計算》一書對他們的使命是一大助力，本書大獲學術界好評，許多志同道合的思想家撰寫學術性評論來推薦此書，高呼這本書「出色」、「獨創」、「雄心勃勃」、「言辭犀利」而且「重要」。這些評論者特別激賞本書提出的新理論解釋了政府如何決定資源分配，以及不同的憲政規則如何改變分配的結果。蘭德公司的安東尼．唐斯（Anthony Downs）指出，「公部門是經濟學最缺乏研究的領域，即使公部門實際上不僅占去經濟資源非常大的一部分，而且還是全球成長最快的部門。」[35] 雖然部分人士認為這本書在關鍵論點上有邏輯缺陷，並質疑這本書有「隱含的意識型態」，但是就連這些人也稱讚這本書能夠激發學術思考。[36]

在出版本書這一年，維吉尼亞大學將布坎南升等為特聘教授，次年布坎南被選為美國南方經濟學會會長。至於培勒林山學會方面，則是邀請高登．杜洛克正式成為學會成員。[37]

• • •

看起來此時正是成立正式團體以發展新學派的良機，有了正式團體就能夠像磁鐵一樣，將志同道合的知識分子聚集起來，整備成一支大軍向目標邁進。於是，一九六三年布坎南和杜洛克舉辦了第一場研討會，這也就成了後來的公共選擇學會。與會學者的領域廣泛，這讓布坎南很滿意，他寫道「這某種程度上讓我們不再被貼上右翼標籤，可說就此建立了這個學術主張的地位」。[38]公共選擇經濟學這個領域，確實從此成為分析公共生活中的誘因結構時非常有效的工具。自由派的人也得以善用公共經濟學的洞見。[39]然而，對於內部核心團隊來說，他們的終極目標始終如一。

布坎南的「大戰略」運作得非常出色。學術界最看重的就是能激發研究的創新，布坎南和他的同僚不只創造出一個新的研究領域，他們還運用了這個領域去推進經濟自由的使命，這在大抵制時代之前沒有人能夠想像得到。布坎南自己事後回想起來也承認，「在表面的抽象分析之下，維吉尼亞學派的研究計畫當中始終有著一種道義熱情。」[40]

實際上，在他們籌辦自己研討會的同時，一場政治動員也在進行，將各種因素都聚集在一起。當時，南方狄克西諸州的右派人士開始和志同道合的北方組織者合作，其中包含了一九五六年維吉尼亞州的柯爾曼·安德魯斯競選總統的支持者。這群人合作起來推舉亞利桑那州的參議員貝利·高華德以共和黨身分參選下一任總統選舉。克派屈克也掌握到他們的想法。克派屈克在一九六三年宣告「南方已經是高華德的地盤」，維吉尼亞州「迫不及待地想要一吐被壓迫已久的共和黨渴望」。[41]這話所言不虛，華倫·納特教授當上了高華德競選期間唯一的全職經濟顧問，布坎南還得幫納特代課五週，好讓納特可以去助選。[42]

此時的杜洛克正準備前往南卡羅來納大學，就任他的第一份正式教職工作，他要培養一批新世代共和黨員，為高華德的競選活動打下基礎。杜洛克告訴沃爾克基金會，「學生中有特別好的目標，」這些學生大部分都很保守，「不過他們當中有少數人已經轉信《國家》雜誌及《新共和》週刊提倡的那套『自由主義』。」即使大部分保守的學生「缺乏在社會哲學上理性思考和表達的能力」，他們本能上卻唾棄自由派學生和社會科學的教授，認為這些人「一無是處」。根據杜洛克的看法，此一張力讓南卡羅來納大學「比起大多數的機構，更有機會帶來非常大的影響」。他有信心能夠「利用」這一點來朝目標邁進。[43]

他抱持著這個心態與威廉．巴克利共進晚餐，當時是一九六〇年，他們在餐敘中討論該怎麼在校園中成立美國青年自由促進會的分會。到了一九六二年，當美國青年自由促進會的全國總會頒發自由獎時，分會成員都十分興奮，因為得獎的是老資格的狄克西民主黨人史托姆．塞蒙德（Strom Thurmond），他正是南卡羅來納州的參議員。在美國青年自由促進會分會的大力相助下，杜洛克傳達了「南卡羅來納州開始有了健康的共和黨」的消息。他預測，「這樣一來至少能夠讓南方的民主黨稍微向右移動」，這種政治版圖的變動，了解狀況的同代人大都會難以置信。[44]

不久後，杜洛克也開始向巴克利吹噓，說自己要建立一個新的政治經濟學派。杜洛克更對這位《國家評論》主編放出消息，他認為「維吉尼亞州成了某種中心，雖然很小，但是慢慢地培養出一批學者」開始做出振奮人心的新型態研究，一種有「實際影響」的「政治科學」。

時機很快就要到了，他說，「我們要走出象牙塔，為世俗的選舉活動提供有力的幫助——拉票。」[45]

毫無疑問這是一個長期策略，但是杜洛克認為公共選擇理論會帶來顯著的「政治宣傳策略改進」，而整個團隊在維吉尼亞州的地位和人脈，有利於他們「將得出的結果送到可以妥善運用的人手上」。[46]至於布坎南則一如以往地擔任學者的角色，盡其所能的建立起屬於他們的自由放任主義學術核心先鋒。即使沒有特別去留意，布坎南仍然敏銳地察覺到批評者的嘀咕聲。布坎南在一九六三年告知海耶克，「當然，我們還是被稱為古怪的『右翼分子』。但我們倒是不太在意這一點。」[47]被學術界找碴不是什麼大不了的問題，反正全州最有權勢的人在背後支持。杜洛克還歡欣鼓舞向一群志同道合的聽眾宣布，「二十年內，我們可能就會帶來一場小型革命。」然而，他承認，眼前還有一個問題得要解決：他們必須要「說服眾人做出必要的改變」，他們的新興研究領域認為這絕對必要。[48]

可是他們到了最後還是不受歡迎。當革命來臨時，他們發現事與願違——革命帶來的衝擊，反而讓他們更加難以取得多數群眾的支持。

CHAPTER

# 6

# 反革命尚未成功

## A COUNTERREVOLUTION TAKES TIME

在布坎南的公共選擇分析法當中，最核心的觀念之一就是「尋租理論」。對主流經濟學家而言，廠商無需透過生產活動為經濟創造出任何額外價值也能獲得的額外利潤就稱為「租金」，比方說，透過遊說來延長現有的商品專利期限。然而，布坎南的團隊給了這個概念另一套獨特的意涵，也是現今右派廣泛採用的定義。他們將這個概念稱為「尋租」：任何以公民或是公僕的集體作為，促使政府採取任何會涉及到政府租稅收入的行動，都稱為尋租。他們假設所有經濟個體行為都是建立在經濟自利上，而不是集體目標或是公共利益。

對於想要推動經濟自由放任的人來說，愈具包容性的民主就愈難以駕馭，這也就解釋了為什麼他們後來改變了策略。一九六四年十月，高登・杜洛克向威廉・巴克利提出建議：「我們得要防患未然，準備跳船逃生。」當時右翼人士拚了老命把貝利・高華德推舉上共和黨總統候選人，但民調卻顯示，他的聲勢開始急速下滑，有可能將整個運動的「士氣」一起拖下水。[1]老奸巨猾的巴克利已經先料到了這一步。

早在一個月前，身為《國家評論》編輯的巴克利出席保守派年輕人的一場大會，當眾人還在為心儀的候選人順利出線參選而沾沾自喜時，他就出言警告：大家要做好心理準備，「**貝利・高華德的敗選迫在眉睫**。」有些人聞之落淚。巴克利不為所動，他繼續說出殘酷的事實。他們努力犧牲，已經換來了千載難逢的機會，然而即便如此，現在時機仍稱不上成熟。要讓高華德這種候選人當選，前提是「美國的輿論上得先要有翻天覆地的改變」。這方面非但尚未達成，甚至可以說才剛起步而已。他叮嚀了他的聽眾，「必須做好萬全準備，慘敗的後果有時難以設想。」這些年輕的激進分子必須接受，「反革命」需要多年的精心準備和醞釀。[2]

長期抗戰才剛開始，尤其對於南方以外的地區來說更是如此。高華德的核心政見就是經濟自由，他的論述聽起來很像一九五六年維吉尼亞州的柯爾曼・安德魯斯參選總統時，以州權利為主軸推出的政見。[3]當時安德魯斯只在愛德華王子郡獲得最高比率的選票，這可不是什麼引領全國風向的地方，更別提即使到了一九六四年高華德競選期間，該郡的公立學校仍全面關閉，黑人學童全數失學。高華德究竟該如何說清楚他們對公平社會的共同觀點，同時還要選上總統？

這項任務的重擔，完全落到了華倫．納特的肩上，他得為「競選活動中每一次重要講稿負起主要責任」，就連在活動中「每一項出自（共和黨）全國委員會的聲明」都得要經過他的同意，甚至包括「政治原則的聲明」。[4] 納特會自豪地表示，他親手為候選人撰寫「絕大多數向政綱委員會發表的演說（甚至包含了針對『民權』的部分）」。然而納特筆下對於民權這個部分處理的方式，無疑惹惱了共和黨的非裔退伍老兵，因為長久以來，該黨都是站在支持民權的立場來推動各州權利的。這也讓北方的溫和派共和黨員和資深共和黨員大感震驚，這些選民雖然沒特別想要為黑人爭取的完整公民權，但是，他們也不打算和固執的南方白人一起踩紅線。共和黨全國委員會當中就有一位來自紐澤西的女性代表表示，「我們之中還是有人會尊敬亞伯拉罕．林肯（Abraham Lincoln）留下的精神，他這帖藥我們可吞不下去。」[5]

難以打動溫和派的問題，有一部分出自於候選人身上。高華德迷戀經濟自由，而且對自己直言不諱的態度引以為傲，所以他決定將這次選舉視為全民公投，投票結果會反映人民對於自由放任思想的看法。為此，早在他正式成為候選人之前，他就曾前往田納西州，質疑華府為何要在阿帕拉契地區建水力發電廠。時任參議員的他說：「我認為我們應該要把田納西河流域管理局賣掉。」這可不是田納西州的人想聽見的話。數以千計的人為高華德的提議感到驚惶不安，其中某位來自查塔諾加的居民就寫道，「我投入了你的選戰，為你犧牲奉獻，還在本地組了高華德之友會支持你，但既然你已經……毫不掩飾……要賣掉田納西河流域管理局的想法，我只有撕下支持高華德的貼紙了。」某位來自亞特蘭大的支持者也質疑他的看法，「你到底是為什麼要說那些關於田納西河流域管理局的話？東南部的人絕對不會投給任何提議要將管理局賣給……壟斷者的人。」[6]

高華德的下一步盯上了羅斯福新政當中最受歡迎的項目：公辦社會安全制度。他還挑在一個全國退休選民人口比例最高的新罕布夏州的造勢活動中，呼籲要將公辦社會安全制度改為「自願參加」，深知這樣一來就會削弱整個體制，時日一長自然就會走上末路。畢竟，就像是我們在新世紀面臨的歐巴馬健保（Obamacare）一樣，公辦社會安全制度依賴大量的參與者來分散風險，才能保證充分的供應。為了處理輿論反彈，他的幕僚堅持要他公開聲明他是想要讓社會安全制度「更強大」而「健全」，但是大多數選民都很清楚他原本真正想表達的意思。他所提出的替代方案是把錢拿去投資股市，這更喚起許多人慘痛的記憶，一九二九年經濟大蕭條結束至此時才三十年，畢生存款一夕蒸發的慘狀都還記憶猶新。其他人則根本沒有這個機會，因為他們賺到的錢都還無法儲蓄養老。若沒了公辦社會安全制度，他們根本活不下去。[7]

可是高華德還不滿意，他想要繼續告訴美國人，什麼才叫「自由原則」。他聲稱，聯邦醫療保險不過就是「社會主義式的醫療制度」罷了。唉呀不過，正如一部關於這場選舉歷史的書籍指出的：「為高齡人士準備醫療保險」的聯邦倡議，那可是連「大多數南卡羅來納州的人都**喜歡**的」。[8]

畢竟，能夠對美國人民傳播這些理念的機會，對自由放任主義者來說實在難以抗拒了。芝加哥學派的米爾頓・傅利曼擔任高華德的學界發言人，他向媒體解釋，這場選戰的目的就是要「阻止吹向中央集權和集體主義的歪風」。他認為，就是這個風氣害得「個人責任感逐漸消退，以及人們的道德心減弱」。[9]在一場哈佛大學的演講上，傅利曼大力譴責《民權法案》，抱怨該法案用了「脅迫」的手段，要求全體人民接受「服從多數的價值觀」的同時，侵犯了反對改革的少數白人的自由。傅利曼提出的替代方案是依循「自由市場原則」：偏見固然會造成黑人勞工平均薪資降低，但這就意味著雇用黑人的成本降低，因此反而能夠提升雇主雇用非裔美國人的意願——這樣一來，「美德終將獲勝！」[10]

高華德在反**布朗案**的立場上甚至更進一步，引用了美國制憲時「維吉尼亞方案」（Virginia Plan）中的論點：「結社自由必須同時有正反兩面，不然就稱不上自由了。」因此，他認為自由也包含了「選擇不結社的自由」，在共和黨全國大會上，他在共和黨政綱中以此做為「支持州政府應該以公費補助私立學校」的另一個創新的論點。[11]

如今，高華德因為他在提名演說時的一句話名留青史，該場演說的強硬態度在所有主要政黨的歷史中前所未見，直到近年才有人超越。他說，批評「我們的使命」的人，現在就可以帶著他們「模糊不清的」共和主義一起離開會場。他在演說高潮時疾呼，「我要提醒各位，為了捍衛自由而用上極端手段，何罪之有！」不論是當時的看法，還是後來歷史學家回顧這一段話，都將這句話解讀成表達他反對當時剛通過的《民權法案》，並且提議要動用核武來終結越戰的極端立場。這種解釋是合理的推論，因為高華德參選期間除了受到隔離主義者大力支持外，也有很多來自約翰伯奇協會的追隨者，而該協會同樣採取極端立場，不僅反對由自由派的華倫大法官主導的聯邦最高法院、反對民權，更以好戰的反共主義出名。[12]

但是對高華德與其競選團隊而言，尤其是納特，他們寫下「為了捍衛自由而用上極端手段」時，指的是他支持培勒林山學會所謂的「自由社會」（free society）。引用安・蘭德的看法，這篇演講的高傲論調，只不過是對自由派「抹黑」的反擊。她認為，自由派用「極端主義」的標籤來避免與高華德永不妥協的「擁護資本主義」正面交鋒，她這麼說是有一定道理的。安・蘭德表示，藉由暗示高華德與法西斯主義的關係，批評者迴避了自由放任主義者心中「這個世代最核心、最關鍵的政治議題：**資本主義對決社會主義**，或個人自由對決中央集權」。[13]將近半世紀後，米爾頓・傅利曼仍讚譽這場「傑出演說。我回想起來都還十分欣賞這句一直與高華德如影隨形的話：『為了捍衛自由而用上極端手段，何罪之有！』」。[14]

大選結果出爐，為使命大業代言的高華德不只輸了，他還成了一個半世紀以來，所有主要政黨推出的總統候選人之中輸得最慘的一位。選舉人團投票結果當中，高華德只得到六個州的選票：除了他的家鄉外，還有實施嚴格的選民壓制措施的深南部五州（the Deep South），其中，他在密西西比州幾乎只有白人可以投票的情況下，贏得了高達百分之八十七的選票。[15]相較之下，在深南部周圍的南緣州（the Rim South）：佛羅里達州、田納西州、德克薩斯州和維吉尼亞州，這些開始有新的經濟型態興起的地方，高華德都輸了。時任亞利桑那州聯邦參議員的高華德，被南方各州持續發展中的郊區嫌棄，在這些地區，他得到的票數比共和黨先前推舉過的艾森豪和尼克森還要少。[16]

從他得票集中的地區來看，我們就可以推論培勒林山學會世界觀的背後真相。儘管有些持自由放任主義的經濟學家確實有著過人的才華，但是他們之所以能夠在南方取得進展，本質上還是因為他們的立場在南方耳熟能詳。高華德在維吉尼亞州最抗拒公民權利改革的地區取得了最好的成績，在美國其他地方也是如此，這些原本以種植農場起家的地區，都像是愛德華王子郡的政府官員說的一樣，渴望「根絕公共教育」。[17]反對種族平等和經濟正義的南方白人從他們地區的歷史中學到，唯一可以保障自己理想生活的方法，就是把聯邦政府的力量阻絕在外，這樣一來，多數決的民主體制才不會深入該地區。這就是為什麼當傳記作家為伯德撰寫傳記時，稱貝利．高華德是哈利．伯德「哲學上的靈魂伴侶」。[18]

當共和黨的建制派忙於應付黨內將近瓦解的狀態時，對芝加哥經濟學派以及維吉尼亞政治經濟學派的領袖來說，這場選舉有著截然不同的影響。對於米爾頓．傅利曼而言，擔任高華德的學界發言人帶來的曝光度讓他的事業水漲船高。他受邀擔任《新聞週刊》的專欄作家，在接下來的二十年間發表數千篇專欄，談論從最低工資到放寬金融管制的各種經濟議題。一位傳記作家記載，「到了一九六〇年代末期，傅利曼成為美國甚至是全世界最廣為人知的保守派公共知識分子。」[19]他主張自由放任主義經濟學終將取勝，只要透過知識教化，一個選民、一個選民慢慢轉化，不論要上花多久，終究會達到目的。

布坎南得出的結論明顯不像傅利曼那麼樂觀。就如同剛起步時一樣，他機構的命運如今在維吉尼亞州與伯德機器緊緊相扣。隨著公民團體、聯邦最高法院、國會合力將緊扣的把手橇開，布坎南機構的基地就也變得搖搖欲墜。另一方面，高華德失勢同時也拖了許多共和黨候選人下水，這對布坎南來說也不是什麼好消息。林登．詹森（Lyndon Johnson）總統身為美國總統當中最具謀略的政治人物之一，便幸災樂禍地表示接下來的國會「可以更好，但還是不到我們最想要的」。[20]該屆國會順利通過各項法案，諸如幫助大學生賺取學費的各種工讀計畫（work-study programs）、聯邦醫療保險（Medicare）、聯邦醫療補助（Medicaid）、向貧窮宣戰計畫（War on Poverty），以及空氣和水的清潔法案。這些法案當中最高成就莫過於一九六五年通過的《選舉權法》，旨在保障每一位美國公民最終可以參與到政治運作之中。[21]

同一年，曾經公開反對詹森參選而且風光一輩子的伯德也決定退休。聯邦眾議員霍華．

史密斯（Howard Smith）就沒這麼精明，長久以來他就像是伯德在聯邦眾議院的翻版，兩人有著相似的極端保守立場。伯德退休時，他決定繼續參選，在黑人選民、白人市區和郊區選民組成的新選民結構下，一九六六年的民主黨初選他就被掃出局了。他的傳記作者總結了這一段歷史：「許多在新選區的白人和黑人想要的是聯邦政府的計畫和民權保障，而史密斯長久以來正好站在對立面。」終於，這些人有了相應於他們人數比例的權力，於是他們給了「伯德幫候選人一次最慘痛的失敗」。[22]

隨著經濟自由放任的忠實擁護者紛紛失勢，帶著各種期待的新時代揭開序幕，維吉尼亞州議會也以政策向這些重視經濟成長的新興商業階層以及成長中的城市及郊區的居民致意，他們撤銷了州憲法中的「隨收隨付制」，讓當時全美最後一名的維吉尼亞州在醫療及福利的支出一夕之間高漲。若是伯德還大權在握，政府借錢投資公共教育和基礎建設這種作法，連想都不用想，然而維吉尼亞州北部地區卻受益頗大，成為經濟起飛的豐饒之角。[23]

• • •

整個國家以及各州政府都隨著時代在改變，維吉尼亞大學也與時俱進。在一九六〇年代初期，達登校長認知到要維持維吉尼亞大學傑出的學術表現，他就得要爭取到更多聯邦政府的研究經費、打造更有聲譽的教授陣容，以及敞開校門招收更多元背景的學生，不能再只靠出身南方鄉村俱樂部的白人。[24]只是，他沒料到敞開校門改善學術環境需要的代價有多高。

其中，將該校帶進新世界的關鍵事件，就是一九六一年三月的靜坐抗議。經歷過該時期的學生表示，當時校園中的「餐廳、理髮院和電影院仍維持著隔離制度，讓正直的白人學生及教師感到恥辱，讓黑人學生感到絕望和挫折」。只是這些人數量太少，他們耐心與商家溝通，希望他們不要拒絕非裔顧客，卻仍徒勞無功。當時大型靜坐抗議的運動橫掃南方，於是四位勇敢堅強的黑人學生以及幾十位白人學生和教職員也起身響應，聚眾發起了抗議請願活動，希望能夠將在地的公共設施對全員開放。校園內的保守人士則對他們加以譴責，堅持這是商家的權利，當老闆的本來就可以按自己意願歧視客人。[25]

這場衝突讓校園分為兩派：贊同黃金法則的一派成立了跨種族團體；那些堅稱人們有權歧視的人則在高登．杜洛克的鼓勵下成立了美國青年自由促進會的分會。[26]學生會被反對種族歧視的一方說服，宣布「所有維持隔離制度的商家禁止加入大學組織，違反此規定者將受到強烈譴責」，這加劇了雙方的衝突。這條禁令影響了法明頓鄉村俱樂部，校內許多計畫都與該俱樂部合作，其中也包含湯瑪斯．傑佛遜中心，他們需要這個俱樂部來招待貴賓。里昂．杜爾發起了一項數百人的請願活動，要求校方不應該要有「任何限制特定團體或個人是否能去某個地方的規定」，因為「個人自由比種族平等更重要」。[27]

當時新上任的校長小艾德格．香儂（Edgar F. Shannon Jr.）對於解除隔離的爭議，與前任校長一樣不甚熱中。但香儂很清楚，要達到優異的學術表現，開放無歧視入學是正確且必要的措施，只是得盡可能低調行事。於是在一九六五年，順應選民結構的改變以及聯邦政府禁止歧視的新規定，香儂校長通知校方行政單位，從此不會再容忍任何帶有種族歧視的政策。[28]

同一年，沙洛茲維爾市也廢止了以「選擇自由」為名的公共教育種族隔離政策，藉此推動種族整合。布坎南對杜洛克抱怨道，現在維吉尼亞大學會「招來左派分子」。[29]這偏執詮釋的背後，顯然是他不願面對的恐懼。那一年，杜洛克的升等被學校上級駁回，這種事情在前任校長任內絕對不會發生。杜洛克告訴米爾頓．傅利曼，他感覺「在這所大學的行政單位眼中，納特、布坎南和我沒什麼兩樣」。布坎南也感到凜冬將至。他語帶威脅地表示，那些學校高層的「無賴傻瓜」最好要知道：「若我們被踢出去，我們鐵定會找人把事情鬧大。」——這指的多半是他背後那些菁英贊助者。[30]但是他這段話也威脅不了誰，因為他那些贊助者不再像過去那樣呼風喚雨了。

以來自維吉尼亞州匿名企業慷慨捐贈的經費，校方授權成立新的研究機構，針對該州的經濟進行研究，以引導他們走向「我們希望見到的一九八〇年維吉尼亞州」。新的機構成立之後，他們將目標放在如何善用政府稅收及公共政策以加速經濟發展，這表示維吉尼亞菁英組成的學校外部審議委員會直接否定了布坎南的中心採取的路線。[31]長久以來，務實的商界第一次擺脫伯德幫的掌握取得主導地位。這之中也包含了一些公民領袖，像是企業律師小劉易斯・鮑威爾（Lewis F. Powell Jr.，後來成為了聯邦最高法院大法官）以及銀行家小哈維・威爾金森（J. Harvie Wilkinson Jr.），這兩人都曾公開反對一九五八年的閉校措施，他們相信伯德幫抵制聯邦法院的做法既不合法也不道德。威爾金森自稱是「有建設性的保守分子」。為了打造維吉尼亞州的經濟，他試圖引進外來資金的投資，而他知道要達成這個目的，就得先提升各級公共教育水準並投入各項公共投資。「好的商業慣例是得要先投資，」香儂校長解釋道，「你得先借錢，投資在你知道會賺回來的地方上。」[32]

湯瑪斯・傑佛遜中心的共同創辦人打從一開始就知道，這些隱而不宣的政治任務可能會讓他們失去學術聲望。「最大的風險是從學術研究淪為政治宣傳。」[33]納特曾和米爾頓・傅利曼表白他的擔憂之處，如今的計畫是要創造出一個政治上的「集結點」，讓志同道合者能夠集結在一起。他和布坎南也都知道，他們最終還是得要吸引「有聲望」的學術補助，而不能像是現在一樣至今只靠右翼企業資助，納特認為他們需要「『乾淨』而且端得上檯面」的經費來源。[34]

他們太晚發現的是，他們周遭的人也開始留意到他們論述當中的矛盾之處。布坎南和他的學術同僚大力宣揚「自由社會」，然而，他們卻不能忍受任何對他們的假說提出異議的異己。該校高層在一九六〇年首次對這個事業的強烈意識型態感到困擾，當時他們向福特基金會申請重要補助卻無功而返，後續福特基金會到校訪視時，證實了基金會對教條主義的疑慮其來有自。[35]接下來陸續發生的事件，更加劇了沙洛茲維爾本地瀰漫的不安。[36]

一九六三年六月，教務長向校長提出警告，「我這陣子很擔心經濟系的狀況。教條主義很容易走向集權，絕對的教條帶來絕對的集權。」[37]湯瑪斯．傑佛遜中心教職員的狂熱開始讓其他人打起退堂鼓了。就連其他同僚，只要不是在布坎南小圈圈內的人，就會開始抱怨「這個系走得太右了」。為此，校方啟動了罕見的祕密調查。調查結果發現，該中心與該校經濟系「完全只剩下單一觀點」：「那就是所謂的『維吉尼亞學派』，支持者稱其為『新自由主義』，批評者則稱為『十九世紀的超極端保守主義』。」訪談未取得終身職的教授時，會發現該系的氣氛「非常詭異」：一言堂程度高到「不論是在教學或研究方面，都沒有其他理念存在的空間」，這種氛圍強大到連兩位主流的保守主義者都待不下去，寧願另尋高就。[38]

除此之外，這個獨立機構的經費幾乎全來自私人，這也意味著這些學者會受到外界的影響，指的正是右翼企業贊助者透過資助學術計畫來推動他們政治理念的行為。最後，調查結論指出，該系必須盡快從圈外聘用新的教授，才能「在這個封閉社會中注入新觀點」。[39]

一個為了「保護自由」而創建的單位，竟然落得被封為常用於極權國家的「封閉社會」惡名，這情況實在可悲。而且，也不會是最後一次。

•••

校方為了回應日益廣泛的選民，焦慮感與日俱增，但布坎南仍毫不在意地把握每一次機會，積極推動他的研究方法。布坎南就像是個傳教士般，努力傳播自由放任經濟學的福音，這一點或許就是遺傳自他母親那邊的教會血統。一九六四年，布坎南被選為美國南方經濟學會會長，他利用這個職位去推進他認為「經濟學家該做什麼」：他們應該停止把重點放在學界所謂「配置問題」的資源分配議題上，因為只要不平等被視為是種壞事，就會促使人們尋求解決方案，這會讓整個學科轉向「社會工程數學」的應用。他們應該做的是採用他激進的方法論個人主義（radical methodological individualism）來處理所有研究，並且假定每一個個體永遠都會將個人利益擺在最前面，不論是在經濟或政治上。他認為，在這方面市場機制是好事，政治體制則是壞事。在經濟領域，所有個體都是出於自願來進行交換。相較之下，政治卻是「一套以脅迫或是潛在的脅迫關係建立起來的體系」，因為政治是靠著政府的力量在運作的。布坎南堅持他的超個體論（hyper-individualistic）研究方法是意識型態「中立」的。[40]

才不是這樣。要說服人們「市場」只是理論上的抽象而不是真實存在，恐怕需要花費不少唇舌。在真實世界中，有史以來人們就創造出各種市場，而政府則將這些市場分別形塑成不同的模樣，總是會有人從中獲得比別人更多的利益。不論是從歷史還是日常新聞來看，對於財富極度不均的兩端來說，很難達成一個雙方都滿意的解決方案。只要讀過查爾斯·狄更斯的作品，就能理解不受約束的資本主義下的現實有多殘酷，一旦不受限制的經濟權力集中在少數人身上，他們就能藉此支配其他人。

布坎南在做的實際上就是借經濟學的「科學」威望，駁退數個世代以來的社會科學、人文科學、法學等各領域揭露的論點：十九世紀末那套純粹市場的概念只是種虛構的說法。當時新興的企業菁英在這套虛構概念的協助下，得以將法律和政府治理形塑成對自己有利的樣貌，同時他們靠著大筆財富的優勢，買下所有買得到的對他人的控制，並將這些都用來摧殘他們掌握的社會。現代經濟學創始人當中，理查．伊黎（Richard T. Ely）和約翰．康芒斯（John R. Commons）兩人曾證明過社會力量如何形塑市場，並譴責赫伯特．史賓塞（Herbert Spencer）一類持相反論調的思想家是在掩耳盜鈴。伊黎在一八八五年主導成立了美國經濟學會，他毫不客氣地抨擊他這一代想要淘汰掉的自由放任經濟學（laissez-faire economics）。他說，「在新興的政治經濟學當中，我們不再容許貪得無厭的人壓迫勞動階級。」沒有人再能披著科學的羊皮，高呼「不要理會挨餓的人民」。[41]

這類型的論點，正是布坎南想要用他的新學派擊敗的對象。舉例來說，在布坎南的公共選擇分析法當中，最核心的觀念之一就是「尋租理論」（rent-seeking）。對主流經濟學家而言，廠商（firm）無需透過生產活動為經濟創造出任何額外價值也能獲得的額外利潤就稱為「租金」（rents），比方說，透過遊說來延長現有的商品專利期限。然而，布坎南的團隊給了這個概念另一套獨特的意涵，也是現今右派廣泛採用的定義。他們將這個概念稱為「尋租」：任何以公民或是公僕的集體作為，促使政府採取任何涉及到政府租稅收入的行動，都稱為尋租。他們假設所有經濟個體行為都是建立在經濟自利上，而不是集體目標或是公共利益，布坎南的學派進一步將這種不良動機套用在他們一無所知的陌生人身上。以同樣的方式，維吉尼亞學派的經濟學家進一步拓展「特殊利益」的原始定義，將這個詞變成主要套用在組織起來督促政府行動的公民身上，反而很少用在遊說立法機關換取好處的企業身上。他們利用這個詞暗指這些公民心懷不軌，試圖利用集票和遊說的方式，從經濟生產者身上強取豪奪，而不是老老實實地透過個人勞動來賺錢。這些學者用來作為佐證的僅有思想實驗或假設情境，沒有任何實證研究，他們分析的條件中除了自私自利以外，沒有任何其他動機，像是同情心、公平性、團結心、慷慨、正義、永續性都不在他們的考慮範圍內。[42]

舉例來說，杜洛克就聲稱林登．詹森之所以著手發起向貧窮宣戰計畫是因為「他大概從中看到利用政策牛肉直接換取選票的大好機會」。[43] 這個指控實際上很荒謬，因為詹森總統早在簽署《民權法案》時就深知這個政策會讓民主黨失去原先在白人主導的南方擁有的大好江山。杜洛克只不過是將他對世界運作的偏見，用來誹謗反對他的人。這是美國右翼的陳詞濫調了：美國人民太遲鈍、懶惰，只有自私自利的第三方會督促政府行動，要不然就是一些惟恐天下不亂的人在搧風點火想要漁翁得利，不論是廢奴主義者、工會老大（labor bosses）、共產黨或是政客，都是這樣。[44]

維吉尼亞學派的思想確實讓一些企業金主很滿意，但是與這一時期其他競爭的獨立思想明顯相左。民權運動提出了許多艱難的議題，有許多學者為之大受震撼，他們得到的結論與維吉尼亞學派幾乎背道而馳。比方說，歷史學和社會學的研究就發現：若要徹底的重新打造新的社會結構，就得考慮到所有美國人，保障眾人平等的機會，而要做到這個地步，就必然需要聯邦政府介入。就連維吉尼亞大學歷史系出身的南方歷史學家保羅・加斯頓（Paul M. Gaston），在這一點上也和民權領袖馬丁・路德・金恩以及其他民權運動者得到同樣的結論。他們進一步解釋，必須要這麼做的原因很簡單：不民主的州政府長久以來一直保護著這種不公義的社會結構，唯有聯邦政府才有足夠的權力阻止他們。[45]

於是，即使在像是維吉尼亞大學這種文化上相對保守的學術機構，也毫不意外地愈來愈多人開始對湯瑪斯・傑佛遜中心的計畫心存疑慮了。校方高層當中就有人抱怨，實際上，「相較於經濟系，就連約翰伯奇協會都算是左派了」。[46]

到了一九六七年，眼見聲名不再、「清算」在即，該中心不安的創辦人們將資金轉移到不受大學監管的基金會上。接著，由布坎南主導的經濟系資深教授，再次推薦高登・杜洛克升等為正教授，這已經是多年以來第三次嘗試了。某種意義上，布坎南是在採取邊緣策略。畢竟杜洛克沒有博士學位，甚至承認自己從來沒修完任何經濟學分。不論布坎南和他的盟友們再怎麼相信他有多傑出，法學院出身的杜洛克對於他要任教的經濟學領域缺乏訓練，若拿掉和布坎南合著的書籍，他也沒有什麼受到學術認可的作品。他就連教書也教不好。更別提在中心以外的人眼中，杜洛克就是個自大狂——要不就是單純犯傻。（比方說，有次一位新來的同事才剛打開他的行李，杜洛克就出現在門口並開口說：「喔，約翰森先生啊，我很高興你終於來了，我正好需要一個顯然比我差的人給一點意見。」）[47]然而，最後杜洛克仍無法升等。布坎南對此大發雷霆。

布坎南賭上自己的地位要為自己的榮耀和同事的名聲復仇，威脅校長說要是不推翻這個決定，讓杜洛克升等，他就走人。校長不為所動。布坎南辭職前說，「我心常在，與南方、與維吉尼亞州、與這所大學皆然。」但是他無法再忍受高登．杜洛克面對的「這一切不公不義」，也無法再接受「長久以來內部持續對他的計畫和他推動方式的流言蜚語以及毀謗中傷」。[48]

布坎南就此離開維吉尼亞大學，到了「還算不錯」的加州大學洛杉磯分校擔任專任教師。他認為該系在學術精神上，算是最接近維吉尼亞大學和芝加哥大學的系所。的確，當自由放任主義的艾爾哈特基金會在資助其他國家的專家來美國進行「自由市場」培訓時，芝加哥大學、維吉尼亞大學和加州大學洛杉磯分校經濟系幾乎沒什麼差別。[49]但是對布坎南來說，三校之間差別可大了。他曾在一次造訪洛杉磯時表示，他不喜歡這座城市，這所學校對他來說也「很沒有人情味」。他滿腹心事地前往就任，深知自己從此不再是能大掀波瀾的池中金鱗。

他似乎也不太能接受大量就讀該校並在城中生活的非裔美國人，他某次去了聖地牙哥州立大學之後就和杜洛克說，相較於加州大學，聖地牙哥州立大學「實際上很少黑人」，而且這些學生看來「整齊有序」多了。[50]同樣灰心喪氣的華倫．納特也離開了維吉尼亞大學，擔任尼克森總統的國防部助理部長，負責國際安全事務。[51]根據忠誠校友詹姆斯．米勒三世（James C. Miller III）的說法，維吉尼亞大學的整個計畫從此彷如遭受「去勢」。[52]

• • •

隨後數十年，布坎南和同僚把他們中心的內爆，說成是自由派背信棄義的故事——無辜的人們因為政治動機而被捅刀。根據布坎南給前顧問的說法，他是說：「維吉尼亞大學的事已經亂成一團了，這都要怪那些腐敗而且滿口謊言的校方。」[53]

布坎南這套說法，至少有兩點和事實有出入。事實上，校方並不是自由派，更不會對右派思想抱持敵意。只是他們是採取實用主義的保守派；至於布坎南底下的人馬則是自由放任主義狂熱信徒。該校行政團隊意識到兩者差異的重要性，他們是務實的人，需要州政府投資未來。香儂校長和該校董事會知道「要真的為該州的需求服務」，此時維吉尼亞州正在走上民主之路，為此，該校如果還想要成為享譽全國的研究學術機構，再也不能以伯德時期的方式運作。別的不提，他們首先需要吸引到更多學生，不光是非裔美籍的學生，還有來自各方的女性，為此香儂從一九六七年就開始推動改革，直到一九七〇年才實現。[54]

另一方面，整個計畫落到這個下場，某種程度上也是布坎南自己的問題。你可以說他是錯估了自己的市場，打從一九五九年跳進公共議題的辯論中，推動維吉尼亞州公立學校私有化開始，他就打錯算盤。確實，科爾蓋特．達登曾授意要讓他們以這個中心來反對新政改革，但是他沒要他們加入為了保護種族隔離制度，威脅要摧毀公共教育的反動分子行列。達登和該州頂尖的商業領袖都知道，公共教育才是文明社會的基礎。達登和布坎南之間的路線分歧，到了香儂接任並對布坎南展開校內調查時更加嚴重，這也就衝擊了他的行動計畫。就像是布坎南對市場中的剝削視而不見，他對於自己利用學術地位來換取想要東西的做法，也不覺得有什麼問題，就算校內其他同僚都理所當然地認為應該要經由民主程序進行決策，布坎南依然故我。在布坎南自己的報告當中，他將自己經營經濟系的決策模式形容成私人企業的執行長，因此他不需要對任何人說明決策理由。在其他系所，人事聘用是透過集體討論共同決定的，布坎南則是自行選擇「符合我的需求」的人，就算其他人可能對此有所微詞，他也不予理會，一切他說了算。[55]

他從不承認他或其他同夥跌落神壇是他的錯。在他回顧一生時，他對這場校園內鬥的看法，就和他覺得在海軍受到歧視一樣，都是因為來自長春藤聯盟的北方勢利鬼，壓根就瞧不起他出自中田納西州立師範學院的南方背景。他堅信自己是受到迫害的被害者。他將整個中心計畫的殞落歸咎在「菁英階級中的知識分子粗暴地進行思想控制」的結果，這些人「因妒生恨」，只因他拒絕「對國家的浪漫幻想」。[56]布坎南撤離沙洛茲維爾前往洛杉磯之後，心中這把怒火燒得更旺，也讓他找到更多理由來限縮民主。

CHAPTER

# 7

# 瘋狂世界

## A WORLD GONE MAD

布坎南和戴維圖的論點就是在說，一旦大學不再是免費的，而是向學生收取高額學費，高到足以支付教育上全部的成本，就能夠保證學生有足夠的經濟誘因專注於學業之上，也就不會想要改變學校甚至社會了。同時這兩位作者還有其他論點：接受高等教育的美國人要比現在少得多才可以，尤其不要讓那些無法負擔全額學費的低收入戶入學。而且他們還對主導董事會的生意人說，是時候對選區、教職員和學生都硬起來了。

談到待在加大洛杉磯分校那段期間，詹姆斯·布坎南會說自己像是「闖進了一個瘋人院，陷在一個失序的瘋狂世界裡」。當時是一九六八學年度，學運浪潮襲捲全球，可說是現代史上最紛亂的學年。一九六九年一月，第二學期才剛要開始，兩位年輕的黑豹黨人遭到敵對的激進團體成員刺殺，案發地點離經濟系不遠。經濟系本身在幾個月前也曾因為沒有聘用任何黑人教授而遭到匿名炸彈恐嚇。槍手隸屬的團體在一場投票中失利，該投票攸關該校新成立的非裔美國人研究中心其社區諮詢委員會之後的傾向。這場謀殺案嚇壞了全國的學運分子，也撼動了整個校園。[1]

但在布坎南的心中，這場暴力行為正彰顯了為何把納稅人手上的錢用在挹助公共資源上，會把整個社會帶往毀滅之路。在安吉拉·戴維斯（Angela Davis）遭到解聘時，布坎南從加大洛杉磯分校的學生和教職員的反應當中得到類似的訊息。

在戴維斯的擁護者看來，她是聰穎出眾的知識分子，為校園注入了新的思想。戴維斯出身阿拉巴馬州，曾前往法國索邦大學進修，是加大洛杉磯分校哲學系的助理教授。她開設了「該校歷史上選修人數最多的一門課」。但是對於布坎南和其他右派人士而言，她就是個黑豹黨擁護者，還曾公開自稱是社會主義者。時任州長的羅納德·雷根因此力促校方開除戴維斯，因為她違反了該校禁止聘用共產黨員的政策，校方也照辦，結果反而讓經濟系以外的系所教師群起抗議，認為這違反《憲法第一條修正案》賦予她的言論自由，也侵犯學術自由。他們召開大規模抗議活動，要求校方重新聘用戴維斯。最後連法院也做出相同的判決。[2]

但是布坎南反對。他相信對於野火般的學生動亂，唯一適切的答案就是立刻展開鎮壓。他說，儘管「我長久以來都堅守自由放任主義的原則」，但是回想起來，「我終究還是堅持要站在『法律和秩序』（law-and-order）這一方」來看待事情。布坎南還跳出來力挺某位校方人員把警察暴力帶進校園來鎮壓學生叛亂的「單純勇氣」。[3]

但是布坎南在加大洛杉磯分校的經驗留下了更深遠的遺產，最終解釋了為什麼在我們這個年代，激進右翼資本家指使的州長和州議員，會在他們所能掌控的州積極改造公共高等教育。二〇一〇年後，由科克兄弟資助的計畫開始在這些州推動，其代理人們試圖大刀闊斧地砍掉州立大學的預算，同時提高學費、停止基於需求的獎學金、限制或縮短教師的終身職保障、削弱教職員工的治理權，並且砍掉對人文課程的支持（尤其是有特別多意見的那種）。不論在哪一州，共和黨指派到各校董事會（governing boards）的成員都以前所未有的速度推動計畫，同時限縮討論空間。在維吉尼亞大學，他們以「漸進主義者」（incrementalist）為由解聘了一位受歡迎的校長。在德州，他們自稱是「霸道校董」（the kick-ass regents）。在北卡羅來納州、路易斯安那州、密西西比州、愛荷華州和威斯康辛州，他們還把不聽話的校監直接剷除。[4]

歷經一九六〇年代校園動盪的嚴酷考驗，布坎南決心將公立大學轉為企業型態經營，並對此提出他的分析及處方。當時布坎南開始撰寫一本新書，與他合作的學者是尼可斯・戴維圖（Nicos Devletoglou），一位曾在倫敦政經學院見證時代動盪的年輕訪問學者。布坎南力辯高等教育機構的領袖們正在讓「少數革命恐怖分子毀掉數世紀來的文化遺產」。[5]

這兩位作者的觀點獨到之處並不是在於憤怒情緒——畢竟這種憤怒情緒在不少右翼人士及較為年長的自由派教職員身上也很普遍，不同的是，他們提出了完全原創的公共選擇理論來解釋為何這套解決方案不是針對年輕激進分子的個案，而是重新審視這些學術機構與其誘因架構。布坎南和共同作者認為，政府和大眾不能夠再將學院和大學視為公共資源。高等教育體制已經構成一種產業，儘管算是種「獨特的產業」，在這個產業中的人們會試圖將個人利益最大化，並將成本最小化。[6]

從這個論點出發，就很容易解釋為何州政府不應該繼續支持低學費的公立大學。這就又是政府從納稅人的口袋拿了太多錢用在有問題的政府支出上，這些錢留在納稅人口袋遠比以「公共利益」之名不當使用要好得多。他們聲稱，存心不軌的誘因加上缺乏對於這種不當行為的懲罰，幾乎就是引發抗爭的導火線。

根據布坎南和戴維圖的論點，大學的問題出自於它的結構特質：「一、其消費者（學生）沒有（以反映成本的價格）購買該服務；二、其生產者（教師）沒有販賣該服務；且三、其出錢者（納粹人）無法控制該服務內容。」

以「免費」或幾近免費的方式取得大學提供的服務，消費者就不會評估服務的真正價值，對於能夠取得的教師資源、行政資源、設施亦然。「難道他不會因此對整個大學環境不屑一顧，甚至嗤之以鼻嗎？」作者問。確實，對於學生來說付出的成本太少，他們自然就處於一個隨時都可以擾亂大學運作的有利位置，甚至可以要求大學依他們的想法改變，也不需要付出任何個人代價。對於負責「生產者」身分的教師也是如此，有了終身職的保障，校園動亂和損害對他們而言不需負擔任何個人代價。事實上，這就是「混亂的根源之一」，因為工作受到保障，教師沒有任何與激進立場的學生對立的動機。反而更可能與其共謀，最多也只是被動的旁觀者。[7]

最後，從管理結構來看，由於投資者及所有者無法控制學校決策與經營，大學行政單位搞錯了誰才是真正的老闆。他們往往是「教師的囚犯」，讓教師來制定治校方向，而不是讓真正的股東決定。（這狀況對於這兩位作者來說，就像企業由工人主導一樣異常。）在他們眼中，同樣奇怪的是「納稅人和校友」的角色何在？這邊的校友是指會捐款給學校的校友，這些人「不像企業投資股東那樣」，即使實際上是靠著他們的錢讓這些機構運作，它們卻不太能過問校方經營「管理是否得當」。[8]

有了這些診斷，他們開始對症下藥。學生應該要負擔反映成本的學費，而且大學應該將學生視同消費者般競爭。納稅人和捐款校友應該要「像其他企業的股東一樣」組成股東會來監督它們的投資績效。學校董事會不能再「無為而治」。他們就是納稅人的代理人（以加利福尼亞州來說，就是那些選出雷根擔任州長的選民），董事會有責任要維護企業內的秩序——比方說「所有在校內示威抗議的學生，應逮捕並即刻開除」。[9]

唯有以企業標準維護責任和秩序的做法才會有效。確實，到最後問題還是在於大學歸公眾所有，亦即沒有任何人真正在負責，也不會因為有嚴格界定的財產權，而出現維護校園的直接個人誘因。兩位作者推論道，「想想看，這會帶來多大的不同：如果校園辦公設施必須向大學租賃或購買才能使用。」教職員和大學行政單位對於學生占領辦公室的反應，會變得像是自己的家被占據一樣。這樣他們才會硬起來，不再甘願付「贖金」給學生。[10]

從這個宣言當中，就很清楚了解當前右翼在徹底改變公共高等教育的一役當中所規畫的藍圖：將州立大學轉變為不會有人鬧事，只是單純提供受訓勞力的供應商、以管理者的鐵腕經營、讓教師參與治校的程度降到最低、讓納稅人付出的成本降到最低。本質上，布坎南和戴維圖的論點就是在說，一旦大學不再是免費的，而是向學生收取高額學費，高到足以支付教育上全部的成本，就能夠保證學生有足夠的經濟誘因專注於學業之上，也就不會想要改變學校甚至社會了。同時這兩位作者還有其他論點：接受高等教育的美國人要比現在少得多才可以，尤其不要讓那些無法負擔全額學費的低收入戶入學。而且他們還對主導董事會的生意人說，是時候對選區、教職員和學生都硬起來了。

兩位經濟學者合力在幾個月內就完成書稿。根據布坎南的說法，這份書稿「對某些學術進步派來說是徹底的毒藥」。各種原因，一間接一間的出版社拒絕了他們。直到他們找上了在貝西克圖書公司擔任編輯的歐文・克里斯托（Irving Kristol），當時他正以新保守主義的代言人身分而聲名大噪。新保守主義思潮剛剛興起，他們支持羅斯福新政下核心的福利計畫，但是呼籲要鎮壓校園激進主義、終結種族平權行動並且採取更強硬的反共產主義外交政策。貝西克圖書公司承諾將在一年內出版這本書。[11]

《無政府的學術界》（*Academia in Anarchy*）題獻給「納稅人」。然而，從熟悉當初維吉尼亞學派的教育券爭議的人看來，即使這本書表面上採取種族中立的經濟論點，仍隱隱透出底下的種族歧視色彩。在書中提到由黑人學生引起的校園動盪時，他們甚至描述成是「混亂」的核心根源，該書作者暗示這些動亂都是由外來的革命分子精心策畫的，他們推測是信奉共產主義的白人採取了「利用黑人學生」的手段來達成自己的目的，講得好像非裔學生沒有理由抗議也沒有能力領導自己的抗爭一樣。兩位經濟學家這樣寫下：「革命分子利用了黑人學生當成他最有吸引力的盟友。」煽動他們以達成自己的極端目的，利用美國白人的「罪惡情結」。他們的論調是，如果抗議者是「喬治・華萊士的支持者，而不是『支持黑人學生聯盟』或『學生爭取民主社會聯盟』的話，當局的反應就會變得全面、迅速而且嚴厲」。（年輕非裔美國人若是聽到這種暗指警察對他們有特別待遇的說法，大概也會覺得很不可思議。）[12]

在《國家評論》的書評當中，布坎南過去的同僚威廉・伯烈特也支持他們的說法，呼籲應該要有一套「全額自付的學費系統，輔以學生貸款，讓學生以自己未來的所得支付」。[13]這可不只是吝嗇，想要節省納稅人的錢而已。高登・杜洛克和布坎南私底下想過：只要是無法支付學費的低收入家庭青年，就不該讓他們讀人文學科。他們認為這項措施具有社會控制的效果。杜洛克說，「如今的高等教育製造了確實是非常危險的階級對立」，太多勞動階級的年輕人接受高等教育，卻多半不會進到管理階層，拓展他們的眼界只會帶來麻煩。[14]

考慮到最早由《無政府的學術界》提出的建議，此刻正在付諸實施，我們必須要指出，這本書的分析是錯的。校園危機並不是源自扭曲的誘因結構，也無關外來煽動者的利用。檯面上的都是貨真價實的議題，數百萬名學生都深感其害：種族不平等、連士兵都不想打下去的越戰、學生在大專院校和國家政治沒有聲音。數十萬名年輕人受到徵召，被送到他們所反對的戰爭中殺敵，甚至可能要為此犧牲，卻沒有辦法投票決定自己的命運。直到一九七一年，這一切動亂以《憲法第二十六條修正案》作結束之後，這些十八歲到二十一歲之間的青年才得以參與全國性投票。[15]最後真正讓校園平息下來的措施，並不是《無政府的學術界》書中所提議的強力鎮壓和由上而下的轉型，而是終止徵兵與進行校園改革，將學生視為利害關係人，重視學生為改善高等教育品質所提出的想法。

同樣要指出的是，布坎南明明公開聲稱自己全心守護自由，卻格外熱衷對叛亂進行武裝鎮壓，不論對國內或國外皆然。實際上，他從未質疑過美國對越南軍事政策的正當性，反而說應該要更有侵略性。[16]他這套過度簡化的分析方式，把充滿熱血、深信他們國家的理想而身體力行的年輕美國人，說成是追求個人利益並且唯恐天下不亂的毒瘤。只要把這些不論是白人還是黑人的抗議者都視為被寵壞的懶蟲，只是靠著不法壓榨納稅人來過活，就能輕易呼籲其他人動用暴力來制伏他們。

由於校園動盪吸引了全世界的注意力，這本書也比布坎南先前出版過的作品更廣受注目。不只是保守派的媒體，有些國家級的報紙也向讀者推薦本書，其中就包含了《紐約時報》、《洛杉磯時報》以及倫敦的《衛報》。英國、法國、德國和澳洲的學術期刊不分學科地審視了這本書，其中時常論及該書的經濟分析方法的創意應用，儘管他們也批評本書缺乏實證支持而且明顯有政治居心。[17]

評論家怎麼說都好。對布坎南來說，評論四起就代表他的讀者更多了。他在改變的是對話——誠然，並不是改變與社會大眾或敵人的對話，而是改變和其他志同道合的人對話，這才是一直以來對他來說真正重要的受眾。

• • •

對於這位畢生的南方人來說，逃離加大洛杉磯分校回到自己的舒適圈只是早晚的事。最後是由他過去教過的學生查爾斯・果次（Charles Goetz）出面邀請布坎南回到他在沙洛茲維爾時曾戲稱的「鄉下學校」（cow college）任教。維吉尼亞理工學院位於黑堡，距離最近的城市洛亞諾克至少也要一小時車程，無疑是個二線州立大學。也就是因為這樣，該校對於能聘請到布坎南這種有名望的學者感到欣喜若狂。布坎南提案成立公共選擇研究中心的計畫，校方也大方放手給讓他隨心所欲去規畫。當時該校才剛轉型為研究型大學。感激不已的學校管理層給了布坎南的中心「一整棟原先做為大學校長宅邸的大宅，位於能眺望整個校園的山丘上」。布坎南在該校得到了他追尋已久的東西：不受限制的自由以及他一直渴望受到的器重。他再次召集了志同道合的人，由他過去的秘書「貝蒂媽媽」悉心照料，自在地搖著亞當・斯密的大旗，背後則有來自右翼眾多基金會的慷慨撐腰，他和同僚就這樣再次出發。他們以共同的假設為前提，以「毫不設限的作戰方式」開發他們各自的政治經濟學版本，但同時也再次將那些對於他們的前提有所疑慮的人都拒之門外。[18]

一位加入他們的澳洲學者表示，如同「僧院」一般井然有序的社群變成「全世界有志於公共選擇及公共經濟學的年輕學者眼中的聖地」。[19]如同後世所知，布坎南和他的團隊在維吉尼亞理工學院駐紮超過十年。這些自由放任主義的激進右派學者與右翼商務人士及基金會在此構成更緊密的連結，近年來這些金主人數日漸增長，他們也在找尋能夠反制羅斯福新政和大社會計畫（the Great Society）帶來的政府擴張。在黑堡這個時期，布坎南和查爾斯・科克首次相識，開啟了一段他可能會稱為是互利交換的關係，並且在二十五年後開花結果。

當時維吉尼亞理工學院的校長小馬歇爾・韓（T. Marshall Hahn Jr）與布坎南志趣相投，本身也是個企業家。（他真的是企業家，不久後就當上了全世界最大的紙業公司「喬治亞太平洋」的董事，諷刺的是，雖然出於巧合，後來這間公司就被科克旗下的科氏工業集團併購。）另一則好消息，維吉尼亞州短暫傾向「自由共和主義」（liberal Republicanism）的時期正要結束。維吉尼亞州的企業菁英當時正在重組，強勢地支配了兩大黨及該州的州議會。[20]

有了維吉尼亞銀行家協會的撐腰，布坎南和他的團隊得以定期召開會議將「商務人士、學者以及政策制定者」聚在一起商議「維吉尼亞人民面對的關鍵經濟問題」。於是新成立的中心重新開始與該州企業界建立聯繫，恢復了布坎南先前在維吉尼亞大學的工作。他們甚至有了一個稱為「經濟教育中心」的分支機構，這個分支機構也就是查爾斯・科克為了擴大同溫層而斥資打造的原型基地，目標直指華盛頓首府的決策者。每一支側翼都具有公立大學的學術研究帶來的相關權威性，但是運作上不受大學控制，也不用對大學負責，其中人員與企業夥伴一起向政策制定者推廣他們的共同理念。[21]

布坎南在維吉尼亞理工學院第一年的五月，他的老夥伴華倫・納特來校發表演說，此時納特在國防部任職，不久前四位學生才在肯特州立大學被國民兵槍殺，當時這些學生正在抗議美國對柬埔寨和寮國實施轟炸。當納特在宣揚尼克森政府的戰爭立場時，有八位學生一起站了起來，他們在衣服上各寫了一個字，合起來「就拼成了一句粗話」。根據當時頗為尷尬的校長的描述，是一句以「牛……」開頭的粗話。此事讓布坎南大為震驚，並勃然大怒。[22]

次年，有些學生打破窗戶並且縱火燒了一棟建築，布坎南向韓校長建言說不要管學校的律師怎麼說，校方一定要發動「策略性反擊」。他建議校長嚴懲帶頭抗議領袖和他們的支持者。這些人或許沒有真的違反什麼規定，但是他們「擾亂」了校園秩序，應該為此付出代價。憤怒的納稅人和他們在州議會的民意代表才是校長真正的資金來源，他們會支持這套做法——尤其是「聯邦法院」如果站在被退學的學生那邊更會如此。布坎南清楚表明，他長久以來都鄙視聯邦司法體制，而且他認為韓校長真正需要拉攏的支持者也是這樣。[23]

自封自由放任主義者的布坎南更進一步地制定出「反擊策略」的大方向，他精心打造出這套做法之後，在接下來數十年內會分享給有力的金主、智庫成員以及志同道合的公務官員，因為這套做法的應用範疇遠超過校園。在這套策略中，校長應該對「不良分子」直接「以牙還牙」。行政機關應該「光明正大地騷擾滋事學生」，像是獵犬一樣緊追在後，「永遠依法行事，但是刻意讓他們忙得不可開交」。同時也應該要有一套新的「教師獎懲結構」。社會學、文學、歷史學，以及所有這類鼓勵批判性思考的學科：他建議就讓他們自食惡果，讓他們受點折磨。是時候改變誘因結構了。「這會是場硬仗，還侵犯到『學術自由』的神聖原則，但是，」布坎南莊重地說：「這個世界本來就很殘酷。」[24]

・・・

睿智的韓校長做出了選擇——不聽布坎南的建議。但是布坎南還是持續發言反對校園動盪，同時繼續接觸其他人，他們與布坎南同仇敵愾，而且接納他的建議。這其中就包含了有著巨額資金，準備投資的富人。這些人贊同布坎南呼籲要以強硬作法對付、對引起麻煩的那些機構切斷稅金援助的做法，其中包含了里奇蒙聯邦準備銀行的副總裁（在一九五〇年代曾是他的學生）、梅隆銀行的首席企業慈善長以及史凱菲家族慈善信託基金的總裁，背後還有石油金融大亨理查・梅隆・史凱菲（Richard Mellon Scaife）和他手上的龐大資源。這些各路人馬都對學生們的行為同感憤怒，也對於行政機關及法院感到不滿，他們認為就是鎮壓力道不足默許了抗爭延燒。[25]

史凱菲家族慈善信託基金經濟專家理查・賴瑞（Richard Larry）對布坎南留下了深刻的印象，該基金會當時是右派的主要金主，賴瑞提出了一項價值二十四萬美金跨年度研究獎助（換算至二〇一六年的話，相當於一百五十萬美金）以建立公共選擇獎學金和拓展這位經濟學家在維吉尼亞理工學院的新中心。「我們的研究改變了人們對政府運作方式的想法，」布坎南在申請研究獎助時解釋道。[26]

一九七一年的一篇期刊論文中，兩位公共選擇理論學者曼瑟爾・奧爾森（Mancur Olson）

和克里斯托夫．克拉（Christopher K. Clague）撰文給予維吉尼亞學派好評，這也在籌募資金的過程中推了一把。布坎南與潛在的金主分享這篇論文時，特別強調一件諷刺的事：激進右派和激進左派的經濟學家，似乎都「不信任官僚體制、政府和多數決」，這個現象具有帶來變革的潛力。[27]

布坎南樂於找出口袋很深的盟友，他也找上「自由保守主義」（libertarian-conservative）的康乃爾大學均衡教育校友會。該會成員正試圖施加壓力，雇用有培勒林山學會思想傾向的教授，來對抗他們認為自由派在文理學院的主導地位。康乃爾大學的憤怒校友之中，有一位特別具有影響力的會員：約翰．歐林（John M. Olin）。在他眼中，康乃爾大學校方在武裝的黑人社運人士面前畏畏縮縮的，歐林決定要從他的巨額財富當中拿出一大部分，捐給美國各校來雇用支持資本主義的教授。[28]

與此同時，培勒林山學會在慕尼黑召開會議，預定就教育議題發表演說的布坎南在會中大放厥詞。他說，現代社會普遍富裕的結果，就是展現出它「樂於容許寄生蟲的存在」，亦即許多白吃白喝不事生產的人。「基本上就是學生階層現在的模樣，」他對與會的學者、商人以及贊助者直言。「若我們不喜歡眼前這樣，解決方案簡單明瞭：隔絕寄生源。」[29]在那十年間，他持續將這套論點用在幾乎所有期望取得政府某種贊助的人身上。

第二部

# 行動中的思想

IDEAS IN ACTION

CHAPTER

# 8

## 萬丈高樓平地起

LARGE THINGS CAN START FROM SMALL BEGINNINGS

在這場里奇蒙晚宴上的致詞中，布坎南將這個夢想在聚光燈下公開（但是不包含要用祕密組織來實現的部分）。他向大家宣布，「第三世紀所面臨的議題」是如何銬住他稱為利維坦的巨獸。他講解了他看到政府擴張帶來的世界歷史性危機。美國內戰後，各州失去了以退出聯邦來牽制聯邦政府的可能性。各州權利的概念也變得無力。結果就是，「從經濟大蕭條以來，我們見證到了『美國利維坦』持續且加速地成長，」尤其在擴張後的公部門更加明顯，「這頭怪獸四處肆虐。」

一九七三年九月底，溫暖和煦的週五傍晚，詹姆斯・布坎南在維吉尼亞州里奇蒙一場晚宴中踏上講台進行開場演說。台下的聽眾全都是國際大西洋經濟學會的創始會員，這正是學會創辦典禮。它是一個學術性組織，但也歡迎來自商界和政界的經濟學者參與，關注如何將經濟思想應用在公共議題的挑戰上，範圍從貧民區的問題到租稅改革、能源和環保問題。布坎南自詡為「社會哲學家」而不是單純的經濟學家，他藉此機會向眾人勾繪出一幅美好遠景和實踐計畫，一直以來他都以史凱菲基金會的資金，與一些志同道合且信賴的夥伴構思並試圖實踐這個計畫。這是他第一次將之公諸於世。[1]

那年前不久，在私下討論後他取得一個重要的結論。那就是「水門事件」的災難大大打擊了政治右派。尼克森總統原先承諾要「限制預算」，但是如今受創慘重，無力推動。而那些相信真正經濟自由的人仍是極少數，被困在學院當中幾乎無法發聲。革命行動陷入困局。就連對稅制的怒氣都開始反撲。中低收入的納稅人確實仍對於自己付出的稅金感到不滿，但是他們生氣的對象不再是持續花錢的聯邦政府，而是開始呼籲要對富裕階級和企業課更高的稅，降低對較低收入者「掏空錢包」的壓力。於是要求「租稅正義」（tax justice）的運動擴散開來，在地方和州政府層級廣受歡迎，敲響了右派的警鐘。[2]

布坎南相信，是時候該採取更具野心的做法了。就算還有些人分布在對他們友善的機構內，像是他待過的維吉尼亞理工大學、芝加哥大學、加大洛杉磯分校，整體來說他們仍是零散的單兵思想家，無力發起一場反革命。至於該怎麼做，他愈想愈覺得答案就在於組織，將相似理念的思想家連結在一起並和贊助者牽線，有了贊助者就能幫他們創造出足夠的代理人，讓他們得以用同樣的聲音傳遍全國各地。只是他還得面對某個現實——而且這個現實其實可以幫得上忙，那就是：大多數公民對政府知之甚少。高登．杜洛克稱之為「理性無知」：個人選民對選舉結果影響微乎其微，因此會覺得何必費心思去密切關注政治？人們還有很多事情要煩心，「相較之下，他們只用了少少的時間和精力去了解社會政策中其他選項的相關資訊。」相反地，他們會比較傾向從信任的新聞來源「接收被餵食的資訊」。因此革命行動有責任讓他們去改變接收到的資訊和資訊來源。他的想法是要從重要相關領域中的掌權者開始轉化：政界、商界、媒體界以及法律界。[3]

這正是為何早在那年三月，布坎南邀請了一組親信到他的鄉間小屋來測試他的新計畫。「如果真要寫下美國第三世紀的歷史，可以就從維吉尼亞深山的一個小木屋開始說起。」他在召開這場聚會時興奮地預言。這場小圈子的神祕聚會有著對未來的大計畫，「為熊熊燃燒的大火加進一點陰謀論的味道。」與會者有他長久以來的戰友杜洛克、與他共著《無政府的學術界》的尼可斯．戴維圖、與他同在培勒林山學會的經濟學者前加州大學洛杉磯分校系主任小克雷本．拉福斯（Clayburn La Force Jr.）、時任尼克森總統的財政部副助理部長威爾森．施密特（Wilson E. Schmidt）——此人正是當初布坎南在維吉尼亞理工大學組成團隊時的系主任。

施密特一直以來都在尋找有相同想法的經濟學家，想要藉他們的幫助避免調高稅率成為正在形成的「財政危機」的解決方案。[4]

布坎南向被邀請來的人說，如今革命行動所需要的是「創造、支持並啟動一個有效的反主流知識階層」以轉化「人們對政府的想法」。自由派知識分子影響媒體，進而影響「民選政治領袖」，像某種障礙般阻礙了他們共同的行動計畫。整間大學幾乎都被中間偏左派的人把持，而且有效地將大學的「知識建制」灌輸到兩黨參政的人心中。因此所有想要根本改變的做法都注定「挫敗與覆滅」。因此，必然需要將思想相近的人聚集在一起，培養出一批新的代理人，要「灌輸」他們理智上令人信服的論述，這樣一來就能有策略地「動員、組織並指揮」他們到全國各地。如果一切順利，假以時日，最終這一套全新的「充滿政治力量的人脈網絡將會成為新的統治集團」。[5]

這聽起來就和當年他最初給達登校長的提議沒兩樣，只是規模大上許多。這次他不只要發展一套思想學派，更制定了一整套多層次的戰略。畢竟，他已經把思想學派發展出來了。新的階段是要「實用策略」。布坎南另外給了他邀來的貴賓另一個重點：成功推進的關鍵「就是整件事絕對不能曝光」。[6]

在這場里奇蒙晚宴上的致詞中，他將這個夢想在聚光燈下公開（但是不包含要用祕密組織來實現的部分）。他向大家宣布，「第三世紀所面臨的議題」是如何鍔住他稱為利維坦的巨獸。他講解了他所看到的政府擴張帶來的世界歷史性危機。美國內戰後，各州失去了以退出聯邦來牽制聯邦政府的可能性。各州權利的概念也變得無力。結果就是，「從經濟大蕭條以來，我們見證到了『美國利維坦』持續且加速地成長，」尤其在擴張後的公部門更加明顯，「這頭怪獸四處肆虐。」[7]

為了帶給他的聽眾一絲希望，他以經濟學家的角度如飢似渴地掃視新聞，尋找任何納稅人群起「反抗壓迫」的普遍不滿，希望他們起身反抗政府強迫他們「支持沒有生產力且形同寄生蟲的社會成員」。[8]他利用當時常見的種族刻板印象，譴責那些被說成是白吃白喝的黑人福利受益者，藉此進一步詆毀更廣泛的社會層面，其中包含被資遣而領取失業補償金的鋼鐵工人、以廉價學費就讀州立學校的學生、從公辦社會安全保險及聯邦醫療保險中獲得比過去付出還要多的退休人士。[9]

布坎南仍認為自己是一個對抗東岸菁英的民粹人士，但是他看世界的角度和當初一八九〇年投票給他祖父的那些選民完全相反。最初的民粹主義者讚揚平凡的男男女女，這些普通人以血汗生產出眾人需要的貨品，同時他們痛斥「寄生」在他人身上的放款銀行家、家具商、強盜大亨（robber baron），這些人活在奢華的環境，靠著剝削他人維生。人民黨（The People's Party）呼籲聯邦政府要介入干涉，唯有如此才有可信的平衡力道，才能與正在試圖轉變社會的龐大企業力量抗衡。因為政府是人民的代表（或是能夠透過組織打造出來的代表），他們認為賦予國會全新的力量完全合理，人民相信國會需要這種力量，以確保能夠在被企業集權所改變的土地上實現公正。[10]

兩相對比之下，這位二十世紀的自由放任主義者將敵意導向大學生、公僕、受到政府補助的對象以及思想開放的知識分子。他在知識體系上的脈絡回溯起來正是民粹主義的菁英死對頭，像是社會達爾文主義者赫伯特・史賓塞和威廉・葛萊罕・薩姆納（William Graham Sumner）。人民黨在一八九二年的出版品當中，將之稱為一場介於「壓迫者與被壓迫者」之間的戰爭，在他設定的情境下被重新定義：「負責生產的勞動大眾」變成了生意人，而「仰賴他人的辛苦勞動維生的受寵寄生蟲」則變成了這些從政府手上獲取任何東西卻沒有付出同等比例的所得稅的人，「艱苦抗爭」的對象則成了持續對政府提出要求來扯後腿的人民。[11]

儘管如此，他仍帶著充滿希望的口吻告訴里奇蒙的聽眾，許多美國人似乎正在轉為對抗「官僚政府的解決方案」——從喬治・華萊士的右派選民到「反文化」的左派人士皆然。但是他警告說，過去那些解決政治冤情的老套做法不再管用了。公共選擇理論分析中顯示出「我們的基本憲政結構上有缺陷」，根本不可能有效控制公共支出。民選官員必須討好選民，而大多數選民現在都在「吃聯邦的大鍋飯」。不過，算是個好兆頭——「兩個擁有廣大基礎的陣營」似乎正在逐漸成形。其中一掛是主要集中在南部、中西部和西部區域，其中包含「東北部特定種族（即白人）的藍領工人」。另一掛則是主要由直接受益於聯邦支出計畫的人，其中包含了可以從「持續剝削納稅人」得到利益的政府雇員，以及這些人在「東岸菁英、媒體界和學界」的盟友。他似乎是想要將整個教育界打造成一個共同敵人，唯獨學術界的經濟學家例外。[12]

他在里奇蒙這群聽眾就可能是解決方案的一部分。「只要細心打造，我們就能動員出一整個反主流知識階層，」他向聽眾們誇下海口，「萬丈高樓平地起。」[13]真的，他們做得到。而且這次，他們確實做到了。到了一九七〇年代的末期，他的計畫將引導主流企業改革全國法院。

早在一九七二年初，布坎南和史凱菲家族慈善信託基金的理查・賴瑞持續對話時，就已經出現了這套戰略的雛形。他們決定召集一群志同道合的經濟學家團結在一起，「只要謹慎計畫，如此投入的心力將帶來可觀的報酬。」兩人對此達成共識。當時賴瑞已經為布坎南在維吉尼亞理工大學新創立的中心做好安排，由史凱菲信託出資投入一大筆多年計畫研究經費，其中就包含了「擴大觸角」的預算。布坎南曾指出「許多（右派的）人都提到需要有一個『反布魯金斯』（的機構）」＊，來抵制那些支持政治干預經濟的自由派智庫中「所謂的經濟

＊ 編按：布魯金斯研究院（Brookings Institution）為美國具有代表性之智庫，一九一六年即成立。雖該院主張政治中立，然部分右派人士將其視作帶有傾向支持政府干預與監管的立場。

學家」的權威。[14]

在一連串的機密文件當中，布坎南向賴瑞解釋了他打算怎麼運用這筆錢來以「『健全』的角度」重塑「人民對政府的想法」。其中一部分將會致力在整個南方「培訓社區大學的教師」。這是個精明的手法，比起就讀大學的學生，這樣能夠觸及到的人多上許多——而且能夠影響到立場較為溫和的學生，這些人有抱負，仍未被萬惡的東岸菁英思想汙染，更願意為各區域的地方企業效力甚至成為創業家。[15]

至於全國方面，布坎南另有一套精密謹慎的計畫。在他的計畫當中，為了有效起見，他手上的反擊戰力「只能招募那些知識界中地位最高的成員」。這種人實際上不少，但是大多數在自己的機構中缺乏權威性。在他的計畫當中，他要找出這些人並給予他們資源，讓他們建立出足夠的公信力來反擊另一方的理念。[16]

他的計畫中另外有一個關鍵在於打造出一個大約十人的小型創始集團，這些人會編寫他所謂的藍皮書，透過各自的人脈去聯繫另外兩百人。這個計畫最重要的核心就是建立出一個同袍學會，包括政治領袖、可能出資的贊助者，以及學者。（他在給自己的筆記中寫下：「用準學術的術語撰寫，但不以學術標準篩選。」）一切相信誘因機制的布坎南——他想要設立有巨額獎金，可以媲美諾貝爾經濟學獎的大獎，當時諾貝爾經濟學獎剛頒發沒幾年，而且還沒有培勒林山學會的人拿過。他要藉由自己的大獎來強化「個人自由」相關研究的吸引力。

（他的筆記上寫：「要讓尼克森也參與其中，」還寫了一些策略性的問題，「要怎麼建立維持聲望？要用多少體面的話術？內部批判的程度可以到哪？」）[17]最重要的關鍵就是維持隱密，不能讓外人知道真正的運作。[18]

在里奇蒙開幕演說後沒多久，布坎南和他的心腹團隊到洛杉磯辦了一場更大的聚會，其中包含了時任州長雷根的幕僚團隊，企圖建立出得以持續運行四十年以上的大戰略。與會人員包含了布坎南的學術同盟、史凱菲信託的理查．賴瑞、雷根團隊的四名成員，包含雷根最信賴的顧問兼幕僚長——埃德文．米斯三世（Edwin Meese III）。布坎南對召來的眾人說，「我們時間有限」，因為美國「正在快速轉變」。費心費力地在幕後組織是唯一的希望。[19]

針對如何建立出他們所需的反主流知識階層，布坎南建議的策略就是：「金錢萬能。」只要高呼「賺大錢」的口號就能「把人帶進來攪和」，讓他們「忠於一套價值觀」，這樣一來他們就會去做該做的事。（別忘了，對他來說中飽私囊是人類動機的核心。祕訣在於要讓他們知道誰會給錢。）布坎南不認為他們能直接接觸到企業領袖，使其出資支持行動，因為這些領袖大多數不會覺得參與一項長期學術計畫有利可圖。最好的方法就是「透過政治領袖」，先讓政治領袖有這個需求，再去說服企業領袖。建立「雷根人脈網」來接觸企業贊助者證明了這個潛力，米斯的出席更為未來立了好兆頭。[20]

•••

那布坎南的美國第三世紀計畫成功了嗎？有些部分成了，有些部分沒有。成功的部分就變成其他人效法的模式。在布坎南與米斯兩人首次合作中建立起來的組織取得了一些早期成就，另一方面則是對法院有長期巨大的影響。

位於加州的當代研究所為學者牽線，將他們與該州的右翼參政者以及他們徵募到的商界人士聯繫在一起。靠著史凱菲家族慈善信託基金提供的創辦資金，該機構的員工和州長辦公室保持著密切聯繫。他們收編的人當中就有將來會當上最高法院大法官的安東尼·甘迺迪（Anthony M. Kennedy），當時他還是沙加緬度的律師，他在研究所中擔任副總裁，董事會成員則由「可靠的」經濟學家和爭取企業利益的代理人共同組成，後者就有像是加州農業事務聯合會和殼牌石油的企業代表。當代研究所的目的就是要透過針對「輿論製造機構，特別是大眾傳播媒介」下手，修補對於「我們的自由機構」該如何運作的「誤解」。其中一項計畫是擬由雷根州長直接透過美國公共電視網向該州的一千一百個學區的年輕學生喊話。另一項計畫則將目標放在了解大學前教育都教了哪些經濟學，並且提出新的課綱。[21]

當代研究所為了要將他們的經濟學進入公眾辯論中，也想了好幾個方法。舉例來說，他們訓練了一些商界人士，讓他們對「大眾傳媒針對社會問題提出具有說服力的自由放任主義的分析」。他們也聘用記者和其他專業人士，「將（經濟學者們）研究出來的學術資料改寫成媒體易於使用的形式。」一如當代研究所的募款手冊上明白寫出，「要在實際上解決每項社會問題，經濟學就算不是主要因素，也是潛在基礎要素。」是時候讓輿論名嘴和決策者學點經濟學，讓他們了解當代研究所的經濟學家在想什麼。[22]企業贊助者也表示贊同。在一九八〇年，參與的企業包含了當時尚未合併的埃克森公司和美孚公司、殼牌公司、德士古公司、福特汽車、國際商業機器公司（IBM）、大通銀行、美國鋼鐵公司、通用汽車，出資者則有約翰・奧林基金會、史凱菲信託、史密斯・理察森基金會。[23]

另一項影響甚大的倡議則是部分出自布坎南自己心中的隱憂，他在一九七〇年時曾對他的贊助者表示，「如今的法學院正在倒行逆施。」他指的大概是向貧窮宣戰計畫中，公共利益律師所扮演的角色，他們將政府告上法院，要政府對少數族群和其他貧困的公民負責，他們也成為社會公義案件中訴訟當事人的靠山，專門幫他們打集體訴訟。整個法學院的教職員都在促進這兩者的發展。米斯也是經歷過這種訓練的律師，他與布坎南有同樣的憂慮，於是當代研究所想出了一套辦法來訓練出反壟斷的辯護律師，並且從符合他們的經濟學思考的人當中找出「精選報紙記者」。[24]當代研究所在這方面和邁阿密大學的法律經濟學中心攜手合作。[25]

該中心是由亨利・曼尼（Henry G. Manne）所主導，他是新興起的「法律經濟學」領域中的領頭羊，該領域致力於以企業執行長和財務長喜歡的方式來塑造對法律的理解和實踐，試圖將企業導向的成本與效益分析導入監管或甚至是更廣義的法律自由主義（legal liberalism）之中。公共選擇理論如何改造社會科學對政府的想法，法律經濟學就如何改造二十世紀中葉的法學思想。正如某些歷史記述所言，「削弱支持公共利益的論據和主張的知識基礎。」以曼尼自己在一九六〇年代的著作內容為例，他認為內線交易對經濟有利，惡意收購則是投資者控制管理階層的理想手段。[26]

早在一九七三年布坎南剛開始構思他的第三世紀計畫時，曼尼就是他心目中預定想要收編的少數學者——這也不意外，因為曼尼同樣看到組織策略的必要性，並擁有召集合適對象加入的才能。「我想，不久後我們就會進入新的時期，到時保守派也會有對應於美國公民自由聯盟的團體，」曼尼在校園動盪時期安慰布坎南說，「那就會有人出面代表資產擁有者來打『公共利益』訴訟。」[27]代表資產擁有者的訴訟——就是這個可能性讓亨利・曼尼發起法學教授年度夏季經濟學研討會，並由布坎南的同僚擔任其中幾場的講師。[28]

曼尼也在放一條長線。他冀望將法律專業從「零星的改變」轉為「批量的改變」。與其一個一個培養學員，曼尼計畫透過吸引法學院現今的頂尖教授，廣邀像是哈佛大學、哥倫比亞大學等共計超過六百個教授來參加為期兩週的夏季研討會，從而改變人們理解和教授法律的方式。（他每次至少都會邀請兩間以上的學術機構，這樣一來他們還能互相為彼此背書，不輕易屈服。）當這些人回到自己的教學機構時，他們就能拉攏心存懷疑的同事，讓他們更樂於聘用法律經濟學領域的教職員，尤其是這些人背後還有來自像是約翰・奧林基金會一類的金主撐腰，所以幾乎不用花錢。有些法學院甚至完全變成曼尼進軍法律界的堡壘。受到奧林基金會的利誘，加上有布坎南推薦的經濟學教授名單，維吉尼亞大學成為了第一個大型「收養家庭」。一如布坎南的湯瑪斯・傑佛遜中心，曼尼的法律經濟學中心如今也打造出一系列建立反主流知識階層的誘因。有一個年輕的法律學者就這樣被迷惑，獲得了奧林在耶魯法學院資助的職位，他回憶起所謂「亨利・曼尼營隊」時說，「寫一篇論文就有一千塊美金的酬勞，就當時而言是一大筆錢耶。我口水都要流滿地了。」[29]

曼尼靠著布坎南的引導，和布坎南一樣將原先的弱點變成策略上的資產。由於早年沒辦法在頂尖法學院求得教職，他將目標放在說服小型學校裡面有志發展的校長，讓他能有機會藉他的想像來重新打造他們的教學計畫。要改造新成立或是低階的法學院很簡單：這些機構還沒完全扎根，沒有什麼根深蒂固的傳統或是忠堅校友擋路，況且對於急於向上攀的校方來說，只要排名上有任何提升，看起來都是指數性成長。因為這些法學院完全依靠學費運作，沒有緩衝用的贊助經費，所以他們也格外樂於接受外來的金主。此外，相較於一般法學院的校友，在他這種學程中畢業的學生，對於企業人事部門以及贊助者來說必然較有吸引力。[30]

確實，對於企業捐款人來說，就像布坎南做為經濟學家一樣，曼尼是個機靈的法學教授。

當他找上企業要贊助時，曼尼小心迴避了企業的公關部門，不採一般途徑，因為公關部門裡面的人通常都是一堆滿腦子社會責任的人。他採取另一個方法，直接找上他們的法務顧問，這些人都是企業核心的守門人，通常都是安穩坐在頂端的行政辦公室裡面的高官，而且看世界的方式也和他相似。法務顧問也只在乎企業在法庭戰中與公共利益的原告之間的進展。曼尼在一次訪問中回憶道，「一所特別設計來照顧這些人常見需求的法學院，相較之下能夠取得其他法學院得不到的共鳴。」他說，他這套做法「就像跑業務一樣，打電話約人見面，提供他們手上有的產品，看能不能讓他們產生興趣」。[31]

曼尼這套訓練計畫需要持續有現金流——於是他去找大企業要。比方說，在進入一九七〇年代時，他想要為計畫投入十萬元美金，所以他和十一間大企業各要了一萬元美金，強調這筆錢是為了讓這個計畫有戰力為他們打反壟斷大戰。「我說，這是要讓這些想法傳遍這許多生產出律師和政府官員的法律教授心裡，」他對他的客戶這樣說。「不出幾週，其中十間就各交了一萬元美金到我手上。」第十一間公司是美國鋼鐵公司，他們還求曼尼收下這筆錢，即使曼尼和該公司說他已經籌足經費了。他表明，「我們不是要募款作慈善。」「對於大學中發生的事情，企業要有長期的利益考量，如果他們不開始小心照料，總有一天大學會跳起來反咬他們一口。」[32]

亨利．曼尼樂意用危言聳聽的說法，讓公司高官層乖乖將錢奉上。在《襲擊企業美國》

一書中，他聲稱自從一九六〇年代以來，「針對企業和商界的公審就傾瀉而出，簡直就像納粹時期的『學者』在清洗前朝的猶太族群。」曼尼警告如果繼續放任下去，「自由企業」體系就會「陷入面臨崩毀的最大危機」。然而，他私下向他的企業客戶保證，法律經濟學的學術研究「將會站在他們這邊」，「我們在做的事情，他們應該要埋單」。於是企業動搖了，簽下支票了。套用另一位法律經濟學的代表人物所用的比喻來說，這種募資方式「就像是拿球棒敲空罐一樣」，[33]只要你搞懂怎麼玩就輕而易舉。

一九七二年底，布坎南組成他的第三世紀組織團隊的同時，亨利．曼尼向皮耶．古德瑞契（Pierre Goodrich）呈上了他為未來法律工作者畫出的整體願景，古德瑞契是來自印第安納州的企業家，在一九六〇年代大手筆創立了自由基金（Liberty Fund）。古德瑞契也是培勒林山學會的成員，崇敬奧地利經濟學家路德維希．馮．米塞斯，因此他決心要將自己的財富投資在他信任的學者身上，藉此推廣他們的改革行動。在曼尼寫給古德瑞契的內容中，曼尼表示建立「一間全心投入改革的法學院，對這個領域能帶來的影響，超過其他所有我能想像的方式（甚至也不難想像會超過大學其他系所）」。只要一個世代，他的計畫「就能將美國法律系統轉轍回一個具有生產力而令人滿意的軌道上」，就像是大蕭條之前的模式一樣。[34]他這套說法也見效了。就像法國大革命時的喬治．丹東（Georges Danton）那句有名的格言：「大膽，更大膽，永遠大膽！」（*De l'audace, encore de l'audace, toujours de l'audace!*）亨利．曼尼也不只是誇下海口，而是盡可能開始推動他向捐助者承諾要帶來的改變。

一年前，里奇蒙的商人小尤金・西德諾（Eugene B. Sydnor Jr.）以身為美國商會的新任教育總監的身分，徵求了所謂的「鮑威爾備忘錄」（Powell Memorandum），他早在一九五〇年代末期就想要為維吉尼亞憲政委員會對抗「持續加快腳步的聯邦入侵」。這份備忘錄如今常被當作是企業開始動員改造美國法律和政治的濫觴。作者小劉易斯・鮑威爾是西德諾的鄰居好友，他是一流的企業律師，後來擔任了美國律師基金會的主席。根據西德諾的說法，鮑威爾這份備忘錄「為美國商業界應該採取攻勢提出了極佳的說明」。鮑威爾警告「美國經濟系統正飽受攻擊」，為此他指向各種截然不同的現象：校園暴動、環保主義，以及由拉爾夫・納德帶頭的消費者權益訴訟的興起。鮑威爾提出建言，「力量要靠組織」和「經年累月持續進行一致的行動」。他力勸企業投資「信任體系」的學者、「持續監視」全國電視網追蹤「對企業體系的批判」、建立出企業在政治界的力量並「積極運用」。最後，要開始專注在法庭上，或許「這是改變社會、經濟和政治最重要的工具」。鮑威爾此言，許多企業洗耳恭聽。[35]

許多美國企業謹遵其命令，在接下來十年間著手改變法院。（尼克森總統在一九七二年任命他為最高法院大法官，他的權威更是有增無減。）根據學者觀察指出，「沒有任何一個領域像是法律界這樣，（右翼金主的）策略性投資過程如此持久、雄心勃勃、複雜且成功。」[36]批評團體將之暱稱為「法庭運動」，認為他們是想要「打造一套新的法理學」，從基本面改變「我們的社會中施予公義的方式」。更準確地說，發起這項運動的這些人要的是「讓企業獲利與私人財產的保護及改善，變成我們法律系統中的基石」。為達此目的，投資人贊助了各種法律經濟學的計畫，像是亨利・曼尼的計畫以及像是太平洋法律基金會這種致力於財產權上的「公共利益」的法務公司，後者不論與美國全國商會還是當代研究所都有密切關係。[37]當代研究所和布坎南一樣，深知如今的企業非常需要這類論述，而且曼尼是不可多得的人才，所以邀請曼尼來培訓記者，讓記者們能以同情企業的角度來切入法律觀點，報導企業相關的訴訟案件。[38]

在投資曼尼願景的人當中，除了各種大型績優上市公司和長期支持自由放任主義的艾爾哈特基金會以外，還有當時相較之下還是新手的查爾斯・科克。[39]

CHAPTER

# 9

# 永不妥協

## NEVER COMPROMISE

但是若窮人不會心甘情願地同意，那革命大業要怎麼阻止這些公民繼續向政府提出要求？布坎南想要的是以某種方式「全面改寫社會契約」。他認為美國需要一套遠超過美國憲法草創時打造的「新的制衡結構」，即使他也深知原有的制衡就已經是一套有利於財產權的設計。他建議要達成「足以被貼上『革命』標籤的戲劇化大改變」。只要做出一些普通調整就足以改革的時機已過。布坎南最後以令他深感不安的「絕望的勸告」作結：「在我們的觀察下，唯一可行的政治結構只剩下專制這條路。」

沒有必要再說什麼表面話了，他直言：民主對經濟自由有害。

查爾斯・科克並不是一夕之間皈依為極端資本主義右派的。他是讓這場運動得以改變美國發展軌跡的唯一原因，我相信不那麼民主的詹姆斯・麥迪遜都會為此深感不安，而且這場運動毫無疑問地會把「人民」（demos）從美國的民主中移除。那究竟科克是怎麼開始接觸到自由放任主義的呢？答案很簡單：與父親共進晚餐時。另一個較難以查明的問題則是：他為什麼持續投入無數資金在這場革命大業上，即便他後來也承認，三十年來這個運動收效甚微。他清楚表明他在找某種東西，但他仍沒有明白說出，除了這場革命所需的「技術」之外，他到底還在找什麼。[1]但是他是何時、從誰的手上找到就很明確了：他深受布坎南思想的影響。科克投入大筆資金，以及他本身的管理能力，再加上布坎南的團隊花了幾十年的時間偏執地研究平民百姓到底是如何變得比資產階級更有權勢，最終形成了一個前所未有的第五縱隊運動，在任何國家都未曾出現過。科克警告他們：「若是不懂得利用我們的技術優勢，我們一定會輸。」

乍看之下可能很難想像，為什麼他這種身懷巨富的人，會這麼執著地反對那些只是想為自己多爭取一點的人呢？（那些人就像《孤雛淚》裡捧著空碗的小孩說：「求求你，先生，我想要多一點。」）要說起來，大概還是得回頭去看他個人的性格養成，也就是童年時期的經歷。從小他的生活就是不斷地戰鬥，政府則是他永遠的敵人。

查爾斯・科克的父親是佛瑞德・查斯・科克（Fred Chase Koch），是以煉油業白手起家的億萬富翁。身為家中的次子，查爾斯在年少時期就和他的三位兄弟們，一起看著父親持續為家庭奮鬥，打著一場又一場的訴訟戰，即使他們已經富可敵國，在他們家人眼中這場戰役仍是小蝦米在對抗大鯨魚。訴訟戰持續了整整二十三年。擂台一側是由幾家大型公司聯合組成的環球油品公司，其中包含了原先是約翰．洛克斐勒的標準石油拆散後的公司，這個巨獸幾乎壟斷了整個市場。擂台另一側就是佛瑞德．科克。[2]

環球油品聲稱，佛瑞德．科克用以致富的創新技術，實際上侵犯了該集團的專利權，因此一狀將他告到法院。科克面對的敵人擁有巨額的資金，請來的律師全是業界翹楚。過去環球油品已經利用專利權告過許多後起的競爭者，幾乎可說是戰無不勝。可是科克並沒有讓步。他的律師反駁說，原告藉著由政府撐腰的勒索手段在控制整個產業，比如「小型煉油廠……被告知，如果他不（向持有專利的公司）購買使用執照，就會受到嚴懲」。初審宣判科克敗訴。科克上訴也以駁回告終。但是後來他得知，一如調查記者丹尼爾．舒爾曼（Daniel Schulman）的報導中指出「這場裁決中，他公司的下場早已經被花錢買好了」，而出錢的人就是把他告到法院的公司。儘管花費二十年，還要付出揭開整個貪腐內幕的巨大代價，科克家最終還是取得了勝利。[3]

環球油品公司所做的，正是布坎南的共同作者高登．杜洛克後來所稱的「尋租行為」。（查爾斯．科克也常痛批這種行為。）尋租行為指的是：企圖透過操縱政治或法律體系來榨取利益（不論是財務還是其他利益）的所有行為，這種行為會讓取得這種優勢的人，藉此賺到比自己實際從事生產還要更高的利益。[4]當然，佛瑞德．科克所面對的不是單純的尋租行為，而是犯罪行為。如果環球油品的律師真的對己方主張有信心，認為法庭會支持他們的論點，那環球油品也就沒必要退而採用賄賂的手段。我們難以知道若當初負責審理這個案件的法官拒絕賄賂，以公正角度審理這個案子，那麼科克父子的一生會因此有什麼不同。[5]

但是話說回來，無可否認的事實是，即使沒有這個案子，佛瑞德．科克也會走向右派。當查爾斯．科克被問及父親時，他描述其父是「約翰．韋恩型的人物，魅力和魄力雙全」，他教導孩子要熱愛自由、尊崇勤勞並且痛恨集體主義。查爾斯的弟弟大衛．科克回憶，「他會不斷和我們這些小孩說政府哪裡錯了。」談起尋求政府協助的人，他更是毫不留情地貶抑他們，他徹底藐視那些「依賴政府的米蟲」，即便只是短期援助也一樣。[6]

光是賺錢和花錢已經無法滿足佛瑞德．科克了，這一點就和他一手帶出來的繼承人沒有兩樣。他要一切遵照他的意志行事。一九五八年打贏環球油品的官司後，佛瑞德聯合發起了一項公投來推動州憲法修憲，為的就是要讓工會無法順利在堪薩斯州扎根。佛瑞德是出了名地熱衷於所謂「工作權」相關法律的倡議者。但是他最為人所知的是，那年稍早他共同創辦了約翰伯奇協會，並宣布「他對艾森豪那套共和主義感到徹底的厭惡」。[7]

當時查爾斯還在麻省理工學院讀研究所，他和家族保持距離，不受父親的嚴厲掌控。從各方面來看，當時查爾斯持續將興趣放在實務上，尤其是事物如何運作以及怎麼讓它們更有效率方面。相較之下他對於哲學思想就沒那麼感興趣。他在麻省理工學院的期間拿到了三個工程學位。他喜歡在麻州劍橋的生活，畢業後還選擇留在波士頓擔任顧問的工作，遠離父親的魔掌。過去父親決心要鍛鍊查爾斯，曾不顧他的反對，將還沒進入青春期的他送往一間又一間的寄宿學校，到了高中又把他送往遠離家鄉位於印第安納州的軍校。[8]

但是查爾斯自小就被教導要尊敬雙親。所以，當臥病在床的父親要他回來接掌家族企業（或是至少好好地把公司賣掉）的時候，浪子查爾斯終於回到了堪薩斯州威契塔的家鄉。

他回來後，按部就班地接掌了這間年營業額達到七千萬美元的公司。到了一九六七年，接連兩次心臟病發作帶走了佛瑞德．科克，當時年僅三十二歲的查爾斯正式繼承了父親的位置。查爾斯透過積極尋求有潛力的科技突破，並且堅持不懈直到得到想要的結果，再加上精明的市場和管理策略，他將科氏工業一舉轉變為全美第二大的私人企業，年營業額超過一千一百五十億美元（相較於他接手時，有著遠超過千倍的成長），旗下大約有七萬七千名員工，遍布在六十個國家。[9]說起來，在查爾斯領導公司的十年間，全美僅有五個家族達到億萬富翁的等級（其中四個家族靠的都是鍍金時期留下來的財產），透過查爾斯對於他們家族發家的產業、原油市場、跨領域的發展各方面的靈活操作，科克家族一舉成為全美前二十個最富有的家族之一。[10]維持私人公司不上市的選擇，讓他得以保有對公司的控制權。

科氏工業的競爭者都知道絕不能低估他的決心、他洞悉先機的能力以及他永不耗竭的耐心。放長線釣大魚正是他的長項，其他美國人民當時才正要開始學這一課。

• • •

儘管作為工程師和企業家的查爾斯・科克聰穎無比，他在社交上就不太拿手。他到了四十一歲才結婚。眼見公司發展欣欣向榮，除了他所謂對於了解世界運作的「衝動」，他也沒別的事情可做，於是他愈來愈多時間投入在閱讀能夠幫助他更加「理解導向繁榮與社會進步之原理」的書刊上。他將研究範疇集中在一個方向：與他有著同樣信念的學者。他們相信繁榮和社會進展的基礎是建立在暢行無阻的資本主義上。其中一本書對他影響特別深：弗洛依德・哈珀（Floyd Arthur Harper）的《工資為何上漲》，這是本於一九五七年出版的自由市場理論入門書。[11]

被暱稱為「禿頭哈珀」的作者，在激進右派的諸多知名人士當中是比較不知名的人物。但是，其實當初在最重要的培勒林山學會創辦時，哈珀就是創始元老之一，查爾斯更是將他視為人生導師。農業經濟學者出身的哈珀，關注焦點在工人間的集體組織是如何影響工資以及「受治理的成本」(cost of being governed)。對此，他的結論是：事情再糟也不過了。哈珀將眾多工會帶來的衝擊比為「銀行搶匪」。他試圖證明，就是工會組織讓「少數人得以透過權力和特權以其他工作者為代價，換取一些短期的好處」。真正未受扭曲的市場導向社會當中，薪資應該只會隨著生產力一起成長。哈珀也抨擊工會契約中的附加福利，諸如健保、退休金……等等項目，「把企業搞成小型的福利國家」。他表示，「當然，小型的福利國家或許比大型的好一點。但仍是邪惡的，因為這就是共產主義和社會主義的本質。」另一點就是，這些福利「將工人固定在他的職位上」，限制了工人換工作的職業流動，因此「對我們的進步構成嚴重威脅」。正確的做法，應該是要讓薪資協商與個人收支的責任回到個人身上，讓他們自己進到市場，自己決定他們要購買哪些需要的服務，而不是仰賴政治體系來決定要供應什麼給他們。[12]

禿頭哈珀也恨「政府辦學」的概念。他強烈抨擊大學獎學金以「財務需求」作為申請條件，認為那是「馬克思主義的概念」，並警告「凡是不需透過自身去爭取就能得到滿足，都將使得這份『需求』不再伴隨著責任感，因而不受約束地增長」。[13]他聲稱，從他的資料來看，就可以證明「縮短每週工時是犯罪率上升的重要源泉」，而且「像是童工法這種強迫性失業機制（compulsory unemployment devices）」以及義務教育，「這兩者就是青少年犯罪的主要成因」。基於同樣的理由，他認為所謂的政府「協助」，對於一九三〇年代經濟大蕭條的時期來說是「危險的」。哈珀確信，如果每個人都能「自由選擇他在自由市場上能得到最佳待遇的工作」，經濟很快就會復甦。不論工資會有多低，只要讓市場自行修正就會再度邁向繁榮；

關鍵在於永遠不能讓工資維持在太高的標準，法定最低薪資或是工會團體協約就是逆其道而行。哈珀充滿熱忱地寫道，當個別勞工與雇主之間的關係，能夠不受任何團體力量或政府政策所扭曲，達到真正的經濟自由，「這將是此岸現實世界的經濟事務，所能期待最接近理想烏托邦的狀態。」[14]

哈珀的思想深深打動了查爾斯．科克。這套思想呼應了父親傳承給他的中心思想，卻沒有約翰伯奇協會帶來的尷尬包袱，像是該協會創辦人曾暗示艾森豪總統可能是共產黨陰謀的一部分。哈珀也認為，道德上，美國迫切需要依照自由放任主義的價值理念行事，其中包括租稅解放。哈伯在另一本著作中寫道：「美國政府如今從民眾所得當中，取得相當於完全奴役四千兩百萬人的稅收。比較一下這個數據，仔細想想，當初美國因為四百萬人的黑奴就爆發了州際之戰！」你們為什麼不生氣？他接著引用了一八一九年丹尼爾．韋布斯特（Daniel Webster）與約翰．馬歇爾（John Marshall）大法官在**麥卡洛克訴馬里蘭州案**（*McCulloch v. Maryland*）中的名言：「課稅的權力即為破壞的權力。」而這個權力，如今已經遠超過立國初期的美國人可以想像的地步。哈珀認為，民主政府就是持續增強「某些人士破壞其他人的力量」。是時候站起來反抗「特權」，阻止「奴役」並「恢復自由」了。[15]

哈珀的世界觀與科克不謀而合，在他們眼中，這個世界上的企業家沒有受到應有的重視而且還被過度控制。哈珀勾畫出的未來願景當中，只要企業家能同時不受干涉也不接受政府恩惠，就能達到有著個人自由、世界和平、社會進步的天堂。查爾斯從他「敬愛的」老師身上學到的就是「只有在自由的氛圍中，人的美德才能發展」：唯有完全不受任何強制力影響並且必須自己負起完全責任時，人們才會做出真正符合道德的選擇。因此，科克讚譽哈珀是他「改變人生」的導師也就不令人意外了，他也從此開始將追求經濟自由視為己任。[16]

從哈珀出發，科克進一步開始認識羅伯特・勒斐勒，勒斐勒也曾在商界打滾過，是一位激進的自由放任主義者，並曾在一九五〇年代末期於科羅拉多州的鄉間成立自由學校，以反政府和資產至上觀點教導「經濟自由」。勒斐勒是對維吉尼亞州推行公立學校私有化感到興奮的北方人之一，他確信南方白人的眾怒將為自由放任主義的革命行動打下勝仗。他承諾克派屈克將會幫忙散播「公立學校辜負了我們」的訊息。他將會藉此教育大眾，讓他們知道美國需要的是「獨立且完全不受政府支配的私立學校」。勒斐勒在更廣為人知的「自由美國平台」上責怪《勞資關係法》造成了「數百萬人遭到勞權分子的奴役」、譴責公辦社會安全保險既「不穩定」又「不道德」，並且呼籲要「以憲法限制……政府稅收和歲出」。[17]某份自由放任主義運動的內部歷史紀錄形容，勒斐勒畫下的願景「就像是貓薄荷吸引貓一樣地吸引著特定階級的企業人士」。查爾斯・科克也在其列。他非常熱衷於自由學校，甚至還說服了比較不熱中政治的弟弟大衛・科克和他一起去上了兩週的課程；後來查爾斯就進了自由學校的董事會。[18]

所以，科克旗下的第一個慈善企業：位於威契塔的獨立教育中心，就是專門推動全美公立學校私有化以及教育券計畫的組織。該中心的前身來自威契塔學院中學，是由他父親以及他在約翰伯奇協會的夥伴羅伯・洛夫（Robert Love）共同構思出來的學校。當時，有鑒於**布朗訴教育委員會案**帶來的結果，他們決定要打造一個有別於州立學校且富有自由精神的學校。該校的校訓是「證明你的價值」（*Proba te Dignum*），這正是一直以來克派屈克採取的主題，他就是以這一點解釋為何他認為聯邦政府沒有必要幫助非裔美國人：因為他們應該要「證明」自己的價值以換取更好的地位。[19]

到了一九六五年，科克漸漸認為當下最迫切需要的是要有新的思想家和領袖為經濟自由而戰，於是他開始投入大量資金到哈珀的人文研究所，希望能夠找出並培養他們所需的這些思想家和領袖。人文研究所繼承威廉・沃爾克基金會的衣缽，效法過去沃爾克基金會將包含布坎南在內的許多美國學者送進培勒林山學會的精神。（據沃爾克基金會的資深工作人員表示，當時沃爾克基金會董事長以典型自由放任主義者的專橫行事，「把整個基金會搞砸了」。於是，人文研究所就接手了該會的任務，並將其支持者也吸收過去。）[20]

次年，科克加入了人文研究所的董事會，從此沒有離開過。他不只為人文研究所貢獻了數百萬美元，也成了執行長手中最珍貴的一支箭——他投入大量的時間和心力，甚至在哈珀過世後還擔任了一任的所長。人文研究所在查爾斯心中始終占有最重要的一席之地，而他也一直是研究所的主要捐助人。該機構表示，科克相信「思想」就是「最強的力量」。人文研究所的使命就是要透過「基礎研究」來「找到重要的真理」以引導經濟自由的追求。為此，他們要透過「深度訓練有領導潛力且才能洋溢的人」來達成這個目的。科克和哈珀都知道，這會花上很長的時間，畢竟「思想不是一天造成的」。馬克思主義就是很好的例子，它花了幾十年才結出「苦澀的果實」。[21]

也就是這個時期，科克加入了培勒林山學會，精確地說，他是在一九七〇年正式加入學會。要加入學會可不是件簡單的事情，就算是像他這種有錢又有遠見的人也不容易。學會章程明訂：任何想要加入學會的人，首先需要有兩位成員共同推薦，並且要有五分之四的學會現任董事同意通過，才具有候選資格。新成員必須等上一年才能正式加入，在此期間，需要對他們進行「充分的調查，最好要由同國籍的同儕進行審查」以確認他的「適任性」。（由於所有成員全都是男性，所以章程中也只寫「他」。）對一個親近企業的組織來說，每年二十元美金的會費實在並不多。以一九七六年的幣值換算，大約就是現在的一百二十五元美金。查爾斯·科克加入後，經常利用該會的通訊來幫他贊助的諸多團體宣傳，推廣活動、出版品以及職缺。[22]

此外，還有一個促使科克投入他的天職的原因：他深信他是靠自己成功躋身全世界最富有的人之列，光是這樣就有足夠理由讓他慢慢接掌自由放任主義的革命行動，並且依照他的意志行事。因為在他心中，他認為自己的成功就證明了他具有適任領導者的才智。科克從馮・米塞斯身上學到，企業家就是人類歷史中的無名英雄，應當像當初清教徒所深信的教義，將俗世的成功視為神的恩寵。[23]

或許就是因為他對自己的成就有這種強烈的意識，他對幾乎所有人都不予寬容（也就是缺乏大部分人所謂的同情心）。他不只是對受薪階級如此，對於任何和他持不同見識的商界人士也同樣如此。他最後甚至還鄙視那些經營上市公司的人。那些人會誤以為自己坐擁高樓層的豪景辦公室，就能和他平起平坐，尤其是那些當時在共和黨中有一席之地的企業中階經理人。在他看來，這些人不過就是股東手下的高級雇員而已，對真正的自由缺乏理解。真正的英雄是許多像他這樣白手起家的實業家，來自中西部、西部和南部，經營著未上市公司，絕不輕易妥協。[24]

他更看不起經商失敗的人，他認為那就是市場機制正常運作下被淘汰的人，這些人靠著小手段矇騙買家，或是讓買家誤判這些人比他們的競爭者還優秀，最後這種人終究會被市場淘汰。科克相信，著名經濟學家約瑟夫・熊彼德所謂的「創造性破壞」（creative destruction），對於資本主義的健全來說至關重要，為了要創造新世界、迎接新世界，同情心就只是障礙而已。科克認為「所謂的成就」就是依照「急迫性」和「紀律」來「驅動創造性破壞」。[25]沒本事使顧客滿意的商人，「就該去當個清潔工或工人」。在科克的世界觀當中，這正是終身雇員的寫照：他們就是沒本事的人，或是本來就該因為失敗而被奴役的人。[26]

確實，這些關於他人優越與否的概念，最後成了他的人格與世界觀的本質，以至於成為他的擇偶條件，他堅持要灌輸相似的信念給他的妻子，以免兩人在婚後缺乏共同目標，直到他認為對妻子的「高強度訓練」已經成功了才罷休。（他真的成功了。伊莉莎白·「莉茲」·科克抱怨美國成了「不冒險者的國度」，人們「只想被寵溺，被好好照顧」。她說，像他們這種公民，會不斷去想「他們自己也可能辦到，而且還會做得更好」。因此，政府不應該干涉他們如何營利，因為「所謂的貪婪，實際上是冒著風險進行投資帶來的回報」。）[27]

・・・

這種在知識上、甚至道德上的優越感，或許能夠解釋為何查爾斯·科克避開了米爾頓·傅利曼，而是選擇與較不願妥協的布坎南共築大業。傅利曼以及他主導的後海耶克時期芝加哥學派，還有艾倫·葛林斯潘，在科克眼中都是「把自己賣給體制的叛徒」。為什麼呢？因為這些人追求的是「讓政府更有效率的運作，而真正的自由放任主義者應該要將政府從根拔起」。他們實際上是試圖幫助政府做出更好的成果，但這只會讓政府苟延殘喘。科克深信只有「激進、純粹」而不妥協的概念能夠「說動最聰穎、最有熱忱、最有能力的人」。[28]（這也難怪他的盟友們如今並不打算改善政府，而是打算直接打垮政府。）

不過，起初他很難找到和他抱持同樣信念，同時還才智雙全的人。科克嘆道，「當我開始（資助革命行動）時，我們只能找到屈指可數的教授或學者，那還算很幸運了。」[29] 儘管如此，他還是持續不停地投資，即使他要在茫茫人海中大海撈針也毫無畏懼。在一九七五年，為推廣科克偏愛的奧地利學派經濟學，人文研究所在哈特福舉辦了一場聚會，當時的參與者回想起他們一起搭巴士旅行的經驗，說「那天下午是場貨真價實的團體共識活動」。年輕女性導遊在車上沿途介紹路過的許多建物，「若遇到政府建築，我們全部會一起發出低沉的噓聲，若是遇到私人建築，我們就會群起歡呼。」他笑著說，女導遊搞不懂我們作出這些反應的關聯性，她被我們的歡呼「嚇得花容失色」。車上數十人當中，只有一位參與者顯然對於這種粗魯反應感到「震驚且厭惡」，因為他不是美國人。[30]

接下來，人文研究所的聚會來到溫莎城堡舉辦，僅有四十餘位參與者，聚集在英國女王伊莉莎白二世週末休息用的皇家城堡當中。這是一場「激勵聚會」，為的是要讓新起之秀和「英雄們」建立關係。主辦人回憶道，查爾斯．科克夫婦帶來許多成套的行李，還得另外包一台大行李車來載。回想起來，當時「就像是要成立宗派一樣」。[31]

很難想像這樣一群人組成的小宗派就能在幾十年內顛覆我們所知的世界，但是他們得到了一個天賜良機。事情要從一九七〇年代中期說起，當時的經濟動盪削弱了主流經濟學的信譽。美國進入自從經濟大蕭條以來最慘重也持續最久的經濟衰退期，緊接而來的是停滯性通膨，來自國外的競爭更是讓經濟狀況雪上加霜，這一切使得愈來愈多企業領袖投入廣義的右派行動中。他們不只希望控制政府對企業的監管與課稅，也希望推倒自從二十世紀中葉以來，在社會契約中有著主流地位的凱因斯學派經濟學典範。[32]

在當時這波充滿活力的企業動員中，雖然科克對此也深感興趣，他仍只是在場邊敲邊鼓。他不太信任當時居主導地位的大型績優上市公司和既有的商業協會，他不認為他們會堅持原則（事實上，他們確實總是為自己大開特例），所以科克將自己的資金與這些組織區分開來。對他來說，這些人的意識型態不夠純正，很可能會見機行事，未達目的就會見好就收，他可不想讓他的投資與這些人混為一談。這些人後來還真的就是這樣。[33]

同樣重要的是，因為他確信自己的行為完全是出於原則，深信忠於這一套思想將會帶來更美好的社會，他的信仰就是認為公司高層、社會運動者以及其他任何企圖依賴政府的人，都需要受到管控。「我們為自己企業的利益向政府要求福利，同時卻在這一點上對窮人窮追猛打，這有多難看？」查爾斯在一九七八年這樣斥責他在商界的夥伴。難怪自由企業的敵對方會說企業抨擊大政府是虛偽的行為。他放低聲調，嚴肅地說：「我們自己要說到做到。」不再尋求特權和政府補貼。[34]

有鑑於當時布坎南的團隊將研究重心放在他們所謂的「尋租理論」，並研究如何透過新立的法律規則來避免相關問題發生，還常調侃自己是「被收養的奧地利人」，私底下則在思考他若成為「美國的『海耶克』」能對維吉尼亞學派帶來多少好處，最後布坎南發現自己愈來愈接近代表科克政治利益的那群人。於是當查爾斯．科克在一九七四年創立自己的同名協會時，布坎南就受邀擔任科克口中「我們首次正式活動」的晚宴致詞嘉賓。晚宴選在沙洛茲維爾舉辦，畢竟師出同源的經濟學者和法學院的教授們，如今都在維吉尼亞大學攜手合作，這場聚會成為一系列相似聚會的濫觴，讓這些人能夠接觸到更多自己圈子以外的人。這種聚會上安排許多不同議題的研討會，從「新貨幣理論」到「奧地利學派的社會成本觀點」皆涵蓋在內。[35]

科克的團隊都知道詹姆斯．布坎南這號人物，畢竟當時自由放任主義的圈子還很小。不久前，他們欣見布坎南提出反對「姑息」校園抗議的論點，還出版了簡易版的《無政府的學術界》手冊，讓更多讀者能夠接觸到這本書。說到底，比什麼都重要的就是，布坎南和科克都對於各層面的公立學校私有化都有共同的熱忱，所以就此展開了接下來二十年持續升溫的合作關係。[36]

•••

身為一個永不饜足的讀者、思路嚴密的知識人，科克生來就適合和布坎南這種人搭檔。他在查爾斯．科克基金會早期的研討會上提出的問題，尖銳精準的程度就和受邀學者不相上下——事實上，他對根本利害有更清晰的認識，我們回頭去看就會很清楚，因為他想要實踐奧地利思想家的觀點，由勞動管理到貨幣政策皆然，他絕對是認真的。不久之後，科克開始與布坎南通信，分享自己對於「經濟專業的發展」有多興奮，並感激布坎南擔任「引領眾人前行」的領導學者。兩人合作打造人文研究所的過程加深了彼此的關係，人文研究所透過「培養支持經濟自由的教授成為關鍵多數」繼續在校園裡進行「意識型態的戰鬥」。[37]

當一九七八年的約翰・歐林基金會主席威廉・西蒙（William E. Simon）敦促企業領導者們「盡快投入數百萬（資金）來守住經濟自由」時，查爾斯・科克根本不用等他開口就寫好支票了。[38]而且他出資的理由不只是希望拓廣公眾辯論的場域而已。他希望找到一個能夠把一攤死水的運動轉為奔騰活水的煉金術士，想要藉此沖垮這座二十世紀國家的大壩。

這也就是為何他最初感興趣並贊助的學者之一就是莫瑞・羅斯巴德。羅斯巴德正是讓他知道如何以寡敵眾，進而實現大大變革的人。羅斯巴德建議科克去研究列寧。[39]

「我是在共產文化之下長大的。」羅斯巴德後來談到自己所反叛的紐約成長環境，以及周遭的「親友鄰居」，他坦言，儘管他厭惡他們的目標，但是從一九三〇年代到一九四〇年代，他還是從眾人熱烈的討論中學到了一些東西，再加上自己廣泛閱讀原始材料之後，他對列寧的戰略及戰術才華深感欽佩，列寧就是靠著這個才華在眾人認為不可能之處發起了革命。羅斯巴德正是「永不妥協的自由放任主義者」之中的英雄典範，如同列寧一般，他也相信政府就是「我們的敵人」。他欽佩列寧大膽的領導作風，但最重要的是，他在列寧的一些領導技巧當中，看到了可以用在完全相反用途上的可能性：那就是，建立出一套世界上前所未有，更純粹而更不受限的資本主義。[40]

在一九七六年，他受邀前往科羅拉多州的維爾市與科克共度週末，並且向科克解釋了列寧式自由放任主義者的策略。列寧這位俄羅斯革命家曾在談及革命成員時留下格言：「寧肯少些，但要好些。」羅斯巴德進一步解釋道，為了要建立出一個穩健而有紀律的運動，首要之務就是要建立「幹部組織」(cadre)。羅斯巴德告訴科克，有位他欣賞的傳記作家（也是自由放任運動的同志）如此描述：當時許多自由放任主義者「反對一切文化，將生活弄得像零碎破片一樣」，他們像是生存主義人士一樣屯糧和收集科幻小說度日連年，求生背包永不離身，萬一國家派來襲，就隨時準備好拋下一切逃到安全的地方，他們甚至構思如何殖民遙遠離島乃至其他星球——所有這些全部都得停止。需要全新的嚴肅方式。是時候了，他們革命性的行動計畫得往美國的中產階級邁進。[41]

在長期作戰時，最關鍵的就是要隨時「滋養、維護並擴張自由放任主義的幹部組織」，這就是科克的大金庫派上用場的地方。[42]要說服這位美國中西部的跨國資本家並不難，從前那些怪咖沒有帶來什麼幫助。科克喜歡這番話，於是他辭退了長期聘用的老顧問，改為押注在這位對未來似乎有著全盤計畫的大膽訪客身上。[43]不久之後，在一份羅斯巴德建議可做為組織工具之用的出版品當中，科克寫道，在他十五年來積極參與的過程中，「最大的問題一直都是缺少人才。」他義正辭嚴地說，「為了要成為改變社會有效的力量，我們需要一波運動。」而要打造出穩健而有紀律的運動，首要之務就是打造「幹部組織」。[44]

為了解決迫切的新需求，他們需要一個新智庫，好讓他們能夠訓練並強化打造幹部組織的機構。至於誰要領導這個智庫，兩人都看上同一位頑強的戰友：愛德華・克蘭三世（Edward Crane III）。[45]克蘭曾在一九六四年於貝利・高華德旗下擔任選區主任，但是他對「高華德迅速逃避社會安全保險私有化的議題之快」感到厭惡。他將高華德的退縮歸咎於爭取多數選票，之後他加入了自由人黨，這是在一九七一年十二月時於丹佛的一個小客廳成立的政黨。該黨創辦人追求的是完全不受任何形式的政府脅迫，自由因而受到保障的世界。這意味著必須終結公共教育體系、公辦社會安全制度、聯邦醫療保險制度、美國郵政制度、最低薪資法案、禁止童工、援外政策、環境保護署、毒品濫用或自願性交易相關法案，以及最終目標——終結任何形式的賦稅及政府管制。[46]這些甚至都還只是大方向而已。

克蘭和羅斯巴德以及科克一樣，堅持自由放任主義者得要對二十世紀的國家主義構成的世界體系發動革命。他們認為必須推翻整個「國家體制」（The Establishment）——不論是保守派還是自由派都不例外。因為兩者都已面臨「知力破產」（intellectual bankruptcy），保守派陷於他們的「軍國主義」當中，自由派則在追逐「錯誤的平等目標」。唯有「真正激進的願景」才會走向未來：必須完全地「拒絕國家力量」。[47]

克蘭同意接下幹部訓練機構的兵符之後，他們就只缺個畫龍點睛的名字了，這一點最後也由羅斯巴德提出：「加圖研究所」。這名字是寫給圈內人看的：表面上是向美國革命時期的《加圖來信》致敬，表達忠於愛國主義的意念，但同時也可以暗指羅馬時期的將領老加圖，因為他有句名言：「迦太基必須消滅！」以此為鑑，新成立的加圖研究所任務也是要追求消滅：它們所追求的無非就是要消滅美國的國家主義（statism）。[48]

一九七七年加圖研究所成立時，他們的自由放任主義絕不會被誤認為是保守主義。事實上，羅斯巴德在該機構第一次出版的刊物中就明言應該要「鄙棄」保守主義的標籤。他進一步解釋，「在當代美國的脈絡下」，保守主義「體現出一種無路可逃、瀕臨滅亡的鄉村小鎮般，也是基本教義派的盎格魯—撒克遜白人美國的臨死掙扎」。未來不在這裡，未來是屬於神聖的自由放任主義運動的、屬於「帶來革命的黨派」的。[49]

羅斯巴德寫下名為《邁向自由放任主義社會變革的戰略》的長篇備忘錄來描繪加圖研究所未來的目標和行動計畫，內容大量引用列寧，並熱切地從過往革命和威權政權中汲取的方法，由於他提出的做法太具爭議性，只能在核心圈子傳閱。遵循著布爾什維克領導人的教誨，「幹部」要扮演至關緊要的角色：成為擁護意識型態的少數派戰士，全時為革命行動犧牲奉獻，確保組織的純粹及延續性，同時不斷擴充隊伍，並將幹部組織的影響力擴散到其他人身上。[50]

要了解當今轉變美國的這場祕密行動的影響力，你就一定得要先了解這個關鍵的轉折點。羅斯巴德後來回憶道，「我們當時才理解，正如過去馬克思主義組織所發現的那樣，只有幹部沒有組織，也沒有持續進行『內部教育』和思想強化的方案的話，那麼幹部團隊必定將在與更強大的盟友合作的過程中脫隊而崩解。」培訓極為重要，這樣才能讓幹部成員在「打造強大而成功的盟友」的過程中，即使與比自己強大許多的盟友合作，也不用擔心幹部會被臨時的盟友給拉攏過去。[51]

其中首要例證就是二〇〇八年後，科克順利在共和黨黨部以這套模式取得影響力。即便共和黨內高高在上的領導者的權勢遠遠超過他們，也沒有辦法轉變他們的幹部成員；相反地，訓練有素的幹部成員有效地轉變了黨內高層。

幹部組織的任務說穿了就是要革命，只是靠著龐大的金援，他們可以兵不血刃的執行計畫。他們必須要推翻「統治階級」，也就是那些工會團體的領袖、透過遊說謀求特殊利益的企業與商業協會，以及那些支持政府採取行動的知識分子。對於自由放任主義幹部組成的加圖研究所來說，眼前的任務就是要給這三種團體致命一擊，讓全民都能一一看穿這三種團體，讓更多人了解到大政府主義的貪腐之惡，進一步教導眾人必須怎麼做才能消滅他們。[52]

到了這個階段，加圖研究所有固定成員和一批穩定輪替的派駐學者，他們能夠持續不停地發動政治宣傳來攻擊當前的統治階級。其中，布坎南扮演了重要的角色，因為加圖研究所的論點通常都是依循著布坎南團隊所提供的分析資料。與此同時，科克則持續為研究所提供新資源，幹部組織會招募有想法的新人，找出能夠朝著他們的奮鬥目標邁進的新方法。新進人員會先被灌輸核心思想來嚴格確保他們維持激進，這全都是靠著科克豐厚資金的支持，讓他們能藉此將其論點推向媒體和公眾生活。羅斯巴德教導出來的這些自由放任先鋒被期許能夠「引導人民走上正確的道路」。[53]

只要提到建國元勳的次數夠多，就算是列寧式的自由放任主義看起來都充滿美國精神，與其說是革命，看上去更像是復辟。但是無論是要對租稅開刀、撤銷政府管制、終止公辦社會保險體制或是將不受約束的個人自由作為一切的解答，加圖研究所對於倡議的內容是堅定不移的。在這份早期的純粹思想當中，加圖研究所提出來的倡議時常讓美國保守派感到震驚，例如當它批評美國不應以軍隊介入其他國家，呼籲毒品、性交易以及其他合意性行為合法化時。就像他們第一任主席所說的，獨樹一幟的立場讓該研究所成為「雅痞的智庫」——雅痞指的就是那些既愛好社會解放、也要有經濟自由的人，他們從沒搞清楚這一切是為了什麼。[54]

靠著全世界最有錢的人在背後撐腰，加圖研究所不需要妥協。確實，科克在這一點上講得很清楚：妥協就是死亡之吻。既然神主牌都如此開示，其徒眾也是謹遵聖旨。「當時看起來幾乎就像滑稽漫畫一樣，忽然有一大筆錢注入了一個小小的運動，」某位參與者回憶道，「從此開始所有人都像行星繞著科克轉。」[55] 顯然起初沒有任何人質疑怎麼會引入這套誘因結構，畢竟自由放任主義者一直以來都拒絕承認財富也是一種權力，但是科克給出的巨額資金終將影響所有參與者。「整個非營利組織如果只有單一贊助者，」另一位對此感到幻滅而退出的成員說，「大家就會隨著贊助者的心情舉止而起伏，就像是田裡的向日葵總是朝著太陽轉一樣。」[56]

詹姆斯・布坎南參加加圖研究所正式成立前的首次研討會那年，發表了一篇名為〈撒馬利亞人的困境〉的文章，從此這篇文章就被右派拿來佐證，造成實際上《路加福音》當中耶穌的道德觀在現代世界產生了扭曲的結果。在文章中，布坎南以他所謂的「處方式診斷」總結：「也許我們對自身的福祉，或是對於有秩序且有生產力的自由社會來說，是太過有同情心了。」接著他用了一個遊戲理論的思考實驗來立論——當然沒有經過實證研究，這是他所鄙視的。他的「假說」是「現代人已經失去作出抉擇的能力，以避免受到同類掠奪者有意識或無意識的剝削」。**同類的掠奪者?**這是扭曲地引用了「好撒馬利亞人」的寓意，在寓言中，一位善良的撒馬利亞人出手幫助了一位被剝光衣服、被劫、被打並被拋下等死的猶太旅人——亦即受到掠奪者剝削的**受害者**。故事中耶穌以此向追隨者表明人應愛鄰如己，即使受苦的鄰居是一位受到鄙視的外人，就算是曾對撒馬利亞人不義的猶太人亦然。[57]

以自由放任主義經濟學者的觀點來看，耶穌被誤解了。布坎南援引好撒馬利亞人的故事，用來證明「現代人『心太軟』了」，現代人缺少了將市場恢復到正常秩序所需要的『戰略勇氣』。根據這個邏輯，幫助有需要的人這種事看似道德良善，以結果而言卻不是正確的作為，因為提供協助將會鼓勵領受者持續「剝削」付出者，而不是想辦法解決自己的問題。布坎南拿父母打小孩做為比喻：打下去可能一時會痛，但是能教會小孩「對懲罰的恐懼，藉此抑制未來的偏差行為」。[58]

同理，「潛在的寄生蟲」也需要受到約束，以避免他們將心力放在「刻意剝削」社會中的「生產者」上面。這篇文章比起任何一篇更能讓人體會到自由放任主義的嚴酷道德觀，就像是要用他們的革命計畫對症下藥，為美國的第三世紀反轉第二世紀過於「軟弱」所帶來的錯誤。不過，其中的關鍵在於要如何約束愚蠢的撒馬利亞人，亦即政府，讓他們不再發放使人扭曲的誘因——換言之，就是要為撒馬利亞人套上枷鎖。正如布坎南在結論中指出，「福利改革（……）只是許多應用手段之一，而且絕不會是最重要的手段。」[59]他說的是事實，他的眼光放在更大的局面上。

一九七〇年代末期，當加圖研究所在廣泛倡議自由放任主義政策議題時，另一個由科克支持的智庫理性基金會則專注於拍賣公共財產以及將公共服務外包給私人公司的議題上。一九六八年一位安．蘭德的追隨者在宿舍內靠著一台複印機創辦了《理性》雜誌。他們此時將心力投注在出版這本反文化的自由放任主義雜誌。[60]後來另一位科克的追隨者小羅伯特・普爾（Robert W. Poole Jr）接手了這本雜誌，他和科克同樣是麻省理工出身的工程師，在高中時期就開始接觸自由放任主義。他在大學時期加入了美國青年自由促進會，曾在一九六四年為高華德逐戶拜票，並在「拜讀了《阿特拉斯聳聳肩》」後追隨該書作者安・蘭德投入激進自由放任主義的行列。他後來在一九七二年搬到了加州的聖塔巴巴拉，接下了一份「地方『智庫』」的工作，當時大家對「智庫」這個詞都還很陌生。出於興趣，他開始自行在家出版《理性》雜誌，並維持了許多年。[61]

但隨著七〇年代中期開始發生停滯性通膨，普爾也漸漸開始認真思考要如何影響公共政策。他在一九七六年出版了一本實用性教學手冊：《如何在不減少必要服務的前提下削減地方稅》。他把矛頭對準了公部門的人數增長，將之視為是稅收與歲出增加的原因，並呼籲應該透過交由私人公司承包的方式來控制成本。[62]自由人黨眾議員朗・保羅大力推薦普爾提出的做法，認為比起過去只是單純將徵稅抹成「偷竊」來追求「意識型態上的純粹」，普爾的作法聰明許多。為了讓他們的呼聲超越黨派，普爾也取得了參議員威廉・波斯邁爾（William Proxmire）的推薦，波斯邁爾將該文讚為公部門官員「必讀」作品。當時這位威斯康辛州的民主黨參議員才剛開始每月頒發「金羊毛獎」來羞辱濫用公帑的政府機構。[63]

有鑑於這本手冊的成功，普爾開始研讀英國愛德華時期的費邊社相關的作品。費邊社有著許多改變了公共辯論走向的成員，像是作家威爾斯（H. G. Wells）、蕭伯納（George Bernard Shaw）以及維吉尼亞・吳爾芙（Virginia Woolf）。普爾對於費邊社的策略很感興趣，他們認為持續作出微小的改變，終究將會導向社會主義，只是普爾像是布坎南解讀聖經的時候一樣，把這個想法導向右派。他後來在一次訪問中表示，「我想說，如果你能漸漸打造出社會主義，你也能逆向操作，將國家一步步瓦解。」換句話說，你能一步步削掉政府，「藉由把政府功能一項項先後私有化，每一步都有合理正當的賣點，就不用等到大多數人都相信自由放任主義的烏托邦世界。」[64]這其中最關鍵的字大概就是「賣點」了。

如果能透過私有化來一步步拆解政府，並將其描述成「改革」，為何還要等大眾輿論了解狀況呢？一九七八年，《理性》雜誌十周年時，普爾召開了一場戰略會議。該會議中論及資助「專業自由放任主義者」的基礎建設時，所有人都看向查爾斯・科克，捨他其誰呢？這位來自威契塔的執行長也表示願意貢獻需要的資源，只是有一個條件：「自由放任主義者必須維持永不妥協的激進態度。」他們必須誓言抵抗與當下握有權力的人「妥協」的「誘惑」。科克警告，任何形式的妥協都將「摧毀整個運動」。[65]

有了科克的支持，普爾「開始全職投入行動」，徵募「經濟學上的論證與實證」。[66]普爾招募了包含海耶克在內共二十幾位的自由放任主義學者，著手推廣私有化。正如科克所要求的，他們的倡議手段毫不設限：其中一份媒體新聞稿標題就寫「管制機構：直接廢除、不要改革」。普爾在一九八〇年出版了一本名為《削減市政廳》的長篇著作，他們事業得到前所未有的回響，書中建議將公共事務外包給私人公司，並且開始強制建立公共設施使用者付費的制度。理性基金會在全國大力推動公共服務私有化，不只是像維吉尼亞州的教育券那樣將公共教育私有化，而是所有想像得到的公共服務都要私有化，從公共衛生設施到公路收費皆然。[67]

• • •

在加圖研究所和理性基金會著手工作的同時，布坎南則受到另一個科克贊助的組織聘用。自由基金會聘請布坎南負責後來成為年度夏季研討會的活動，藉此招募並訓練在社會科學方面有才華的年輕人（起初是三十五歲以下，後來上調到四十歲以下）。本質上來說，他的任務就是要找出適任幹部的知識分子並吸收他們，此時幹部組織已經是科克眼中讓革命行動邁向成功的關鍵。[68]

布坎南樂於扮演門神的角色。他針對成員是否有潛力提出的評估報告十分詳盡。在報告中，他對其中一名參與者的評價是「口才極佳，具有你我共享的基本直覺」，但是「以鄉村男孩來說，有點太『油滑』了」。對另一名參與者則寫道，儘管「論述能力有待加強」而且有著惱人的「軟性左派」的直覺反應，但仍然是「有趣」的人選，值得觀察。他給出的排名直接了當：他像判官一樣直接將這些人依照潛力劃分為「非常強、中等、弱」。研討會狀況最好的時候，他會誇讚新的「同志情誼」且「沒有不適應的人」。[69]布坎南就和科克一樣，會毫不眨眼地將垃圾丟下船。任何以自由放任主義的準則來看不夠穩固或是前途黯然的人，多半不會再次受邀。他試圖「避免一顆壞蘋果搞酸整桶酒」。他並要求「所有潛在參與成員都要先經過我們信任的人明確背書推薦」。而且他會高調地獎勵自己和他招募到的人。這位仍自稱是鄉村男孩，大力抨擊自由派「菁英分子」的布坎南，可不吝於浮誇，他還親自預選一九六六年份的拉菲堡紅酒作為獎勵，這款酒如今每瓶要價大約三百到一千美元之間。[70]

當查爾斯．科克在美國東西兩岸召集學者並認購智庫的同時，他也在試探選舉政治。對科克來說，兩黨思想都不夠具有破壞力，不合他口味。不過相較之下他似乎更看不起共和黨，因為他認為該黨領導人不誠實。他們聲稱自己站在自由市場這一邊，顯然是場詐欺：科克嗤之以鼻地表示，共和黨就是個「與政府進行商業協調與合作的政黨」，「若這是我們唯一的希望，那我們已經完了。」[71]

因此，他轉而支持新興的自由人黨。該黨規模很小，比起真正的政黨，說起來還比較像是抗議性政黨，僅靠著一群古靈精怪的角色留在場上。但是它在過去十年來像老車一樣吵吵鬧鬧地爬了過來，讓科克留下足夠印象，因此他在一九七八年決定投資艾德．克拉克（Ed Clark）參選加州州長，克拉克當時是一間油品公司的法務副主管，而且「長久以來都致力於自由放任主義」。[72]

這場選舉讓科克感到興致盎然，他說，「因為加利福尼亞州正是自由放任主義活動的中心，有著爆炸性成長的潛力」。他投入了五千美元的政治獻金，並且大力拉攏朋友一起贊助。科克向身邊的人建言：艾德．克拉克正是「理想的人選，因為在我們的原則上他不會妥協，但是同時又能展現出成熟、負責的形象」，而且他「在電視上看起來能言善道，很有吸引力」，而電視正是現今主要的平台。克拉克也向科克承諾將會把重點放在「私立教育的必要性和好處」，以便利用蔓延中的「對公立學校不滿」的民情。[73]

科克知道自由人黨沒有成為「政治勢力」的能耐。即便如此，他解釋道，「要讓這些概念進到政治討論的場域，我想不出任何（其他）辦法了。」克拉克吸引了該州超過百分之五的選票，這無疑也有受到當時加州公投中的第十三號提案的加持，克拉克公開支持第十三號提案，該提案內容正是對增稅的第一次大力公開反對。全美有三十個州有自由人黨候選人參選，共拿到了一百二十萬張選票。[74]他們的興奮全寫在臉上：加州的選舉難道就是美國新自由時代的預兆嗎？

於是，該黨忠貞派系在一九八〇年推舉艾德．克拉克競選總統，對手同樣是出身於加州的羅納德．雷根和吉米．卡特（Jimmy Carter）——但是選總統的成本要大上許多。由於政治獻金總額的限制，他們只要稍微敲敲算盤就知道一個僅五千人不到的政黨在總統選舉中會花上多少錢，戰略家們就開始想方設法要避開聯邦競選財務相關法令的限制。結果真讓他們找到了一個辦法：因為候選人本人在自己的選戰上花掉的錢不受政治獻金的限制，他們只要讓大衛・科克當副總統候選人和克拉克一起競選就好了。最後，在這場總計花掉三百五十萬美元的選舉當中，科克就貢獻了兩百萬美元。他們得到了超過九十萬張選票，占總票數的百分之一，當時是自由人黨創黨以來有過最好的成績。[75]

但是即使在選舉結果上有著小小的成功，卻也帶來了令人不安的代價。克拉克為了贏得選票，不惜在自由放任主義原則上妥協讓步，以至於讓剛起步的自由人黨就面臨分裂。莫瑞・羅斯巴德一如既往地嚴正捍衛正統觀念，譴責克拉克的競選承諾儼然是「口蜜腹劍」。羅斯巴德不停在雞蛋裡挑骨頭的做法惹惱了查爾斯・科克，當時科克正打算要開始採用比較務實的戰術，只要不影響最後大局就好，於是，羅斯巴德就被加圖研究所給開除了。他為此怒批加圖研究所，堂堂以自由放任主義為名的機構，卻「像公司一樣運作，單方面下令，不從者開除」。一輩子都在提倡不受限的資本主義，羅斯巴德卻從來沒有做過一般的正職工作，因此，他第一次體驗到被當成老闆揮之則去的雇工，似乎對此感到震驚。他的訴願最終還是被漠視了。科克家撤資不再支持自由人黨之後，自由人黨幾近瓦解。說到底，一個既沒有人也沒有錢的政黨怎麼可能成長？[76]

•
•
•

當科克兩兄弟進行政治實驗時，詹姆斯．布坎南沒有跟著浪費時間在不切實際的第三政黨上。他選擇在維吉尼亞州西南部的山區閉關，寫出了《自由的界限》（*The Limits of Liberty*）一書，該書後來被他稱為自身學術願景的最佳闡述。這就是他為革命計畫寫出的最高傑作，是他為「美國的第三世紀」獨到的革命願景所做的總結。[77]與其說是經濟學，更像是政治哲學的作品，正如該書的副標題所示：「在無政府與利維坦之間」，該書想要從中找到一個平衡點。

因為「市場和政府雙雙失靈」，真正的挑戰在於找出他們各自在哪個領域有優勢，在純粹的自由放任（laissez-faire，也就是他所謂的無政府主義）和令人聞之喪膽的社會主義之間找到中間地帶。現實是現代世界無論如何都需要某種形式的國家力量來維持規範並進行裁決，而布坎南則試圖描繪出一種政治秩序，其中除非絕對必要，國家都不應對個人「免於他人脅迫的自由」有任何干涉。[78]

他們的行動或許已經注定失敗，他發出悲嘆：「政治和制度的結構失敗」已經掏空了自由，可能已經無法以傳統的方式挽回。他無法接受對自由的侵犯，他認為這是由經濟大蕭條開始興起的；經濟大蕭條終結了他所謂的「天賜良機」（fortuitous circumstances），他指的是在那之前，自重建時期結束後到經濟大蕭條開始間由經濟自由主導的六十年。他絕口不提另一種可能性，那就是如果中間這段時期的經濟不平等沒有那麼嚴重，股市有受到管制的話，或許經濟大蕭條根本就不會這麼嚴重。（若想到這一層，就會落入凱因斯的危險方向。）但是，布坎南確實有觀察到，或許真的是因為大蕭條時期的發展，終結了透過選舉程序來改變方向的可能性。[79]

這不禁讓人懷疑，此時此刻他的計畫中的最後一個種子是否已經萌芽——亦即試圖採取不合常規的措施來達成想要的逆轉結果。他是不是已經想出辦法來顛覆正常秩序，並持續到足以改寫民主政治的治理規則，從此不再與多數決息息相關？

事實上，這確實就是他要做的事。但是他要慢慢走向那一步，從學術論證走到訴諸情感再走向最終目標。起初，他似乎把目標放在造成小幅度的改變。他告訴他的讀者，眼前的挑戰是要拓展出一套「將集體行動控制在限制範圍內」的策略——這對於熟悉他過去歷史的人來說，或許會有點意外，他不再是要直接消滅集體行動。他進一步解釋道，身為一個經濟學家，他相信公部門持續擴張是無法永續的。[80]然而，他也想要在道德層面上和他的讀者溝通，因此他轉而採用參雜情感的論點。

他告訴讀者，身兼哲學家，他相信要維繫持續擴張的公部門而必要的花費極度不公：這套累進稅制會造成富人負擔持續加重。布坎南的早期著作就是在談公共財政，在他的第一本書中就有談到公債成長的問題。隨著戰後嬰兒潮世代的人長大成人，他的憂慮也持續增長。到了一九七〇年代，在學人口持續成長，退休人士也組織了起來，他們都在要求政府提出各式各樣新的援助和行動，政府財政情況持續惡化，完全不見改善。

這邊要說句公道話，布坎南並不是唯一擔心這個問題的人。詹姆斯·奧康納（James O'Connor）於一九七三年的著作《國家財政危機》當中提到，資本主義制度為求生存，必須在企業方與政治方之間斡旋，企業方為了在不斷變動的市場中維持競爭力，需要獲利以及再投資，政治方則需要控制企業方累積的獲利，以免整個體制失去正當性。有些人會說，像是奧康納這種左翼人士看到的是正在醞釀而起的體制正當性危機。舉例來說：一九七五年的紐約市就在這兩者之間失去平衡。歲出預算超過稅入的情況下，紐約市面臨了失信於民的危機——它不再能給予人民政府所承諾的民生服務，進而導致動亂。全國都面臨了同樣的危機，財政赤字不斷攀升。所有美國人都至少會支持某些政府計畫，然而似乎仍沒有多少人願意為了日漸增長的預算付出維持所需的稅金。[81]這是個難以忽視的模式。事實上，少數自由派菁英人士在一九七三年成立了三邊委員會，部分就是因為擔憂世界各地的民主治理都逐漸朝向人民索取太多且難以管控的方向發展。[82]

但對於布坎南來說，這個議題又再度涉及到個人私事。他直指，「憑什麼有錢人就得要受罪？」[83]如果只憑「簡單多數決」就能允許政府向少數不同意的個人課徵高稅率——「該公民會發現，因為害怕受到懲罰，他必須付出超過他自願貢獻的額度作為稅金，用以支持社會利益」——這和那些「在中央公園公然搶劫他錢包的人」有什麼不同？布坎南進一步質疑，為何這些有錢人就得被迫為大家所謂的「那些人」付出額外負擔？就算代表人民的代議士是由人民正式透過選舉選出來的，「凡是沒有達成一致同意」的政府行動，究竟實際上有沒有「正當性」呢？從一些不情願的人手上「透過稅制強制沒收財貨」不就是「犯罪」嗎？[84]

布坎南花了很大的力氣澄清，問題並不在於當權者是壞人還是被誤導了，而是不論哪個政黨執政，各機關的正常機制中都沒有內建防範濫權的機制。這甚至不是意識型態之爭。布坎南指出，當初喬治・華萊士的選民不支持高稅率時，卻也拒絕放棄自身的「特殊利益」（例如政府籌建的公路和失業補助金，以此類推）。同樣地，「強烈反對為孩童而辦的跨城市公共巴士系統的郊區居民」，也從沒想過「強制對所有家庭徵稅，好讓部分家庭的孩童可以上學」是不是件公平的事情。[85]

布坎南認為，西方目前運作的規則讓問題更加惡化，因為其中沒有建立出一套嚴格的規定來「遏止多數結盟後胃口大開」的問題。《自由的界限》書中並沒有進一步提供具體實例。但是和他志同道合的讀者，只要有看新聞，就不難推敲出這些所謂的結盟所指為何：像是公立學校教師工會或是醫療照護人員工會，他們會和學校家長或是接受醫療看護的人結盟，手牽手要求得到更好的服務和更充裕的稅收挹助。布坎南經常提起，政府雇員能夠利用政治程序為自己謀福利；這一點讓他深感困擾。事實上，他得出的結論是「在美國，透過正當的民主程序為少數族群受到的財政剝削而訂下的限制，相較之下很少」。[86]

然而，即使他這個理論家將剝削動機投射到他人身上，布坎南自己對於他的同胞以及他們在社會關係中的相對地位的理解，才是真正掠奪性的思考。他鄭重澄清，「每個人都想要奴役整個世界。」在他的觀點當中，每個人都渴望為自己爭取作為個體而言最大的個人自由——並想要控制「其他人的行為來強迫他人順從自己的渴望」。正如政治理論學者阿瑪德曾悉心而清楚地指出，布坎南正在打破他聲稱要復甦的古典自由主義當中最基本的道德原則——市場秩序應是建立在相互尊重的基礎上追求相互的利益。相反地，他試圖建立出一套基於「無休無止的強制談判」之上的社會契約，其中每個個體都將他人視為實現自身目標的工具，而不是具有內在價值的同胞。他在勾勒的世界，其最終的期望似乎是要由最富有與最有權勢的人長期統治整個世界，並以他心目中的理想憲法來實現這種形勢。[87]

其矯正措施如惡兆般由他對社會的診斷中浮現而出。布坎南悲觀地表示，「若不以憲政加諸限制，民主或將成為其自身的利維坦。」[88]他在學術生涯初期的著作《同意的計算》就表達他的希望，亦即透過良善公民之間的集思廣益，能夠創造出一套所有人都能接受的政治經濟規則，如今看來顯得過於天真。

現在似乎已經沒辦法在穩健的個人財產權與全民普遍投票權之間取得平衡了。畢竟，光靠他們的行動計畫，怎麼可能說服多數人在社會不平等快速激增的情況下，還要去同意一套可能對於他們極度不利的規則。布坎南懇求他的讀者面對現實：「有錢人（或是自由放任哲學家）怎麼會期待窮人去接受一套嚴格限制不同群體間財政移轉的新憲政秩序？」只要還有一點理智的窮人，就不可能會同意一套讓他持續陷於貧困的規則。[89]

但是若窮人不會心甘情願地同意，那革命大業要怎麼阻止這些公民繼續向政府提出要求？布坎南想要的是以某種方式「全面改寫社會契約」。他認為美國需要一套遠超過美國憲法草創時打造的「新的制衡結構」，即使他也深知原有的制衡就已經是一套有利於財產權的設計。他建議要達成「足以被貼上『革命』標籤的戲劇化大改變」。只要做出一些普通調整就足以改革的時機已過。布坎南最後以令他深感不安的「絕望的勸告」作結：「在我們的觀察下，唯一可行的政治結構只剩下專制這條路。」[90]

沒有必要再說什麼表面話了，他直言：民主對經濟自由有害。

經濟思想史學者華倫．山繆斯（Warren J. Samuels）評論本書時，對布坎南的方向大敲警鐘。山繆斯說，「他的分析直擊自治政體的心臟地帶。」他承認布坎南是一位有原創性的思想家，而且書中確實有一些耀眼的觀點。但就整體而言，《自由的界限》一書以「極端且反民主」的方式背離了詹姆斯．麥迪遜和亞歷山大．漢密爾頓的憲政思想，畢竟當初他們就有在憲法內放進了很多防止多數暴政的保護措施。相較之下，布坎南的計謀則將賦予企業中的

「私人管理菁英」不需要負擔公共責任的權力。「對於他的思想能夠用來達成什麼，我光想到就感到不寒而慄。」山謬斯最後如此總結，他不知道自己預言得多精準。[91]

有些與布坎南和科克同在培勒林山學會的成員也同意該書的分析結果令人恐懼，並且得到的結論會讓其他公民同胞恐慌——如果大肆宣傳的話。亨利・曼尼認為該書傳達出的訊息很重要，甚至為此邀請布坎南到他的中心擔任七次名人講座，並在講座中頒發了法律經濟學獎給這本書。[92]當時培勒林山學會的會長是德高年卲的芝加哥大學經濟學家喬治・史提格勒（George Stigler），在一九七八年，學會在香港舉辦一場邀請制的聚會，爭取將布坎南的論點列入討論議題。有鑑於他與他的盟友注定成為「永遠的少數派」這個事實，而他們的想法將因此「廣受……拒絕」，史提格勒進一步挑出了「令人不適」的問題：「如果事實上我們追求的是很多人都不願意接受的事情，那我們先考慮到這一點，找到能夠讓我們追求自身目標的政治體制和政策，我們不就會比較成功嗎？」他對此並不含糊，直言這可能意味得要靠「非民主」的機制和政策。為達成想要的未來，史提格勒提出的其中一條「可能的途徑」是「這個政治體制只開放給財產擁有者、受教育的階級、受聘人員或這類的團體的參與」。[93]

不論他們意願為何，眼前無可避免的現實就是他們無法光靠說服取勝，這些環遊世界的學者，說起話來愈來愈像最初贊助布坎南計畫的南方寡頭階級。正是布坎南，為這些顛覆性的討論設下了基調，他問：「要如何鎖住利維坦巨獸？」這個人堅持要告誡盟友，「鎖住利維坦」絕對是我們這個時代最核心的公共政策議題。真正的挑戰是打造出牢固可靠的鎖鏈。[94]

據傳布坎南很喜歡一張他在一九七〇年代晚期拍的照片。照片是在他自家山區農場拍的，他站在一個圓形柵欄中，身旁有兩個動物擺著怪異的姿勢：那是一隻在騎驢的狗，看起來充滿恐懼。相片中布坎南這位維吉尼亞政治經濟學派創始人就走在一旁，手上拿著短馬鞭，訓練動物表演出這個完全不自然的動作。有時候，就像人們總說的，一圖抵千言。若用講的講不聽，用打的總可以。

CHAPTER

# 10

# 困住民主的智利憲法

## A CONSTITUTION WITH LOCKS AND BOLTS

不得不說，他的沉默保全了他的名聲。布坎南肯定也注意到，米爾頓．傅利曼在給了軍政府對抗通膨的建議之後，就沒能熬過來：一九七六年諾貝爾獎頒獎典禮上，傅利曼正要領獎時，抗議者在斯德哥爾摩的會場上打斷了典禮，並在此後的演講活動中騷擾他。傅利曼的名字從此尷尬地永遠和皮諾契特相提並論，而行事低調的隱士布坎南則逃過一劫，沒有因為他提供的指導而受到注意。畢竟，布坎南和傅利曼不同，他從來都沒有渴望成為聚光燈的焦點。他很樂於暗中行事。

一九七三年九月十一日，智利的奧古斯圖．皮諾契特（Augusto Pinochet）將軍發起政變，推翻了薩爾瓦多．阿燕德（Salvador Allende）總統的民選左派政府。皮諾契特以經濟自由為名成立軍政府，成為了近代史上最惡名昭彰的獨裁政權。透過大規模屠殺、廣泛使用酷刑以及有系統的恐嚇，皮諾契特粉碎了工會運動、擊垮了爭取土地改革的鄉村農民、鎮壓了學生運動，他還在學校體制、醫療保健體制、社會安全體制以及眾多其他方面都施加極端且不受歡迎的變動。後來被暗殺的當時智利駐美大使奧蘭多．雷特利（Orlando Letelier）對《國家》雜誌解釋道，智利的經濟變動計畫與鎮壓密不可分：不論是社會上還是政治上，「多數人被壓制與少數特權團體的『經濟自由』」兩者相輔相成。[1]由公民主導的組織曾讓智利成為拉丁美洲的民主標竿，向其他國家展現出透過民主選舉能夠取得的成就，如今已在政變中全遭抹殺。[2]

要掌握智利的故事為當今的世界帶來的重大意義，重要的是得先記得改革其實並不是從阿燕德開始的。在阿燕德之前，反共產主義的基督教民主黨的愛德華多．傅雷（Eduardo Frei，在一九六四年到一九七〇年之間擔任總統）自豪地監督著他所謂的「自由革命」（Revolution in Liberty），視其為智利版本的新政，並得到了來自美國的甘迺迪總統以及詹森總統的支持，其中包含了支持勞動權、擴大投票權以及農村地區的土地重分配。傅雷打開了智利的民主大門，這有助於鼓勵人民動員，從而導向了阿燕德最後當選的結果。領導政變的軍官們從中得出結論，一旦奪得權力，他們不只要逆轉民選政府下所取得的改革成果，還得設法確保無論人民對改革的呼聲有多麼強烈，智利人民都永遠不會再回到社會主義的懷抱之中。[3]他們想到的解決辦法就是直接改寫智利憲法，讓資產階級由他們所代表的利益與典型的民主多數永遠絕緣，不受其威脅。

皮諾契特政權在一九七〇年代成為人權運動著力的支點，後來卻又成了一個醒世故事，因此許多批評者指控培勒林山學會主要的思想家煽動專制。米爾頓．傅利曼在一九七五年訪聖地牙哥時，提出了如何降低該國通膨的建議，因此廣受譴責。他的建議帶來了苛政，讓許多人因此陷入生活困境，這一點毫無疑問。不過傅利曼是個貨幣主義者。不論人們是否贊同他提出的那套令人痛苦的「休克療法」(shock treatment)，但傅利曼提出的政策建議還是一套可以逆轉的政策。年事已高的學會創辦人海耶克也前往會見皮諾契特，並與這位獨裁者分享他有多厭惡「不受限的民主」。這些來自學者的道義支持，幫助了軍政府得以度過國際譴責的風暴。但是儘管海耶克成了該政權的辯護者，也沒有證據顯示他對智利留下了什麼影響。[4]

相較之下，詹姆斯．布坎南就不一樣了，智利至今仍能夠感受到他留下的深刻影響。正是布坎南指導了皮諾契特的團隊，教導他們進行憲政體制變革，以至於就算智利終於回歸到代議體制，該國的資本家階級仍能根深蒂固地永遠處在權力中央。首先，將布坎南的思想影響下建構出來的激進結構轉型強加在體制上；其次，讓這個結構轉型進一步根深蒂固地鎖在體制內，這正是布坎南後來提倡的憲政革命。[5] 如果說美國憲法以「制衡原則」來防止多數人對少數人濫用權力著稱，相較之下，就如同某位智利批評家後來抱怨的一般，智利憲法像是以「鎖和栓」把民主監禁起來。[6]

• • •

第一階段一系列的結構性「改革」是由時任勞動部長的荷西・皮涅拉（José Piñera）設計出來的，他是維吉尼亞學派的年輕信徒。政變發生時，皮涅拉正在哈佛大學攻讀博士學位。為此，他興高采烈地回到智利來「協助建立一個致力於經濟自由的新國度」。他對國家做出的貢獻就是提出一系列針對政府治理模式的深度改革，統稱為「七個現代化」。它們的共通點在於私有化、管制鬆綁以及由政府引誘民間團體力量裂解。[7]

舉例來說，皮涅拉在一九七九年提出的新勞動法規當中，直接禁止產業工會，讓各工廠的工會彼此競爭。他們鷸蚌相爭愈激烈，就愈沒有餘力共同向聯邦政府施壓，這樣聯邦政府就漁翁得利。（依照布坎南的說法，就是將經濟事務「去政治化」。）個別的受雇者則取得「個人選擇自由」，可以與雇主達成個人協議。更準確地來說，他們不得不以個體身分與雇主談判。皮涅拉後來與想要效法他的人解釋，如果工人能夠繼續行使真正的集體權力，那「根本什麼事都做不成」。[8]

皮揑拉還為新秩序設計了另一個核心機制：公辦社會安全體系私有化，讓公司不再需要對所屬員工的退休金有任何貢獻的義務，同時也大幅限制政府在保障民眾福利方面發揮的空間。公辦社會保險的大原則就此告終，有如貝利．高華德在一九六四年提倡的作法，基於市場原則建立起來的體系將工人導向在私人投資公司開立個人帳戶。學者指出，「本質上就是要自己投保。」就該計畫而言幸運的是，電視媒體完全掌握在主政者手上。當時每四戶家庭中就有三戶有電視，皮揑拉在半年之間每週都會出現在電視上推銷新制度。人們對於被稱為「官僚無底洞」的公辦社會安全體系的不信任，進一步帶來對於老年生活不安全感的恐懼，而皮揑拉就是抓緊了這一點。他詢問觀眾，「你難道不會寧願自己手握一本美輪美奐的皮質存摺，」每個月都可以看到自己的存款紀錄，「讓你晚上可以翻開存摺告訴自己：『我至今已經為我的退休生活存下了五萬元了。』」軍政府否決了智利人民可以透過公投來決定它們想要哪套體系——畢竟，「誰知道會開出怎樣的先例呢？」——並且透過軍事政令直接強勢推動皮揑拉的計畫。與軍政府關係密切的兩間私人企業——智利抵押銀行、庫札特拉瑞恩集團——很快地就取得了個人帳戶中三分之二的退休基金的操作，相當於十年內取得該國五分之一的國內生產毛額總值。（至於荷西．皮揑拉，是先到庫扎特拉瑞恩集團的曼紐．庫扎特旗下工作，後來則是為查爾斯．科克的加圖研究所推廣美國社會安全保險私有化工作。）[9]

其他的「現代化」措施還有健保私有化、開放全球市場力量進入農業、司法轉型、對中央政府的監管能力設下新的限制，以及芝加哥和維吉尼亞學派最具代表性的論述：從幼兒到高中的基礎教育券。至於高中以後的高等教育，該政權則採用了布坎南書中的建議來打擊校園抗議活動。該國最好的公立大學都被迫轉為「自籌資金」的營運模式，而營利性企業則能在幾乎不受政府監督下自由競爭，比較不會提出質疑的實用領域很快就將人文學科推向邊緣。若在校內出現引起政治紛爭的學生，該校更可能因此失去剩餘不多的政府補助經費。[10]透過這些綜合措施，曾經由國家提供的教育、醫療保健、社會保障都不再是公民的應得權利。

隨著七個現代化上路，皮諾契特屬下的政務官可以全心全意專注在起草新憲法，築起堅不可摧的護城河，好讓這套新秩序能夠屹立不搖。在準備期間，智利抵押銀行的管理層將布坎南的《自由的界限》翻譯為西班牙文。[11]同時，親政府的智利公共研究中心智庫創辦人也翻譯了數本公共選擇理論的著作，其中包含了布坎南所著的入門書。[12]

到了一九八〇年五月，終於來到關鍵時刻：布坎南訪問智利一週，當面為他們指點迷津。根據《紐約時報》報導，在布坎南訪問智利前幾個月，該政權發起了一波針對全國公立大學教師的大規模整肅活動，開除那些「政治上不可靠」的教師。[13]還有幾十個其他沒那麼出名的公民，僅以違反「禁止政治活動」為由，直接判定有罪，進一步流放邊陲村落，不得上訴。[14]

當時美國華盛頓特區智利駐美大使館發生暗殺事件，流亡美國的前智利駐美大使奧蘭多·

雷特利及其美籍友人在尖峰時段遭到暗殺，因此美國以恐怖行動為由對智利制裁。這意味著經濟學家們必須透過私人邀請前往智利——以布坎南而言，就是受阿道夫・伊瓦涅斯基金會創辦的商學院邀請而來。該院的院長卡洛斯・法蘭西斯科・卡塞雷斯（Carlos Francisco Cáceres）與布坎南相識，兩人在一九七九年的培勒林山學會馬德里大會上相見甚歡。卡塞雷斯是一九七六年成立的智利國家政務委員會最熱烈的反民主成員之一，該組織用意就是要為皮諾契特提出建言。卡塞雷斯急於將布坎南的「意見」導入該政權對新憲法的討論當中。最後成功了。布坎南訪問智利時，真正的事主是智利財政部部長——賽吉奧・德卡斯楚（Sergio de Castro），他是該政權的主要思想家兼經濟學家，他對皮諾契特心懷感恩，因為是皮諾契特讓他和同僚得以在「大眾輿論嚴重反對」的情況下，大筆抹去「過去半個世紀以來的錯誤」。[15]

這也是為何德卡斯楚和其他同僚都認為他們迫切需要一部新憲法，讓大眾對政策的不滿變得無關緊要——或是至少大幅削弱大眾的能力，使其無力扭轉他和軍政府以武力施加的轉型。當卡塞雷斯安排布坎南與智利抵押銀行的人會面時，他對布坎南直言，「我們找你來的主要目的」就是要探討公共選擇經濟學能怎麼樣用來傳達「新的憲法將能界定我們未來的共和生活」的訊息。他們向布坎南請教各種問題，從「該如何制訂政治當局的選舉方式」到憲法中「該包含哪些經濟層面的事務」都放進了他的想法。[16]

布坎南鉅細靡遺地回答了如何約束民主的問題，為這群由軍隊和企業界出身的最高領導菁英開了五堂正式講座，而且私人談話中另外給了不少詳細的建議。他以命令般的口吻直接了當地建議：政府「必須」這樣做、「應該」那樣做。他將公共選擇理論定義為一門「科學」（儘管他比誰都知道，他的論述背後欠缺實證研究的支持），因此從「憲法賦予財政政策的權力」到「立法機構中最佳的立法者人數」都應該採用公共選擇理論去推算。他在談到他的學派成員時提到，「我們正在制定一套憲政手段，用來限制政府對經濟的干預程度，並且確保政府的手不要伸進生產貢獻者的口袋。」[17]

布坎南知道智利的東道主想要什麼：一張路線圖。於是，他解釋憲法要做的是「嚴格限制政府的權力」。他吩咐說，「首要的限制，就是政府支出不能揮霍無度，任何政府支出必須徵收足夠稅收來支付。」——這正是當年哈利・伯德神聖的「隨收隨付制」原則。「憲法必須要求收支平衡的預算。」——任何情況都絕對不能產生凱因斯主義那樣的財政赤字。同時，「中央銀行的獨立性必須入憲」，政府不得擁有「制定貨幣政策的權限，因為這樣做必將導致通膨」。他叮嚀的最後一項限制是任何實質的改變，都必需經過絕對多數決（supermajority）的同意。「必須確保任何體制當中，任何新的預算支出都得要經過立法機構絕大多數人同意，至少要達到三分之二、甚至六分之五的人同意。」[18]他提出的這套公式，連軍政府都感到過於激進，就像當初他在一九五九年對維吉尼亞州議會提出要全面拍賣公立學校一樣：從來沒人敢提出六分之五這種高標。

自由放任主義的影響內化之下，智利的新憲法甚至與海耶克的經典之作《自由的憲章》（*The Constitution of Liberty*）重名。[19]史迪夫・史登（Steve Stern）是專門研究皮諾契特時期這段歷史的傑出美國歷史學家，指出「這套憲法確立了一個不會受到過度民主傷害的民主」。新憲法保證了短期內軍方擁有凌駕政府的權力，長期而言則削弱了非菁英階級公民團體的影響力。文中更確保皮諾契特將軍能統治到一九八八年的全民公投為止，屆時將可透過公投將其任期延至一九九七年，史登指出，到時候「新的世代都已學會在受限的民主當中，公民應該扮演什麼角色」。[20]

俗話說，魔鬼藏在細節裡，這一點都沒說錯：布坎南提出這些邪惡的點子，用多數人看得眼花撩亂的細節，來約束人民的權力。他知道，只要藏在無聊的細部條文當中，就能利用只有少數人會注意到的地方逐步轉型，因為大多數人根本沒有耐心去讀這些細枝末節，但是聽從他建議的這些人則可以聘請專人幫他們確保細部條文對其有利。這些錯綜複雜的條文帶來的最終效果是，新憲法賦予總統前所未有的權力、大幅削弱國會，以及軍方人士得以不經選舉入閣，擔負起限制國會成員權力的煞車。此外，憲法中的新選舉制度十分狡猾，全世界從沒有過這樣的制度，顯然是布坎南的建言帶來的成果。該制度讓右翼的少數政黨永遠擁有足夠的席次，以確保「一套由菁英利益支配的體系」。[21]為了穩住菁英控制權，憲法中禁止工會領袖參與任何政黨，並且禁止「干預與其工會特定目的無關之活動」——所謂的特定目的就只剩下針對他們自己工作場所的薪資及工時談判。它還禁止鼓吹「階級衝突」或「攻擊家族」。凡是被視為「反家族」或是「馬克思主義者」的人，可能面臨流放，且不可上訴。[22]

皮諾契特親自審查公投前的憲法草案，並做了上百處的修訂，接下來宣布草案公開後一個月內進行公投，屆時公民只能選擇「要」或「不要」採用新憲法，沒有其他選項。公投在延長的「國家緊急狀態」下舉辦，因此沒有任何合法政黨，也沒有用來防止選舉舞弊的選民名單（因為軍政府把資料全燒掉了），也不允許外國觀察員進行監督或計票。一個由溫和派法學家和民權領袖組成的團體提出另一份代表真正民主的憲法版本，遭到該政權禁止公布。負責舉辦公投和負責計票的市長，全都由獨裁政權任命。[23]

選舉規則禁止「反對派運動分子」舉行競選活動。當某些人士無視禁令，發送傳單邀請民眾前往參加前基督教民主黨總統愛德華多．傅雷的演講時，將近六十人遭到逮捕，部分還遭受酷刑。根據一位後來成為大使的政治學者回憶，「我眼睜睜看著人們被拖下公車毆打，只因為他們喊了『對新憲法投**不**！』的口號！」軍政府只意思一下允許一次反對新憲章的室內聚會。在那場七年來第一次的合法造勢大會上，上萬人擠進座無虛席的會場，還有五萬人在場外聆聽。儘管傅雷反對阿燕德派，但他也公開譴責新憲法草案，認為草案的構想就已「違法」，內容則是場「騙局」。少數獲准報導這場造勢活動的記者當中，有名記者因為拒絕在廣播中宣讀事先準備好來抹黑該場講者的假新聞而遭到解雇。在困難重重的條件下，「不同意者難以螳臂當車。」因此，只有十分之三的智利人民在公投用的可透光票券上投下反對票；有百分之六十七的同意票。[24]

• • •

這部獨裁政權設計的新憲法和最後批准的過程，媒體都有廣泛報導，但是布坎南對他協助草擬憲法一事隻字不提，也從未公開表露他是否對新憲法有任何不安。反倒是，布坎南寫信給賽吉奧．德卡斯楚，感謝對方「為了向我致意而精心籌辦的午宴」，並分享了他如何「享受他這趟智利之旅」。和他一同前往智利的布坎南太太則對「精美的禮物、美麗的鮮花、智利的珠寶、紅酒」讚不絕口。[25]

讓人不解的是，做為一個畢生志業都在推動他和培勒林山學會成員所謂的自由社會的人，竟能如此輕鬆看待軍政府對智利人民的所作所為。新智利對一些人來說是自由的，或許這就夠了，別忘了布坎南會對他那時的新雇主發誓要維護自由的那個時代，現在智利這些自由人跟當時維吉尼亞的大人物正是同一類人。而且，這些自由放任主義者最關心的那種自由就是：如同當時一位智利民眾對其他同胞開心地表示「個人消費、生產、儲蓄以及投資的經濟自由都回來了」。[26]

或許對於布坎南而言，過程不重要，結果勝於一切：智利制定了一套比現存所有規則都還要更接近他的理想的規則，旨在抵禦未來人民企求變革的壓力。這是一套「近乎屹立不搖的憲章」，明文規定要連續在兩個國民大會會期中都以絕對多數贊成通過，修憲案才能成立，而國民大會成員有很高比例是來自富裕階級、軍方人士以及他們不受歡迎的扈從政黨，因此決策高度偏向軍政府。[27]布坎南長久以來一直呼籲制定具有約束力的規則來保護經濟自由和限制多數霸權，而智利在一九八〇年修訂的這套憲法以前所未有的方式保障了這些原則。[28]

做為政治經濟學者，他也因為這個事件受到培勒林山學會的盟友推崇。該年九月，學會邀請他前往帕羅奧圖的胡佛研究所分享他的思路，在年度研討會上發表主題論文。[29]他的成就令學會為之一振，學會主辦人們還決定將次年十一月的年度地區研討會訂在智利沿海城市比納薩瑪，因為這正是當初軍政府的領袖發動政變之地，前總統阿燕德就葬在該地的無名塚。布坎南與兩位親軍政府的智利同儕將共同主辦這場研討會。他們設計的議程聽起來就是為獨裁者的政策背書——實則是辯解。該場次議程分別有「社會安全：導向社會主義之路？」、「教育：究竟是政府還是個人的責任？」，以及布坎南自己主講的「民主：該不該受到限制？」[30]對於該學會成員來說，智利就像是個標竿。一位學者如此總結，智利憲法將「重大的社會議題——例如總體經濟政策——排除在民主的影響之外」。[31]

耐人尋味的是，布坎南自己後來絕口不提這段智利諮商之旅。在一九八〇年他在其中心提交給維吉尼亞理工大學校方及捐助者的年度報告中，確實提及他在智利的多次演講，或許是為了彰顯他日益增長的國際聲譽。[32]但是他從不曾在公開的出版物中提到智利，作為他的思想應用案例。對一個將餘下的學術生涯投身於憲政分析和解決方案的人來說，忽略不提顯然有其用意。或許是他良心發現，或他害怕受到譴責。畢竟，就算保守派的報紙也會譴責聯邦參議員傑西．赫姆斯（Jesse Helms）是如何「頑固地忽視該國殘暴的人權紀錄」。時任北卡羅來納州參議員的赫姆斯在一九八六年訪問智利與皮諾契特會面，回國後還為軍政府辯護，當地媒體《羅里時報》嘲諷地叮嚀大家要幫他配更好的眼鏡和助聽器，因為參議員顯然是「既聾又瞎還蠢到看不出充滿貪腐和酷刑的官方政策」。[33]不論原因究竟為何，布坎南長久以來的沉默意味深長。

不過回顧過去，我們也只能猜測，當皮諾契特將軍及其手下找布坎南諮詢時，若有人建議布坎南將公共選擇理論用於軍政府做出決策的計算上，他有沒有辦法後退一步，想想看這些軍頭和他們的企業盟友是不是也一樣是自利取向的決策者？當他們制定新規定以限制其他政治行動者時，布坎南會不會想到這些人可以利用編寫規則來抓緊大權？布坎南後來將自己的某本著作命名為《原則政治，而非利益政治》（*Politics by Principle, Not Interest*）。[34]但我們卻找不到任何證據顯示，他曾承認過智利這段歷史只是赤裸裸的利益驅使，完全與任何古典自由主義的原則無關。也沒有任何證據顯示，他承認自己當初作為顧問時曾經鼓勵了這些行為。

如果他真的像他宣稱那樣，把他的學派視為中立分析框架，布坎南本應預料，當皮諾契特將軍處理掉獨立媒體、言論自由、政黨政治以及各式各樣的管制之後，他就能輕易地盜用公款到自己和家人手上，而他確實也這麼做了。在美國遭受九一一恐攻之後，美國國會著手調查境外洗錢管道，並且發現就在智利通過並實施《自由憲法》次年，皮諾契特串通主要銀行以不同假名成立了一百二十五個獨立帳戶，分別在七個國家總共藏有至少一千五百萬美元的贓款——想想，當初他剛掌權時還宣稱自己只有十二萬美元的存款。就算是最忠實支持皮諾契特的智利人民也會為此大吃一驚。顏面盡失的皮諾契特將軍在他自己的國家以逃稅以及稅務詐欺被起訴；盜竊行為則難以舉證。然而，在這一切被揭發的兩年後，布坎南在自己的回憶錄當中總結道：「真的，我自認此生無愧。」[35]

布坎南也從沒公開批評過軍政府最終頒布的憲法。相反地，他從此開始一心一意繼續推動憲政革命，並且尋找各方管道的富裕金主來實踐這個理想。就此，我們只能得到以下結論：他非常清楚他在智利促成打開潘朵拉的盒子，釋放出了政治腐敗——這不是比喻而已，是真正的政治腐敗，對他而言，經濟放任自由的價值遠超過政治自由，所以即使不受約束的權力本質上就是誘人濫權，他也根本不介意將這份力量交到由資本家和軍隊組成的聯盟手上。

不得不說，他的沉默保全了他的名聲。布坎南肯定也注意到，米爾頓·傅利曼在給了軍政府對抗通膨的建議之後，就沒能熬過來：一九七六年諾貝爾獎頒獎典禮上，傅利曼正要領獎時，抗議者在斯德哥爾摩的會場上打斷了典禮，並在此後的演講活動中騷擾他。[36]傅利曼的名字從此尷尬地永遠和皮諾契特相提並論，而行事低調的隱士布坎南則逃過一劫，沒有因為他提供的指導而受到注意。畢竟，布坎南和傅利曼不同，他從來都沒有渴望成為聚光燈的焦點。他很樂於暗中行事。

• • •

同時，強加在智利的政治經濟模式，讓可以預見的麻煩慢慢壟罩了整個國家。在培勒林山學會於度假城市比納薩瑪歡慶的次年，智利的經濟就失速下墜，整個經濟萎縮了百分之十四以上。情況實在太糟糕了，即便要冒著極大危險，來自各行各業的反對聲浪仍逐一浮現，從工人、學生到家庭主婦都有，震撼了軍政府。這場經濟危機的原因不只是智利國內的因素，世界經濟在那一年也遭受重創。但是，由培勒林山學會的思想家鼓吹，他們當地的同儕實施的獨特經濟模式，讓智利的災情變得格外慘重。當時已經不受監管的智利銀行，不顧後果地大肆放款，等到債務需要清算時，將可能會一舉擊沉整個智利經濟。[37]

最後避免全面崩盤的唯一關鍵在於皮諾契特開除了培勒林山學會的狂熱分子，尤其是當初力邀布坎南的賽吉奧・德卡斯楚，後者為眼前的自由落體提出的解決方案包含了削減最低工資，並且採用對一個獨裁政權來說都顯得風險過高的通貨緊縮措施。皮諾契特找來了一些願意接受徵召以挽救局面的人取代這些意識型態狂熱分子。當年十一月，國家接管了四家銀行和四家財務管理公司，以避免「整個銀行體系瓦解」。這個結果對於美國人來說想必很熟悉，美國在二〇〇八年重演了同樣的歷史：「在經濟繁榮時，智利的經濟獲利被私人賺走；面臨經濟緊縮時，整個國家的損失卻由社會承擔。」其中受創最慘重的，莫過於將畢生儲蓄投資在新成立的個人退休帳戶的人，只因為這些帳戶組成的共同基金損失慘重。[38]

同時，反對派的注意力轉向新憲法上。受到民眾公開抗議的激勵，他們依照憲法條款在一九八八年舉辦公投，儘管取得了驚人的勝利——才發現這個機制「精明之處」，據智利的法學家表示，這套機制阻斷「多數族群表達意願的管道或公正法律的制定」。選民只有一種選擇：針對皮諾契特是否再續任八年，投下贊成票或反對票。政治學者艾弗瑞．史德本（Alfred Stepan）為研究惡化的人權狀況而訪問智利，他發現其中包含了針對天主教會激烈的攻擊。在他的報告中，他向美國讀者解釋「真正的危險」之處在於：這次投票對皮諾契特續任投下同意票，等同於「試圖將一種新型態的獨裁政權制度化，在像智利這種西方國家中，這種政權自從一九三〇年代以來就不曾有過」。[39]

整個過程都荒謬地被操縱成對獨裁者有利的方向，起初，幾乎所有反對者都呼籲要抵制投票，但這也是人民唯一一次以投票來表明反對皮諾契特的機會，所以大多數人都重新考慮了一番。他們聯合起來組成了中間偏左的民主政黨聯盟，共同呼籲民眾投下反對票，並鼓勵選民登記投票，最後共有百分之九十二的智利人民取得投票權。到了十月五號的投票日，從早到晚排隊的人龍沒有斷過，直到驚人的結果出爐：儘管操縱選舉的證據堆疊如山，選民仍以百分之五十五對百分之四十三，拒絕讓皮諾契特將軍連任。智利全國十二個選區中，有十個選區不同意占多數，讓獨裁者「備受屈辱」。靠著新憲法中的規定，皮諾契特仍緊握著權力續任一年，直到一九八九年七月，在抗議人士堅持不懈的努力下，智利選出了睽違二十年的新任總統及國會。[40]

由民主政黨聯盟組成的聯合政府繼承了一個不平等和經濟不安全的社會——還有一部讓這個狀況幾乎不可能改變的憲法。憲法確立了皮諾契特執政時期經濟模式的基本規則，即使在一九八二年實用主義派掌權後曾對其進行適度修改。某位政治學者解釋，「皮諾契特時期下實施的自由放任市場經濟模型有著巨大的社會成本，在一九七〇年時，總人口當中只有百分之二十三被列為貧窮或貧困階級，到了一九八七年，該比率上升到總人口的百分之四十五，亦即將近一半的人口。」財富更加集中到最有錢的富裕階級之上。[41]

擁護該政權的人士所宣揚的新型勞動「機動性」奪去了勞動人民花了幾代人的工夫，透過組織和政治行動換來的工作保障。「不穩定和低收入的工作（成為）超過百分之四十的智利勞動力中的主要工作。」因為每個勞工都得要全額負擔自己的退休金，雇主則完全沒有任何貢獻，勞工還要自己購買其他原先伴隨著公民身分就能獲得的公共服務，讓這種邊緣現象變得更加複雜。更別提那些老老實實把錢存下來，卻因為經濟衰退而付諸流水的人。一位自稱「白領窮人」的推銷員告訴記者，「如今有兩個智利」：「有著信用卡和電腦的智利，和光是活下去就很費力的智利」。[42] 然而，正如備受讚揚的流亡作家阿列爾·多夫曼（Ariel Dorfman）所言，「皮諾契特的陰險憲法」在設計上「就讓迫切需要的改革格外窒礙難行」。[43]

因此，從一開始，支持民主的一方認為眼前有兩個任務：改善軍政府留下來的社會不公，以及降低憲法當中的極權取向。第一屆民選政府提出了五十四項憲法修正案，並壓倒性通過所有提案，其中之一就是刪除任何憲法修正案都必須連續兩個國會會期絕對多數通過的條件。然而，扭曲的選舉制度依然存在，有些條款保障了三分之一的少數右翼選民，得以和另外三分之二多數通常支持中間偏左候選人的選民擁有約略相等的代表席次。[44]

• • •

如今加圖研究所和傳統基金會和其他美國右翼人士將智利視為「經濟奇蹟」的典範，這樣說下來，讓人深感不安。

海珊政權遭到推翻後，《國家評論》雜誌的資深編輯喬納·戈德堡（Jonah Goldberg）甚至公開宣稱：「伊拉克需要一個皮諾契特。」傳統基金會在全球年度評比當中高捧智利，「智利的經濟自由評分為七十八·五分，讓它在二〇一五年的全球經濟自由度指數當中排名第七。」南美沒有其他國家能與智利相比。做為經濟自由的全球「模範」，「就財產權的保障而言，智利高居世界第二」，僅次於香港。查爾斯．科克也將香港和新加坡列為「自由社會」的典範。他承認這兩地缺少像其他國家那樣的「社會和政治上的自由」，但仍強調對他而言重要的是要有「最大的經濟自由」並且「因而有些最好的機會」。至於機會是留給誰，他就沒明講了。[45]

然而，沒有多少智利人民對於在這份清單上名列前茅感到驕傲；大多數人為其帶來的後果感到痛心，但不論他們意願為何，他們都無法擺脫這種狀況。智利曾一度是拉丁美洲的中產階級典範，如今卻有著自一九三〇年代以來最嚴重的經濟不平等——在經濟合作暨發展組織（OECD）的三十四個會員國當中敬陪末座。就算是那些從中得利最多的金字塔頂端，也有一種感覺在蔓延，那就是新規則下受益者和受害者之間的鴻溝是「不道德的」。[46]

在皮諾契特時代因為公共選擇理論產生的創傷，不只是經濟不平等而已。全國強制推動的學校「選擇」制度也帶來可怕的後果。因為收入而帶來的所得篩選讓學生表現呈現兩極化，這正是教育券自然而然會產生的結果。同時，大學的學費相當於平均家庭收入的百分之四十，讓智利的高等教育成為相對於其平均人均所得最貴的國家。為此，二〇一一年到二〇一二年間發起了一場大型學生運動，高達二十萬人走上街頭，並且得到了百分之八十五的智利人民支持。年輕人要求終結學校「牟取暴利」的行為，並建立起一套高品質免費教育系統讓所有人都有機會就讀。根據當時其中一位學運領袖卡蜜拉．巴耶荷（Camila Vallejo）表示，他們要的是「國家扮演不同的角色，人們不再接受只有一小部分的經濟集團能從這個體系獲利」。[47]

二〇一五年，檢察官起訴了彭塔集團的企業領導人，該集團是退休金私有化最大受益者，起訴案件包括大規模逃稅、賄賂以及非法資助右翼政治人物。檢方認為這間持有三百億資產的公司已經成了「詐欺國家的機器」。這個案件揭開了龐大的內幕，後續進行的許多調查案件，牽涉到無數與軍政府以及相關政黨有所關聯的公司。「其腐敗程度深不可測，」二〇一六年智利大學的法學教授觀察，「公共利益從屬於私人利益，而當公私利益難以區別時，就打開了無盡腐敗機會的大門。」[48]

讓智利難以解決眼前緊迫問題的原因，正是憲法。即使經歷了多次改革，智利憲法仍嚴重偏袒富裕的保守階級，犧牲其他人的利益。[49]在學生抗爭興起後，二〇一三年的智利總統候選人當中，中間偏左的蜜雪兒·巴舍萊（Michelle Bachelet）承諾將大幅改革教育、社會安全、醫療保健以及賦稅等體制，並且也將再度改革一九八〇年的憲法。她以將近三分之二的選票贏得選舉，但是她仍難以實現她的宣言。「民主程序受到威權時代留下來的拘束而窒礙難行，」擔任總統的巴舍萊在二〇一四年抱怨，「我們想要一套沒有『鎖和栓』的憲法。」[50]

• • •

但是堅實的鎖和栓正是布坎南所提倡的，也是他的智利東道主用來確保在獨裁者下台後仍能占盡優勢的靠山。如今這些鎖和栓正有效地讓智利公民對於參與政治來改善生活失去希望。將皮諾契特拉以選票拉下台已過了近三十年，軍政府的經濟模式依然根深蒂固，許多感到沮喪，甚至漸漸遠離政治，尤其那些從來不知道其他體制長什麼樣子的年輕人。一些法律學者擔心智利代議政治的合法性將受到考驗，整個社會蔓延著對體制的厭惡感，人們對於受制於企業力量、難以做出深入改變、如此不利於多數人的整個體系感到厭倦。[51]

至於布坎南，結束智利諮商之旅後回到美國，渴望看到自己的國家能徹底的改變，並且帶有一種新的效能感。他受夠了「充滿漸進主義和實用主義的典型美國症狀」。是時候要「變革整個社會和經濟體制的結構了」。[52]他很快發現，最大的挑戰就在於如何在民主制度的運作中實現他想要的變革。

CHAPTER

# 11

# 「民主戰勝了教義。」

## DEMOCRACY DEFEATS THE DOCTRINE

當其他人專注於推動新的隱蔽策略時，布坎南從沒有忽視一個事實：這種對福利國家發動的回防攻擊終究有其局限。他們需要的是修改憲法，這樣才能無視廣大選民要求，讓政府官員在法律上受到約束，無法為大眾提出新的社會福利政策，無法繼續為了大眾的利益來進行監管。一次又一次地，布坎南把握機會告訴盟友，「只是換掉政治領導是不夠的」，「我們需要處理的問題不是**誰要負責**統治，而是**以什麼規則**來統治」。那也就意味著「唯有透過憲法」才能真正的改變。他們的計畫目標必須是在實務上「消滅多數決統治的神聖地位」。

一九五〇年代，一群土地開發商來到維吉尼亞州的費爾法克斯郡，這裡就在華盛頓特區對面，隔著波多馬克河相望，此時仍是一大片乳牛養殖場，地力早在菸草種植園的年代就消耗殆盡。這些開發商著手要在這片土地創造出更多價值。為了穩固他們的開發計畫，他們說服州政府在此設立一所兩年制社區學院，將其命名為喬治梅森。一九五七年，這所學院在一所購物中心內正式成立，招收了十七名學生。[1]土地開發商知道這裡潛力無窮，在他們的願景當中，該校將會成為吸引高科技公司進駐的磁石。[2]二十五年後，升格為大學的喬治梅森延聘了該校第一位明星教授：詹姆斯．麥基爾．布坎南。隨著時間過去，特別是有了布坎南在企業界募款能力的協助，這所學校找到了它們之後從未公開的目標，雄心勃勃的校方得以在這個財政緊繃的州實現擴張的夢想。在校園中——更確切地說，在該校經濟系及法學院中——創造出了一個為右翼政治運動而生的研究及規畫中心，此中心致力於拆解現代民主國家。

儘管維吉尼亞州的州議會和商界人士總是批評聯邦政府過度侵犯州的權利，但是，當聯邦政府協助興建首都環線高速公路，並將費爾法克斯和首都連接起來時，這些試圖從費爾法克斯郡土地開發案大撈一筆的人，倒是很樂於成為受益者。高速公路環線讓他們能快速穿梭在五角大廈、位於維吉尼亞州朗里的中央情報局、華盛頓國家機場三地之間（至少在沒塞車的時候）。到了一九六〇年代晚期，愈來愈多聯邦政府的職員舉家搬到費爾法克斯，其中有許多是在那些令人生畏的監控機構工作的職員，他們多半受過高等教育。當時費爾法克斯相對便宜的房地產吸引了他們，更不用提維吉尼亞州低廉的財產稅，就是為了保障該州金字塔頂端居民的財富。

隨著費爾法克斯日漸繁榮，喬治梅森大學也跟著擴張。到了一九七八年，該校聘請了一位充滿創業精神的新校長——喬治・強生（George W. Johnson），他熱切地建立與該地區企業「執行長們的關係」，然後協助他們說服聯邦政府將工作外包給地方企業承包商。費爾法克斯的土地開發商是這樣寫下他們自己的歷史：「強生知道，如果能把（環線公路的）這些『公路搶匪』（即承包商）結合起來，他們就能夠形成對抗華盛頓圈子內那些囂張又偏見的反對外包商的力量。」對於位於費爾法克斯的有權有勢的人來說，這成了他們自豪的來源，他們在自己的宮廷史上記載：「有了大學作掩護，這些企業領袖才能夠以過去不可能辦到的方式行事。」[3]

至於布坎南對於校長和地方企業執行長們從「政府」這張餐桌上豪取佳釀美肴的計畫是否知情，我們不得而知（以公共選擇理論的術語，這無疑是一個蓄意尋租的例子）。他大概是不知情，因為這一切發生的時候，布坎南仍在維吉尼亞理工大學任教。到了一九八一年，在該校待了十幾年後，布坎南已經收拾好行李急著想要離開。就如同當初在維吉尼亞大學一樣，布坎南的傲慢以及漠視他人合理需求及關切的態度，再次導致他的學術事業內爆。

他深信自己生來就像安・蘭德筆下的英雄，不論做什麼都要擁有主導權，他甚至一度暗示他是「權威的化身」，而這已由「基因決定」，因此有不同意見時，他沒有太多選擇空間。[4]布坎南確信最終控制權應當落在他手上，因此當其他人想要針對與他有關的事務與他談判時，連他自己都會感到震驚。布坎南在維吉尼亞理工大學時的系主任丹尼爾・奧爾（Daniel Orr，本身並非自由放任派學者）將布坎南描述為「那種什麼事情都要照他的方法去做的人。他不會妥協」。[5]

奧爾與布坎南間的紛爭，並不是意識型態不合，而是實際做法不同。因為布坎南的學程計畫全都基於他自己的理論，而不是按照學術界的經濟學者所規範的研究方式來進行，奧爾有理由擔心布坎南訓練的畢業生將難以進入學術界任職，因為他們缺乏大多數經濟系所重視的數學技能和技術訓練。奧爾很尊重布坎南的著作，但是身為系主任，在聘任新的教授時，需要考量到整個系的研究方向是否平衡。然而布坎南拒絕讓他的學術事業遭到削弱。[6]

更糟的是，按照奧爾的說法，布坎南受到挑戰時不只會變得「堅持己見」，而且會「易怒」且「無情」。（就算是在布坎南自己的戰友之間，他的火爆個性也是個口耳相傳的話題）其他同事也會向上報告，說布坎南堅持自己的做法，破壞了共同生活時得互相讓步的妥協關係。這引發了一場內部的「戰爭」。當然，就像當初在沙洛茲維爾時一樣，布坎南自己對於在黑堡垮台這件事情有不同的看法。為什麼他就該分享權力？是他的團隊打造出國際級的聲望，所以「應該要更加重視我們的意見」。[7]讓他意外的是，他在背後用了一些手段想逼奧爾下台卻失敗了。歷史再次重演，即使是對布坎南做出的貢獻深懷感激的校方也無法再容忍他霸凌別人。[8]

當布坎南得不到他認為應得的權力，並再次意識到自己不再受到歡迎，他就開始尋找出路。照他自己的說法，他是「行使學術出走權利」，不讓「那些想要改變他的學術計畫方向的人」得逞。透過轉移陣地，他得以保存自己作為少數的權力，不受多數意志的干涉，他很快將這套策略給企業界作為規避租稅以及政府管制的參考。有些人或許會說這套做法就像「脫離聯邦」；布坎南自己就是這樣說。[9]

短暫低落了一陣子，在一九八一年十二月舉辦的美國經濟學會年會上，他向盟友抱怨說自己是個沒有受到足夠賞識的學者。在一場酒會中，他讓一位在自由基金會占有一席之地的學生知道，他和他的團隊有意搬遷。在喬治梅森大學經濟系任教的凱倫・馮恩（Karen Vaughn）感到訝異，布坎南居然還有可能考慮一所缺乏資金而且她也自知「毫無名氣」的學校。馮恩知道若能聘到布坎南，對於她的系所和校方來說會有多不一樣，她和一位盟友討論過之後，就決定「抓住機會」。[10]她向布坎南保證，「不會有既得利益團體反對公共選擇議題……他們基本上能掌握這裡。」[11]

在喬治梅森大學，布坎南很訝異校內所有人「從最底層的清潔工到校長無不移山倒海費盡心思」，就是為了要吸引他的計畫落腳。他的起薪是九個月十萬三千美元，這比大多數大學校長的薪水還要高，甚至比州長收入還要高。為了要低調行事以免節外生枝，強生安排當地的銀行家代為支付其中這一大部分的薪資。他和馮恩也安排讓另外六位來自黑堡的經濟系教授一起受聘，當然，還有布坎南最珍愛的秘書——貝蒂·蒂爾曼。他們也把布坎南的研究中心安排在校園一個獨立的角落。這些新聘教授永遠不用教授大學部課程，不像校內其他老師每學期都要開四門課，這樣一來，他們就有更多時間可以去應酬募款。那一年都還沒結束，布坎南就已經為他的中心爭取到八十萬美元的經費，得以用在學術研究、研究生訓練以及拓展計畫上（按照二〇一六年的美元計算，約略超過兩百萬美元）。[12]

「企業大學」這個名詞如今常被具有批判性的教員和學生使用，以喚醒人們注意高等教育中令人膽顫心驚的全面變化，在公立大學尤其誇張，因為公立大學校長想要建立學校聲望，但是卻又無法指望吝嗇的立法機關給他們多少幫助，便轉而積極爭取企業界的贊助。愈來愈多企業贊助者，尤其是那些受到意識型態驅使的金主，想要以捐款換取學術計畫、甚至是大學整體發展方向的發言權。就州議會而言，他們也樂於讓私人贊助者來看管大學，以確保大學為企業利益服務，這樣一來企業就可以繼續提供就業機會，並為州政府創造稅收。（教職員工則通常不太喜歡這些日益擴大的外部影響力。）[13]

一個充滿創業精神的校長能讓一所大學在全國排名上三級跳，對於各校董事會來說排名就是一切。根據該校副校長後來的報告，在一九八〇年代，光是布坎南「掛名」就為喬治梅森大學帶來了「數百萬美元」的捐款。他特別指出，新到任的經濟學者有著「來自企業界與基金會的強力支持」，讓學校獲利許多，其中包括能夠開始培養經濟學博士。[14]

查爾斯．科克早在布坎南到任前，就已經對喬治梅森大學的經濟學課程有興趣。在凱倫．馮恩舉辦奧地利經濟學論壇的活動時，討論對象就包含科克的偶像馮．米塞斯和海耶克，所有參與者的費用都是由科克支付。馮恩還同意科克會聘用剛出爐的助理教授理查．芬克（Richard H. Fink），將他安排到喬治梅森大學研究奧地利經濟學的團隊中。人們稱理查為「銳奇」（Richie），並說他是個「Macher」，只有這個意第緒語能捕捉他魯莽行事的風格。當他還在紐約大學攻讀全美唯一研究奧地利經濟學的博士班時，就找上了科克，並且說服這位執行長投資他的小型訓練計畫，這個計畫也隨著他一起到了喬治梅森大學。[15]

有人說，芬克是想盡辦法讓喬治梅森大學的研究生「亢奮」起來，如同其中一位親切地描述，他訓練出來的學生充滿好戰氣息，尤其是在倡議宣傳上。芬克激勵他們說，「我們要成為像麥爾坎．X那樣的人。」差別在於，麥爾坎．X推動的是黑人權利與榮耀，而喬治梅森大學的校友們則是推動「奧地利學派與榮耀」。芬克要學生「用奧地利經濟學讓他們好看」。這正是科克渴望的風格，他曾警告說，為了要激勵聰穎的年輕人，革命志業絕不能妥協。布坎南也向科克預測過，「銳奇．芬克將會在未來幾年打響他的知名度。」這句話比他自己能想像的還要貼切。[16]

但是馮恩也說，若沒有布坎南的學術領導、專業地位以及務實眼光，成功「遙不可及」。如同科克先前抱怨過的，「我們最大的問題一直都是人才短缺。」此時喬治梅森大學打造了一條人才輸送管線來解決這個問題。不出多久，該計畫就吸引到了超過兩百名研究生，其中大多數在畢業後都將其所學用在學術領域以外的地方。確實，他們透過暑期論文寫作工作坊訓練了一些學生去寫期刊論文，其他人則是進到各大智庫從事政策研究。華盛頓特區就在附近，布坎南解決了先前在維吉尼亞理工學院時受到詬病的學生就業問題：他訓練出來的學生或許沒辦法找到教職，但在企業界資助的自由放任主義環境下，他們能找到許多急需他們諮詢的買家。其中有人就解釋說，「我們得要在政治圈找到一席之地」，而不是棲身於學術界。[17]

當他的研究所課程計畫日漸政治化，布坎南向他長久以來的金主史凱菲家族慈善信託基金會傳達：這個新地點「肯定會使我們更接近事情發生的核心地帶，而且給予我們機會為該地區的朋友提供更堅實的學術支持，他們更注重要如何應用的面向」。在這些華盛頓特區的朋友當中，布坎南的團隊現在更能協助他們去應用公共選擇理論的，就包括了加圖研究所和傳統基金會。這兩個機構都舉辦了招待會，盛大歡迎布坎南到來。[18]與此同時，他也指導經濟系的新同事：「當然，我們不能公開展露出我們的革命意圖。」但他建議，透過打擊「正統權威」，就能為革命志業做出貢獻。[19]

確實，在布坎南到任的前幾年，《華爾街日報》的一位作家就將喬治梅森大學戲稱為「保守派學術圈的五角大廈」。[20]另一位記者則指出，該校「建立了一批堅固的經濟學者團隊，並成為了雷根政府的重要資源」。他們協助建立起一套透過減稅、鬆綁管制以及削減政府在國內的支出等方式來刺激經濟復甦的計畫，也協助履行將權力歸還各州的承諾。[21]布坎南在他初次規畫的學程所訓練出的三位博士：詹姆斯·米勒三世、保羅·克雷格·羅伯茲（Paul Craig Roberts）以及羅伯·托利森（Robert D. Tollison），皆成功進入政府扮演重要角色，同時，新訓練的喬治梅森大學碩士畢業生則在各大智庫中就職，從中尋求晉升管道，特別是科克贊助的加圖研究所、史凱菲與庫爾斯贊助的傳統基金會以及美國企業研究所。[22]

然而，儘管他們對雷根政府寄予厚望，但激進轉型計畫的野心擱淺之快，則超出所有人的預期。——除了布坎南。布坎南從來就不會討好別人，在羅納德·雷根當選、柴契爾夫人上任後，他就曾試圖在培勒林山學會眾會員一片興奮中讓大家冷靜下來。一九八一年十一月於智利比納薩瑪那場演說當中，布坎南也曾警告同儕，「就算與我們有共同意識型態的政治家與政黨當選，我們也不應該因此被沖昏了頭。」布坎南表示，選舉勝利雖然振奮人心，但是絕不能因此「分散注意力，忘了更根本的議題：以新規則限制政府」。即使布坎南非常欣賞雷根，他也明白像雷根這種以意識型態驅使的總統，仍然有可能會在現代多數決民主政治的壓力下低頭。[23]事實證明，他確有先見之明。

即使如此，大多數右派人士仍相信雷根將會兌現他的承諾，透過大規模的減稅及削減支出，推翻培勒林山學會自一九四七年成立以來就一直詬病的政府運作模式。雷根確實很想這樣做，他在就職演說上就對全美人民表示，「面對當前的危機，政府不再是問題的解決方法；政府**就是問題**。」但是要對哪些預算開刀，要怎麼減稅，擬出實際行動方案的工作落到了這場革命的戰地指揮官、預算局局長大衛・史托克曼（David A. Stockman）身上。

史托克曼是以狂熱的自由放任主義者的身分進到白宮的。就像布坎南一樣，他相信「政客們正在搞垮美國的資本主義，這些人將民主政府變成了一場慷慨的贈品大會」，並靠著「懲罰性稅制和令人沮喪的管制」「騎在」那些創造財富人的頭上。[24]

然而，在就任之後第一年的狂熱當中，某些地方就發生可怕的錯誤。大家發現：預算局局長並沒有向總統以及他的政治顧問說明清楚，更沒有向美國人民說明：這個後來稱之為《坎普—羅斯減稅法案》的巨額減稅政策，將會以民主國家從未經驗的強度狠狠撕毀社會契約。時至今日，我們仍不清楚究竟後果如此嚴重的溝通失誤是怎麼發生的。究竟是因為共和黨右翼民選政治人物長久以來將「特殊利益」以及「政府支出」與種族畫上等號，以至於他們沒有意識到這麼大規模的支出削減，受創的不會只有貧窮的黑人族群，甚至還會砍到大多數白人選民，其中還包含數百萬共和黨選民？[25]不論究竟怎麼發生，結果就是敲碎了雷根主政下自由放任主義者實現深遠改革的夢想。

大衛．斯托克曼在這場潰敗之後解釋，雷根與右翼人士想要的那種「真正的經濟政策革命，意味著一場充滿風險且致命的政治鬥爭，對象則是廣泛的一般選民」，凡是向華盛頓特區尋求過協助的選民都變成敵人。政府將被迫與「公辦社會安全制度受益人、退伍軍人、農民、教育工作者、各州及各地方官員、房地產業者」交戰，對房地產業者來說，整個中產階級買家的房地產市場都依賴著房貸減稅方案。總統還是可以隨心所欲地抨擊「福利女王」以及政府預算「浪費」，但光是公辦社會安全制度、退伍軍人福利與聯邦醫療保險就「占去超過一半的國內預算支出」——而這些正是總統的支持者所重視的項目。雷根的「小政府」所要「推開重創」的不會只是少數族群，而是絕大多數的美國人，在實現其承諾的好處前，將會先以「無情」且實際上「刀刀見骨」的方式傷害他們。這些話還不是批評者說的，而是由該政策主要推動者親自說出口的。[26]

斯托克曼說，「到了一九八二年，我就知道雷根革命不可能實現了。」在「民主實際運轉的世界」根本不可能發生。事實上，一旦民眾意識到總統的經濟團隊準備實行的計畫有多激烈——其中包含立刻改變公辦社會安全制度（以斯托克曼的說法，就是對「美國作為一個福利國家最核心的堡壘發起正面攻堅」，試圖打下一個「全國有七分之一的人口仰賴其福利過活」的計畫）——全國人民就跳腳了。甚至連南卡羅來納州的共和黨眾議員也對此大發牢騷，憤怒地抱怨他的電話「響個不停」，選民不斷打進來「以為要世界末日了」。勢力強大的民間團體集結起來守護公辦社會安全制度，他們發起「保障我們的安全」活動，最後奏效了。當時《華盛頓郵報》頭條寫著：「參議院一致拒絕總統的公辦社會安全制度改革。」斯托克曼說，那一刻起，大勢已去。「民主戰勝了教義。」[27]

當時看來還不明確，但是如今回望可以很清楚知道，那是共和黨的轉捩點，儘管不為人知，那一刻成了歷史性三方分裂的導火線。斯托克曼代表了其中一方，孤獨的一方。他從這個經驗中學到，自由放任的夢想不過是個危險的妄想。當然，「特殊利益團體確實手握大權，但是他們的影響力深植於地方民眾的支持上。」斯托克曼得到的結論是，試圖強加一套以意識型態驅使的「嚴謹藍圖」到「資本主義民主」的人民身上，就是他們犯下最大的錯。他接著說了一句同樣重要的話，「根本就不該嘗試這樣做。」他總結道，從這個事件當中應該要得到的正確結論，就是必須告訴選民真相。真相是：要擁有他們想要的一切，從乾淨的空氣和水到退休保障（更不提還要維持國防實力），美國人民需要一套「溫和的社會民主」，而為了達成這個目的，他們就得付出更多的稅。事情就是這麼簡單：提高稅負就能解決問題，也不會有永久的赤字或經濟災難。[28]

然而，在共和黨右翼政治領袖眼中，斯托克曼就是個叛徒。共和黨成員跟從總統及其顧問走上了第二條路，走向背離以事實為基礎的運作體系。他們不再嘗試大幅削減核心福利計畫，但是仍不願意放棄他們承諾的巨額減稅或他們想要維持的大型軍事預算，對於這兩點一意孤行的結果，就會像斯托克曼一再指出的將成為一場財政災難。斯托克曼對此感到震驚：整個總統的行政團隊中，竟然沒有一個人認真研究過政府預算，也沒有人對預算如何運作有絲毫了解。當與希望相悖的壞消息擺在他們面前時，就只是拒絕相信這些惱人的訊息。結果呢？到了雷根總統卸任時，預算赤字是他從吉米．卡特手上接任時的三倍。高達兩兆七千億美元的財政赤字創下了美國史上最糟的紀錄：一九八九年光是國債就占了美國國內生產總值的百分之五十三。[29]從拒絕面對政策後果，到否定人類活動加劇氣候變遷，這條路並不長。

受維吉尼亞學派影響的自由放任主義環境下培養出來的人則有第三種看法。在他們眼中，雷根並不是「失敗」，根據布坎南的總結，他是「放棄了改變政治結構」的機會。布坎南讚許地表示，雷根確實成功培養了「民眾廣泛對於政府能力的不信任感」以及質疑「政治代理人動機的不純正」這兩點，這對革命大業大有幫助。事實證明，總統太過實用主義，太過擔心輿論以及那些關心其政黨健全的人，以至於「尋租者」得以繼續「透過政治程序進行剝削」。[30]

這些走第三條路的自由放任主義者似乎已經下定決心，為了達成他們的目的，他們不能再對民眾誠實。他們不能再正面倡導理念，而是要開始以「蟹行」的方式接近目標，就算得要提出主張來誤導人民，以便一點一點地占領陣地，這樣悄然累積下來，終究能從根本上改變美國社會中的權力關係。他們用來測試這套策略的對象就是公辦社會安全制度。[31]

・・・

就如布坎南與斯托克曼觀察到的，公辦社會安全制度正是美國作為福利國家的關鍵所在。[32]自從一九三五年創立以來，這套制度就是羅斯福新政當中最受歡迎的政策，也使得它一開始就成為極右翼的頭號目標。事實上，激進右翼對於杜懷特・艾森豪以及追隨他的溫和派共和黨員的指控之一，就是他們接受了公辦社會安全制度的合法性。他們會這麼做的原因很簡單，不單只是絕大多數美國選民都喜歡這套制度，害怕沒有這套制度要如何面臨老年生活，也是因為他們自己認為這是一個成效斐然的政策。

如今，無疑是受到智利的私人退休金體制轉型所啟發，查爾斯・科克的加圖研究所也找上了布坎南來指導其職員如何「蟹行」。加圖研究所在一九八一年末從舊金山遷到了華盛頓特區後，就將公辦社會安全制度的私有化視為最高優先事項。布坎南將現存的公辦體制標籤為一場「龐氏騙局」，這個框架就如同評論家指出的，暗示這套制度「根本上就是詐騙」——或說，「徹徹底底的是場錯誤」。[33]

在這些自由放任主義者眼中，這套制度從根本上就是場錯誤，在布坎南指導之下，他們也知道如果直接公開反對這套制度形同「政治自殺」，因為大多數的選民都希望這套系統照舊延續下去。這位教授提出警告，在美國政治當中的「不論隸屬於**任何一種**團體的成員，都不會支持根本結構改革。無論是老年族群、年輕族群、黑人、棕色人種、白人、女性或男性、富有或貧窮、住在東北雪帶還是南方陽光地帶」。[34]公辦社會安全制度幾乎受到全民支持，意味著任何在哲學思考的層次上對抗它的嘗試都注定慘敗。

因此，布坎南設計出了一套更加迂迴且按部就班的方式來教他們——更精確地說，是更狡詐欺騙的手法——但這套手法很適合新的蟹行策略。他建議，「試圖破壞現存結構的人」得做兩件事。首先，他們必須讓公辦社會安全制度在受益人眼中看起來沒那麼可靠，因為這樣一來就能「讓放棄這套體制看起來更有吸引力」。[35]如果你曾在電視廣告上看到老年人滿臉憂慮地擔心公辦社會安全制度，害怕社會安全制度在他們有需求的時候，不知道還能不能在身邊伸出援手，或是聽到你原以為是反對退休計畫的政治人物忽然開始為你和其他人擔心它以後還能不能延續下去，再仔細聽一下，想想這些話背後可能要傳達的潛台詞。這些人真的是為了要讓這套體制以我們所知的形式延續下去嗎？或者還是他或她只是試圖降低該制度的公共信譽，如此當修改的機會來臨時，即使只是達成一些小變化，但確實會減少福利或是改變受益規則，受到影響的人也比較不會覺得自己損失了什麼。

第一步削弱大眾對公辦體系的支持，讓它看起來變得不可靠，第二步則是要套用經典的各個擊破戰術。布坎南提出以下列方式把年金給付領受者拆分成不同的團體。

第一類團體他定義為已經是公辦社會安全制度的受益者，以及（雖然布坎南沒有直接點名，但是他的徒子徒孫列入了）那些將屆退休年齡要開始領取退休年金的人（有些人會列入十年之內要退休的，但近期的右翼政客建議改為五年），要向其保證**他們的**福利並不會受到制度改變的影響。這個戰術布坎南稱之為「付清」該付的。其背後的邏輯就是典型的公共選擇理論：這些公民是最關心這套體系有沒有任何變動的人，他們也是會為保留這套體制而奮戰到底的人。只要不讓他們參與維護體系的鬥爭，就會大幅削弱剩下來的聯盟戰力。（更不提他們若是為了既有利益而不參與鬥爭，其他人會因為相對剝奪感而對他們感到怨恨。）[36]

第二類團體就是高收入者。針對他們的策略是要暗示他們得要繳比別人更高的費率才能享受好處，如此一來，公辦社會安全制度在有錢階級心中作為保險方案的形象就會受損，看起來就會更像那些他們不歡迎的所得轉移計畫，這種計畫中補助的發放需要經過資產調查，普遍被視為一種「福利」。進步派會喜歡讓有錢階級付出更多的提案，卻不會意識到這會為公辦社會安全制度在第二類團體的支持度帶來傷害。而且如果這個訊息說得夠多次，最後有錢人就會開始相信其他人沒有付出合理的份額，也就會因此更不會反對改變整個制度。[37]

第三類團體則是年輕勞工，得要持續提醒他們：他們扣繳的薪資為的是要幫老年人提供「巨額的福利津貼」。[38]

最後一群則是趕不上舊制度中止日的人，要針對他們提出短期方案。正如布坎南所言，「要削弱對體制的支持（長期而言），只要提出提高退休年齡以及提高薪資提撥率就夠了。」

這樣一來就會激怒到所有受薪階級的受益者，但是對於那些正好錯過舊制中止日的人，現在得要付出更多保額、工作年限拉得更長的人格外有效。[39]

這種「拼湊式的『改革』模式」(「改革」上的引號是布坎南親自加的，用來表明這套改革並非最終版本)可以裂解向來團結支持公辦社會安全制度的眾多團體。更妙的是，布坎南指出，這些原本為保護公辦體制而團結一致的各團體，可能會受到這些策略的誘導而內鬥。到了那個地步時，半個世紀以來支撐著這個體制的聯合陣線可能就此瓦解。[40]

然而在布坎南設計之中，仍未解答要如何識別公辦社會安全制度中止後的受益者，並將這些人納為革命大業的積極盟友。為了解決這個問題，傳統基金會的兩位成員寫了一套後續計畫。值得一提的是，該計畫就叫做「達成『列寧式』策略」。兩位共同作者解釋說，依循這位俄國革命家的指示，要完成激進的革命大業，必須「孤立並削弱對手」，再創建「一個有集中目標的政治聯盟」來推動變革。[41] 換言之，革命者必須找到那些會從中止公辦社會安全制度當中獲利者，將他們拉攏到與革命幹部同一陣線上。

以公辦社會安全制度來說，爭取的對象很明確：金融界。右派並不反對為退休而儲蓄的人。正好相反，他們希望人們為退休而存錢，愈早開始、存得愈多愈好，在他們的哲學當中這是個人的責任。他們要的是把這些錢從聯邦政府手中拿走，放進資本家的手中，就像智利的作法一樣。而且雇主不用負擔，也要像智利一樣。

他們提出了一套漸進式改革策略。首先是推動立法，讓私人退休儲蓄簡便，並讓整個產業變得更有利可圖；接著，把那些能在公辦社會安全制度轉為私人存款帳戶的過程中得利的銀行及金融業拉入戰局。該報告指出，個人退休帳戶（IRAs）是「引入私人社會安全保險的有力媒介」，尤其是該規定下的租稅減免已經很受歡迎。改革的支持者能藉此「強化社會安全保險私有化聯盟」，就能夠在公辦體系出現危機時取得上風。[42]

加圖研究所的團隊將布坎南的構想轉換為一套作戰計畫。首要之務是向現有的公辦社會安全制度年金受益者保證他們不會因此有任何損失；必須先讓這個「非常強大且具有發言權的利益團體」維持中立。[43]第二階段則是進入立法「游擊戰」，透過「收買或贏取」不同成員來瓦解維護公辦社會安全制度的聯盟。就算有些人買不動或是打不贏，也應該要削弱或擊垮他們。（例如，美國勞工聯盟及工會組織就會協助組織「拯救我們的安全」的抗爭活動來抵制斯托克曼主導的支出削減計畫；打斷勞工運動的工會骨幹就能讓它們未來沒有抵抗能力。）[44]第三階段將培養金融界的新合作夥伴，他們將由資金從聯邦政府轉移到個人儲蓄帳戶和投資帳戶的過程當中獲益。[45]

不過，內部共享的主要訊息是永遠不變的：「如果政治動態不先改變，就不可能對公辦社會安全制度做出激進的改革」。[46]

對於右翼的自由放任主義者來說，讓公辦社會安全制度私有化將是漂亮的三贏局面，能在意識型態上戰勝最成功且最受歡迎的聯邦計畫還只是其中最小的收穫。首先，這樣一來將會打斷公民與政府間的實際聯繫，讓他們不再習慣相信政府會提供有價值的東西來幫助他們應對生活。其次，若能在曾向政府尋求解決共同問題的團體之間創造間隙，將會削弱集體組織的吸引力。第三點同樣重要，將大量資金轉移到資本家的手上、讓他們致富，這將會讓他們更加賣力遊說，渴望進一步的改革，而且更願意把錢交到領導變革的倡議團體手上。這些原先就已經很富有的右翼倡議團體變得更強大，擁有共同利益的夥伴就會更具權勢，他們就能更快地攜手透過推進自由放任革命來轉變美國的權力關係。查爾斯．科克後來也用了一個很恰當的比喻來精準描述這個過程。當他談起自己的公司時，他說，「我常常認為我們在做的事就像石匠師傅一樣。一旦一塊石頭經過精心挑選與置放，就會重新塑造一個空間，石匠會再仔細挑選一塊石頭嵌入這個空間。每塊石頭都有所不同，但是它們搭配之下就會創造出一個相互強化的框架。」[47]

他口中的革命不再像一開始時那樣聽起來只是癡人說夢。根據政治學者傑佛瑞．海尼格指出，到了一九八〇年代下半，私有化的概念「從一套非主流的知識變成了當代公共政策辯論的核心議題」。其中維吉尼亞政治經濟學派對於「讓福利國家在知識上失去合法性」做出特別多貢獻，為私有化鋪好了道路，而且據某位支持者的說法，隨著私有化的到來，政治的本質會產生「根本且不可逆的變化」。[48]

從那時開始，許多自由派人士往往忽視了私有化在鎖住民主方面的戰略作用，最糟的是僅僅將這種作法視為信奉了私部門優於公部門的教條。[49] 真正掌舵的人心中當然知道事實不是這樣。私有化是讓他們能夠緩緩地蟹行到最終革命目標的關鍵元素，這是一套為達目的不擇手段的作法，讓他們得以利用虛假的藉口攻城掠地，這樣才有機會施行最後的計畫。

• • •

儘管雷根總統令他們大失所望，到他任期結束時，自由放任主義者的革命行動變得比任期一開始強大許多。核心幹部在這過程中上了寶貴的一課，這些經驗將在未來派上用場。這些老兵當中最主要的一位，就是雷根最信任的顧問埃德文．米斯三世，他至今最重要的身分仍是他在傳統基金會所扮演的關鍵角色，同時他也在科克和其他富有的金主資助的一系列名不經傳的組織中發揮關鍵力量。為米斯這種舉足輕重的政治操盤手提供諮詢建議的人則是一群策略家，像是英國出生的經濟學家史都華．巴特勒（Stuart Butler），他微調列寧策略後，應用在布坎南的思想上，永久改變了預算成長的政治動態。巴特勒對布坎南的思想非常嫻熟，善於將之轉化為國會中的盟友能夠推動的措施，傳統基金會為此還將他晉升為政策創新中心的負責人。[50]

到了一九八〇年代末期，這些人的關係過於密切，幾乎無法分辨由策略家組成的內部幹部成員和右翼共和黨政治人物，像是米斯和傑克．坎普（Jack Kemp）眾議員，還有那些執行他們提案的較低階工作人員。[51]若要從這些人中找出誰在什麼時點上知道各個計畫的真正目的，還需要做更多研究，非本書所能完成。但是可以確知的是，幹部組織持續在成長，這一點可以從傳統基金會和加圖研究所以及其他比較小的團體都持續擴張得知，他們的影響力與日俱增，這一點也可以從媒體對於這些機構的產出關注度，以及他們像是在總統的私有化委員會當中占有的席次中可見一斑。

搬遷到喬治梅森大學是個天賜良機。與首都僅僅一河之隔的距離，他們得以輕易跨過波多馬克河，直接找上政治領袖和其他幕僚商議，或者是請他們到北維吉尼亞參加各項計畫。在金主的支持下，布坎南的中心利用地利之便，吸引並訓練出許多為革命行動奮戰的前線士兵。這些人當中，最具長期影響力的重要人物莫過於史蒂芬．摩爾（Stephen Moore），他是早期的碩士班校友，整個八〇年代都受聘於傳統基金會的預算事務計畫下，算是該運動的先驅。摩爾於一九八七年被任命為雷根總統的私有化委員會研究主任。後來，他進入《華爾街日報》的編輯部，並以此得到一個可以拿來對最重要的讀者推廣革命大業的平台，對象就是當行動成功時會從中獲利的政治掮客和潛在的捐助者。[52]

摩爾還只是喬治梅森大學打造的人才輸送管道當中比較顯眼的例子。最有前途的人從科克贊助的培訓當中結業就會馬上受到重用。當這些人聽到他們的想法成為政治人物、政府相關的政治機要或是《華爾街日報》這種備受尊敬的報紙論述的一部分，他們的信心也因此與日俱增，他們變得更相信即使不用為自己的真正目標公開爭辯，也可以改變公共生活的地貌。

• • •

當其他人專注於推動新的隱蔽策略時，布坎南從沒有忽視一個事實：這種對福利國家發動的回防攻擊終究有其局限。他們需要的是修改憲法，這樣才能無視廣大選民要求，讓政府官員在法律上受到約束，無法為大眾提出新的社會福利政策，無法繼續為了大眾的利益來進行監管。一次又一次地，布坎南把握機會告訴盟友，「只是換掉政治領導是不夠的」，「我們需要處理的問題不是**誰要負責**統治，而是**以什麼規則**來統治」。那也就意味著「唯有透過憲法」才能真正的改變。他們的計畫目標必須是在實務上「消滅多數決統治的神聖地位」。[53]

一九八五年，布坎南不厭其煩的訊息無疑打動了總是懷抱創業精神的喬治．強生校長，他收購了一所苦苦掙扎的小型法學院，法學院坐落在原本是百貨公司的建築裡。強生邀請布坎南以及高登．杜洛克共商如何利用這場收購來「一舉成名」。公共選擇團隊給了強生一個適合擔任法學院院長的「熱門人選」，那就是布坎南的老朋友，在艾莫瑞大學接受科克資助的亨利．曼尼，當時他正因為和布坎南當初在維吉尼亞理工學院相似的理由而與校方鬧翻。曼尼回憶道，「他們心中有打算，想要為他找出保守派的人。」[54]

強生很樂意配合，「因為曼尼有著北維吉尼亞的共和黨利益團體所帶來的雄厚金援。」而且強生需要取悅右傾的州議會以維持喬治梅森大學的成長。《華盛頓郵報》指出，「極端保守」的經濟系「創造出了良好的政商關係，讓大學得以尋求支援」。曼尼接下了新的職位，條件是要保證他能自由地以他想要的方式來經營法學院。至於該怎麼處理隨著併購而來的現有的教職員，校長提醒他，「動作要快，因為明年四月他們就會組織起來了。」於是曼尼在兩週內解聘了所有非終身職教授，並且收買剩下那些沒辦法一起打包送回家的人。他幸災樂禍地說，等到他們從打擊中復原回來，「剩下的人也不夠」做出抵抗。就和布坎南一樣，曼尼拒絕公開徵才的想法，傾向於聘用那些在其他學校同樣「不受賞識」的白人思想家。[55] 他很快就開始向未來的右翼金主宣傳，「在喬治梅森大學，整套課程都充滿著獨特的知識氣息，幾乎每位教授都會強調並發展這一點。」[56]

舉例來說，曼尼的法學院將會表明自己站在企業界的立場，反對「消費者保護主義和環保主義」這兩套自從一九七〇年代以來就受到歡迎且影響力日增的顯學。他的教職員將會倡導「不受管制的企業資本主義」的優越性，並如同曼尼本人在其著作當中一樣主張企業需要從「政府干預帶來的扭曲」中解脫出來。[57] 這也就包含了要讓華爾街的金融公司完全擺脫政府監管。

在雷根時期默默打造基地的這個計畫幸運得到另一個大禮：詹姆斯・布坎南於一九八六

年十月以他「對政治決策與公共經濟學理論的貢獻」獲頒諾貝爾經濟學獎。瑞典皇家科學院稱布坎南為「『公共選擇理論』領域當中的領導研究者」。回想他在激憤羞恥之下離開沙洛茲維爾的情況，難以想像會有這一天的到來。他的堅持不懈得到了豐盛的收穫。[58]

布坎南表示，對於一個「遠在主流之外」的人來說獲獎就是「來自外界的肯定」——他是第一個在經濟科學領域獲獎的美國南方人，也是第一個「幾乎只在南方大學工作」的人。他以王者姿態斷言，從沒有其他諾貝爾獎的經濟學得主像他這樣「給予更多人希望和勇氣」。他高興地回顧他自己的人生故事。「在你們眼前的是詹姆斯．布坎南，一個來自田納西中部的鄉村男孩，在鄉村的公立學校和地方的公立師範學院受教長大，從沒進過菁英名校，從未認同過學術界流行的軟性左派意識型態，以非常老派的分析工具研究一套完全非正統的議題，如今受到來自著名且受到敬重的瑞典委員會肯定。」[59]

斯德哥爾摩的評審們肯定布坎南在公共選擇領域的開創性研究，還特別提到《同意的計算》一書（但忽略了這本書還有另一位共同作者高登．杜洛克，讓兩人的關係變得更加複雜）和另外兩本布坎南在財政學領域的著作，以及他近年來在憲政上的「規則體系」方面的「具遠見的切入角度」。諾貝爾的評審引言指出，傳統經濟學理論闡明了生產者與消費者在市場環境下的決策，並沒有著墨於解釋政治行為者的行為上。布坎南關注了政治行為者如何尋求透過交換（選票交換、利益交換或是為交換政治盟約而非獲利取向）來取得利益，讓大家開始注意到「『遊戲規則』，也就是廣義的憲法」這個層面。這些規則「決定了」政治程序產出的結果，影響之大遠超過行為者對外宣稱的意向，因為不同類型的憲法就足以預測不同的結果。到最後，公共選擇理論所揭露的就是政治程序可以補救市場失靈這套假設是一種謬誤，因為就算在政治程序上，人們「還是會自私行事」。[60]

評審團帶著企盼的口吻指出，「這種分析在近年來已經成為普世趨勢。」即使事實並不盡然如此。（事實上，評審委員中最重要的成員，斯德哥爾摩大學的阿薩・林德貝克〔Assar Lindbeck〕教授本身就是布坎南的信徒，他相信布坎南幾年前所謂的「以選票購買民主」的診斷分析。根據諾貝爾獎的歷史研究指出，在他的領導下，整個委員會「給獎方向更為右傾」。）其成員也讚揚布坎南在憲法規則主張單一否決權（獲全體同意），以及這種投票規則讓「政治程序」不再是「資源重分配的工具」。評審團表示，布坎南「最傑出的成就是他一貫堅持強調基本規則的重要性」。[61]

布坎南獲獎那天，聯邦政府正巧暫時停擺。維吉尼亞州一位編輯欣喜地寫道，聯邦政府「花光所有錢了」。[62]

《紐約時報》指出，回到美國，布坎南的思想正在引發一場「政治經濟學的寧靜革命」——之所以為「寧靜」是因為他們「在民眾的辨識度幾近是零」。[63]不過在知情的人眼中，這場不顯眼的知識革命跡象仍比比皆是。布坎南打響知名度後，他工作的智庫也吸引了更多媒體關注，雷根政府內的部分信徒著手改變長期的公共生活誘因機制。

革命大業的發展也得益於人民對政府的信任度急遽下降。這種下降主要是因為民選官員的作為，從詹森總統對越戰情勢撒謊到尼克森總統爆發水門事件，種種事件累積下來的結果。布坎南深信他的學派也對此有所貢獻。[64]長久以來，該學派認為政治行為者只是自吹自擂的個體，而非他們口中充滿公民意識的利他主義者。正如杜洛克後來以他一貫直率口吻說的，「我們所做的是像進酒吧打量一樣看政治，並且把看到的結果公諸於世。」亦即假定所有政治人物都是「騙徒」、選民都是「自私鬼」，而「官僚」就是「無能」。透過這些描繪手法，這些獨排眾議的自由放任主義者試圖讓大家看到，要求政府解決問題，將會帶來更糟糕的麻煩。[65]

布坎南的諾貝爾獎給了革命大業前所未有的推力，讓他的盟友為此振作，激發了他們的野心。自從一九五六年成立湯瑪斯．傑佛遜中心以來，布坎南和幾乎所有自由放任主義陣營智庫、出版社以及培訓計畫都有合作過，其中包含了加圖研究所、獨立研究所、自由放任主義研究中心以及艾爾哈特基金會，也與許多國外機構合作，包含英國的經濟事務研究所與亞當斯密研究所、加拿大的菲沙研究所以及智利的公共研究中心。儘管有著來自各地的金援不斷湧入，整場「自由放任主義運動」依然只是一個小團體，從一開始就參與的那些學者和關注思想的商人都已經成了舊識。布坎南還因此在一九八〇年在自由企業防衛中心說過，「我想我和你信中列出的每一位董事會成員都有私交。」他在各大研討會演講，參與各機構的諮詢委員會，並且親自為自由放任主義的金主挑選值得投資的同儕。[66]有兩個深具影響力的自由放任主義智庫還為他辦了全國性的正裝盛宴以茲紀念。布坎南開玩笑說，「我所有的朋友」似乎都爭先恐後地搶著要辦這些活動。[67]

• • •

究竟是不是因為布坎南的團隊散發出如此強大的能量，讓查爾斯・科克決定在一九八〇年代中期，將其心腹機構人文研究所從加州遷到喬治梅森大學呢？他在這之前放棄過自由人黨，認為是條無望的死路，這是不是讓他更願意接受其他推進路線呢？關於這些，我們不得而知。

但我們可以確定的是，喬治梅森大學校方確實出面邀請科克的研究所搬遷到校園來，並保證研究所的員工將會維持完全獨立自主的決定權。人文研究所的所長李納德・利吉歐（Leonard P. Liggio）本身就是忠貞幹部，他對於能夠搬到一個擁有「將近二十位與我們的事業密切合作的學術夥伴」的社區感到十分興奮，其中當然也包含高高在上的布坎南。他興高采烈地表示，「光是受到喬治梅森大學的認可，就對我們的計畫有所助益。」而且，他開心地向布坎南報告，搬遷條件談判中的一個「關鍵之處」在於「我們將得以保留**完全的規畫及財**

**務自主**」，同時「我們的博士後計畫能與其他喬治梅森大學的計畫有完全相等的地位」。他已經可以預見未來新的擁護者將能「豐收連年」了。[68]

至於利吉歐的老闆查爾斯・科克，他在人文研究所搬遷至喬治梅森大學後，也成為校園中的常客。而且科克愈來愈依賴布坎南與他的團隊，來指導及啟發參加該研究所每年為「知識分子和學者」所舉辦的年度暑期訓練計畫的學員。短短十年內，在學術界就職的人文研究所校友名單就長達十頁之多；隨著組織規模成長，人文研究所也得以提供優渥的獎學金來吸引研究生加入他們的行列。[69]

其他右派交際圈也巴不得能盡可能接近布坎南。《國家評論》對於布坎南的工作為經濟學家對政府的想法帶來的「巨變」感到驚嘆，這使得依賴政府的想法「似乎不像五〇或六〇年代那麼可靠了」。該雜誌告訴新進讀者，維吉尼亞學派「比起一般的自由市場經濟學家，對政府有更根本的批判」，「透過質疑（政府）究竟能否」達成公民期望政府去做的事之後，「布坎南主張，政府不僅做不到，根本連試都不該試」。[70]雷根總統讚揚這位維吉尼亞學派創始者，說他代表了「經濟自由」，「在政府內外都有廣泛的影響力」。[71]

所以，並不讓人意外，人文研究所的負責人不久後就寫信邀請布坎南在一個新成立組織的全國大會上，就「憲政經濟學」一題發表演說。該組織將在未來幾十年內改造這個國家的司法機構及法學院，超過任何其他組織帶來的影響。利吉歐在報告中提到，「人文研究所已經和聯邦黨人學會合作數年」——也就是說，自該學會在米斯的啟發下成立後就差不多開始合作了。[72]

難怪有些圈內人士開始稱科克的人馬是「科氏章魚」（Kochtopus）：有許多觸手同時張牙舞爪地揮動著，讓人很難找出背後負責操縱一切的首腦究竟是誰，又是如何以支票推動一切運轉。至於科克，他也在諾貝爾獎帶來的諸多關注以及美國新經濟憲法的討論當中發現，布坎南手握著他多年以來尋尋覓覓的那把鑰匙。公共選擇理論能夠推導出他需要的策略，達成他想要的目的。是時候以就算是科克資助的那些特工都沒被要求過的方式，將理論付諸實行了。

CHAPTER

# 12

# 推動哥倫布的那種力量

## THE KIND OF FORCE THAT PROPELLED COLUMBUS

如同布坎南一再重複解釋的，在實務操作面上，計畫最終必須改變的是規則本身，而非只改變統治者。就短期而言，該計畫必須要有兩個元素。首先，從這裡到計畫目的地要有路徑可循，而且必須在其中創造一些小道，讓他們可以透過一些小而零碎的方式逐步前行，這些小步驟透過民調確認是在美國人民可以接受的範圍內，以免引起公憤。但是，每一步都得要和前後步驟緊緊相連，這樣一來就可以打造出一條完整的道路，每一小步都將強化通往最終目的地的康莊大道。屆時，就算美國大眾擊鼓喊冤也於事無補。

根據其同事指出，到了一九九〇年代中期，查爾斯・科克對於推動革命大業始終沒有起色愈來愈挫折。[1]他向信任的盟友透露這個有時像邪教的自由放任主義運動令他厭倦，堅持思想的純粹使運動僵化，「個人崇拜」則令人困擾。[2]他對於他愈來愈依賴的民選官員也沒有什麼好印象。大業最近一次的失手——〈與美國簽約〉（Contract with America）揮舞著修改憲法的大旗來強制政府平衡預算——導致部分心意不堅的人就此放棄。但是科克仍繼續追尋，深信總有某個地方會有一套可以打破僵局的思想。[3]最後他找上了詹姆斯・布坎南，這位學者為他敞開大門，布坎南當時並沒想到他最後只能黯然從後門離開。

〈與美國簽約〉本身並不是一份公共選擇文件，儘管負責起草的理查・「迪克」・阿彌（Richard "Dick" Armey）是位忠貞不二、專心致志且孜孜不倦的革命大業皈依者。他是公共選擇理論的信徒，先前在北德州州立大學經濟系擔任系主任（該校如今已改稱北德州大學）。他一再表示「市場是理性的，政府是愚蠢的」，這就是「我阿彌的最高原則」。好像一直這樣說就能解決一切。當學校氣氛變得太過「自由且政治正確」而讓他感到不舒服時，該校董事會中的一位右翼石油商人說服他在一九八四年代表共和黨參選國會眾議員。阿彌為「激烈改革」的鬥爭注入了狂熱分子的決心，包含要廢除最低工資以及終結公辦社會安全制度。選上眾議員之後，他向加圖研究所尋求為其國會辦公室提供人力的協助。他任職的前十年一切順利。[4]

憑著德州牛仔那副霸氣和招牌牛仔靴，以及一副隨時準備捲起袖子做任何苦差事，好把游離的共和黨員拉回來的模樣，他很快就在共和黨的國會同僚中被視為英雄。當他們知道在那副外貌之下，阿彌還以他的智識和策略，負責籌劃了這項美國政治史上深具膽略的行動，共和黨三百六十七位眾議院候選人以及幾乎所有現任眾議員全都決定加入他的陣容。那年九月下旬的某個下午，將近兩百人在國會大廈前的新聞記者會上，公開簽署〈與美國簽約〉的契約，一位接一位公開表明他們堅決支持契約上的議程。[5]

這場簽署儀式是在一九九四年的選舉前六週舉行，正值比爾·柯林頓總統第一任期的中期。簽署者承諾，如果美國人民投票給共和黨，讓他們取得多數席次，他們將會在第一〇四屆國會開議後一百天內，以新獲得的國會多數提出契約上的每一項議程並進行投票表決。他們會徹底「改變國會運作方式」。最重要的是，候選人們發誓支持為回應美國人民對改變的渴望而生的十條法案。[6]

六週後，選舉之夜來臨，共和黨橫掃參眾兩院，有歷史學家還稱之為「當代最令人印象深刻的一次非大選年逆轉」。新聞媒體和廣播全都在談眼前將要有一場「共和黨革命」以接續完成雷根總統未竟之事。南方白人——包括那些生在其他地區但認同南方傳統的人——主導了共和黨眾院黨團，新黨團領袖第一個動作甚至是將維吉尼亞老戰將霍華德·史密斯的畫像高掛在眾議院程序委員會的會議室內。史密斯就像是哈利·伯德在眾議院的另一個化身一樣。他主導了對抗《勞資關係法》的一戰，「封鎖」了《公平勞動基準法》，參與擊退杜魯門總統推動全國健康照護制度一役，還試圖擊沉《民權法案》。身為程序委員會主席的史密斯，他成為操縱立法規則來防止多數達成目標的傳奇策略家。新黨團領袖表示，不只是民主黨，就連他們自己共和黨的「溫和派都太過受到尊重了」。[7]

從接下來的幾週到幾個月內，媒體蜂擁而上追逐著喬治亞州眾議員紐特．金瑞契（Newt Gingrich），他是當初起草〈與美國簽約〉的共同作者之一，也因為契約的成功而當上了聯邦眾議院議長。盡管金瑞契成為了鎂光燈的焦點，也是引人矚目的革命大業追尋者，但是真正讓議案通過的工作，特別是對於自由放任派來說格外重要的平衡預算修正案，都是由阿彌完成的。[8]

阿彌某些層面上和科克很像，套句資深的觀察家所言，他以系統的方式試圖成為革命大業的「立法戰術家」，而不只是要成為首席意識型態主導者而已。阿彌研究了眾議院種種複雜程序規定的細節，以便決定要怎麼在盤根錯節的立法程序中推進契約中的項目。為了不讓懷疑者跑票，他每天在走廊上穿梭，回答每個人的問題，若有必要還會利用他做為眾議院多數黨領袖身分強制執行黨紀處分。正如身為黨團成員的俄亥俄州眾議員約翰．凱西克（John Kasich）指出：任何有失團結的做法都將導致計畫失敗，因為他們的預算案意味著要對聯邦醫療保險「以前所未有的方式」開刀。另一位黨團成員則誇下海口說，他所屬的小組委員會團結一致，「若有必要，就算要我們弒親我們也做得出來。」[9]

因為每一票都很重要，阿彌還力促將學校禱告加入契約當中，好讓基督教聯盟支持他們。在這一點以及其他一些戰術建議上，他並未得到支持，這些運作模式最終也導致了這場大有前途的革命之中最具野心的目標紛紛失敗——包含平衡預算修正案。更糟的是，這些失敗轉化成了無效的邊緣策略，眾議院共和黨團兩次投票支持延長政府停擺，以便透過拒絕提高舉債上限迫使政府停止支出。據研究指出，政府停擺後大眾輿論的風向轉向反對「極端分子」的無情且魯莽。[10]

最後，正如在華盛頓那些民意代表早該知道的那樣，即使那些尊崇雷根總統，並且理論上都曾在候選人簽下契約時歡呼時的選民，當他們發現自由市場將讓他們得要為自己的命運負起全責時，他們還沒準備好要放棄公辦社會安全制度、聯邦醫療保險、公立學校、以及他們政府支持的空氣、水和環保措施。同樣重要的是，比爾．柯林頓以傳說中的「三角策略」的能力，將眾院共和黨團提出的部分政策納為己用，同時明確地畫清界線，反對平衡預算修正案這類極端政策——這對共和黨眾議院黨團來說形同釜底抽薪。對於共和黨黨團來說，極右派費盡心思砸下巨額財富試圖擊垮柯林頓總統，結果卻只是一再被柯林頓智取，讓這場敗戰更顯得難以下嚥。[11]

對於這些令人失望的結果，布坎南不屑地解釋，這再一次展現大多數人民希望維持現狀，也就是他所謂的「依賴狀態」。[12]至於查爾斯．科克對結果的看法則沒有辦法取得任何正式記錄，但是我們知道的是：他沒有就此絕望而舉手投降，他決定加倍努力，「加快腳步」推動徹底轉型。他放棄的是對於意識型態一致性的要求，這一點自從一九七〇年代以來對他而言就是不可妥協的；如今對他來說重要的是實務上的「結果」。[13]但問題是，要怎麼達到他要的結果？

自從一九八〇年代中期以來，科克都持續資助布坎南的中心以及亨利．曼尼在喬治梅森大學的法律與經濟學中心——同時也幫助其他激進右派。他深知布坎南的代表性思想，曾多次邀請布坎南相聚討論。但是直到此刻，他的心思完全專注在產出結果時，他才回頭想到這位諾貝爾獎得主，認為他長久以來找不到的最後一塊拼圖就近在眼前。在這場運動當中，布坎南不只是闡述了科克的精神導師馮．米塞斯和海耶克公正社會的願景而已，如今馮．米塞斯與海耶克都已不在人世。為達成他們心目中的全新社會，布坎南還發展了一套操作策略。這套策略將布坎南和科克深刻理解的一點視為公理：長久以來阻礙他們實現政治願景的障礙，正是美國人民透過數量優勢拒絕該計畫的能力。運動滯礙不前的原因現在變得很明確了：他們缺少一套打破數量優勢的策略，或是至少要有削弱它的方法，這正是布坎南一輩子都在思考和設計的。

如同布坎南一再重複解釋的，在實務操作面上，計畫最終必須改變的是規則本身，而非只改變統治者。就短期而言，該計畫必須要有兩個元素。首先，從這裡到計畫目的地要有路徑可循，而且必須在其中創造一些小道，讓他們可以透過一些小而零碎的方式逐步前行，這些小步驟透過民調確認是在美國人民可以接受的範圍內，以免引起公憤。但是，每一步都得要和前後步驟緊緊相連，這樣一來就可以打造出一條完整的道路，每一小步都將強化通往最終目的地的康莊大道。屆時，就算美國大眾擊鼓喊冤也於事無補。

第二，同樣重要的是，這些小步驟當中，有一些是不論如何美化都無法完全掩飾，若有必要呈現在美國大眾面前，就要呈現出與真實完全相反的樣貌——顯得像是試圖要支撐美國多數想要的東西，而不是最終要達成的破壞目的，例如屹立不搖的聯邦醫療保險和公辦社會安全制度。對於這些計畫，呈現出來的框架應該是以右派對於「改革」這些計畫的關注，是要保護它們以免破產——即使最後真正目的是要摧毀他們。對於這兩人來說，為達目的可以不擇手段，只是這些手段在技術上仍需要維持在合法範圍內。

雖然還有很多細節是存在無法深究的私人紀錄當中，但科克很明確地深信，他自己的使命以及將帶來的「繁榮與社會福祉」是善意的，所以他對於自己將投入執行這套表裡不一的計畫毫無道德上的疑慮。[14]他相信自己超群的智力。布坎南本身也有一點上帝情節，這似乎也讓他得以擺脫道德不安感，正如他當初協助智利軍政府時所展現出來那樣。此時仍有待觀察的一點是，為了實現彼此的願景，他們必須攜手合作，這兩人將如何共事仍是未知數。小說家海明威曾寫下一句經典的名言——「鷹不分食」(Hawks do not share)。[15]

• • •

科克在一九九七年一月發表談話，承諾將要投入一千萬美元來支持全新擴建的「詹姆斯．布坎南中心」，清楚表達出他相信這就是他長久以來尋找的工具，用來在「真實世界」產出結果的工具。以科克喜歡的說法，詹姆斯．布坎南的理論和實作策略就是正確的「科技」。但是布坎南教授的團隊沒有用上足夠的力量以這套工具「創造勝利的策略」。起初科克以溫柔的語氣斥責：「由於我們寡不敵眾，若不好好善用我們的科技優勢，我們必定會失敗。」[16]

實質上，這就是在對布坎南的幹部核心說：**你們對政府如何在二十世紀擴張成我們厭惡的利維坦惡獸有一套新穎的分析**。我相信你們的分析對於革命大業而言非常珍貴，所以我願意投資一千萬美元在接下來幾年的研究當中，如果我喜歡你們端出的成果，我會投入更多。現在，善用你們所知的一切來擊倒這隻巨獸。不要去做些小動作。要贏就要贏大的。他針對還抱持觀望態度的人說，「真正該質疑的，是那些以種種藉口不去應用這套框架的說法，而不是框架本身。」科克甚至將此大計比作馬丁．路德（Martin Luther）對腐敗霸權發起的宗教改革。[17]

當時適逢培勒林山學會成立五十周年，這給了布坎南和他的同僚亨利．曼尼一個大好機會，曼尼剛從喬治梅森大學法學院以院長身分退休，兩人藉此向學會定義了接下來要推動的內容。當時曼尼早已向科克證明了自身的價值。他開設的暑期法律課程為許多法學教授和聯邦法官提供了扎實的訓練，讓他們得以將自由市場經濟學應用在法律決策上。只要舉出一個指標就可以看出曼尼有多成功：在一九九〇年時，**每五位現任聯邦法官當中，就有超過兩位曾參加過他的課程**——換言之，美國聯邦司法體系當中，有超過四成的人曾參加科克贊助的課程，這是很驚人的數字。[18]

不令人意外，曼尼和布坎南剛開始討論的時候，就找出幾個達到經濟自由必須克服的障礙。「政府對企業的管制」過度正是其中首要主題，此時兩人認定，最大的威脅來自環境保護運動。因為在曼尼及布坎南的眼裡，環保主義者想做的是要「控制工業」，革命大業不只得要打敗他們，還要讓他們身敗名裂，讓他們的「禍心」展露無遺。[19]

社會的經濟自由願景中另一項障礙就是政府辦理的「健康與福利」計畫，有損「勞動力市場的正常運作」。公辦社會安全制度、聯邦醫療保險以及聯邦醫療補助、雇主負擔退休金及勞工保險：這些都必須退場——或者，慢慢轉為個人儲蓄帳戶的形式。[20]

「任何現代民主的租稅政策」都有相同的問題，如果不阻擋的話，會因為選民有著「本能上就無可避免的平等主義」必然走向「重分配」的後果。[21]為了解決這個問題，他們必須要終結自一九一三年通過的《憲法第十六條修正案》後帶來的累進式所得稅制，改用單一稅率。[22]

另一項在新世紀當中絕對關鍵的目標，兩人都認為應該是教育。喬治梅森大學的團隊抱怨，作為「世界上最社會化的產業」，公立學校打從幼稚園一路到大學，養成了一套「社群價值觀，其中很多是對自由社會不利的觀點」。雖然一九五五年米爾頓・傅利曼就已提出宣言要終結「政府壟斷」的學校體系，但這套體系仍持續主導社會，就是對整個革命志業的一大污辱。[23]

最後，他們認為也應該在學會五十周年的討論中找出對付女性主義的辦法，因為這些男人發現女性主義「無來由地充滿了大量的社會主義氣息」。[24]因此，為了對抗嚴重依賴政府行動的女性主義運動，他們必須發起文化戰爭。[25]

值得一提的是，這兩人都承認敵人有驚人的適應力。但是他們定義的「敵人」可能出乎你的預料之外。不同於我們多數人想像的那樣，並不是指傳統的自由主義，而是社會主義。蘇聯垮台之後沒有多久，布坎南就在觀察中指出「『小型社會主義』正在興起」。[26]他所定義的社會主義，並不是我們在課堂上學到的社會主義。依培勒林山學會成員的定義，「社會主義」係指公民為使政府採取行動所做出的任何努力，這些行動不是耗費預算支持任何軍事、警察以外的政府功能，就是侵犯私人財產權。就此定義來說，社會主義確實在一九九〇年代仍然活得很好。

讓他們更加憂慮的是，並非只有自由派人士展露這種社會主義的傾向。在一九九〇年時，隨著蘇聯解體，就算是像老布希和柴契爾夫人這類的保守派國家元首也認為不再需要投入大筆經費進行軍備競賽和維持對蘇聯的冷戰。但政府也沒有因此就將這筆錢歸還給納稅人，也就是他們這些財富的創造者，而是開始談起「和平紅利」，要將大筆經費從軍事預算轉為解決國內問題的預算。[27]

布坎南與曼尼相信，一九九三年通過的《全國投票人登記法》助長了這種社會主義的氣焰，該法案是由低所得美國人組織起來推動的，希望藉此讓他們在政治過程中有發聲的管道。正如作家亞歷斯・凱薩在他關於美國投票史的書中寫道，《全國投票人登記法》「是自從一九六〇年代開始的這場大戲中的最後一幕；它完成了四十年來蹣跚但是非常重要的全國統一投票法案的程序，就此消除了前往投票箱的障礙」，因為從一八五〇年代到第一次世界大戰之間各州都用自己的投票法來阻止非菁英選民進到投票所。該法案指示各州提供便利手段促進選舉參與，允許公民以各種方式登記參加選舉，不論是透過郵寄、前往公部門尋求協助或是前往當地車輛管理機關取得或更新駕照時皆可（因為後者的關係，也被暱稱為《機動選民法案》）。到了一九九七年時，選民總數淨增了九百萬名。[28]對於相信投票權的信徒來說，這是莫大的成就。對於那些鄙視普及化的選民資格的人來說，這就很悲哀了。「我們讓愈來愈多的文盲獲得選舉權，」布坎南抱怨道，「迅速走向一個不期待選民須要先能閱讀或遵從指示的選舉改革。」[29]這聽起來就是哈利・伯德會說的話。

但是對科克來說，現在終於有辦法阻止這一切了。他成年之後都在找尋的答案就在眼前，沒有時間可以浪費了。科克宣布，他預計補助的一千萬美元當中，第一期就將投入三百萬美元，並將根據計畫進行組織調整，布坎南的公共選擇研究中心以及快速成長中的市場流程研究中心，都將成為喬治梅森大學新的布坎南政治經濟學中心的分支機構，市場流程研究中心是由理查・芬克於一九八〇年帶進喬治梅森大學。芬克在監督中心合併的同時，也是查爾斯・科克基金會的負責人、科氏工業的執行副總裁，更是科克的首席政治策略家，儘管不久前他在喬治梅森大學都還只是布坎南的新進同事。值得一提的是，在這一項直到二〇〇八年結束的十年期計畫當中，中心合併後的董事會共同主席是布坎南和科克，而非布坎南和芬克。根據組織章程，研究中心的非營利、可免稅宗旨是要「針對政治經濟學與相關議題進行世界級的研究、教育和推廣」。[30]

不過若是布坎南因為芬克沒有和他平起平坐就掉以輕心，他會很快發現這是個不智之舉。科克向來以對他所投資的事業擁有高度的控制權廣為人知；即使大筆資金投入的是非營利組織，在他眼中，也和商業投資沒有兩樣。他的錢就是他的錢。就喬治梅森大學而言，他和團隊很精明，知道自己不用接管整所學校，那樣反而會引起不必要的關注和反彈（而且成本更高），他們只要拿下自己需要的角落，足夠讓他們在外面更大的世界達到他們想要的目標就好。如今，有了布坎南包管那個角落，作為名符其實透過收買而來的人，「銳奇」．芬克在他面前大吹大擂，「我們**有你**，有一些才華洋溢的教師，有訪視委員會（成員當中有頂尖的革命大業幹部，像是迪克．阿彌、傳統基金會的艾德溫．佛訥〔Ed Feulner〕、《標準週刊》的編輯威廉．克里斯托〔William Kristol〕、詹姆斯．米勒三世，當然，還有芬克本人在內）、校方管理層（亦即：艾倫．默騰校長、大衛．波特教務長）、一組能力優異的團隊、州長、前任州長（或許還有下一任州長）、許多州議員、數不完的金主、法學院院長（馬克．葛雷迪）以及部分法學院教員，這些人全都支持我們討論的理念。」字裡行間傳達出了一個訊息，「科克行動」從培勒林山學會在其他學術機構前哨站的經驗當中學到很多，像是芝加哥大學、加州洛杉磯分校以及布坎南過去在維吉尼亞州的各個基地。[31]不出多久，布坎南也將了解到科克的人馬究竟從中學會了什麼。對他來說，將會是出乎意料的慘痛教訓。

雖然從科克團隊帶進來協助推廣計畫的成員當中，有些人是受訓過的學者，但是大多數都不是。這些人是特工，完全純粹的特工，他們就像各地特工一樣做一些手下不留情的工作，而且是一整團的特工。顯然布坎南從沒想過這些特工不受控制的可能性，他以為，雖然這些人是為科克工作，科克已明確表示希望看到大膽而果斷的行動，然而他們現在是以學術機構為掩護在執行任務，仍然必須低調進行。

但是他們完全不在意需不需要克制。雖然布坎南的各個中心光是存在就已經達到大量的

「拓展」效果，科克的團隊則是將「拓展」定義成為了贏得戰爭所必須做的任何事情。顯然地，沒有人花時間和這位諾貝爾獎得主、他們的看板明星坐下來好好解釋這一切，或是提醒他，儘管他和科克表面上共同主導新的布坎南中心，真正掌權的人還是科克。作為執行長左右手的芬克，持續在布坎南提出質疑時哄騙他，以阿諛諂媚的話語和響亮的頭銜讓他放心。但是在行動上要聽他的？不可能。

然而，布坎南比科克更清楚，他們手上玩的火球可能會反噬他們。起初，他是對的。新的聯合行動差一點還沒揚帆就觸礁，因為特工們採取了一套粗糙的戰術，無意間讓我們其他人嘗到二十世紀讓步給二十一世紀時所帶來的滋味。

• • •

溫蒂・李・葛蘭姆（Wendy Lee Gramm）被科克團隊欽點為新的布坎南中心的委員會成員後，她首先做的，就是發出一封長達九頁的募款信件。一九九八年五月，她將信件發給和科克一樣「對於我們的經濟自由仍停滯不前感到挫折」的潛在贊助者。她為這些人提出了「美國深藏的最大秘寶」：詹姆斯・布坎南中心，一個推動「個人自由及經濟自由」的新工具。她解釋，「出於大學場域，布坎南中心的思想因此兼具力量和公信度。」[32]

接著，她以布坎南諾貝爾獎的權威性為號召，吹捧該中心所作的獨特「拓展」活動，以提倡鬆綁管制和以市場為基礎的政治型態。在文中，她概述了該中心的願景，描述這所位於公立大學的大本營將如何對政府產生影響。「透過專門的研討會」，該中心將「向外觸及關鍵且具影響力的決策者——美國參議員、眾議員以及各州議員、立法機關及管制機構」；教導他們如何「將自由市場原則應用在公共政策上」；「不分黨派，半數以上的國會辦公室都將員工送往布坎南中心參加活動」，在募款信中她大肆吹噓道。若覺得這樣還不夠，還有「超過三分之一的聯邦司法機構會參與」喬治梅森大學的法律課程計畫，教導他們如何將自由市場經濟學應用在法律判決上。[33]

如果這樣對潛在的贊助者來說仍然有所疑慮，葛蘭姆明確表示，喬治梅森大學與其他大學不同，並不是一座象牙塔。「由於鄰近華盛頓特區，布坎南中心有著得天獨厚的地理位置可以推進自由……特別是針對那些可以做出關鍵決策的人。」舉例來說，她特別提出眾議院多數黨領袖狄克·阿彌所做的努力，當時阿彌正在推動個人、企業以及資本利得稅率的大幅刪減。（她還可以再加上另一位經濟學家，她丈夫菲爾·葛蘭姆〔Phil Gramm〕，時任參議員的菲爾·葛蘭姆在參議院的地位相當於阿彌，當時正在推動對金融界管制的鬆綁。）[34]

這封募款請願信不只是偏離了學術規範，也偏離了布坎南從事學術研究以來帶頭進行那套較為學者風範的募款形式；甚至可能違法。該中心是登記在非營利組織下，亦即稅務登記的501(c)(3)類別，這讓它在國稅局登記上屬於可減稅慈善機構——該類型機構不可進行政黨活動。於是就有匿名人士，花了時間將葛蘭姆這封信的副本分別送給布坎南、喬治梅森大學經濟系系主任以及該院院長，指出她的招攬行為「明顯涉及違反」稅捐法。該匿名人士表示，當然得要對「詹姆斯．布坎南中心公然參與政治活動」做處置。[35]

事前並不知情的院長，以及部分沒有參與布坎南中心的經濟系教授，對於組織幹部赤裸裸地大玩權力遊戲感到憤怒。他們對校長以及教務長提出警訊，認為「布坎南中心與科克的密切關係可能會『政治化』」其他成員的學術研究。圖謀一曝光，其他人也開始發聲抗議。在喬治梅森大學任職的教授羅伯特．托利森（Robert Tollison），過去曾是布坎南在維吉尼亞大學時期的學生，現在也是計畫的首席督導，他曾向科克回報部分同僚已經不再與他溝通。托利森抱怨，即使是那些「據稱在產業創新和以市場為核心的教學及研究方向上與我們有共同利益的傢伙」到頭來證明他們是「偽自由放任主義者」。他們目中無人地批判查爾斯．科克、銳奇．芬克以及「所有來自科克的贊助」。[36]

但是眾人可能最沒有預料到的是布坎南的反應。「說實話，我很『不爽』，」他對芬克這樣說。這是在打著他的名義「招搖撞騙，而且多少是在剝削我、剝削你、剝削布坎南中心、剝削這所學校」。[37]

但是為何到此時才道德感爆發呢？布坎南明明知道銳奇．芬克的做人處事。幾年前他曾親自向科克推薦過芬克，深知芬克是一個為達目的不擇手段的人。芬克受聘於科克後，和布坎南另一位學生詹姆斯．米勒三世所做過的骯髒事，對他來說也不是什麼祕密。甚至《華爾街日報》都曾報導過「優質經濟的公民」（Citizens for a Sound Economy）的聯合計畫是怎麼「偷偷摸摸」的行事，還把從沒同意加入的組織列為成員——當成可以用的「棄子」，就連童軍組織也不例外。[38]優質經濟的公民基金會就在布坎南的眼皮底下運作，不僅如此，這兩人在華盛頓政治圈四處遊說時，拿的還是喬治梅森大學的薪水。芬克當時是喬治梅森大學的研究副教授（research associate professor），「不知怎地」不需要開課教書，而米勒在競選參議員時是在布坎南手下的中心擔任約翰．歐林研究員。[39]而這場全新的喬治梅森大計，本身就在加圖研究所經過「長時間討論」以及「培勒林山學會數天會議」後才成型。[40]

布坎南像是一把精緻小提琴被他們把玩。銳奇．芬克曾煞有其事地向他預測，有了科克撐腰，喬治梅森大學的新布坎南中心將會擁有「相當於芝加哥大學的學術影響力和哈佛大學甘迺迪政府學院廣受好評的信譽以及影響力」，他知道布坎南曾多次表達出對於自己處在米爾頓．傅利曼的陰影下感到不滿，而且痛恨甘迺迪家族。此時的布坎南不知是否問過自己，就算是科克手下的特工，在傅利曼不知情或未經允許下，是否膽敢像利用他的名字那樣，以傅利曼的名義到處招搖撞騙？

儘管在他的整個學術生涯當中，他實際的政治參與程度遠高過他公開承認的程度，但是他還是告訴自己這次的崩盤全都是別人的錯。他對於「權威受到侵占」而「因此人格蒙羞」

感到憤怒，並且擔心不論如何努力改善現狀，他花了四十年認真發展出來的研究成果，將從此失去誠信，或許永無翻身之地，他決定從此再也不和芬克路線上的任何特工有進一步接觸。[41]

不幸的是，傷心的布坎南尋求慰藉的同事是泰勒．柯文，他是新任的布坎南中心總負責人，以學術圈內的說法就是當時的「看板人物」。柯文家是高華德派的共和黨人，其父曾擔任當地的商會主席，並從此「成為一位愈來愈激進的自由放任主義者」，柯文也因此自青少年時期就受父親引介，認識一眾革命大業組織中的關鍵人物。年輕的柯文在十五歲參加紐約一場奧地利經濟學研討會時認識了芬克，從科克的人文研究所開始一路往上爬，並跟隨芬克在一九八〇年進到喬治梅森大學就讀，而後前往哈佛大學取得博士學位。當他回憶起芬克時，滔滔不絕地說起，「我從銳奇身上學到的東西多到說不完，」他學到的不只是經濟學，「還有如何成立組織機構、策略、人格和許多其他事情。」芬克對他來說就是他的「榜樣」。但是從十歲就開始熱愛西洋棋的柯文，自己當然也略懂一些策略。在這場自由放任主義的革命當中，他已經成為了打造學術大本營計畫當中的關鍵角色。他是一個真誠的信徒，同時也是一個默默無名的研究者，有了科克的慷慨資助，他的事業才正要起飛，他可不打算在此時改變這艘船的航向。柯文自稱自己有自閉傾向，而且還是「中上階層的白人男性，畢生都感覺自己的歸屬就是優勢群體」，這樣的柯文可不會濫發同情，也不想與他人團結一致。[42]

為了維護名義上的學術正當性，布坎南堅持要將自己的機構與市場程序研究中心的「拓展計畫」劃清界線。科克的人馬同意了，他們將各式各樣的計畫遷到喬治梅森大學阿靈頓校區，法學院此時已經移到該校區，這讓他們更接近華盛頓特區。這些團隊還同意將那些爭權奪利的非學術特工自封的頭銜拔除，即使這些特工已爬到更高的組織階層上，並且關閉號稱他們是「為了決策者開設的計畫」的網站，以免受到起訴。畢竟堂堂一個學術機構，完全與經濟學界打不著關係的國會計畫負責人勞森．貝德（Lawson Bader）的名字，要是就這樣大剌剌地列在工作人員名單上，會有多不妥。或說，讓全世界知道布坎南中心的四位「研究員」都是在政治圈打滾的人，包含溫蒂．李．葛蘭姆、詹姆斯．米勒，以及與米勒在優質經濟的公民基金會共事的另一位喬治梅森大學校友傑瑞．艾利格（Jerry Ellig）博士。新的工作團隊在宣傳「幕僚長週末進修活動」時，表現出糟糕的判斷能力。這些活動安排諸如美國最高法院現任大法官安東寧．史卡利亞，以及其他來自加圖研究所、理性基金會這類智庫的「專家」，對「資深國會工作人員」講解「配合立法時程安排的重要政策議題」的課程。至於普通網路用戶（Web surfers），更別提國稅局人員了，他們不需要知道布坎南中心一直在輔導高階立法人員的策略能力。這些課程包含將公辦社會安全體制和聯邦醫療保險體系私有化、「縮減政府規模」、以言論自由為名推廣鬆綁選舉費用。[43]

但是，當布坎南想要更進一步，拉攏喬治梅森大學的校方到他的思維模式上，藉以向學校高層警告芬克的中心已經失控——完全就是字面上的意思，「因為沒有任何有學術地位的人參與其中了」。布坎南卻無計可施。根據《華盛頓郵報》的報導，喬治梅森大學收到了一筆創紀錄的巨額捐款。[44]

教務長大衛・波特告知布坎南，「我們決心推動這項倡議。」事實上，他和校長明確表示他們還想要盡量「讓經濟系和布坎南中心方向一致」。[45]換句話說，他們想要更進一步取悅科克，即使將學術系所從屬政治計畫之下也在所不惜。只要桌上還有錢，他們就不打算放手。

當風波過了之後，時任喬治梅森大學訪視委員會主席、負責監督該校的米斯，將象徵該機構最高榮耀的喬治梅森勳章分別頒給了查爾斯・科克和詹姆斯・布坎南，以表彰兩人對「我們的國家與整個世界」做出的貢獻。[46]但是，拿過諾貝爾獎的布坎南很精明，他知道這個動章和根據他的要求做出的改變，都只是為了給他面子，彌補他受傷的自尊心。他不再掌權了，甚至連掛了他的名字的中心他都管不著。布坎南不願面對未來的發展，他選擇急流勇退，退休回到當初他召開第三世紀計畫會議的小木屋。當他在二〇一三年逝世時，不論是科克、芬克，還是柯文或米斯，他們都懶得出席他的追思禮拜。[47]何必呢？他的時代已去，他本人的用處已盡。

他的思想提供了他們所需的科技，而且他已將這些思想作為武器予以合理化。畢竟，布坎南說，「亞當・斯密提出論點時，他還身在人民並非已全然掙開束縛的政治環境裡。」在有限選舉權和菁英控制之下，政府更可能接受經濟自由擁護者的理性勸說。但再也不是這樣了。多數人已無可救藥。這些公民一旦有機會，就有可能以壓倒性多數再選出比爾．柯林頓，怎麼能指望他們去理解市場的正義與效能，還有以憲法來約束政治治理的必要性？[48]

如今已經有了緊鄰首都的大本營，科克將轉而企圖集結出能推動哥倫布的那種力量——這次，他要將民主銬上枷鎖。

第三部

# 惡果猶存

THE FALLOUT

# 結論

# 做好準備

## GET READY

自由放任主義的革命大業發跡於南方的公辦學校體制危機，自從當時吸引首批支持者至今，從來都不是真的朝向大多數的人所定義的自由邁進。他們要的是撕裂人民，讓掌握大權的人得以保障他們自認應得的特權，不受任何人的干預。為了達成資本至上霸權，革命大業的領導者們曾毫無顧忌地利用白人至上主義。而如今，深知多數人民並不認同他們的目標，如果讓人們知道了他們的終局目標，人們將會群起抵制，於是拿人手短的特工們就試圖採取祕密行動的方式取勝。

「如果個人不那樣高度重視經濟自由，會發生什麼事？」雷根革命失敗後，布坎南的同僚兼好友查爾斯．羅利（Charles K. Rowley）問了這個問題，「應該要強迫他們自由嗎？」[1]

羅利並不是以圈外人身分在批評，他是一位堅定的自由放任主義者，自從他一九八四年加入喬治梅森大學經濟系以來，一直是維吉尼亞政治經濟學派的一員。直到二〇一三年逝世前，羅利都還在為他深深景仰的詹姆斯．布坎南撰寫傳記。他甚至將布坎南描述為「或許會是全世界左傾經濟學家最痛惡又害怕的敵人」。[2]

至於他拋出的這個問題：究竟該如何處理這些與大業不同道不同謀的人？最後有沒有人給他解答，或這些答案是否令他滿意，我們無從得知。我們知道的是，早在本世紀之初，該運動的走向似乎開始讓他感到不安。當時培勒林山學會在華盛頓特區準備盛大慶祝成立五十周年，傳統基金會理事長埃德溫．佛訥（Edwin J. Feulner）邀請羅利擔任籌備委員，羅利拒絕了。他坦言，他不喜歡一個過去注重發展思想的學會，如今卻被大金錢所左右。「來自企業界的大量補助」以及「財富雄厚的人」帶來的「奢華招待」讓他感覺不太對勁。羅利認為「這不符合當初弗里德里希．海耶克的創社初衷」，他對此表達不滿。「太多會議走向都掌握在有錢人、基金會執行長之類人的手上。」[3]

這種貪腐行徑讓羅利感到不對勁，但他沒有刻意詳述，至少就我能找到的書面資料上都沒有，但是字裡行間不難讀出他對此感到困惑。最初布朗案發生時，布坎南提出的核心主張是政府並沒有權利去「脅迫」個人，政府不該凌駕基本的法律規則與公共秩序之上。依照布坎南以及其他參與該運動的人的說法，若「經濟自由」要有個硬性且簡單的定義，那就是堅信不論貧富貴賤，每個人都應該對於如何安排自己透過勞力獲取的所得，有著相同的決定權，即便多數人都認為這筆錢應該拿出來妥善應用在公益用途上，也不該直接強制影響個人。就該運動的觀點而言，政府就是脅迫的領域，市場則是自由的領域，能夠自由選擇、互利互惠的交換。

但是羅利近距離觀察到的是兩套和原先這套思維不同的型態，這讓他深感不安。首先，「有錢的人」擁有不成比例的巨額財富，具有一種微妙而難以想像甚至誘人的力量。再者，在單一特定有錢人的影響之下，這場運動正轉向另一種大有問題的脅迫形式：基本上是透過欺騙的方式達成目標，它掩蓋真實目的，欺騙了相信這場運動的人，帶他們去到一個如果事先知道完整資訊，他們可能就不會去的地方。不論幹部核心團隊怎麼說，這都不是古典自由主義。當你將布坎南這套透過欺騙來脅迫他人的策略，結合另一項事實：參加培勒林山學會五十周年慶的成員，不論是知識分子還是特工，全都愈來愈依賴單一對象維持生計，兩者相加之下，就不難理解羅利感受到的不安。既要擔任自我管理的知識分子，又要成為救世運動的一分子，這兩者是互相矛盾的。救世主是不容質疑的。我猜羅利感受到了事情正在轉變；若其他人沒有因此懷疑自己，至少羅利確實開始懷疑自己。[4]

我們也知道，當科克的人馬進駐喬治梅森大學並取得主導權，這種憂慮就變成輕視，進而轉為厭惡，到最後羅利打從心底看不起科克的特工團隊，和那些以學術背書讓他們可以這麼做的人。就羅利的觀點來看，這些人占據了他的校園。他將查爾斯．科克的首席軍師銳奇．芬克稱為是——「三流的政治黑手」，而且是個「人如其名的傢伙」。[5]

羅利說出了別人不敢承認的事實：「太多自由放任主義者被科克的金錢給誘惑，自甘為一位獨裁的商人背書，供應知識作為彈藥。」到了二〇一二年，他相信事情已經陷入絕望，所有參與「自由市場智庫」的人都不會對此「發聲」。他毫不客氣地指出箇中原因：「他們當中太多人都是拿人手軟，從科克兄弟口袋中獲取財務利益的人。」[6]

那麼，羅利提出的這些被收買的人，有沒有布坎南呢？儘管一九九八年之後，布坎南就不再像過去那樣興致勃勃地進學校教育新一代的特工，就我所知，他也不再直接參與任何科克的運動，但是他仍持續接受科克手下送上門的榮譽和報酬。十年後，布坎南出版回憶錄回顧他的一生時，他還特意說了一句：「我自認此生無愧。」[7]

或許吧。但是像布坎南這樣聰明的人，怎麼可能不記得，年輕時曾答應維吉尼亞大學校長科爾蓋特．達登，要設法透過意識型態的戰爭，擊敗凱因斯學派經濟學和自由派政治學——而不是撰寫訓練手冊，教人如何以隱蔽的方式顛覆政權。難道他在溫蒂．葛蘭姆事件後就完全淡出，不想親眼見證他花了數十年打造出來的成果？同樣地，我們無從得知。

羅利顯然還是尊敬布坎南，但或許不再那麼盲從。他在二〇一二年大選前就預測，若他們共同支持的自由放任革命大業成為了暴君手中的工具，至少在原則上「會受到嚴重損害」。眼見科克為了加速達成以自由放任主義征服美國的目標，指揮加圖研究所執行「粗暴」的革命計畫，羅利對此感到憤怒的是，科克利用的政府機構，正是長久以來自由放任主義者批判的對象。他也看到，科克「毫無顧忌地操作獎學金」；在科克眼中，加圖研究所的唯一任務就是幫助他達成革命大業，別無其他。少數委員會和工作團隊中的自由放任老將提出質疑的時候，科克就以自己的人馬把他們換掉，而且他起用的人包括自由放任主義者曾經深惡痛嫉的「社會保守派」和政黨人士。然而，到了最後，羅利還是忠於革命大業，而不是忠於接納他的這個國家。（他於英國出生，也在英國受教育。）他關心的是加圖研究所，而不是美國，更不是多數決原則的命運。不論是羅利或是其他內部人士，從沒有人將這些擔憂公諸於世。更沒有人向我們其他人敲響警鐘，警告我們所謂的科克「代理人大軍」計畫一直在對這個國家所做的事。[8]

當時，一些勇敢的調查記者開始報導這支代理大軍的許多伎倆。這些記者揭露他們如何透過表面上各自獨立的組織，分別經營許多戰線，讓一般人難以追蹤。他們占據了共和黨，以充足資金來挑戰初選，威脅旗下的民選官員為革命大業效力，否則就將失去席次。他們利用全美立法交流理事會，將事先準備好的激進右翼法案送進各州議會。接著，利用州政策網絡旗下那些看似各自獨立但是資金來源統一且聯合運作的團體來推銷這些法案。它還利用了地方茶黨團體的憤怒，推動繁榮美國人協會及自由工廠的立法議案。該組織在各州的分會發起了直接郵件宣傳活動，以詐欺的方式來提高選民投票率。它的民選盟友關閉了聯邦政府；實際上，他們所做的是挾持聯邦政府的員工以及數百萬依賴聯邦政府的人當作人質，為的是他們原本得不到的東西——甚至還想拿到更多。[9]

他們利用這套「震撼與威懾戰術」(shock-and-awe)，在前所未有的短時間內，一口氣聯合推動並執行激進的改革措施，不僅不透明也沒有經過審議程序，難怪沒有人發現這個龐大計畫的主要執行者都在維吉尼亞州的機構接受經濟學訓練，特別是喬治梅森大學——也就是布坎南最後的棲身之地。光是要跟上這些行動就讓人難以招架，也就難怪沒有人能去思考這些意識型態從何而來，又是什麼讓這些行動如此一致，或者試圖找出它們的終極目標。這當然還是政黨間的惡鬥，只是用上了前所未有的惡劣手段。

著名的法學家路易士·布朗岱斯（Louis Brandeis），一個終其一生累積了大量財富的人，曾警告美國人民，作為一個國家：「我們必須做出自己的選擇。我們可以有民主，我們也可以讓財富集中在少數人手中，但我們不能兩者兼得。」然而，我想即便是布朗岱斯（他贊同工會的必要性，也在早期資本橫行的時代下倡導社會正義以及適當的管制）恐怕也無法想像，一旦巨量的財富如此集中在少數人的手中，他們就能夠對構成美國政府最根本的概念：

民有、民治、民享，發動大膽又隱蔽的襲擊。[10]

但是布朗岱斯也留下了一句格言給我們：「陽光就是最好的消毒劑。」本著將祕密攤在光天化日之下的精神，本書希望讓所有將會受到影響的人可以公開檢視這場運動，在本書結論中，我希望傳達出的訊息是，如果我們不嚴正看待這場運動，將之視為對我們的治理模式以及生活方式發起的攻擊，並且有效地做出回應，我們將會落到什麼下場。儘管這幅畫面令人毛骨悚然，我們仍可以透過意圖將其創造出來的人的言語描繪出大局現況。

• • •

據說無情但精明的政治宣傳家約瑟夫・戈培爾（Joseph Goebbels）曾說道，「如果你撒一個大謊，而且重複夠多次，人民終究會相信它。」如今，科氏所贊助的激進右翼撒下的大謊就是：整個社會可以簡單劃分為「創造者」和「索求者」，這樣一來，作為「創造者」的一方就可以正當地採用摩尼教式的鬥爭，解除對方武裝，擊敗那些想要從他們身上予取予求的人。只要參加任何一場茶黨聚會，你就會聽到無數關於「米蟲階級」(moocher class）的抱怨。[11] 翻閱那些由金主贊助的自由放任派寫手的作品，你就會讀到這個二分法無數的變體。舉一個例子來說，加圖研究所的大衛・伯阿茲（David Boaz）就討論了「寄生經濟」(parasite economy）是如何讓我們分成「掠食者和獵物」兩方。[12] 米特・羅姆尼（Mitt Romney）在一盤五萬美元的贊助宴會上，對著聽眾們說出那段惡名昭彰的評論：另外「百分之四十七」的選民實際上對於「具有生產力」的美國人來說就是吸血水蛭。[13]

究竟有沒有任何證據能夠證明，近半數的美國人有意透過稅制剝削富人呢？有沒有證據能證明這些人真的沒有對社會做出任何貢獻，只是利用政府，聯合起來圍剿這些毫無防備完全只靠自己就創造出財富的少數群體？我們當中最富有的一群人是否真的遭受了來自政府的不公平待遇呢？若真是如此，又要怎麼說明眾所皆知的一項矛盾：億萬富翁的祕書常常得負擔比她老闆更高的稅率？

這種言論的背後，實際上會不會只是為了掩飾另一個更深層的目的，亦即以確保自身自由為名，滿足自己去控制他人、限制他人自由的衝動？意外的是，這個向來在各方面都祕密行事的革命行動卻已經給了我們答案。

查爾斯．科克一直都認為，他心目中的美好社會將會帶給全民繁榮。但他還得要靠他信賴的核心幹部，才能夠將他這種救世主般的願景正當化。然而，這些人顯然不這麼認為。他們已經勾勒出革命計畫成功時將要浮現的社會（同時，還將自己在這個社會興起的過程中所留下的痕跡抹得一乾二淨）。那是個怎樣的社會呢？為了確保能夠達成這個目標，他們將不得不對我們的人民和民主做出什麼？

科克剛成年時，就從他的精神導師哈珀身上學到：「我們這個時代最大的社會難題，就是要設計一種預防藥物，以阻止政治體內自由的侵蝕。」哈珀進一步警告，「一旦疾病惡化，需要的就是更苦口的治療性藥物，才能重獲失去的自由。」[14]詹姆斯．布坎南則是揭露出這道藥方究竟多麼難以下嚥。布坎南在二〇〇五年寫道，不懂得為自己的未來需求設想並儲蓄的人，「將被視為人類中的次等成員，就像是……依賴他人維生的動物。」[15]

在喬治梅森大學大本營的莫卡特斯中心，如今接續布坎南的遺志指揮大局的泰勒．柯文解釋道，隨著「社會契約重新制定」的程序開始，人們將「預計得要比現在更加自食其力」。他說，雖然有些人會順勢成長，「其他人則將被時勢沖垮」。而且，因為「有價值的個體」將會設法找到脫離貧窮的出路，「也就讓人們更容易忽視那些被拋下的人。」柯文預言道：「我們將削減窮人的聯邦醫療補助。」同時，「財政不足將反應在實質工資上，因為各種成本負擔都將轉移到工人身上，」而雇主和做得更少的政府的負擔則隨之減輕。為了「補償」，這位來自全國第二富有大郡的特聘教授建議，「當政府福利削減或收回時，會受到影響的人」應該打包搬去生活成本較低的州，例如德克薩斯州。柯文說，的確「德克薩斯州的生活福利補助和醫療補助額度都很低」，而且有近三成的居民沒有醫療保險，但是該州有的是工作機會以及「非常低廉的房價」來抵銷「低於水準的公共服務」。[16]

他進一步預言，事實上，「就整體而言，美國最後將會看起來更像德克薩斯州那樣。」柯文以陳述事實的語氣說了這些話，像是他只是在報告無可避免的未來一樣。他很有權威，他的部落格「邊際革命」（The Marginal Revolution）是最受歡迎的專業經濟學知識部落格，他以不分黨派一視同仁的評論而出名，同時柯文最具代表性的筆法就是將經濟學的概念融入各種文化分析，從食物到旅行都能成為他的主題。他將自己說成是一個務實的自由放任主義者。（實際上，該部落格的標語就是「小步踏向更美好的世界」。）然而，若了解到他領導的團隊過去二十年來都和查爾斯．科克密切合作，試圖將他描述的社會化為現實，再回來看他對於同胞即將面對社會翻轉的命運所做的預言，這些話聽起來就有不同的份量了。不再只是預言，而是預謀。例如，他以經濟學家的身分預言美國的低收入地區的未來，將會以像是里約熱內盧那種貧民區來「重塑出類似墨西哥或是巴西的環境」。該區的「供水品質」可能不如美國公民習慣的水準，但是「部分的貧民區」將能在「薪資差距兩極化」擴大而政府減縮功能的同時，滿足對於低廉房價的需求。「某個版本的德克薩斯州——再加上一點改變——就會是我們大多數人的未來，」這位經濟學家提出建議：「做好準備。」[17]

贊同自由放任哲學的人相信，政府唯一的合法角色就是落實法治、穩定社會秩序、維繫國防。這也就是為何長久以來，他們都一直將矛頭指向聯邦醫療保險、窮人的聯邦醫療補助，以及最近的新目標——歐巴馬健保。聯邦眾議院預算委員會主席保羅．萊恩解釋道，這種為大眾需求存在的公共服務，由於是將納稅人的收入移轉給其他人，不只是侵犯了納稅人的經濟自由，同時也侵犯了受益者掙錢養活自己的精神需求。他曾在演講中對聽眾表示，國家的營養午餐計畫讓貧困學童「填飽了胃——卻掏空了靈魂」。[18]

較不為人知的是，這些狂熱信徒並不認為政府應該要推動公共衛生工作。這並不是指髖關節置換手術或節育的補助。我們談的是基本公共衛生設施，關於這一點，自從進步時代以來就被各國政府視為第一要務，以阻止諸如霍亂和傷寒之類的水媒傳染病。

專欄作家紀思道（Nicholas Kristof）指出，國會中的共和黨多數黨團「有系統地刪減了對付茲卡病毒、伊波拉病毒等其他疾病的公共衛生預算」。[19]要知道箇中原因，我們可以從他們內部人士的想法中找到解釋。在科克機構的資助下，二〇一四年由北卡羅來納州州議員升任聯邦參議員的湯姆．提里斯（Thom Tillis）曾說，餐廳應該要能「選擇不去配合」要求員工上完廁所後必須洗手的法律，「只要確實貼出告示表示『我們並不會要求員工上完廁所後要洗手』，剩下就交給市場處理就好了。」[20]

甚至在歐巴馬健保完成立法前，自由基金會贊助的一位公共選擇理論經濟學家蓋瑞．安德森提出一份研究，指稱公共衛生領域打從二十世紀初開始，就是「有組織的利益團體用來將財富重分配到自己手上的主要機制」。[21]歐巴馬健保的爭議剛開始時，在《華爾街日報》擔任編輯的自由放任派記者雅米蒂．薛蕾斯（Amity Shlaes），依循布坎南的思想出版了一本暢銷書《被遺忘的人》，書中也做出了相似的結論。她號稱自己「發現公共選擇理論能解釋一切」，包括「衛生官員之所以對測試小孩血液中的鉛充滿興趣，是因為找出中毒的孩童就表示他們有在做事，這樣想就合理了」。[22]

在密西根州佛林特市，占這裡多數人口的非裔美國人親身體會，一旦由這種思維的人掌管新政治經濟，「倒在路邊的人」會面臨什麼樣的慘狀。佛林特鉛水醜聞的爆發是因為一位不肯屈服的母親。二〇一四年底，由於她的女兒頭髮持續剝落、兒子腹痛、雙胞胎孩子也開始起了無法治療的皮疹，她向由州任命的執政官員及州長提出申訴，但是他們對於她的擔憂置之不理。直到她從別州找來一位願意出面協助的科學家，大多數美國人才得知這起該州史上最嚴重的公共衛生災難。「過去十八個月以來，十萬名居民暴露在毒水危機當中。」一位博士生解釋道。安全飲用水不能容許任何鉛含量，尤其是對大腦及身體仍在發育中的孩童來說，接觸到鉛水可能導致不可逆的身心損傷。[23]

佛林特事件並不是天災，也不是政府失能造成的。事件起因可以直接歸因於麥基諾公共政策研究中心的倡議，該中心是第一個由科氏贊助，也由科氏派遣工作人員的州級「思想與行動」智庫，如今五十州都有這種機構，並且隸屬同樣由科氏策畫的州政策網絡之中，用以共同協調以避免州政府回應「索求者」的需求。[24]

一九九四年，時任密西根州州長的約翰．恩戈勒（John Engler）表示：「只要麥基諾中心開口，我們就洗耳恭聽。」他的繼任者也確實照辦。二〇一一年，麥基諾中心推動立法，授權州長全面接管任何有社區「面臨財政危機」的地方政府，並且將控制權移交給緊急執政官

（emergency manager）。這些未經選舉指派的官員擁有廣泛的權力來強制施行緊縮政策，包括單方面廢除集體談判協議、將公共服務外包、將地方政府資源販售給私人企業、以及隨意更換供應商。因工業衰退而經濟受創的密西根州，早在二〇〇九年就有超過一半的黑人選民受到由州長指派的緊急執政官管轄，其中包括了底特律、本頓港和佛林特的居民。某位市府官員曾直批這套新系統：「講白了，就是獨裁。」為了節省經費，受指派到佛林特的緊急執政官將該市供水來源改為採用佛林特河的河水。順帶一提，麥基諾研究中心的說客還確保了這條法案中保障由州指派的官員，不會因其執行內容而遭到訴訟。不論如何，他們都很清楚這樣做會帶來的傷害，有鑑於此，他們設下了聰明的保護措施，來確保未來要為革命計畫站上第一線的士兵能夠得到保障。[25]

這樣說下來，那些寧願將公共衛生和乾淨用水置於險境的人，如今也大力否認氣候變遷也不會讓人感到意外吧？還有，在這項任務開始前，布坎南的學生和同僚就受菸草業資助進行了相關的經濟分析，用來詆毀那些站在誤導性的「多數人」立場上，拒絕菸草公司、吸菸者和他們身邊的人可以「自願選擇」的「家長主義者」（paternalists），說這些人是「表面上說要維護『公共健康』，本質上就是想透過政治修辭來掩飾脅迫」的「尋租利益團體」。此外，這些經濟學家暗指政府資助的研究人員永遠找不到癌症的解藥，是因為「那會讓很多靠癌症獲利的官僚失去工作」，這樣說起來也不意外吧？[26]

在財產權至上主義者的眼中，就算要以人們性命為代價，也不希望他們仰賴政府的醫療照護協助或是戒菸諮詢，同樣地，即使全球面對生態與社會浩劫，他們也不允許經濟自由因此而受到政府管制。科氏集團的核心幹部很早就發現大眾擁護環保主義會是個問題。舉例來說，早在一九九七年，查爾斯・科克第一次將大筆捐款投入喬治梅森大學時，科克的另一個行動組織優質經濟的公民基金會就警告過企業盟友：百分之七十六的美國人認為自己是環保主義者。據產業民調顯示，「更糟的是，百分之六十五的民眾不相信企業」會採取防治污染的行動，而且「百分之七十九的選民認為目前的法規訂得只是剛好或是『還不夠嚴格』」。[27]幹部們從中得到的啟示就是，他們沒辦法以真正想要的目標贏得多數人的支持。那麼，該怎麼做呢？喬治梅森大學的經濟系主任唐納德・布德羅（Donald J. Boudreaux）說，「或許很難承認，」但是因為公共選擇理論研究顯示讓政府研發解藥可能會比疾病更糟（當然，這是從他們的角度來說），因此全球暖化「最好是順其自然」。[28]

這項建議受到嚴肅的科學家以及擔憂的公民反對，因此加圖研究所和獨立研究所加入了一個由科氏贊助的低調智庫圈，開始推動一項被兩位科學界的學者稱為有系統的環保「錯誤資訊宣傳活動」。他們散布垃圾偽科學，讓大眾誤以為氣候變遷的風險仍屬未定論，這個策略是從菸草公司身上學來的，多年來，菸草公司散播對科學的懷疑，以防止大眾將抽菸和疾病聯想在一起。[29]更令人憤怒的是，他們對科學家發動人身攻擊，例如某個科氏贊助的組織就曾暗指氣候科學家們研究都是為了尋求私人金錢回報。這種論述的典型就像是「相信氣候暖化就能發大財，趕快上車！」（All Aboard the Climate Gravy Train）之類的文案標語（想想這種言論背後的金主是億萬富翁，這種抹黑方式更讓人感到不齒）。[30]

當時的科克團隊靠成長俱樂部贊助共和黨黨內初選，以確保未來共和黨國會議員將會在環保議題上與科克團隊站在同一戰線。這也就解釋了為何曾最堅守原則的共和黨聯邦參議員約翰・馬侃（John McCain），在面對茶黨的初選挑戰時，卻改變立場跌破大家的眼鏡。到了二〇一四年，國會中的兩百七十八位共和黨員中，只有八位願意承認人為因素造成氣候變遷的論點。[31]經濟學家兼專欄作家保羅・克魯曼（Paul Krugman）精準地指出，「我們看到的是一個背離科學的政黨，即便這樣做將會將使文明的未來置於險境，他們依然故我。」[32]

一位記者將這些聯手阻止聯邦政府採取行動的組織稱為「祕密聯盟」，該聯盟由紅州州檢察長與化石燃料公司組成，在聯邦法院以「前所未有」的方式同步提起訴訟，藉此阻撓環境和其他管制條例設立。[33]這套利用州政府來削弱國家改革的策略，遵循的就是布坎南所推倡的「競爭式聯邦主義」（competitive federalism），其靈感來自約翰・凱爾宏的憲政理論，並由傑克・克派屈克應用在**布朗訴教育委員會案**上。你可以說這是刻意設計要「逐底競爭」（race to the bottom）的策略，如今由全美立法交流理事會主導，透過整個科氏贊助的州政策網絡倡導，為各州立法者的行動提供學術背書。[34]接受了州政策網絡在威斯康辛州的附屬組織對其施政安排的建議，史考特・華克自從二〇一五年上任州長以來，就透過行政機關實施了禁言令，禁止負責監督州政府公有土地的員工談起氣候變遷，連討論都不行。[35]

換句話說，這一切代表了：若科氏贊助網旗下的學術和機構沒有參與討論，公眾就不會懷疑一面倒的科學證據，也會相信政府阻止全球暖化的行動有其急迫性。[36]然而，可悲的是，他們的宣傳效果正在慢慢發酵。相信「持續燃燒化石燃料將會改變氣候」的美國人，從二〇〇七年的百分之七十一，到了二〇一一年下降到了百分之四十四。[37]

另一場災難也正在席捲全國的公共教育體系，培勒林山學會自從一九五〇年代以來就將其視為革命大業的打擊目標——值得一提的是，這是早在強大的教師工會興起前就確立的目標。他們並不承認他們在意識型態上致力於終結公共教育，而是說服了一大群美國人相信：現在學校的問題都源自於教師工會擁有過多權力。在他們成功贏得控制權的那些州，例如我所在的北卡羅來納州，與核心幹部結盟的民選官員受到州政策網絡的附屬組織推動，迅速地立法削弱教師工會，其中一項法案甚至還是連夜通過的。由共和黨主導的北卡羅來納州州議會隨即也依法裁減了七千位教師助理，教育預算的實際撥款，比州預算辦公室以最低限度維持學校運作來估計的預算還要少一億美元，相較於二〇〇八年，給予公立學校的預算少了五億美元。甚至學校用品預算也被砍了超過一半；在某些貧困社區，學生連課本都不能帶回家，因為怕他們會搞丟。[38]

這些預算都用到哪去了？答案是流入美國企業，到了由私立學校構成的新型「教育產業」手上，其中許多學校沒有招生標準，或根本不公布招生條件。一位高等法院法官驚訝地發現，北卡羅來納州議會違反了該州憲法，將領受稅金補助學費的學童送往「沒有法律義務要教他們任何東西的私立學校」。（他的判決最後被該州最高法院給推翻了，科氏集團的幹部花了一大筆錢收買相關人士，就是為了應付這種不時之需。）根據史丹佛大學一項研究發現，光是二〇一四年，新成立的營利取向線上特許學校（for-profit virtual charter school）執行長，個人收入就能賺超過四百萬美元，史丹佛大學的一項研究發現，註冊這些學校的學生學習進度遠遠落後公立學校的學生，在一百八十天的學年當中，這些學生少上了相當於「七十二天的閱讀課程和一百八十天的數學課程」。換句話說，根據這項研究，這些線上學校只教了一點閱讀，根本沒教數學。[39]這一切的結果就是：二十世紀的北卡羅來納州透過對公共教育明智的投資，從南方最貧窮的州一舉翻身成為最富裕的州之一，而目前，用於每位學生的人均教育支出，卻還排名在密西西比州之下。[40]

最終，就像激進右翼試圖將公共教育轉交給企業經營，他們也在推動企業監獄。這項任務似乎很重要，當時兼任科氏贊助的獨立研究所研究主任的喬治梅森大學經濟學家亞歷山大·塔巴羅克，特地就此議題在二〇〇三年出版了一本書，還故弄玄虛將書命名為《衛兵交接》。塔巴羅克在書中宣稱，「我們現在知道的是，私人監獄可以更快蓋完、用更低的成本營運，並且將品質維持在不比政府營運的監獄差的水準上。」他一面針對「特殊利益團體，尤其是那些矯正單位和獄警工會」推動增加監獄支出這一點提出警告，同時卻刻意忽略不提私人監獄公司為了自身的利益，驅使他們推動更嚴厲的判決，藉此提升監獄人口，並削減昂貴的項目來降低營運成本，例如職業訓練和藥物濫用諮商。[41]

畢竟，當時圈內普遍有個共識，就像為革命大業效力的史蒂芬・摩爾二十多年前就曾宣稱過的那樣，將公共事務移轉給私人公司是創造「新的支持私有化聯盟」的「強效策略」，因為當政府功能剝離時，能夠從中獲利的公司就會進一步推動相關改革。[42]無庸置疑地，美國矯正公司已經成了有力的說客，強力推動公共監獄私有化的進程——該公司也贊助了科克旗下推動此議題的理性基金會。[43]一份恰如其名的臥底調查報告《兌現囚犯》當中，揭露年獲利超過五百億美元的矯正產業當中，美國矯正公司是獲利最高的榜首——該公司也對共和黨議員特別慷慨，他們有百分之九十二的政治獻金都捐給了共和黨議員。[44]

營利取向的監獄扭曲了誘因，賓夕法尼亞州就有一位法官涉入「『現金換兒童』醜聞」案件，在這起具代表性的案件當中，涉案法官們將孩童判刑送往私人監獄設施，並收取總計兩百八十萬美元的回扣。[45]被拘留的移民也深受其害，他們既沒有權利也沒有集體發聲的管道，更沒有多少盟友，就成了比誰都更理想的商品，這些監獄公司將他們視為穩定的提款機，在最近一份報告中，關押他們的設施更因為這種誘人利益被稱為「拘留銀行」（Banking on Detention）。[46]

‧‧‧

如果說整個國家的醫療、教育和監獄體系，以及整個世界的氣候，都正處於關鍵的分水嶺時刻，那麼美國的勞動力也是如此。過去二十年來，經濟學者和政治學者的大量研究指出，如今美國之所以有著高張的不平等現象，並非全球化或新科技這些與個人無關的發展所造成的必然結果，即便這些因素或多或少對這個現象帶來影響。相反地，我們目前面臨的極端情況，絕大部分要歸咎在企業界以及富裕的金主對我們的政治和公共政策擁有過大的權力。舉一個典型的例子：根據過去數十年來以嚴苛的財政措施聞名的國際貨幣基金說法，「工會組織弱化和金字塔頂端的所得份額增加呈密切相關。」該組織的結論是，必須恢復勞工的集體談判權，才能減緩不平等的增加速度並促進經濟成長。[47]

然而，革命計畫正賣力地反其道而行：他們蓄意破壞勞工組織工會的能力，讓勞工無法透過集體談判改善薪資和工作條件。在二十世紀中期，原先是蓄奴州的南方各州領先全國，率先通過了反工會的工作權利法，在其他各州只有少數效法，絕大多數還是人煙稀少的地方。然而到了二〇一二年至二〇一六年間，以布坎南的思想為引導，在科氏贊助的全美立法交流理事會、州政策網絡、繁榮美國人協會的共同推動下，原先是自由州的四個州也通過了類似的法案：印第安納州、密西根州、威斯康辛州以及西維吉尼亞州。[48]

這一波新的反工會規定，首先是由威斯康辛州的史考特．華克在二〇一一年開了第一槍，這些規定加總起來的影響力，比起整個革命行動至今所做過的任何事情都要來得更邪惡且致命。他們這種精巧的準確程度，讓人不禁想起智利皮諾契特時期，在布坎南的協助下修改的勞動相關法規改頭換面後出現在威斯康辛州，政府受雇人員不再擁有就工作條件及福利進行談判的權利，只能進行工資談判（使工資與通膨比例維持一致）。新聘合約都只有一年的期限，員工因而失去動力，不願為現有成員分擔解憂，也無法組織新成員面對接連進行的年度談判。工會將失去直接從工會成員薪資扣取會費的權利，也就必須對未繳交會費的成員一一追討。而且，他們最後還補上了一刀，工會除了再也沒辦法對會員有任何實質貢獻，他們還得要**每年**針對代表資格重新進行選舉。[49]難怪華克會吹噓說「我們丟下了震撼彈」。[50]他這套做法在短短五年內，就將有工會資格的政府受雇人員比例砍半。[51]

這套結合削弱工會和公共服務私有化的做法，對非裔美國人影響甚鉅，因為政府職缺有反歧視相關措施，他們原先有許多透過公職進入中產階級的機會。在一份針對美國的不平等問題進行的大型跨領域研究中，作者解釋：「公共就業是黑人階級流動的主要來源，尤其對女性而言，也是降低黑人貧窮問題的重要機制之一。」近期一則新聞頭條精準扼要地描繪了這波衝擊：「公家工作機會消失，重創黑人族群。」這和經濟大蕭條帶來的緊縮措施或許也有關，但是公部門的就業並沒有隨著經濟回升，這也是刻意選擇削減稅收和公共服務，並將剩下的工作都外包給私人公司所帶來的結果。[52]

研究婦女的歷史學者露絲．羅森（Ruth Rosen）則從另一個觀點，檢視了這波對政府的廣泛攻擊帶來的衝擊。「誰來照顧美國的老人和小孩？」她質問道，因為此刻家有六歲以下小孩的母親當中，有三分之二都在職場效力，然而「市場基本教義派——那些深信市場能解決一切問題的人——卻成功撤除了這麼多聯邦管制、服務和保障」。[53]對相信布坎南那套革命大業的人來說，這根本不是什麼問題，因為答案很簡單：**你自己照顧**。若你沒能力照顧，那就要怪你生小孩或變老前沒有想清楚，自己沒做好儲蓄的準備。不論是背負學貸的年輕人，還是照顧嬰幼兒、病患和老人，所有問題的解法都是同一套：每個人從有意識開始，就應該好好思考他們自己未來可能的需求，並且自己賺錢去支付這些需求，否則就得自食惡果。事實上，喬治梅森大學的泰勒．柯文和他在莫卡特斯中心的同事，幾年前就曾對年輕一代的美國人說他們「應該占領的不是華爾街，而是美國退休人員協會」。（以免這些退休人員來搶他們的資源。）[54]

但是高齡人口和那些正要邁入高齡的人也會有很多他們自己的問題要面對。公共服務私有化與「個人責任」的概念帶來的破壞力，套用到公辦社會安全制度上就成了另一個悲慘的案例，我們從中可以再次看到美國未來正踏上智利的後塵。幹部領導成員史蒂芬．摩爾曾說，我們國家的退休體制就是「福利國家的軟肋」，只要「一矛刺穿」就能殺死整個國家。[55]以加圖研究所為首的科克團隊持續以皮諾契特模式推動個人投資帳戶，這套模式讓他們得到了許多共和黨民選官員的支持。但事實上，那個模式後來證明根本是場災難。在智利獨裁政權瓦解之後，幾乎所有人都同意應該恢復社會保險的核心要素。智利的經驗告訴我們，個人帳戶制讓財務金融公司可以藉由從工人薪資中自動扣款而獲得巨大財富。這些公司毫不留情地利用了這個機會，他們從工人繳交的保費當中，收取大約四分之一到三分之一做為帳戶操作手續費，替他們自己賺取了五年平均年獲利率超過百分之五十的佳績。（一位參議員譴責他們是「西裝筆挺的竊賊」，「專搶老人的退休金」。）賽巴斯提安．皮捏拉（Sebastián Piñera）身為一個保守派億萬富翁，在二〇一〇年當選智利總統，他是當年在皮諾契特時期推動智利個人帳戶制勞動部長的親兄弟，即便如此，他也說這套系統需要「深度改革」，因為有一半的智利人沒有退休金，就算是有退休金的人，其中四成的人也會發現，光是要達到退休所需的最低維生標準都很困難」。[56]

與此同時，自由放任主義者的危言聳聽轉移了美國人的注意力，他們沒有注意到真正面臨的挑戰是退休所需不足超過六兆美元，尤其是受薪階級將被迫要自食其力。在培勒林山學會的思想以及市場壓力的推動下，幾乎所有美國企業都已終止固定收益退休年金制（defined benefit pensions），在上個世代，有一半的勞動力都在這項計畫的涵蓋範圍內。而且自從一九七〇年以來，大多數人的薪資基本上都停滯不前，只有極少數美國人擁有401(k)退休金帳戶，或是其他相當於這筆資金的儲蓄。兩位學界權威就此作出一個嚴酷的結論：「殘酷的現實是，當今多數的勞動人口——可能會是大多數人——正在走向愈來愈艱困的退休生活，對於某些人來說，退休生活將是場財務災難。」然而，研究同時也顯示這種無望的未來並非必然。對於大多數的美國人來說，公辦社會安全制度「仍是最廣泛、有效、安全且重要的退休收入來源」。若要避免危機發生，我們需要的正是走上與自由放任主義幹部組織倡議相反的方向：我們應該擴大國家的社會保險體系，以彌補低薪工作蔓延以及其他收入來源短缺的現象。[57]

• • •

然而，財大氣粗右翼人士的這套祕密計畫有著一個終極目標，也就是著眼在布坎南多年以來敦促的目標——全美國最重要的一本規則書：美國憲法。要從我們現在得到的資訊中推敲出他們的終局打的是什麼算盤之前，不妨退一步，回顧一下自從二〇〇八年來展開的整個行動計畫是如何規畫出來的。當時，金融危機引爆經濟大衰退的同時，巴拉克．歐巴馬當選美國史上第一位非裔總統，兩相結合之下的衝擊，為查爾斯．科克從一九九七年在喬治梅森大學開張之後，長久以來耐心等待機會發起的革命行動揭開了序幕。[58]

就在這一年，泰勒．柯文接受委託為推動美國改革的計畫奠定概念基礎，寫出了一篇題為〈為何自由陰晴不定？〉的論文。[59]這篇論文做了文獻回顧，可以引導莫卡特斯中心去消滅二十世紀民主政體中「對經濟自由的限制」。[60]

柯文從中發現了什麼？在一九二〇年代有一項關鍵的發現，不論是歐洲還是美國，超越「富裕的男性地主」範疇的「選舉權擴張」造成公部門擴大的不幸結果。唉，「取消人頭稅及識字的門檻，導致投票率和福利支出雙雙上升。」[61]

柯文指出，「最自由的國家通常都不是民主國家」，比方說智利是「最成功地」保障了經濟自由的地方（他們所謂的自由不是我們大部分的人認知的個人自由，而是提供最大的經濟自由度）。柯文將香港和新加坡也列為其他持久不衰的範例，另外還有兩個案例：藤森謙也統治下的祕魯以及一九八〇年代中期到一九九〇年代初期的紐西蘭，這兩個國家的金融市場管制鬆綁，廣泛實施私有化，對富人減稅以創造「（幾乎）單一的稅制」並且削弱了工會的談判能力。[62]

柯文教授還在這些案例當中指出另一項共同點：「沒有任何一個成功案例是大眾要求的市場導向理念所帶來的。」推崇經濟自由的行動計畫向來有著一樣的問題：這個行動計畫要的是徹底改革，但「幾乎得不到任何」人民的支持。柯文以行動代替言語，針對僅有少數人追隨的狀況作出回應，「如果美國的政治機構使得市場導向的改革難以實現，那麼，或許我們應該改變的是這些機構。」[63]

你幾乎可以說，這個經濟學家正在創造一本如何對民主發起第五縱隊攻擊的教戰手冊。柯文建議，削弱美國體系中的「制衡機制」，這樣一來「就會增加出現很好結果的機會」。唉，有鑑於對美國憲法的崇拜無所不在，若想直接操縱整個體系，可能會帶來「災難性」的後果。藉由智利的經驗，柯文給的最佳建議就是採用突擊式的政策轟炸，就本質上來說，就像是軍事上的震撼與威懾戰術，亦即採用龐大的火力展示，精密計算過的互相連結操作手法來震撼敵人，讓敵人為之懾服。他以經濟學家的身分建議，當適當的時機來臨時，藉由「大爆炸式的集中轟炸」就能讓套在經濟自由上的許多民主限制變成多餘（可以推測，這就像是在二〇一一年後許多由共和黨取得主導權的州，同時在許多戰線上加諸激進的政策改變，包含教育、就業、環境、稅賦及投票權等議題）。[64]

與此同時，塑造輿論風向非常重要。他們認為重心要放在男性身上，因為男性「比較會懂經濟學家的思維模式」，而女性則傾向於預測經濟自由的弊端，因此更支持政府干預。喬治梅森大學正在進行的一項研究也指出，存在於選民中的非理性因素，可以將其導向有利之處。「事實上，『非理性』觀點是可以被用來支持好的政策的」，尤其是如果革命計畫能夠納入「認知科學或是演化生物學」的洞見。人們容易受到本能驅動，因而拒絕相信理性事實，倘若知道這一點，似乎就能藉此讓選民不自覺地支持「不受歡迎」的議題。[65]

轉型中的媒體更是給了革命行動一道曙光。正如柯林頓時代落幕時一樣，電視媒體會咬著一些私人醜聞不放，這可能會讓公民對此感到疲憊且抱持懷疑，因而逐漸對政府失去信心。（不過在這方面得要小心行事，因為「憤世嫉俗可能削弱維持自由社會所需的價值觀」。）至於新興的網路媒體，就性質而言「顯得特別適合散播謠言、八卦以及陰謀論。」[66]

柯文推薦了一套美國如何以「改變政治機構」來「削弱其制衡能力」的策略：透過現任法官改變詮釋憲法，接著進行修憲。在我們討論這套做法之前，稍微先了解一下背景或許更有幫助，因為事實上，美國憲法對於我們作為美國人民能做的事，已經設下高過任何其他民主國家的限制。以一場思想能夠回溯到約翰．凱爾宏的革命計畫來說，科氏贊助的幹部很努力地在誇大法學家曾公正地稱之為「奴隸憲法」中最令人不安的特點。[67]

讓我解釋一下。

美國人從小就被教導，要尊重美國憲法嵌入其政治體系中的制衡機制，其特色就是針對想要發起激進改革的狂熱多數而設計的，尤其是可能侵犯少數民眾財產權的狀況，就算無法完全阻止他們，這套機制也至少有緩衝作用。憲法的種種約束當中，最明顯的就是比例嚴重失衡的參議院，其席次的設計就是為了制衡直接代表人民的聯邦眾議院。像是懷俄明州這種居民相對較少的州，在參議院的代表人數和人口多的加利福尼亞州是一樣的。這意味著在參議院選舉和審議當中，懷俄明州每位居民持有的選票，其重要性比起加州選票高了將近七十倍。[68]這公平嗎？一點也不。這正是為何在一九六〇年代初期，如果各州官員刻意讓鄉村居民在代表性上高於都市及郊區的居民，依最高法院的判決，這種州內事務的做法嚴重偏離「一人一票」原則而被宣告違憲。但是，參議院的席次是寫在憲法內一段不可修改的小節中，因此，這套補救措施無法全國通用。

一方面，這套憲政體制幫助美國成為現代世界上最穩固的共和政體。另一方面，它也讓我們的政體成為至今以來所有主要的民主國家當中，最不能回應人民需求的國家。要在美國推動政治體制重大變革需要歷史性的大動盪，即使是擁有大多數人民支持也一樣——像是內戰終結了奴隸制度、經濟大蕭條期間為了經濟改革經歷了成千上萬次的罷工和鬥爭、民權人士以大規模破壞及政治危機讓非裔美國人享有和其他人同等憲法保障的權利。[69]簡而言之，對那些尋求社會正義的人來說，現存的制衡機制創造了一道難以跨越的高牆。

這個問題是系統性的。這套阻止改變的機制寫在美國憲法裡頭，阻礙了美國政體解決其最深遠的挑戰，除非絕大多數人都給予支持。從經濟不平等的問題上，我們可以看到這些限制所帶來的代價。美國的經濟不平等已經高到到沒有任何國家可以比擬的程度，代際流動性趨於僵止，在所有同儕國家當中敬陪末座。美國最大的承諾，原本應該是讓年輕人能夠在經濟階級上攀升，達到比父母更好的社會與經濟地位，這也曾是我們最大的驕傲，如今在這一方面，美國卻可能只比英國好一點點。許多思想家試圖以獨特的個人主義文化來解釋這個現象。我們都聽過這些說法，甚至我們自己也曾相信過。

但是美國最傑出的兩位比較政治學者艾弗瑞・史德本和胡安・林茲（Juan J. Linz）最近所做的研究，以另一種方式探討了美國詭異的矛盾：他們比較了先進工業化民主國家之間，用來阻礙公民透過立法程序實現集體意志的絆腳石數量。兩位學者將這些內建機制來「限制多數」的障礙稱為「否決者」（veto players），他們發現了一項驚人的相關性：否決者最少的國家，也是不平等程度最低的，相反地，否決者最多的國家，不平等的程度也就會最嚴重。其中只有美國有四種否決者。憲法元勳訂下了四種特別用來維護奴隸制的否決機制：參議院、眾議院以及總統都擁有絕對否決權（除非投票數達到三分之二的絕對多數），最後一項則是未經國會中三分之二的州同意不得修改憲法。美國體制中還有其他特質更進一步阻礙多數決統治，包含贏者全拿（winner-take-all）的選舉人團制度；將權力下放給各州的《憲法第十條修正案》；以及權力異常強大的參議院代表制度以其他國家都看不到的方式違反「一人一票」的原則。史德本和林茲提到，基於這些機制，即使在一九六〇年代末，「美國所得**平等**的全盛時期，（長期民主的國家當中）也沒有任何其他國家像美國那麼不平等，而且大多數國家的平等程度相較之下都大幅領先。」同樣值得一提的是，就算是美國境內最平等的州，也比不上任何具有可比性的國家。讓美國體制如此可悲地「與眾不同」的原因，正是出在體制內建來限制多數決的否決者數目。[70]

在這套已經很獨特的限制系統上，幹部團隊還想要加入更多否決機制。在科克贊助的機構為實現布坎南呼籲的憲政革命所打造的理想願景中，每一項措施都必須經過最有錢的美國人全數同意，政府簡直不可能回應多數人的意願。[71] 這項計畫以多方分頭進行。

一是大規模的法律轉變，這也是喬治梅森大學定調的方向；這個走向闡明如何透過悄然地改變法律規則，以前所未有的方式約束公民。二〇一五年，《紐約時報》以頭條刊登了一項調查報告：「仲裁無處不在，文件操弄司法。」（Arbitration Everywhere, Stacking the Deck of Justice）記者們深入研究後，揭發了「美國企業界玩的一套無所不在的權力遊戲」，當消費者在申請工作、信用卡、電信服務、醫療服務或長期照護等等服務項目時，企業方在各式各樣法律條文的細節中，暗藏了疲憊且不知情的消費者通常看都不看就會同意的文字遊戲。這些文字能讓簽署者無法參與對公司疏失的集體訴訟，並且逼迫他們接受強制仲裁。整套文件都是由相關公司自己寫下規則並選擇裁決者。換言之：這些合約是以公民事前簽名同意的前提，剝奪了憲法保障的起訴權利。[72]

一位雷根任命的聯邦法官對此提出警告，「這是我們的法律史上影響最深遠的轉變之一。」他接下來這段話值得慢慢細讀：「不祥的是，企業界很有可能會選擇完全退出法律體系，即使行為不當也不再受到譴責。」隨後另一條頭條指出，這意味著「司法系統私有化」（Privatization of the Justice System）。[73]

在他們利用漸進的方式推動憲政革命時，這些機構的特工告訴自己和他們的聽眾，他們是在復辟開國元勳的願景。其中甚至有些人自稱是「麥迪遜主義者」（Madisonians）。[74]

這一點也是錯誤訊息。相反地，幹部組織推廣的憲政觀點，實際上源自於美國歷史上一個獨特的時期：介於重建時期失敗之後與經濟大蕭條開始之前那段時間。布坎南在他的成名作當中也認知到這一點。書中，他和共同作者高登・杜洛克說，美國的決策規則「在一九○○年時還比一九六○年時來得更接近『理想』狀態」。[75]一九○○年是發生**洛克納訴紐約案**及**布雷西訴弗格森案**的那一年——這兩案的判決至今仍為人所熟知，就是因為其中一案擋下了多數民眾渴望有意義的就業改革，另一案則允許了州議會立法進行種族壓迫。這兩項判決都扭曲了《憲法第十四條修正案》的解釋，將原先設計來保障單打獨鬥的公民權利的修正案，轉為保護坐享特權的人。

簡而言之，布坎南所期望的憲政秩序造就了一個無可匹敵的企業完全支配時代，在這個時代中，南北雙方的菁英再次集結，共同踐踏廣大公民的政治參與。他這套憲政觀點讓南方得以大規模剝奪選舉權，在北方及西部則是壓制了工人階級的投票權，工人的待遇惡劣到足以在勞資之間引發嚴重的連鎖內戰，一個又一個的社區環境因此遭到破壞，等等。在數百萬當代人民眼中，這是「金權政治」（plutocracy）的全盛時期，套句法學家巴瑞・傅利曼（Barry Friedman）的說法，在這個時期我們見證了人們「大幅失去對於法律效力的信心」，因為人民得出的結論是：法官永遠忠心耿耿地站在大老闆那邊。自然而然地，記者艾達・塔貝爾也就將這段時間寫成是「血流成河」的時期。[76]

要是布坎南心目中理想的那套一九〇〇年代的體系，在經濟大蕭條時期於全國延續下來的話，美國很可能會經歷一場來自右派或左派的革命，而不會有今天唯一從全球經濟浩劫中倖存下來的自由民主國家的成就。正是因為當初以新的方式理解憲法，在大企業的時代以全體人民的自由和集體自治的名義對財產權加以限制，美國才有機會達成這項壯舉。[77]

• • •

值得一提的是，還有一點十分諷刺之處：這項革命大業的最終目標，並不像他們口中說的那樣試圖縮減大政府。事實恰好相反：幹部試圖強加於憲法的解釋，將會給予聯邦法院巨大的新權力，能夠用來推翻選民期望並由他們選出的各級民意代表所通過的法律——屆時為了控制從中產生的公眾憤慨，將會需要大幅擴增警方權力。其預兆為：接受科克贈與的人們多年來批評最高法院利用「司法積極主義」以實現更大的公平，此時他們也準備透過加圖研究所出版的《積極司法案例集》以確保經濟自由。[78]

為了推動他們的憲政革命，科克贊助網絡在各州司法選舉注入了前所未有的大筆資金。儘管媒體注意力都放在聯合公民組織（Citizens United）對總統及國會選舉的影響上，各州司法選舉的龍頭一開，可能會在接下來的數十年內帶來更嚴重的後果，企業金主投入資金就是因為他們相信能夠藉此讓憲法及法律的解釋對他們更有利。急於推動「激進改革」的共和黨多數都知道，他們州的公民很可能會轉向政府僅存的最後這個能夠緩解衝擊的部門。這也就是為何大金主們在司法選舉上投入大筆資金：他們希望選出能夠讓革命大業向前進的法官。某北卡羅來納州的內部人士直言：「輸了法院，就是輸了戰爭。」[79]

不過，在撰寫本書時，革命大業在憲政上最為成功的案例是來自首席大法官約翰・羅伯茲在《平價醫療法案》上所做出的裁決，亦即**全國獨立企業聯盟訴西貝利厄斯案**（*National Federation of Independent Business v. Sebelius*）。儘管部分右翼人士公然指責羅伯茲在此案上擁護《平價醫療法案》，但對聰明的法庭觀察者來說，他們注意到的並不是判決本身，而是羅伯茲對於《商業條款》所做的評論。

這邊先補充一些背景：在一九三七年，聯邦最高法院首次支持以法律規定最低工資，接著也支持《勞資關係法》，這代表聯邦最高法院接受了羅斯福新政。聯邦最高法院同意了檢方的論點，亦即憲法第一條中的《商業條款》賦予國會管制州際貿易的權力。接著，以管制州際貿易為引，聯邦政府大幅加強對過去完全被視為是私人或各州事務的監督力道。但是，羅伯茲上任第一年就曾在**布朗訴教育委員會**的延伸適用性設下前所未有的限制，而在《平價醫療法案》的判決當中，他評論道：「《商業條款》並不是將人從搖籃到墳墓都納入管制的萬用許可。」（從沒有人提過這樣的觀點。）大法官羅絲・貝德・金斯伯格（Justice Ruth Bader

Ginsburg）對此提出她的意見時，精準地挑出了這項令人訝異的論斷，直稱首席大法官這項聲明「驚人地退步」。但是正如法庭觀察家傑弗瑞・圖賓（Jeffrey Toobin）指出，「羅伯茲對於《商業條款》的狹隘概念如今就是王法」——他開了大門邀集其他人對於聯邦立法與各項計畫提出挑戰。[80]

一位史丹佛大學的法學教授直稱羅伯茲的判決是「一把上了膛的槍」。[81]如今，以安東寧・史卡利亞命名的喬治梅森大學法學院的教授們，正在試圖敦促法院根據一九三七年之前的判例來按下這把槍的扳機，因為在一九三七年之前，大法官們常以判例推翻試圖推動大眾經濟安全或社會正義的政府行為。[82]

正如他們以經濟自由為名，推動著積極司法行動主義所展現出來的那樣，儘管他們口口聲聲喊著限縮權力的小政府，幹部組織實際上想要的是非常強勢的政府——只不過這個政府只會依照他們認為妥當的方式行事。他們希望我們的民主能夠像是當初智利那樣受到抑制，加諸鎖與栓來限制多數人能做的事。另外三條戰線更進一步驗證了這個事實，凸顯了正在進行中的權力重組之中的嚴峻形勢。

第一條戰線是由協同作戰的州議員將手伸向地方政府，剝奪其至今為止能夠對其管轄範圍內擁有制定自己政策的權利，尤其是地方選舉規則。在州政策網絡的附屬機構推動以及隸屬於全美立法交流理事會的議員推動之下，共和黨掌控的州通過了所謂的優先適用法律，讓鄉鎮市無法違反州的政策。[83]

典型情況下，由共和黨主導的州政府會試圖阻止城市及郊區的地方政府制定特定措施，例如提升當地最低工資、環境保護或是保護性少數群體的反歧視措施。以德州為例，達拉斯市失去了要求當地零售商減少使用塑膠袋的自治權，當地民眾聽到的說法是，因為這違反了推崇「低稅率、有限政府及自由市場」的「德州模式」。[84]

但是，說到底現在出現的模式並不矛盾：革命行動的團隊很清楚，就像是在一九五〇年代一樣，企業界和保守派的利益在州政府層級最容易獲得保障——相較之下在聯邦或地方層面就較為容易受到全體公民的挑戰——其部分原因就是因為各州事務較不會受到人民及媒體監督。[85]因此，可控性就成了幹部團隊挑選各州官員們的首要條件。無黨派的公共誠信中心近期提出的研究報告指出，幾乎所有州政府都向企業界和有錢人俯首稱臣，經濟狀況較差的公民代表名額不足，缺乏透明度，而且在執行操守相關法律上成效不彰。換句話說，知情者都明白，幹部團隊內部的人會推動州權利，並不是因為過去的種族歧視死灰復燃，而是為了確保少數統治的精巧詭計。[86]

事實上，若讓幹部團隊得逞，與他們結盟的議員也持續服從，現今已經是在全世界一百七十二個民主國家中，選民投票率位居第一百三十八位的美國，將會面臨更少人參與政治程序的後果。[87]在美國選出第一位黑人總統後，整個機構的特工和與他們結盟的官員有系統地煽動了一套非理性的信念，認為巴拉克·歐巴馬贏得選舉是一場「選舉舞弊」，因此，除非能夠通過新法律來阻止它再度發生，不然這種騙局將會被用來「竊取」更多場選舉。這是幹部團隊最憤世嫉俗的說法。但是，這個漫天大謊被狂熱地大肆宣傳，有將近一半的登記選民，甚至包含聯邦法官和最高法院大法官在內，都相信選舉舞弊的問題是真有其事——並且還依照這種錯誤的假設來做出判決。[88]

投票的人愈少，這一切愈容易達成。在共和黨候選人橫掃二〇一〇年期中選舉後的兩年內，民意代表在全美在立法交流理事會支持下，於四十一個州推出了超過一百八十條用來限制誰能投票以及如何投票的法案。這些措施主要是要削弱低收入選民以及年輕選民的政治影響力，因為這些人向來立場偏左。一個世紀前，南方州各機構會精心規畫的大規模剝奪選舉權，從那之後，美國沒再見過這種限制選舉權的行動像這樣大爆發。[89]但是當下不像過去那樣只是區域性的狀況，而是全國性的行動，而且很快就會對選舉結果產生影響。[90]

為了推動財產權至上主義者的計畫，另一項用來扭曲政治代表制度的相關策略相應而生。這項措施的其中一部分是美國史上最大膽的「傑利蠑螈」(gerrymander）不平等選區劃分計畫，其目的就是要確保在革命大業過程中被視為麻煩的人系統性地壓低其代表，易於管理的人則給予過多的代表——同時為了舉辦憲政會議，取得足量穩固可靠的州以換取絕對多數。由簡·梅耶爾與大衛·戴利領銜的記者們，以出色的表現揭露了二〇一〇年期中選舉時的邪惡計畫，亦即重新劃分選區的「翻紅計畫」(the Redistricting Majority Project)。在這個狡詐的計畫當中，他們打算利用十年一度的選區重劃，集結州級的權力來改造美國，藉此大幅提升共和黨的力量，即使在民主黨占多數的州也一樣，並藉此將整個共和黨推到自身選民的右側。[91]

可以理解的是，許多人單純將之視為是政黨權力鬥爭的一環，但是實際上遠不只如此。擔任《沙龍》(*Salon*)新聞網總編輯的大衛·戴利(David Daley)精準地傳達出這當中令人屏息以對的意義：「少了公平劃分選區的保障，公民就成了億萬富翁在全國地圖上操縱的棋子，」讓他們予取予求。他們放了長線，但是對於他們鎖定的大魚來說，什麼都看不見。戴利指出，只要再一次選舉，共和黨就能「在這個自詡民主燈塔的國家達成難以想像的目標：在沒有多數的支持下，以不可否決的絕對多數運作」。[92]革命行動這套不斷擴張、緊勒各州的做法，在科克資助的策略家格羅弗·諾奎斯特(Grover Norquist)口中，被比作羅馬時期的重標槍(pilum)：這把武器足以貫穿任何盾牌，上頭還有倒鉤，因此「難以拔除」。[93]

最後，從這種新型態的霸凌當中，我們可以預期將會有如二十世紀中期，出現南方各州以及私人機構以宗教審判的心態來調查並恐嚇異己的作法。二〇一五年，記者肯尼斯·沃格爾(Kenneth Vogel)揭發了科氏網絡「悄悄打造了一項祕密行動，針對自由派的對手發起政治監視及情報偵蒐，並將這項行動視為是重塑美國公共生活的關鍵戰略工具」。[94]簡·梅耶爾的遭遇證明了這種作法：當梅耶爾開始揭露科氏兄弟和他們旗下科氏網絡的行動時，對方派出了私家偵探，試圖挖出梅耶爾的污點來詆毀她的信譽，並試圖藉此說服她的雇主開除她，不過最後他們找不出任何把柄。即便如此，從此任何試圖揭發這項革命計畫的人得先自問：我是不是也得面對類似的惡意攻擊？是不是保持沉默，明哲保身比較好？幹部團隊甚至用了一個經濟學的用語，來委婉形容這種意圖恐嚇的騷擾行徑：「提高對方的交易成本。」[95]

・・・

非裔美籍歷史學泰斗約翰・霍普・富蘭克林（John Hope Franklin）在二戰時表示，「民主本質上就是一種信仰行為。」[96]當這種信仰被蓄意消滅時，無疑將會為我們帶來一場風暴。當布坎南獲頒諾貝爾經濟學獎時，一位賢明的批評家曾提出警告表示，公共選擇理論不僅「沒有精確描述」現實——甚至還是扭曲真實政治過程的「抹黑諷刺漫畫」。它惡毒地攻擊了「公共精神的規範」，而那正是構成良好的政府政策及公民生活中的道德行為的關鍵要素。換句話說，公共選擇理論的解釋有誤，若大眾輿論或代議士相信這套說法，將會帶來慘痛的後果。我們已經看到那道預言的真相了。[97]

美國如今正處在歷史的轉捩點上，其結果將如同一八六〇年代、一九三〇年代以及一九六〇年代那樣，成為決定未來命運的關鍵。科氏網絡正朝向凱爾宏及布坎南所呼籲的方向邁進，亦即將少數有錢人的經濟自由視為最高優先，將其納入美國的統治規則當中，若照他們這種方式一步步走下去，就是同意空有代議形式的寡頭政治。[98]

某種層面上來說，這項祕密行動帶給美國人的問題很簡單：我們想要過的生活，是不是粉飾過的二十世紀中期維吉尼亞州的生活，這個國家要把財產權提高到癱瘓政府的程度，以至於無法以民主的方式來決定我們的目標與需求？以至於將要消滅「政治上的我們」？

因為實質上，詹姆斯・布坎南和查爾斯・科克心目中的自由，不就是哈利・伯德時期的維吉尼亞州那樣嗎？如今他們要用手上的工具，將當時那個「完全受到寡頭政治所控制」的州移植到整個國家上。表面上，革命計畫中不會公開鼓吹伯德那套以州政府授權的種族壓迫。但是除此之外，幾乎所有二十世紀中葉的維吉尼亞州的政治經濟環境，對他們來說都有如美夢成真：最富有的公民得以不受挑戰地搖擺過街；利用工作權相關法案及其他伎倆讓勞動階級手無寸鐵；有權隨意開除持有異議的政府員工，尤其針對教職人員；利用投票權限制讓那些不太可能同意菁英階級的人無法投票；以州權利為名阻止聯邦推行平等待遇；敵視公共教育；推動累退稅制；反對公辦社會安全制度及聯邦醫療保險；對於各種公共需求一毛不拔——不僅是芭芭拉・羅絲・約翰斯和約翰・斯托克斯這些胸有壯志的年輕人所追求那種像樣的學校，還有露易絲・溫佐醫生在一九五九年競選參議員與老伯德競爭時，為貧困老人、身心障礙等其他弱勢團體所追求的照護和住宿。說到底，她的核心論述就是批評哈利・伯德崇拜「金牛犢」：伯德將累積個人財富看得遠比「你們願意人怎樣待你們，你們也要怎樣待人」的黃金法則以及民主還重要，「無論付出多少代價」都要拿到手。

自由放任主義的革命大業發跡於南方的公辦學校體制危機，自從當時吸引首批支持者至今，從來都不是真的朝向大多數的人所定義的自由邁進。他們要的是撕裂人民，讓掌握大權的人得以保障他們自認應得的特權，不受任何人的干預。為了達成資本至上霸權，革命大業的領導者們曾毫無顧忌地利用白人至上主義。而如今，深知多數人民並不認同他們的目標，如果讓人們知道了他們的終局目標，人們將會群起抵制，於是拿人手短的特工們就試圖採取祕密行動的方式取勝。正如美國內戰前一樣，這些領導者們追尋的是凱爾宏式的少數個體經濟自由——將巨額財富集中在少數人手上的自由，為此，他們不惜犧牲多數人最基本的公平與自由。

這就是我們想要生活在其中，想要留給未來世代子孫的國家嗎？這就是真正的公共選擇發揮用處的時候。如果我們再拖延下去，他們將會為我們做出選擇，將他們眼中那套殘酷的烏托邦強加在我們身上。他們之中已經有人斷言：「美國很快就得為其未來做出決定，那將會是個永久的決定。沒有回頭路。」當我們再次仔細看看眼前發生的這一切，思考我們民主的未來該何去何從時，不妨琢磨一下科克的格言：「保險行事形同慢性自殺。」[99]

Jules Law、Kelley Lawton、Brian Lee、Ariane Leendertz、Andrew Lewis、Nelson Lichtenstein、Mary Anne McAlonan、Joseph A. McCartin、Laura McEnaney、Alan McGinty、Jennifer Mittelstadt、Julie Mooney、Bethany Moreton、Alice O'Connor、Julia Ott、Joseph J. Persky、Christopher Phelps、Kim Phillips-Fein、Jedediah Purdy、Bernhard Rieger、Kyle Schaefer、Edward H. Sebesta、David Steigerwald、David Stein、Wolfgang Streeck、Shelton Stromquist、Kerry Taylor、Heather Thompson、Eckard Vance Toy（及其女兒Kelly Dittmar，感謝她在父親去世後聯繫我，並從他的個人研究收藏中寄來他針對極右派收集的寶貴資料）、Kara Turner、Nick Unger、Jean-Christian Vinel、Daniel Williams、Peter H. Wood、Celeste Wroblewski和Jack Wuest。如果其中仍有遺漏任何人，請原諒我只是因為疲憊所致！

如同以往，我得要感謝許多檔案管理員和圖書管理員，他們的知識、專業精神和慷慨助益了我的研究（儘管我不會列出他們的名字，以免給他們帶來麻煩）。同時，我也要感謝邀請我就這項研究的各層面發表演說的機構，還有眾多讓我的想法更加清晰的主持人以及聽眾。

最後，最為重要的是，感謝在整個研究過程中支持我精神的許多摯愛的朋友（你們知道我是指誰，我也知道自己何其幸運擁有你們）和家人：

Mary Anne McAlonon、Ray McAlonon及Ryan McAlonon；David MacLean及Jacquie MacLean；Eli Orenstein、Eve Orenstein及Les Orenstein；Celeste Wroblewski；以及Ann Golden。在最後一個月，Mary Anne如同奇蹟般出現，每一天都讓我更加堅信她是世界上最好的姐妹。而Bruce Orenstein則是與眾不同的存在，他是我的第一位讀者，也是我的靈魂伴侶，沒有他的愛、遠見、日常幫助、睿智建議和幽默感，我不可能完成這項工作。衷心感謝你們所有人。

我還想要感謝兩位拉丁美洲研究的領軍學者：John French以及Jeffrey Rubin，他們閱讀了智利相關的篇章，並提出了犀利的見解。我也要感謝我在勞工和工人階級史協會（Labor and Working-Class History Association）的同事們，從他們身上我學到很多關於這本書所述的歷史當中的實質內容與其重要性。

Lisa Levenstein值得以獨立一段來表達我對她的感謝，她在最後一刻為本書進行了卓越的編輯工作。她慷慨地用了自己的聖誕節和新年假期，如同英雄般精雕細琢每個章節，甚至有時還不止一次，我對此永難忘懷。她有著驚人的編輯頭腦，我何其幸運能有她這樣獨一無二的摯友。

我對其他支持這項研究的傑出歷史學家們深表感謝，他們為我的計畫獎助申請撰寫了推薦信：Linda Gordon、Linda Kerber、Alice Kessler-Harris、Charles Payne、Michael Sherry，以及Daniel T. Rodgers，同時，也感謝以下機構重視這些推薦信，並資助了這項研究促成本書：American Council of Learned Societies、National Endowment for the Humanities、National Humanities Center，以及Northwestern University Institute for Policy Research。

我還要感謝一些未曾謀面，但讓我受益良多的人：那些致力於報導金錢如何為美國政治帶來影響的記者。其中許多都在註腳中有所提及，但是此處仍要一起向他們致敬，因為若沒有他們的無畏調查，我不可能拼湊出本書最後二十年間的故事。

教學中的一大樂趣在於資訊和見解的雙向流動。我的研究生們豐富了我對本書所涉議題的理解；我感謝他們的研究和友誼為我帶來靈感。同樣地，我也感謝在撰寫本書過程中，與我共同學習的許多大學生。此外，我還要感謝在這項研究的各個階段，起先在西北大學到後來在杜克大學，一路上幫助過我的卓越研究助理：Anthony Abata、Eladio Bobadilla、Jon Free、Alexander Gourse、Natalie Jean Marine-Street、Parvathi Santhosh-Kumar、Hunter Thompson、Brad Wood，以及Martin Zacharia。

還有許多其他的同事和朋友，在本書的各個部分提供了資料、想法和鼓勵，其中包括：Ed Balleisen、Martha Biondi、Jack Boger、Christopher Bonastia、Eileen Boris、Andy Burstein、Margot Canady、Eduardo Caneda、Patrick Conway、Saul Cornell、Nancy Cott、Joseph Crespino、Emma Edmunds、Lane Fenrich、Melissa Fisher、Mary Foley、Nancy Fraser、Estelle Freedman、Paul Gaston、Jonathon Glassman、Thavolia Glymph、Sally Greene、Brian Grogan、Roger Horowitz、Nancy Isenberg、Jennifer Klein、Bob Korstad、Kevin Kruse、Matt Lassiter、

我還要感謝另一位恩師：S. M. Amadae。我正是從她那本充滿開創性的*Rationalizing Capitalist Democracy*一書當中得知了布坎南檔案庫的存在。當我致電詢問她是如何獲准進入檔案庫時，她不僅慷慨地與我分享在這個特殊環境中研究的經驗，更消除了我對於自己是否只是在杞人憂天的疑慮，因為沒有人像我這樣從這些資料中發現這整個計畫成形，這項計畫在二〇一〇年的北卡羅來納州州議會才逐漸底定。電話的另一頭陷入了一陣沉默，接著她說：「你得知道，大多數新自由主義的評論者從沒讀過這些理論。」她的觀點成了我的轉捩點，我下定決心，不論如何我都要把這條線索追到底。那段對話也同時展開了另一段深具啟發且持久的友誼。在我所閱讀過或遇過的人當中，沒有一個人像Amadae那樣深刻理解布坎南的政治經濟學背後的哲學；在她最新的著作*Prisoners of Reason*中，她從理論層面將那種具有掠奪性的權力意志予以揭示，我是則在實際的運用中將其展示。

然而，我最深切的感激之情，還是要獻給我的經紀人Susan Rabiner，她是我所遇過最嚴格的老師，更是這個企劃最理想的教練。打從我們第一次討論開始，Susan就比任何人都更理解這個故事的重要性，她不遺餘力地幫助我拓展這個故事。我不止一次覺得，她就像是我的蘇利文老師（Anne Sullivan），以耐心而堅定的方式，教我如何向學術世界外發聲，讓眾人得以理解。她既是作家夢寐以求的對談人、激勵人心的教練，也是才華洋溢的後盾—而且，她讓這份工作變得有趣。我的編輯Wendy Wolf打從一開始就對這個企劃抱著極大的信心，她讓我學會許多向大眾讀者講故事的技巧。Will Palmer則是位無與倫比的編審；他給了我最細膩且有幫助的審閱內容。我還要感謝Viking Press的Georgia Bodnar以及Megan Gerrity提供的專業協助。Pamela Haag以她特約編輯的身分和精湛的手藝大大改進了這本書。她尖銳的提問和卓越的建議將這本書帶上了全新的高度。

若非我身邊的良師益友，我不可能說服Rabiner和Wolf接下這本書。感謝我的寫作小組成員：Laura Edwards、Jacquelyn Dowd Hall和Lisa Levenstein。他們是作家都想擁有的夢幻團隊，有著相關歷史領域的專業知識，能帶來最精巧的評論，更是最忠誠的摯友。我還要感謝另一個由學者們組成的夢幻團隊，他們在暑假中抽出時間讀完倒數第二版的整份稿件，為我提供寶貴的意見和建議，讓我大大改善了這本書：打從一開始就相信這個企劃，並持續支持我的 Alice Kessler-Harris、對各種經濟思想傳統瞭如指掌，讓我避開許多錯誤，使得整體分析得以更加犀利的Jason Brent、對於公共部門的工人以及他們的歷史知識洞澈到無人能及的Joseph A. McCartin；還有S. M. Amadae，她對於相關理論體系的掌握得無與倫比，並且從她在芬蘭珍貴的研究時間中抽空協助我正確理解這些理論。此外，

# 致謝

常有人說，博雅教育能夠讓人為終身學習做好準備，確實如此。但是沒那麼多人提到的是，年輕時遇見的老師能同時為這兩者奠下重要基礎。我期望每個孩子都能受到良好教育，如同我在美國郊區幾間優秀的公立中學享受過的一樣。我很感激我的恩師們，尤其是Franklin J. Wiener老師。Wiener老師放下了收入豐厚的廣告事業，轉而追求他真正的志業，成為了一位備受學生愛戴的高中英文教師。同時，他也積極參與工會活動，因為他深信，即便是新入職的教師，也不該為了生活而得要身兼多職。有些年，我的辦公桌上總是有張裱了框的翻拍報紙，上頭他咬著菸斗，高舉寫著「**教師也一樣繳稅！**」的標語。某次搬家時我弄丟了那張照片，但是他對年輕人的奉獻以及對我們的信任，仍改變了我的一生。

在為此書進行研究的途中，我也有幸遇見一些良師益友，這本書正是要獻給他們的。起初，當我開始對愛德華王子郡的故事感興趣時，好幾位對此熟悉的人告訴我，一定要去找Ed Peeples聊聊。透過電子郵件的往來，我們開啟了一段持久的友誼。Ed與他親切的妻子Karen熱情款待我住進他們里奇蒙的家，讓我得以在他家閣樓的檔案室中，一窺哈利．伯德時期的維吉尼亞生活。

從Ed好友James H. Hershman Jr.其書中的註腳，我得知詹姆斯．布坎南這號人物，於是我就試著和Hershman取得聯繫。當時我們素未謀面，然而，他立刻就明白這項研究的重要性，並熱情地接納了我，從此成為我穿越維吉尼亞歷史迷宮的引路人，也成為我的摯友。他對維吉尼亞州歷史如數家珍，他的分析總是富有啟發性，而他作為一名學者的慷慨大方更是無人能及。我有一整個檔案夾的資料都要歸功於他，其中包含數十筆我原本無從觸及的第一手資料，以及他針對各項事務整理出來精闢簡明的歷史記載。簡而言之，若非他多年來對於眾多研究者的慷慨協助，本書就無法以如今的樣貌面世。他對於這項研究計畫格外充滿熱忱，我想可能是因為這與他在維吉尼亞經歷過的生活階段密切相關，但無論如何，我深深感激他還為我審閱整本書的手稿，幫助我避免錯誤，並提出大大小小解讀上的建議。若我在本書中仍有錯誤之處，那也是因為我試圖將複雜的法律條文和政治問題簡化為大眾容易閱讀形式的過程中所犯下的錯，絕非他有失謹慎指導的結果。

*chet: The Chilean Road to Democracy and the Market,* ed. Silvia Borzutsky and Lois Hecht Oppenheim. Gainesville: University Press of Florida, 2006.

van Horn, Robert, Philip Mirowski, and Thomas A. Stapleford. *Building Chicago Economics: New Perspectives on the History of America's Most Powerful Economics Program.* New York: Cambridge University Press, 2011.

Vogel, David. *Fluctuating Fortunes: The Political Power of Business in America.* Washington, DC: Beard Books, 2003. First published 1989.

Vogel, Kenneth P. *Big Money: 2.5 Billion Dollars, One Suspicious Vehicle, and a Pimp—on the Trail of the Ultra-Rich Hijacking American Politics.* New York: Public Affairs, 2014.

Waldstreicher, David. *Slavery's Constitution, from Revolution to Ratification.* New York: Hill & Wang, 2009.

Walker, Scott. *Unintimidated: A Governor's Story and a Nation's Challenge.* New York: Sentinel, 2013.

Waterhouse, Benjamin C. *Lobbying America: The Politics of Business from Nixon to NAFTA.* Princeton, NJ: Princeton University Press, 2015.

White, Morton. *Social Thought in America: The Revolt Against Formalism.* Boston: Beacon Press, 1947.

Whitman, Mark. Brown v. Board of Education*: A Documentary History.* Princeton, NJ: Markus Wiener, 2004.

Wilentz, Sean. *The Age of Reagan: A History, 1974–2008.* New York: HarperCollins, 2008.

Wilkinson, J. Harvie. *Harry Byrd and the Changing Face of Virginia Politics, 1945–1966.* Charlottesville: University Press of Virginia, 1968.

Wills, Garry. *A Necessary Evil: A History of American Distrust of Government.* New York: Doubleday, 2000.

Woodward, C. Vann. *Origins of the New South, 1877–1913.* Baton Rouge: Louisiana State University Press, 1951.

Zernike, Kate. *Boiling Mad: Behind the Lines in Tea Party America.* New York: St. Martin's Griffin, 2011.

Sunstein, Cass R. *Why Nudge? The Politics of Libertarian Paternalism*. New Haven, CT: Yale University Press, 2014.

Sweeney, James R., ed. *Race, Reason, and Massive Resistance: The Diary of David J. Mays, 1954–1959*. Athens: University of Georgia Press, 2008.

Tabarrok, Alexander, ed. *Changing the Guard: Private Prisons and the Control of Crime*. Oakland, CA: Independent Institute, 2003.

Tarter, Brent. *The Grandees of Government: The Origins and Persistence of Undemocratic Politics in Virginia*. Charlottesville: University of Virginia Press, 2013.

Taylor, Marcus. *From Pinochet to the "Third Way": Neoliberalism and Social Transformation in Chile*. London: Pluto Press, 2006.

Teles, Steven M. *The Rise of the Conservative Legal Movement: The Battle for Control of the Law.* Princeton, NJ: Princeton University Press, 2008.

Teles, Steven M., and Brian J. Glenn, eds. *Conservatism and American Political Development*. New York: Oxford University Press, 2009.

Teles, Steven, and Daniel A. Kenney, "Spreading the Word: The Diffusion of American Conservatism in Europe and Beyond." In *Growing Apart? America and Europe in the Twenty-First Century*, eds. Jeffrey Kopstein and Sven Steinmo. Cambridge, UK: Cambridge University Press, 2008.

Thaler, Richard H., and Cass R. Sunstein. *Nudge: Improving Decisions About Health, Wealth, and Happiness.* New York: Penguin, 2009.

Thorndike, Joseph J. " 'The Sometimes Sordid Level of Race and Segregation': James J. Kilpatrick and the Virginia Campaign Against *Brown*." In *The Moderates' Dilemma: Massive Resistance to School Desegregation in Virginia*, ed. Matthew D. Lassiter and Andrew B. Lewis. Charlottesville: University Press of Virginia, 1998.

Tollison, Robert D., and Richard E. Wagner. *The Economics of Smoking*. Boston: Kluwer Academic Publishers, 1992.

Tullock, Gordon. "Origins of Public Choice." In *The Makers of Modern Economics,* vol. 3, ed. Arnold Heertje. Cheltenham, UK: Edward Elgar, 1999.

———. *The Politics of Bureaucracy*. Washington, DC: Public Affairs, 1965.

———. *Rent Seeking*. Brookfield, VT: Edward Elgar, 1993.

———. *Toward a Mathematics of Politics*. Ann Arbor: University of Michigan Press, 1967.

Turner, Kara Miles. "'Liberating Lifescripts': Prince Edward County, Virginia, and the Roots of *Brown v. Board of Education*." In *From the Grassroots to the Supreme Court: Prince Edward County, Virginia, and the Roots of* Brown v. Board of Education, ed. Peter F. Lau. Durham. NC: Duke University Press, 2004.

Twelve Southerners. *I'll Take My Stand: The South and the Agrarian Tradition*. Baton Rouge: Louisiana State University Press, 1977. First published 1930.

Vacs, Aldo C. "Coping with the General's Long Shadow on Chilean Democracy." In *After Pino-*

2007.

Simon, William E. *A Time for Truth*. New York: McGraw-Hill, 1978.

Sinha, Minisha. *The Counter-Revolution of Slavery: Politics and Ideology in Antebellum South Carolina*. Chapel Hill: University of North Carolina Press, 2000.

Sklar, Holly, ed. *Trilateralism: The Trilateral Commission and Elite Planning for World Management*. Boston: South End Press, 1980.

Skocpol, Theda, and Vanessa Williamson. *The Tea Party and the Remaking of Republican Conservatism*. New York: Oxford University Press, 2012.

Smith, J. Douglas. *Managing White Supremacy: Race, Politics, and Citizenship in Jim Crow Virginia*. Chapel Hill: University of North Carolina Press, 2002.

———. *On Democracy's Doorstep: The Inside Story of How the Supreme Court Brought "One Person, One Vote" to the United States*. New York: Hill & Wang, 2014.

Smith, James Allen. *The Idea Brokers: Think Tanks and the Rise of the New Policy Elite*. New York: New Press, 1991.

Smith, Mark A. *The Right Talk: How Conservatives Transformed the Great Society into the Economic Society*. Princeton, NJ: Princeton University Press, 2007.

Smith, Robert C. *They Closed Our Schools: Prince Edward County, Virginia 1951–1964*. Chapel Hill: University of North Carolina Press, 1965.

Specter, Arlen. *Life Among the Cannibals: A Political Career, a Tea Party Uprising, and the End of Governing as We Know It*. New York: Thomas Dunne, 2012.

Stein, Judith. *Pivotal Decade: How the United States Traded Factories for Finance in the Seventies*. New Haven, CT: Yale University Press, 2010.

Stepan, Alfred. "State Power and the Strength of Civil Society in the Southern Cone of Latin America." In *Bringing the State Back In*, ed. Peter B. Evans, et al. New York: Oxford University Press, 1985.

Stepan, Alfred, ed. *Democracies in Danger*. Baltimore: Johns Hopkins University Press, 2009.

Stern, Steve. *Battling for Hearts and Minds: Memory Struggles in Pinochet's Chile, 1973–1988*. Durham, NC: Duke University Press, 2006.

———. *Reckoning with Pinochet: The Memory Question in Democratic Chile, 1989–2006*. Durham, NC: Duke University Press, 2010.

Stiglitz, Joseph E. *The Price of Inequality: How Today's Divided Society Endangers Our Future*. New York: W. W. Norton, 2012.

Stockman, David A. *The Triumph of Politics: Why the Reagan Revolution Failed*. New York: Harper & Row, 1986.

Stokes, John, with Lois Wolfe and Herman J. Viola. *Students on Strike: Jim Crow, Civil Rights,* Brown, *and Me: A Memoir.* Washington, DC: National Geographic, 2008.

Sullivan, Patricia. *Days of Hope: Race and Democracy in the New Deal Era*. Chapel Hill: University of North Carolina Press, 1996.

*Awakening of a Nation*. New York: Alfred A. Knopf, 2006.

Roberts, Paul Craig, and Karen LaFollette Araujo. *The Capitalist Revolution in Latin America*. New York: Oxford University Press, 1997.

Robin, Corey. *The Reactionary Mind: From Edmund Burke to Sarah Palin*. New York: Oxford University Press, 2011.

Rodgers, Daniel T. *The Age of Fracture*. Cambridge, MA: Belknap Press of Harvard University Press, 2011.

———. *Atlantic Crossings: Social Politics in a Progressive Era*. Cambridge, MA: Belknap Press of Harvard University Press, 1998.

Rothbard, Murray N. *Power & Market: Government and the Economy*. Menlo Park, CA: Institute for Humane Studies, 1970.

———. *The Betrayal of the American Right*. Auburn, AL: Ludwig von Mises Institute, 2007.

Rowan, Carl T. *South of Freedom*. New York: Alfred A. Knopf, 1952.

Rowley, Charles K., ed. *Democracy and Public Choice: Essays in Honor of Gordon Tullock*. Oxford, UK: Basil Blackwell, 1987.

Rubin, Jeffrey, and Vivienne Bennett, eds. *Enduring Reform: Progressive Activism and Private Sector Responses in Latin America's Democracies*. Pittsburgh: University of Pittsburgh Press.

Rubin, Jeffrey W., and Emma Sokoloff-Rubin. *Sustaining Activism: A Brazilian Women's Movement and a Father-Daughter Collaboration*. Durham, NC: Duke University Press, 2013.

Saloma, John S. *Ominous Politics: The New Conservative Labyrinth*. New York: Hill & Wang, 1984.

Sanders, Elizabeth. *Roots of Reform: Farmers, Workers, and the American State, 1877–1917*. Chicago: University of Chicago Press, 1999.

Schäfer, Armin and Wolfgang Streeck, eds., *Politics in the Age of Austerity*. Cambridge, UK: Polity, 2013.

Schoenwald, Jonathan M. *A Time for Choosing: The Rise of Modern American Conservatism*. New York: Oxford University Press, 2002.

Schulman, Bruce J. *From Cotton Belt to Sunbelt: Federal Policy, Economic Development, and the Transformation of the South, 1938–1980*. New York: Oxford University Press, 1991.

———. *The Seventies: The Great Shift in American Culture, Society, and Politics*. New York: Free Press, 2001.

Schulman, Daniel. *Sons of Wichita: How the Koch Brothers Became America's Most Powerful and Private Dynasty*. New York: Grand Central, 2014.

Sclar, Elliott D. *You Don't Always Get What You Pay For: The Economics of Privatization*. Ithaca, NY: Cornell University Press, 2001.

Shapiro, Karin A. *A New South Rebellion: The Battle Against Convict Labor in the Tennessee Coalfields, 1871–1896*. Chapel Hill: University of North Carolina Press, 1998.

Shlaes, Amity. *The Forgotten Man: A New History of the Great Depression*. New York: Harper,

Patterson, James T. *Restless Giant: The United States from Watergate to* Bush v. Gore. New York: Oxford University Press, 2005.

Peeples, Edward H., with Nancy MacLean. *Scalawag: A White Southerner's Journey Through Segregation to Human Rights Activism*. Charlottesville: University of Virginia Press, 2014.

Perlstein, Rick. *Before the Storm: Barry Goldwater and the Unmaking of the American Consensus*. New York: Nation Books, 2001.

Peschek, Joseph G. *Policy-Planning Organizations: Elite Agendas and America's Right Turn*. Philadelphia, PA: Temple University Press, 1987.

Phillips-Fein, Kim. *Invisible Hands: The Making of the Conservative Movement from the New Deal to Reagan*. New York: W. W. Norton, 2009.

Pierson, Paul. *Dismantling the Welfare State?: Reagan, Thatcher, and the Politics of Retrenchment*. New York: Cambridge University Press, 1994.

Piketty, Thomas. *Capital in the Twenty-First Century*. Cambridge, MA: Belknap Press of Harvard University Press, 2014.

Piñera, José. "Chile." In *The Political Economy of Policy Reform*, ed. John Williamson. Washington, DC: Institute for International Economics, 1994.

Polanyi, Karl. *The Great Transformation: The Political and Economic Origins of Our Time*. Boston: Beacon, 1957. First published 1944.

Poole, Robert W. *Cut Local Taxes Without Reducing Essential Services*. Santa Barbara, CA: Reason Press, 1976.

———. *Cutting Back City Hall*. New York: Universe Books, 1980.

Postel, Charles. *The Populist Vision*. New York: Oxford University Press, 2007.

Potter, David M. *The South and the Concurrent Majority*. Baton Rouge: Louisiana State University Press, 1972.

Prasad, Monica. *The Politics of Free Markets: The Rise of Neoliberal Economic Policies in Britain, France, Germany and the United States*. Chicago: University of Chicago Press, 2006.

Prieto, Ramon Iván Nuñez. *Las Transformaciones de la Educación Bajo el Régimen Militar*, vol. 1. Santiago: CIAN, 1984.

Rabin-Havt, Ari, and Media Matters for America. *Lies, Incorporated: The World of Post-Truth Politics*. New York: Anchor Books, 2016.

Rae, Nicol C. *The Decline and Fall of the Liberal Republicans: From 1952 to the Present*. New York: Oxford University Press, 1989.

Raimondo, Justin. *An Enemy of the State: The Life of Murray N. Rothbard*. Amherst, NY: Prometheus, 2000.

Reinhard, David. *The Republican Right Since 1945*. Lexington: University Press of Kentucky, 1983.

Ribuffo, Leo P. *The Old Christian Right: The Protestant Far Right from the Great Depression to the Cold War*. Philadelphia, PA: Temple University Press, 1983.

Roberts, Gene, and Hank Klibanoff. *The Race Beat: The Press, the Civil Rights Struggle, and the* el Hill: University of North Carolina Press, 2000.

Minnite, Lori C. *The Myth of Voter Fraud.* Ithaca, NY: Cornell University Press, 2010.

Mirowski, Philip, and Dieter Plehwe, eds. *The Road from Mont Pelerin: The Making of the Neoliberal Thought Collective.* Cambridge, MA: Harvard University Press, 2009.

Mises, Ludwig von. *The Anti-Capitalistic Mentality.* New York: D. Van Nostrand, 1956.

Moreton, Bethany E. *To Serve God and Wal-Mart: The Making of Christian Free Enterprise.* Cambridge, MA: Harvard University Press, 2009.

Moreton, Bethany, and Pamela Voekel. "Learning from the Right: A New Operation Dixie?" In *Labor Rising: The Past and Future of Working People in America,* ed. Richard Greenwald and Daniel Katz. New York: New Press, 2012.

Muñoz, Heraldo. *The Dictator's Shadow: Life Under Augusto Pinochet.* New York: Basic Books, 2008.

Murphy, Paul V. *The Rebuke of History: The Southern Agrarians and American Conservative Thought.* Chapel Hill: University of North Carolina Press, 2001.

Murray, Charles. *By the People: Rebuilding Liberty Without Permission.* New York: Crown Forum, 2015.

Muse, Benjamin. *Virginia's Massive Resistance.* Bloomington: Indiana University Press, 1961.

Nash, George H. *The Conservative Intellectual Movement in America, Since 1945.* Wilmington, DE: Intercollegiate Studies Institute, 1998. First published 1976.

Norquist, Grover G. *Leave Us Alone: Getting the Government's Hands Off Our Money, Our Guns, and Our Lives.* New York: HarperCollins, 2008.

Novak, Robert D. *The Agony of the G.O.P., 1964.* New York: Macmillan, 1965.

Novak, William J. *The People's Welfare: Law and Regulation in Nineteenth-Century America.* Chapel Hill: University of North Carolina Press, 1996.

O'Connor, Alice. "Financing the Counterrevolution." In *Rightward Bound: Making America Conservative in the 1970s,* ed. Bruce J. Schulman and Julian E. Zelizer. Cambridge, MA: Harvard University Press, 2008.

O'Connor, James. *The Fiscal Crisis of the State.* New York: St. Martin's, 1973.

Oppenheim, Lois Hecht. *Politics in Chile: Socialism, Authoritarianism and Market Democracy.* Boulder, CO: Westview, 2007.

Orr, Daniel. "Rent Seeking in an Aging Population." In *Toward a Theory of the Rent-Seeking Society,* ed. James M. Buchanan, et al. College Station: Texas A&M University Press, 1980.

Painter, Nell Irvin. *Standing at Armageddon: The United States, 1877–1919.* New York: W. W. Norton, 1987.

Palmer, Bruce. *"Man over Money": The Southern Populist Critique of American Capitalism.* Chapel Hill: University of North Carolina Press, 1980.

Parker, Christopher S., and Matt A. Barreto. *Change They* Can't *Believe In: The Tea Party and Reactionary Politics in America.* Princeton, NJ: Princeton University Press, 2013.

*to the 1960s*. New Brunswick, NJ: Rutgers University Press.

MacKenzie, G. Calvin, and Robert Weisbrot. *The Liberal Hour: Washington and the Politics of Change in the 1960s*. New York: Penguin, 2008.

MacLean, Nancy. *Freedom Is Not Enough: The Opening of the American Workplace*. Cambridge, MA: Harvard University Press, 2006.

Mann, Thomas E., and Norman Ornstein. *It's Even Worse than It Looks: How the American Constitutional System Collided with the New Politics of Extremism*. New York: Basic Books, 2012.

Manne, Henry G., and James A. Dorn, eds. *Economic Liberties and the Judiciary*. Fairfax, VA, and Washington, DC: George Mason University Press and the Cato Institute, 1987.

Maraniss, David, and Michael Weisskopf. *"Tell Newt to Shut Up!"* New York: Simon & Schuster, 1996.

Martin, Everett Dean. *Liberal Education vs. Propaganda*. Menlo Park, CA: Institute for Humane Studies, n.d.

Martin, Isaac William. *Rich People's Movements: Grassroots Campaigns to Untax the One Percent*. New York: Oxford University Press, 2013.

Mayer, Jane. *Dark Money: The Hidden History of the Billionaires Behind the Rise of the Radical Right*. New York: Doubleday, 2016.

Mayer, Jane, and Jill Abramson. *Strange Justice: The Selling of Clarence Thomas*. New York: Houghton Mifflin, 1994.

McEnaney, Laura. *World War II's "Postwar": A Social and Policy History of Peace, 1944–1953*. Philadelphia: University of Pennsylvania Press, forthcoming 2017.

McGirr, Lisa. *Suburban Warriors: The Origins of the New American Right*. Princeton, NJ: Princeton University Press, 2001.

McNeil, Genna Rae. *Groundwork: Charles Hamilton Houston and the Struggle for Civil Rights*. Philadelphia: University of Pennsylvania Press, 1983.

McSweeney, Dean, and John E. Owens, eds. *The Republican Takeover of Congress*. New York: St. Martin's, 1998.

Medvetz, Thomas. *Think Tanks in America*. Chapel Hill: University of North Carolina Press, 2012.

Meese, Edwin, III. "Speech by Attorney General Edwin Meese, III, Before the American Bar Association." In *The Great Debate: Interpreting Our Written Constitution*. Occasional Paper. Washington, DC: Federalist Society, 1986.

————. *With Reagan: The Inside* Story. Washington, DC: Regnery Gateway, 1992.

Micklethwait, John, and Adrian Wooldridge. *The Right Nation: Conservative Power in America*. New York: Penguin Press, 2004.

Mills, Charles. *The Racial Contract*. Ithaca, NY: Cornell University Press, 1997.

Minchin, Timothy J. *What Do We Need a Union For? The TWUA in the South, 1945–1955*. Chap-

*the One-Party South*. New Haven, CT: Yale University Press, 1974.

Kruse, Kevin M. *White Flight: Atlanta and the Making of Modern Conservatism*. Princeton, NJ: Princeton University Press, 2005.

Lassiter, Matthew D. *The Silent Majority: Suburban Politics in the Sunbelt South*. Princeton, NJ: Princeton University Press, 2006.

Lassiter, Matthew D., and Andrew B. Lewis, eds. *The Moderates' Dilemma: Massive Resistance to School Desegregation in Virginia*. Charlottesville: University Press of Virginia, 1998.

Lawson, Steven F. *Black Ballots: Voting Rights in the South, 1944–1969*. Lanham, MD: Lexington Books, 1999. First published 1976.

Layzer, Judith A. *Open for Business: Conservatives' Opposition to Environmental Regulation*. Boston: MIT Press, 2012.

Lee, Sophia Z. *The Workplace Constitution, from the New Deal to the New Right*. New York: Cambridge University Press, 2014.

Levin, Mark R. *The Liberty Amendments: Restoring the American Republic*. New York: Threshold Editions, 2013.

Levinson, Sanford. *Our Undemocratic Constitution: Where the Constitution Goes Wrong (and How We the People Can Correct It)*. New York: Oxford University Press, 2006.

Levenstein, Lisa. *A Movement Without Marches: African American Women and the Politics of Poverty in Postwar Philadelphia*. Chapel Hill: University of North Carolina Press, 2009.

Lienesch, Michael. *Redeeming America: Piety and Politics in the New Christian Right*. Chapel Hill: University of North Carolina Press, 1993.

Light, Jessica. "Public Choice: A Critical Reassessment." In *Government and Markets: Toward a New Theory of Regulation*, ed. Edward J. Balleisen and David A. Moss. New York: Cambridge University Press, 2010.

Lightner, David L. *Slavery and the Commerce Power: How the Struggle Against the Interstate Slave Trade Led to the Civil War*. New Haven, CT: Yale University Press, 2006.

Lind, Michael. *Up from Conservatism: Why the Right Is Wrong for America*. New York: Free Press, 1996.

Link, William A. *Righteous Warrior: Jesse Helms and the Rise of Modern Conservatism*. New York: St. Martin's, 2008.

Linz, Juan J., and Alfred Stepan. *Problems of Democratic Transition and Consolidation: Southern Europe, South America, and Post-Communist Europe*. Baltimore: Johns Hopkins University Press, 1996.

Love, Robert. *How to Start Your Own School: A Guide for the Radical Right, the Radical Left, and Everybody In-Between Who's Fed Up with Public Education*. New York: Macmillan, 1973.

Lowndes, Joseph E. *From the New Deal to the New Right: Race and the Southern Origins of Modern Conservatism*. New Haven, CT: Yale University Press, 2008.

Lynn, Susan. *Progressive Women in Conservative Times: Racial Justice, Peace, and Feminism, 1945*

Key, V. O., Jr. *Southern Politics, in State and Nation*. New York: Random House, 1949.

Keyssar, Alexander. *The Right to Vote: The Contested History of Democracy in the United States*. New York: Basic Books, 2000.

Kibbe, Matt. *Hostile Takeover: Resisting Centralized Government's Stranglehold on America*. New York: HarperCollins, 2012.

Kilpatrick, James J. *Interposition: Editorials and Editorial Page Presentations, 1955–1956*. Richmond, VA: Richmond News Leader, 1956.

———. *The Southern Case for School Segregation*. New York: Crowell-Collier Press, 1962.

———. *The Sovereign States: Notes of a Citizen of Virginia*. Chicago: Henry Regnery, 1957.

———. "The States Are Being Extorted into Ratifying the Twenty-Sixth Amendment." In *Amendment XXVI: Lowering the Voting Age*, ed. Sylvia Engdahl. New York: Greenhaven Press, 2010.

Kintz, Linda. *Between Jesus and the Market: The Emotions That Matter in Right-Wing America*. Durham, NC: Duke University Press, 1997.

Klein, Naomi. *The Shock Doctrine: The Rise of Disaster Capitalism*. New York: Metropolitan Books, 2007.

———. *This Changes Everything: Capitalism vs. the Climate*. New York: Simon & Schuster, 2014.

Klingaman, William K. *J. Harvie Wilkinson, Jr.: Banker, Visionary*. Richmond, VA: Crestar Financial Corporation, 1994.

Kluger, Richard. *Simple Justice: The History of* Brown v. Board of Education *and Black America's Struggle for Equality*. New York: Random House, 1975.

Koch, Charles G. *Creating a Science of Liberty*. Fairfax, VA: Institute for Humane Studies at George Mason University, 1997.

———. *Good Profit: How Creating Value for Others Built One of the World's Most Successful Companies*. New York: Crown Business, 2015.

———. *The Science of Success: How Market-Based Management Built the World's Largest Private Company*. Hoboken, NJ: John Wiley & Sons, 2007.

———. "Tribute." Preface to *The Writings of F. A. Harper*, vol. 1: *The Major Works*. Menlo Park, CA: Institute for Humane Studies, 1978.

Koch, Fred C. *A Business Man Looks at Communism*. Farmville, VA: Farmville Herald, n.d.

Kondracke, Morton, and Fred Barnes. *Jack Kemp: The Bleeding-Heart Conservative Who Changed America*. New York: Sentinel, 2015.

Korstad, Robert Rodgers. *Civil Rights Unionism: Tobacco Workers and the Struggle for Democracy in the Mid-Twentieth-Century South*. Chapel Hill: University of North Carolina Press, 2004.

Kotz, Nick. *Judgment Days: Lyndon Baines Johnson, Martin Luther King, Jr., and the Laws That Changed America*. New York: Houghton Mifflin, 2003.

Kousser, J. Morgan. *The Shaping of Southern Politics: Suffrage Restriction and the Establishment of*

Hazlett, Joseph M., II. *The Libertarian Party and Other Minor Parties in the United States*. Jefferson, NC: McFarland & Co., 1992.

Heinemann, Ronald L. *Harry Byrd of Virginia*. Charlottesville: University Press of Virginia, 1996.

Hetherington, Marc J. *Why Trust Matters: Declining Political Trust and the Demise of American Liberalism*. Princeton, NJ: Princeton University Press, 2005.

Hofstadter, Richard. *The American Political Tradition and the Men Who Made It*. New York: Random House, 1948.

———. *Social Darwinism in American Thought*. Boston: Beacon Press, 1955.

Holloway, Jonathan Scott. *Confronting the Veil: Abram Harris, Jr., E. Franklin Frazier, and Ralph Bunche, 1919–1941*. Chapel Hill: University of North Carolina Press, 2002.

Horwitz, Morton J. *The Transformation of American Law, 1870–1960: The Crisis of Legal Orthodoxy*. New York: Oxford University Press, 1992.

———. *The Warren Court and the Pursuit of Justice*. New York: Hill & Wang, 1998.

Hustwit, William P. *James K. Kilpatrick: Salesman for Segregation*. Chapel Hill: University of North Carolina Press, 2013.

Hutt, W. H. *The Theory of Collective Bargaining*. Glencoe, IL: Free Press, 1954.

Jacobs, Meg. *Panic at the Pump: The Energy Crisis and the Transformation of American Politics in the 1970s*. New York: Hill & Wang, 2016.

———. *Pocketbook Politics: Economic Citizenship in Twentieth-Century America*. Princeton, NJ: Princeton University Press, 2005.

———. "The Politics of Environmental Regulation: Business-Governmental Relations in the 1970s and Beyond." In *What's Good for American Business*, ed. Kimberly Phillips-Fein and Julian E. Zelizer. New York: Oxford University Press, 2012.

Jacobs, Meg, and Julian E. Zelizer. *Conservatives in Power: The Reagan Years, 1981–1989: A Brief History with Documents*. Boston: Bedford/St. Martin's, 2010.

Johnson, Dennis W. *The Laws That Shaped America: Fifteen Acts of Congress and Their Lasting Impact*. New York: Routledge, 2009.

Johnson, M. Bruce, ed. *The Attack on Corporate America: The Corporate Issues Sourcebook*. New York: McGraw-Hill, 1978.

Johnson, Walter. *River of Dark Dreams: Slavery and Empire in the Cotton Kingdom*. Cambridge, MA: Belknap Press of Harvard University Press, 2013.

Jones, Daniel Stedman. *Masters of the Universe: Hayek, Friedman, and the Birth of Neoliberal Economics*. Princeton, NJ: Princeton University Press, 2012.

Kabaservice, Geoffrey. *Rule and Ruin: The Downfall of Moderation and the Destruction of the Republican Party, from Eisenhower to the Tea Party*. New York: Oxford University Press, 2012.

Kahn, Si, and Elizabeth Minnich. *The Fox in the Henhouse: How Privatization Threatens Democracy*. San Francisco: Berrett-Koehler, 2005.

Katznelson, Ira. *Fear Itself: The New Deal and the Origins of Our Time*. New York: Liveright, 2013.

Gaston, Paul M. *Coming of Age in Utopia: The Odyssey of an Idea.* Montgomery, AL: NewSouth Books, 2010.

Gilmore, Glenda Elizabeth. *Defying Dixie: The Radical Roots of Civil Rights, 1919–1950.* New York: W. W. Norton, 2009.

Gilpin, R. Blakeslee. *John Brown Still Lives! America's Long Reckoning with Violence, Equality, & Change.* Chapel Hill: University of North Carolina Press, 2011.

Goldberg, Robert Alan. *Barry Goldwater.* New Haven, CT: Yale University Press, 1995.

Gordon, Linda. *Pitied but Not Entitled: Single Mothers and the History of Welfare.* New York: Free Press, 1994.

Gosse, Van. "Unpacking the Vietnam Syndrome: The Coup in Chile and the Rise of Popular Anti-Interventionism." *The World the Sixties Made,* ed. Van Gosse and Richard Moser. Philadelphia, PA: Temple University Press, 2003.

Green, Kristen. *Something Must Be Done About Prince Edward County: A Family, a Virginia Town, a Civil Rights Battle.* New York: HarperCollins, 2015.

Greve, Michael S., and Fred L. Smith Jr., eds. *Environmental Politics: Public Costs, Private Rewards.* Westport, CT: Praeger, 1992.

————. *The Upside-Down Constitution.* Cambridge, MA: Harvard University Press, 2012.

Hacker, Jacob S. *The Great Risk Shift: The New Economic Inequality and the Decline of the American Dream.* New York: Oxford University Press, 2006.

Hacker, Jacob S., and Paul Pierson. *American Amnesia: How the War on Government Led Us to Forget What Made America Prosper.* New York: Simon & Schuster, 2016.

————. *Winner-Take-All Politics: How Washington Made the Rich Richer—and Turned Its Back on the Middle Class.* New York: Simon & Schuster, 2011.

Hahamovich, Cindy. *No Man's Land: Jamaican Guestworkers in America and the Global History of Deportable Labor.* Princeton, NJ: Princeton University Press, 2011.

Harper, F. A. *Liberty: A Path to Its Recovery.* Irvington on Hudson, NY: Foundation for Economic Education, 1949.

————. *Why Wages Rise.* Irvington on Hudson, NY: Foundation for Economic Education, 1957.

Hartwell, R. M. *History of the Mont Pelerin Society.* Indianapolis: Liberty Fund, 1995.

Hartz, Louis. *The Liberal Tradition in America.* New York: Harcourt, Brace, 1955.

Hayek, F. A. "Postscript: Why I Am Not a Conservative." *The Constitution of Liberty.* 1960; repr., Chicago: Regnery, 1972.

————. *The Mirage of Social Justice.* Vol. 2 of *Law, Legislation and Liberty.* Chicago: University of Chicago Press, 1978.

————. *The Political Order of a Free People.* Vol. 3 of *Law, Legislation and Liberty.* Chicago: University of Chicago Press, 1979.

————. *The Road to Serfdom.* Chicago: University of Chicago Press, 1944.

Edwards, Lee. *Leading the Way: The Story of Ed Feulner and the Heritage Foundation*. New York: Crown Forum, 2013.

Einhorn, Robin L. *American Slavery, American Taxation*. Chicago: University of Chicago Press, 2006.

Fang, Lee. *The Machine: A Field Guide to the Resurgent Right*. New York: New Press, 2013.

Federal Writers' Project. *The WPA Guide to Tennessee*. Knoxville: University of Tennessee Press, 1986.

Ferguson, Niall, et al. *The Shock of the Global: The 1970s in Perspective*. Cambridge, MA: Belknap Press of Harvard University Press, 2010.

Ferguson, Thomas, and Joel Rogers. *Right Turn: The Decline of the Democrats and the Future of American Politics*. New York: Hill & Wang, 1986.

Fields, Karen E., and Barbara J. Fields. *Racecraft: The Soul of Inequality in American Life*. New York: Verso, 2014.

Fink, Richard H., and Jack C. High, eds. *A Nation in Debt: Economists Debate the Federal Budget Deficit*. Frederick, MD: University Publications of America, 1987.

Fisher, Robert, ed., *The People Shall Rule: ACORN, Community Organizing, and the Struggle for Economic Justice*. Nashville, TN: Vanderbilt University Press, 2009.

Fitzpatrick, Ellen. *Endless Crusade: Women Social Scientists and Progressive Reform*. New York: Oxford University Press, 1990.

Fones-Wolf, Elizabeth. *Selling Free Enterprise: The Business Assault on Labor and Liberalism, 1945–1960*. Urbana: University of Illinois Press, 1994.

Frank, Thomas. *The Wrecking Crew: How Conservatives Ruined Government, Enriched Themselves, and Beggared the Nation*. New York: Metropolitan Books, 2008.

Freehling, William W. *Secessionists at Bay, 1776–1854*. Vol. 1 of *The Road to Disunion*. New York: Oxford University Press, 1991.

Freeman, Roger A. *Federal Aid to Education—Boon or Bane?* Washington, DC: American Enterprise Association, 1955.

Friddell, Guy. *Colgate Darden: Conversations with Guy Friddell*. Charlottesville: University of Virginia Press, 1978.

Friedman, Barry. *The Will of the People: How Public Opinion Has Influenced the Supreme Court and Shaped the Meaning of the Constitution*. New York: Farrar, Straus and Giroux, 2009.

Friedman, Milton. *Capitalism and Freedom*. Chicago: University of Chicago Press, 1962.

———. "The Role of Government in Education." In *Economics and the Public Interest,* ed. Robert A. Solo. New Brunswick, NJ: Rutgers University Press, 1955.

Friedman, Milton, and Rose D. Friedman. *Two Lucky People: Memoirs*. Chicago: University of Chicago Press, 1998.

Frohnen, Bruce, et al., eds. *American Conservatism: An Encyclopedia*. Wilmington, DE: Intercollegiate Studies Institute, 2006.

*tion*. Princeton, NJ: Princeton University Press, 2007.

———. *Strom Thurmond's America*. New York: Hill & Wang, 2012.

Crockett, Richard. *Thinking the Unthinkable: Think Tanks and the Economic Counter-Revolution, 1931–1983*. New York: HarperCollins, 1994.

Dabney, Virginius. *Mr. Jefferson's University: A History*. Charlottesville: University of Virginia Press, 1981.

Dailey, Jane. *Before Jim Crow: The Politics of Race in Postemancipation Virginia*. Chapel Hill: University of North Carolina Press, 2000.

Daley, David. *Ratf**ked: The True Story Behind the Secret Plan to Steal America's Democracy*. New York: Liveright, 2016.

Davidson, Donald. *The Attack on Leviathan: Regionalism and Nationalism in the United States*. Gloucester, MA: Peter Smith, 1962. First published 1938.

Davis, Angela, et al. *If They Come in the Morning: Voices of Resistance*. New York: New American Library, 1971.

Dierenfield, Bruce J. *Keeper of the Rules: Congressman Howard W. Smith of Virginia*. Charlottesville: University of Virginia Press, 1987.

Dionne, E. J. *Why the Right Went Wrong: Conservatism—from Goldwater to Trump*. New York: Simon & Schuster, 2016.

Doherty, Brian. *Radicals for Capitalism*. New York: Public Affairs, 2009.

Drew, Elizabeth. *Showdown: The Struggle Between the Gingrich Congress and the Clinton White House*. New York: Simon & Schuster, 1996.

———. *Whatever It Takes: The Real Struggle for Power in America*. New York: Viking, 1997.

Du Bois, William Edward Burghardt. *Black Reconstruction in America: An Essay toward a History of the Part which Black Folk Played in the Attempt to Reconstruct Democracy in America, 1860–1880*. New York: Oxford University Press, 1935.

Dykeman, Wilma. *Tennessee: A Bicentennial History*. New York: W. W. Norton, 1975.

Easton, Nina. *Gang of Five: Leaders at the Center of the Conservative Crusade*. New York: Simon & Schuster, 2000.

Ebenstein, Alan O. *Chicagonomics: The Evolution of Chicago Free Market Economics*. New York: St. Martin's, 2015.

———. *Friedrich Hayek: A Biography*. New York: Palgrave Macmillan, 2001.

———. *Milton Friedman: A Biography*. New York: Palgrave Macmillan, 2007.

Edsall, Thomas Byrne, with Mary D. Edsall. *Chain Reaction: The Impact of Race, Rights, and Taxes on American Politics*. New York: W. W. Norton, 1992.

Edwards, Laura F. *A Legal History of the Civil War and Reconstruction: A Nation of Rights*. New York: Cambridge University Press, 2015.

———. *The People and Their Peace: Legal Culture and the Transformation of Inequality in the Post-Revolutionary South*. Chapel Hill: University of North Carolina Press, 2009.

New York: Basic Books, 1970.

Buchanan, James M., and Gordon Tullock. *The Calculus of Consent: Logical Foundations of Constitutional Democracy*. Ann Arbor: University of Michigan Press, 1962.

Buchanan, James M., and Richard E. Wagner. *Democracy in Deficit: The Political Legacy of Lord Keynes*. New York: Academic Press, 1977.

———. et al. *The Economics of Politics*. London: Institute of Economic Affairs, 1978.

———. et al., eds. *Toward a Theory of the Rent-Seeking Society*. College Station: Texas A&M University Press, 1980.

Burgin, Angus. *The Great Persuasion: Reinventing Free Markets Since the Depression*. Cambridge, MA: Harvard University Press, 2012.

Burns, Jennifer. *Goddess of the Market: Ayn Rand and the American Right*. New York: Oxford University Press, 2009.

Caplan, Bryan. *The Myth of the Rational Voter: Why Democracies Choose Bad Policies*. Princeton, NJ: Princeton University Press, 2007.

Caro, Robert. *The Passage of Power*. New York: Alfred A. Knopf, 2012.

Chappell, David L. *Inside Agitators: White Southerners in the Civil Rights Movement*. Baltimore: Johns Hopkins University Press, 1994.

Chappell, Marisa. *The War on Welfare: Family, Poverty, and Politics in Modern America*. Philadelphia: University of Pennsylvania Press, 2009.

Cheek, H. Lee, Jr., ed. *John C. Calhoun: Selected Writings and Speeches*. Washington, DC: Regnery, 2003.

Conner, Claire. *Wrapped in the Flag: A Personal History of America's Radical Right*. Boston: Beacon, 2013.

Constable, Pamela, and Arturo Valenzuela. *A Nation of Enemies: Chile Under Pinochet*. New York: W. W. Norton, 1993.

Conway, Erik M. *Merchants of Doubt: How a Handful of Scientists Obscured the Truth on Issues from Tobacco Smoke to Global Warming*. New York: Bloomsbury Press, 2010.

Cosman, Bernard, and Robert J. Huckshorn, eds. *Republican Politics: The 1964 Campaign and Its Aftermath for the Party*. Westport, CT: Praeger, 1968.

Cowen, Tyler. *Average Is Over: Powering America Beyond the Age of the Great Stagnation*. New York: Dutton, 2013.

———. *The Theory of Market Failure: A Critical Examination*. Fairfax, VA: George Mason University Press, 1988.

Cowen, Tyler, and Veronique de Rugy. "Reframing the Debate." In *The Occupy Handbook*, ed. Janet Byrne. New York: Little, Brown, 2012.

Crane, Edward H., III. "Libertarianism." In *Emerging Political Coalitions in American Politics*, ed. Seymour Martin Lipset. San Francisco: Institute for Contemporary Studies, 1978.

Crespino, Joseph. *In Search of Another Country: Mississippi and the Conservative Counterrevolu-*

Cambridge, MA: MIT Press, 2009.

Brown, Wendy. *Undoing the Demos: Neoliberalism's Stealth Revolution* (New York: Zone Books, 2015).

Browne, Elaine. *A Taste of Power: A Black Woman's Story*. New York: Pantheon, 1992.

Brownlee, W. Elliot, and Hugh Davis Graham, eds. *The Reagan Presidency: Pragmatic Conservatism and Its Legacies.* Lawrence: University Press of Kansas, 2003.

Broyles, J. Allen. *The John Birch Society: Anatomy of a Protest*. Boston: Beacon, 1964.

Buchanan, James M. *Better than Plowing and Other Personal Essays.* Chicago: University of Chicago Press, 1992.

———. "The Economic Constitution and the New Deal: Lessons for Late Learners." In *Regulatory Change in an Atmosphere of Crisis: Current Implications of the Roosevelt Years,* ed. Gary M. Walton. New York: Academic Press, 1979.

———. *Economics from the Outside In: "Better than Plowing" and Beyond.* College Station: Texas A&M University Press, 2007.

———. "From Private Preferences to Public Philosophy: The Development of Public Choice." In *The Economics of Politics.* London: Institute of Economic Affairs, 1978.

———. *The Limits of Liberty: Between Anarchy and Leviathan.* Indianapolis: Liberty Fund, 2000. First published 1975.

———, ed. *Political Economy, 1957–1982: The G. Warren Nutter Lectures in Political Economy.* Washington, DC: American Enterprise Institute for Public Policy Research, 1982.

———. *Politics by Principle, Not Interest: Toward Nondiscriminatory Democracy.* New York: Cambridge University Press, 1998.

———. "Post-Reagan Political Economy." In *Constitutional Economics*, ed. James Buchanan. Cambridge, MA: Basil Blackwell, 1991.

———. *Public Principles of Public Debt: A Defense and Restatement.* Homewood, IL: Richard D. Irwin, 1958.

———. "The Samaritan's Dilemma." In *Altruism, Morality and Economic Theory,* ed. Edmund S. Phelps. New York: Russell Sage Foundation, 1975.

———. *The Thomas Jefferson Center for Studies in Political Economy*. Charlottesville: University of Virginia Press, 1957.

———. "The Virginia Renaissance in Political Economy: The 1960s Revisited." In *Money and Markets: Essays in Honor of Leland B. Yeager,* ed. Roger Koppl. New York: Routledge, 2006.

———. *Why I, Too, Am Not a Conservative: The Normative Vision of Classical Liberalism.* Northampton, MA: Edward Elgar, 2005.

Buchanan, James M. and G. Brennan. "Tax Reform Without Tears: Why Must the Rich Be Made to Suffer?" *The Economics of Taxation,* ed. Henry J. Aaron and Michael Boskin. Washington, DC: Brookings Institution, 1980.

Buchanan, James M., and Nicos E. Devletoglou. *Academia in Anarchy: An Economic Diagnosis.*

Farrar, Straus and Giroux, 2015.

Bernstein, David E. *Rehabilitating Lochner: Defending Individual Rights Against Progressive Reform*. Chicago: University of Chicago Press, 2011.

Biondi, Martha. *The Black Revolution on Campus*. Berkeley: University of California Press, 2012.

Block, Walter, compiler. *I Chose Liberty: Autobiographies of Contemporary Libertarians*. Auburn, AL: Ludwig von Mises Institute, 2010.

Bloom, Joshua, and Waldo E. Martin Jr. *Black Against Empire: The History and Politics of the Black Panther Party*. Berkeley: University of California Press, 2013.

Blumenthal, Sidney. *The Rise of the Counter-Establishment: The Conservative Ascent to Political Power.* New York: Times Books, 1986.

Boaz, David. *The Libertarian Mind*. New York: Simon & Schuster, 2015.

Boettke, Peter J. and David L. Prychitko. "Introduction: The Present Status of Austrian Economics: Some (Perhaps Biased) Institutional History behind Market Process Theory." In *The Market Process: Essays in Contemporary Austrian Economics*, ed. Boettke and Prychitko. Northampton, MA: Edward Elgar, 1994.

Bolick, Clint. *David's Hammer: The Case for an Activist Judiciary*. Washington, DC: Cato Institute, 2007.

———. *Death Grip: Loosening the Law's Stranglehold over Economic Liberty*. Stanford, CA: Hoover Institution Press, 2011.

———. *Leviathan: The Growth of Local Government and the Erosion of Liberty*. Stanford, CA: Hoover Institution Press, 2004.

———. *Two-Fer: Electing a President and a Supreme Court*. Stanford, CA: Hoover Institution Press, 2012.

———. *Unfinished Business: A Civil Rights Strategy for America's Third Century.* San Francisco: Pacific Research Institute for Public Policy, 1991.

———. *Voucher Wars: Waging the Legal Battle over School Choice.* Washington, DC: Cato Institute, 2003.

Boris, Eileen, and Jennifer Klein. *Caring for America: Home Health Care Workers in the Shadow of the Welfare State*. New York: Oxford University Press, 2012.

Borzutsky, Silvia. "Cooperation or Confrontation Between the State and the Market? Social Security and Health Policies." In *After Pinochet: The Chilean Road to Democracy and the Market*, ed. Silvia Borzutsky and Lois Hecht Oppenheim. Gainesville: University Press of Florida, 2006.

Bradley, Philip D., ed. *The Public Stake in Union Power*. Charlottesville: University of Virginia Press, 1959.

Branch, Taylor. *Parting the Waters: America in the King Years, 1954–1963*. New York: Simon & Schuster, 1988.

Breit, William, and Barry T. Hirsch, eds. *Lives of the Laureates: Twenty-Three Nobel Economists.*

Cambridge University Press, 2016.

———. *Rationalizing Capitalist Democracy: The Cold War Origins of Rational Choice Liberalism*. Chicago: University of Chicago Press, 2003.

Amenta, Edwin. *When Movements Matter: The Townsend Plan and the Rise of Social Security*. Princeton, NJ: Princeton University Press, 2006.

American Jewish Congress. *Assault upon Freedom of Association: A Study of the Southern Attack on the National Association for the Advancement of Colored People*. New York: American Jewish Congress, 1957.

Andrew, John A., III. *The Other Side of the Sixties: Young Americans for Freedom and the Rise of Conservative Politics*. New Brunswick, NJ: Rutgers University Press, 1997.

Applebome, Peter. *Dixie Rising: How the South Is Shaping American Values, Politics, and Culture*. New York: Harcourt Brace, 1996.

Armey, Dick, and Matt Kibbe. *Give Us Liberty: A Tea Party Manifesto*. New York: HarperCollins, 2010.

Atkinson, Frank B. *The Dynamic Dominion: Realignment and the Rise of Virginia's Republican Party Since 1945*. Fairfax, VA: George Mason University Press, 1992.

Atlas, John. *Seeds of Change: The Story of ACORN, America's Most Controversial Antipoverty Community Organizing Group*. Nashville, TN: Vanderbilt University Press, 2010.

Austin, Curtis J. *Up Against the Wall: Violence in the Making and Unmaking of the Black Panther Party*. Fayetteville: University of Arkansas Press, 2006.

Baer, Kenneth S. *Reinventing Government: The Politics of Liberalism from Reagan to Clinton*. Lawrence: University Press of Kansas, 2000.

Balogh, Brian. *A Government Out of Sight: The Mystery of National Authority in Nineteenth-Century America*. Cambridge, UK: Cambridge University Press, 2009.

Banham, Russ. *The Fight for Fairfax: A Struggle for a Great American County*. Fairfax, VA: George Mason University Press, 2009.

Baptist, Edward. *The Half Has Never Been Told: Slavery and the Making of American Capitalism*. New York: Basic Books, 2014.

Barnard, Hollinger F., ed. *Outside the Magic Circle: The Autobiography of Virginia Foster Durr*. Tuscaloosa: University of Alabama Press, 1985.

Barros, Robert. *Constitutionalism and Dictatorship: Pinochet, the Junta, and the 1980 Constitution*. Chicago: University of Chicago Press, 2002.

Bartels, Larry M. *Unequal Democracy: The Political Economy of the New Gilded Age*. Princeton, NJ: Princeton University Press and Russell Sage, 2008.

Bartley, Numan V. *The Rise of Massive Resistance: Race and Politics During the 1950s*. Rev. ed. Baton Rouge: Louisiana State University Press, 1997.

Beckert, Sven. *Empire of Cotton: A Global History*. New York: Alfred A. Knopf, 2014.

Berman, Ari. *Give Us the Ballot: The Modern Struggle for Voting Rights in America*. New York:

Quadagno, Jill. "Generational Equity and the Politics of the Welfare State." *Politics and Society* 17 (April 1989).

Rothbard, Murray N. "Rothbard's Confidential Memorandum to the Volker Fund, 'What Is to Be Done?'" *Libertarian Papers* 1, no. 3 (2009).

Skocpol, Theda, and Alexander Hertel-Fernandez. "The Koch Effect: The Impact of a Cadre-Led Network on American Politics." Paper prepared for the Inequality Mini-Conference, Southern Political Science Association, San Juan, Puerto Rico, January 8, 2016. https://www.scholarsstrategynetwork.org/sites/default/files/the_koch_effect_for_spsa_w_apps_skocpol_and_hertel-fernandez-corrected_1-4-16_1.pdf.

Stepan, Alfred, and Juan J. Linz. "Comparative Perspectives on Inequality and the Quality of Democracy in the United States." *Perspectives on Politics* 9 (December 2011).

Stigler, George J. "Why Have the Socialists Been Winning?" *Ordo*, Band 30. Stuttgart: Gustav Fisher Verlag, 1979.

Sweeney, R. "A Postscript to Massive Resistance: The Decline and Fall of the Virginia Commission on Constitutional Government." *Virginia Magazine of History and Biography* 121 (2013).

Tabarrok, Alexander, and Tyler Cowen. "The Public Choice Theory of John C. Calhoun." *Journal of Institutional and Theoretical Economics* 148 (1992).

Tullock, Gordon. "Problems of Majority Voting." *Journal of Political Economy* 68 (1959).

———. "The Welfare Costs of Tariffs, Monopolies and Theft." *Western Economic Journal* 5 (1967).

Urquiola, Miguel. "The Effects of Generalized School Choice on Achievement and Stratification: Evidence from Chile's Voucher Program." *Journal of Public Economics* 90 (2006).

Vaughn, Karen I. "Remembering Jim Buchanan," *Review of Austrian Economics* 27 (2014).

———. "How James Buchanan Came to George Mason University." *Journal of Private Enterprise* 30 (2015).

Wagner, Richard E. "Public Choice as Academic Enterprise." *American Journal of Economics and Sociology* 63 (January 2004).

Walker, Vanessa. "At the End of Influence: The Letelier Assassination, Human Rights, and Rethinking Intervention in US–Latin American Relations." *Journal of Contemporary History* 46 (2011).

## BOOKS, BOOK CHAPTERS, AND OTHER PUBLICATIONS

Alliance for Justice. *Justice for Sale: Shortchanging the Public Interest for Private Gain*. Washington, DC: Alliance for Justice, 1993.

Altman, Nancy J., and Eric R. Kinston. *Social Security Works: Why Social Security Isn't Going Broke and How Expanding It Will Help Us All*. New York: New Press, 2015.

Amadae, S. M. *Prisoners of Reason: Game Theory and Neoliberal Political Economy*. New York:

Katznelson, Ira, Kim Geiger, and Daniel Kryder. "Limiting Liberalism: The Southern Veto in Congress, 1933–1950." *Political Science Quarterly* 108 (Summer 1993).

Kelman, Steven. "'Public Choice' and Public Spirit." *The Public Interest* 87 (March 1987): 80–94.

Kirby, David, and Emily Ekins. "Libertarian Roots of the Tea Party." *Policy Analysis* 705 (August 6, 2012).

Koch, Charles G. "The Business Community: Resisting Regulation." *Libertarian Review*, August 1978.

———. "Koch Industries, Market Process Analysis, and the Science of Liberty." *Journal of Private Enterprise* 22 (Spring 2007).

Lee, Dwight R. "*The Calculus of Consent* and the Constitution of Capitalism." *Cato Journal* 7 (Fall 1987).

Leidholdt, Alexander S. "Showdown on Mr. Jefferson's Lawn: Contesting Jim Crow During the University of Virginia's Protodesegregation." *Virginia Magazine of History and Biography* 122 (2014).

Lemieux, Pierre. "The Public Choice Revolution." *Regulation* 27, no. 3 (Fall 2004).

Lewis, George. "'Any Old Joe Named Zilch'? The Senatorial Campaign of Dr. Louise Oftedal Wensel." *Virginia Magazine of History and Biography* 107 (Summer 1999).

———. "Virginia's Northern Strategy: Southern Segregationists and the Route to National Conservatism." *Journal of Southern History* 72 (February 2006).

Lomasky, Loren. "When Hard Heads Collide: A Philosopher Encounters Public Choice." *American Journal of Economics and Sociology* 63 (January 2004).

Mack, Kenneth W. "Law and Mass Politics in the Making of the Civil Rights Lawyer, 1931–1941." *Journal of American History* 93 (June 2006).

Manne, Henry G. "An Intellectual History of the George Mason University School of Law." George Mason University Law and Economics Center, 1993. www.law.gmu.edu/about/history.

———. "A New Perspective for Public Interest Law Firms." Washington Legal Foundation, Critical Legal Issue Working Paper Series, no. 3 (November 1985).

McVicar, Michael J. "Aggressive Philanthropy: Progressivism, Conservatism, and the William Volker Charities Fund." *Missouri Historical Review* 105 (2011).

Medema, Steven G. "'Related Disciplines': The Professionalization of Public Choice Analysis." *History of Political Economy* 32, suppl. 1 (2000).

Meese, Edwin III. "The Attorney General's View of the Supreme Court: Toward a Jurisprudence of Original Intention." *Public Administrative Review* 45 (November 1985).

O'Connor, Alice. "The Privatized City: The Manhattan Institute, the Urban Crisis, and the Conservative Counterrevolution in New York." *Journal of Urban History* 34, (January 2008).

Olson, Mancur, and Christopher K. Clague. "Dissent in Economics: The Convergence of Extremes." *Social Research* 38 (Winter 1971).

Buchanan, James M., and R. L. Faith. "Secession and the Limits of Taxation: Toward a Theory of Internal Exit." *American Economic Review* 77 (1987).

Butler, Henry N. "The Manne Programs in Economics for Federal Judges." *Case Western Reserve Law Review* 50 (Fall 1999).

Butler, Stuart, and Peter Germanis. "Achieving a 'Leninist' Strategy." *Cato Journal* 3 (Fall 1983).

Couso, Javier. "Trying Democracy in the Shadow of an Authoritarian Legality: Chile's Transition to Democracy and Pinochet's Constitution of 1980." *Wisconsin International Law Journal* 29 (2011).

Current, Richard N. "John C. Calhoun, Philosopher of Reaction." *Antioch Review* 3 (June 1943).

Desai, Meghnad. "Economics v. Anarchy." *Higher Education Review* 3 (Summer 1971).

Einhorn, Robin L. "Slavery." *Journal of Business History* (2008).

Ensalaco, Mark. "In with the New, Out with the Old? The Democratizing Impact of Constitutional Reform in Chile." *Journal of Latin American Studies* 26 (May 1994).

Epps, Garrett. "The Littlest Rebel: James J. Kilpatrick and the Second Civil War." *Constitutional Commentary* 10, no. 1 (1993).

Feigenbaum, Harvey B. "The Politics of Privatization: A Comparative Perspective." *Governance: An International Journal of Policy and Administration* 1 (October 1988).

Ford, Charles H., and Jeffrey L. Littlejohn. "Reconstructing the Old Dominion: Lewis F. Powell, Stuart T. Saunders, and the Virginia Industrialization Group, 1958–1965." *Virginia Magazine of History & Biography* 121, no. 2 (2013).

Ford, Lacy, Jr. "Inventing the Concurrent Majority: Madison, Calhoun, and the Problem of Majoritarianism in American Political Thought." *Journal of Southern History* 60 (February 1994).

Fraser, Nancy. "Legitimation Crisis: On the Political Contradictions of Financialized Capitalism." *Critical Historical Studies* 2, no. 2 (Fall 2015).

Friedman, Murray. "One Episode in Southern Jewry's Response to Desegregation: An Historical Memoir." *American Jewish Archives* 30 (November 1981).

Greenberg, David. "The Idea of 'the Liberal Media' and Its Roots in the Civil Rights Movement." *The Sixties* (Winter 2008–2009).

Haddigan, Lee. "How Anticommonism 'Cemented' the American Conservative Movement in a Liberal Age of Conformity." *Libertarian Papers* 2 (2010).

Henig, Jeffrey R. "Privatization in the United States: Theory and Practice." *Political Science Quarterly* 104, no. 4 (Winter 1989–90).

Henig, Jeffrey R., Chris Hammett, and Harvey B. Feigenbaum. "The Politics of Privatization: A Comparative Perspective." *Governance: An International Journal of Policy and Administration* 1, no. 4 (October 1988).

Katz, Michael B., Mark J. Stern, and Jamie J. Fader. "The New African American Inequality." *Journal of American History* 92, no. 1 (June 2005).

Riehl, Jonathan. "The Federalist Society and Movement Conservatism: How a Fractious Coalition on the Right Is Changing Constitutional Law and the Way We Talk and Think About It." PhD diss., University of North Carolina at Chapel Hill, 2007.

Turner, Kara Miles. "'It Is Not at Present a Very Successful School': Prince Edward County and the Black Educational Struggle, 1865–1995." PhD diss., Duke University, 2001.

## JOURNAL ARTICLES

Aranson, Peter H. "Calhoun's Constitutional Economics." *Constitutional Political Economy* 2 (1991).

Berger, Jane. "'There Is Tragedy on Both Sides of the Layoffs': Public Sector Privatization and the Urban Crisis in Baltimore." *International Labor and Working-Class History* 71 (Spring 2007).

Blackford, Staige. "Free Choice and Tuition Grants in Five Southern States." *New South* 19, no. 14 (April 1964).

Breit, William. "Creating the 'Virginia School': Charlottesville as an Academic Environment in the 1960s." *Economic Inquiry* 25 (October 1987).

Brennan, Geoffrey. "Life in the Putty-Knife Factory." *American Journal of Economics and Sociology* 63 (January 2004).

Brinkley, Alan, et al. "AHR Forum: The Debate over the Constitutional Revolution of 1937." *American Historical Review* 110, no. 4 (2005).

Buchanan, James M. "Afraid to Be Free: Dependency as Desideratum." *Public Choice* 124 (July 2005).

———. "America's Third Century." *Atlantic Economic Journal* 1 (November 1973).

———. "Constitutional Imperatives for the 1990s: The Legal Order for a Free and Productive Economy." Hoover Institution, Stanford University (1988).

———. "DICTA: Some Remarks on Privatization." *Virginia Law Weekly* (October 23, 1987).

———. "Heraclitian Vespers." *American Journal of Economics and Sociology*, no. 63 (January 2004).

———. "The Potential for Taxpayer Revolt in American Democracy." *Social Science Quarterly* 59 (March 1979).

———. "Saving the Soul of Classical Liberalism." *Cato Policy Report*, March/April 2013.

———. "The Sayer of Truth: A Personal Tribute to Peter Bauer." *Public Choice*, no. 112 (September 2002).

———. "Social Insurance in a Growing Economy: A Proposal for Radical Reform." *National Tax Journal*, December 1968.

———. "Social Security Survival: A Public-Choice Perspective." *Cato Journal* 3 (Fall 1983).

———. "The Thomas Jefferson Center for Studies in Political Economy." *University of Virginia News Letter* 35, no. 2 (October 15, 1958).

*New York Times*
*News & Observer* (Raleigh, NC)
*Politico*
*Potomac Magazine*
*The Public Interest*
*Reason*
*Richmond News Leader*
*Richmond Times-Dispatch*
*Salon*
*Saturday Evening Post*
*Staunton* (VA) *Daily News*
*ThinkProgress*
*Time*
*U.S. News & World Report*
*Virginian-Pilot*
*Wall Street Journal*
*Washington Post*
*Yahoo News*

## DISSERTATIONS AND THESES

Corley, Robert Gaines. "James Jackson Kilpatrick: The Evolution of a Southern Conservative, 1955–1965." Master's thesis, University of Virginia, 1970.

Currin, Scovill. "An Army of the Willing: Fayette'Nam, Soldier Dissent, and the Untold Story of the All-Volunteer Force." PhD diss., Duke University, 2015.

Glickman, Andrew Ziet. "Virginia Desegregation and the Freedom of Choice Plan: The Role of Leon Dure and the Freedom of Association." Master's thesis, University of Virginia, 1991.

Gourse, Alexander. "Restraining the Reagan Revolution: The Lawyers' War on Poverty and the Durable Liberal State, 1964–1989." PhD diss., Northwestern University, 2015.

Hershman, James H., Jr. "A Rumbling in the Museum: The Opponents of Virginia's Massive Resistance." PhD diss., University of Virginia, 1978.

Kay, Bryan. "The History of Desegregation at the University of Virginia, 1950–1969. Master's thesis, University of Virginia, 1979.

Mound, Joshua M. "Inflated Hopes, Taxing Times: The Fiscal Crisis, the Pocketbook Squeeze, and the Roots of the Tax Revolt." PhD diss., University of Michigan, 2015.

Owen, Jan Gaylord. "Shannon's University: A History of the University of Virginia, 1959 to 1974." PhD diss., Columbia University, 1993.

Rasche, Pamela Jane. "Leon Dure and the 'Freedom of Association.'" Master's thesis, University of Virginia, 1977.

William F. Buckley Jr. Papers

## NEWSPAPERS, MAGAZINES, AND ONLINE PUBLICATIONS

*American Prospect*
*Atlantic*
*Bloomberg News*
*Carolina Israelite*
*Cavalier Daily*
*Charles Rowley's Blog*
*Christian Century*
*Commentary*
*Daily Caller* (Cato Institute)
*Daily Progress* (Charlottesville, VA)
*Daily Signal* (Heritage Foundation)
*Dissent*
*The Economist*
*Equal Times*
*Farmville Herald*
*Forbes*
*Fortune*
*The Freeman*
*Guardian*
*Huffington Post*
*Human Events*
*In These Times*
*International Business Times*
*Investigative Reporting Workshop* (American University School of Communication)
*Jet*
*Lew Rockwell.com*
*Los Angeles Times*
*Lynchburg News*
*Mason Gazette*
*El Mercurio*
*The Nation*
*National Journal*
*National Review*
*New Republic*
*The New Yorker*

Mont Pelerin Society Records
Henry Regnery Papers
Gordon Tullock Papers
James Branch Cabell Library, Special Collections and Archives, Virginia Commonwealth University, Richmond, VA
Edward H. Peeples Jr. Collection
Richmond Crusade for Voters Archive
Jean and Alexander Heard Library, Special Collections, Vanderbilt University, Nashville, TN
Donald Grady Davidson Papers
Lewis F. Powell Jr. Archives, Washington and Lee University School of Law, Lexington, VA
Lewis F. Powell Jr. Papers
Library of Congress, Manuscript Division, Washington, DC
William J. Baroody Papers
William A. Rusher Papers, 1940–1989
Robert Russa Moton Museum, Farmville, VA
Barbara Rose Johns Manuscript Memoir
Ronald Reagan Presidential Library, Simi Valley, CA
Thomas G. Moore Papers
Office of Domestic Affairs
Ronald Reagan Governor's Papers
White House Office of Records Management
White House Office of Speechwriting
University of Chicago Library, Special Collections Research Center, Chicago
Frank Hyneman Knight Papers
University of Oregon, Special Collections & University Archives, Eugene, OR
T. Coleman Andrews Papers
Robert LeFevre Collection
University of Virginia Library, Special Collections Department, Charlottesville, VA
Harry Flood Byrd Sr. Papers
Leon Dure Papers
John Segar Gravatt Papers
James J. Kilpatrick Papers
Papers of the President of the University of Virginia
Louise O. Wensel Papers
Virginia Polytechnic Institute and State University, Special Collections, Blacksburg, VA
T. Marshall Hahn Papers
William E. Lavery Records
Yale University, Manuscripts and Archives, New Haven, CT

# 參考文獻

作者註：這份書目僅限於本書引用過的作品，未包括所有我曾研讀的文獻。為了讓本書對一般讀者更具吸引力，難以在此列出所有對我的理解產生過影響的資料來源。我懇請那些未發現自己的相關作品列於此處的學者與記者諒解。儘管引用的資料僅限於書中的特定論點，我仍對能在眾多領域中借鑒的豐富文獻深表感謝。

## ARCHIVAL COLLECTIONS


AFL-CIO George Meany Memorial Archives, Special Collections, University of Maryland, College Park, MD

Civil Rights Department Records

American Friends Service Committee Archives, Philadelphia

Community Relations Department

Southern Program Project

Southside Virginia School Desegregation

Buchanan House Archives, Center for Study of Public Choice, George Mason University, Fairfax, VA

David R. Rubenstein Rare Book and Manuscript Library, Duke University, Durham, NC

William Volker Fund Records, 1953–1961

Ford Foundation Records, Projects, Ford Foundation Archives, Rockefeller Archive Center, Sleepy Hollow, NY

Educational Program of Thomas Jefferson Center for Studies in Political Economy, University of Virginia

George Mason University Special Collections and Archives, Fairfax, VA

C. Harrison Mann Papers

Hoover Institution Archives, Stanford University, Stanford, CA

Roy A. Childs Papers

Ed Clark Papers

John Davenport Papers

Roger Freeman Papers

Milton Friedman Papers, 1931–2006

Friedrich A. von Hayek Papers

Institute of Economic Affairs Records

the cause is seeking additional ways to underrepresent the urban and suburban voters from whom it expects opposition. In a rule-rigging scheme worthy of the Constitution's three-fifths clause and Harry Byrd's midcentury Organization, cadre attorneys have litigated to require that those ineligible to vote (such as noncitizen immigrants, disenfranchised felons, and children) go uncounted for purposes of apportioning representation and funding. The Supreme Court rejected such a bid in early 2016, but, as *The American Prospect* rightly prophesied, the new-style "'one person, one vote' battle [is] just starting." One voting expert and court watcher warns that the outcome would be "an enormous transfer of political power"; Scott Lemieux, et al., "'One Person, One Vote' Battle Just Starting," *American Prospect,* April 18, 2016; Eliza Newlin Carney, "How Scalia's Absence Impacts Democracy Rulings," *American Prospect,* February 18, 2016.

93. Norquist, *Leave Us Alone,* 217, 222.
94. Kenneth P. Vogel, "The Koch Intelligence Agency," *Politico,* November 18, 2015, www.politico.com/story/2015/11/the-koch-brothers-intelligence-agency-215943#ixzz47cZ8Bqci. Koch employees claim to have disbanded that particular operation, but such methods have become central to the operation's functioning. Members of the State Policy Network, for example, have initiated "Mapping the Left" projects that, like their massive-resistance-era predecessors, try to create the appearance of a single, coherent, unified enemy to rally their base against, as they also enable assessment of their targets' defense capabilities, and seek to smear and intimidate individuals; see, for example, Susan Myrick, "Mapping the Left in NC: Roots of Radicalism," *NC Capitol Connection* 7, no. 2 (February 2015): 1, 10; Paul Krugman, "American Thought Police," *New York Times,* March 28, 2011, A27. For the best-documented state inquisitionary body of the civil rights era, see Yasuhiro Katagiri, *The Mississippi State Sovereignty Commission: Civil Rights and States' Rights* (Jackson: University Press of Mississippi, 2001); and Rick Bowers, *Spies of Mississippi: The True Story of the Spy Network That Tried to Destroy the Civil Rights Movement* (Washington, DC: National Geographic, 2010).
95. Shulman, *Sons of Wichita,* 285–86.
96. John Hope Franklin, "History: Weapon of War and Peace," *Phylon* 5 (1944): 258. I thank Evelyn Brooks Higginbotham for this reference.
97. The author notes, too, how Buchanan's ideas "threaten to become self-fulfilling" by discrediting the aspirational behavioral norm of public spirit; Steven Kelman, "'Public Choice' and Public Spirit," *The Public Interest* 87 (March 1987): 80–94, quotes on 81, 93. See also the extended close analysis of how Buchanan's theory, in effect, makes a case for the supremacy of property rights backed by brute force, by Amadae, *Prisoners of Reason*, 175–203.
98. For recognition of how much jurisprudential ground the cause has conquered, see Brian Beutler, "The Rehabilitationists," *New Republic,* Fall 2015.
99. Norquist, *Leave Us Alone,* xv; Daniel Fisher, "Inside the Koch Empire: How the Brothers Plan to Reshape America," *Forbes,* December 5, 2012.

Behest of Industry," *New York Times*, February 24, 1915, A1.

85. Even such an architect of the GOP right as the Reagan kingmaker William A. Rusher knew this. Taking issue with the endorsement by his colleagues at *National Review* of measures to turn over federal revenue to the states, he reminded them in private, as the magazine's publisher, of "the indisputable fact that state and local governments in this country are, commonly, far more corrupt and corruptible than the federal government." Rusher went on to explain that "the Washington bureaucrats may be snakes in the grass, but ordinarily they are honest snakes in the grass." So, he pushed, was the right's answer to be that "at least the state and local bureaucrats are our snakes in the grass"? William Rusher to William F. Buckley, Priscilla Buckley, James Burnham, Jeffrey Hart, and Frank Meyer, February 3, 1971, box 121, Rusher Papers. For an incisive social science analysis of how state governments became sites "in which the foes of liberalism could consolidate their power, refine their appeals, and develop their evolving justifications for restricting the scope of federal activism," see Margaret Weir, "States, Race, and the Decline of New Deal Liberalism," *Studies in American Political Development* 19 (Fall 2005): 157–72.
86. "States Get a Poor Report Card" (editorial), *New York Times*, March 20, 2012, A22. For the full report, see Caitlin Ginley, "Grading the Nation: How Accountable Is Your State?" Center for Public Integrity, March 19, 2012, www.publicintegrity.org/2012/03/19/8423/grading-nation-how-accountable-your-state, and later editions.
87. Andrew Young to the Editor, *New York Times*, June 11, 2015. Calling voters who do not share the cause's economics "a public nuisance," one Mercatus economist said it would be wise "to reduce or eliminate efforts to increase voter turnout"; Bryan Caplan, *The Myth of the Rational Voter: Why Democracies Choose Bad Policies* (Princeton, NJ: Princeton University Press, 2007), 197, 199.
88. Lori C. Minnite, *The Myth of Voter Fraud* (Ithaca, NY: Cornell University Press, 2010), 154–57; "The Success of the Voter Fraud Myth" (editorial), *New York Times*, September 20, 2016, A22.
89. Ari Berman, *Give Us the Ballot: The Modern Struggle for Voting Rights in America* (New York: Farrar, Straus and Giroux, 2015), 260, 263. For Walker's earlier efforts to hold down the vote as Milwaukee County executive, see Minnite, *Myth of Voter Fraud*, 103–8.
90. Wendy Weiser, "Voter Suppression: How Bad?" *American Prospect*, Fall 2014, 12–16.
91. Jane Mayer, "State for Sale," *The New Yorker*, October 10, 2011; Mayer, *Dark Money*, 240–67, quote on 263. Mayer emphasizes the partisan and policy motives for the gerrymandering; I believe another goal is to line up states for a constitutional convention to amend the Constitution. See, for hints of this endgame, Wines, "Push to Alter Constitution, via the States."
92. David Daley, *Ratf**ked: The True Story Behind the Secret Plan to Steal America's Democracy* (New York: Liveright, 2016), xxvi, 110, 181–84, 187, 199–200. A colleague of Buchanan's going back to the Virginia Tech days, W. Mark Crain, had led in thinking about how to redistrict while on the GMU economics faculty and won recognition from the two Virginia Republican governors associated with the Koch base camp at George Mason; CV at https://policystudies.lafayette.edu/wp-content/uploads/sites/41/2016/02/Mark-Crain-CV.pdf. Apparently wanting still more power,

78. Clint Bolick, *David's Hammer: The Case for an Activist Judiciary* (Washington, DC: Cato Institute, 2007). For an apt description of the overall project and the headway it had made by 2005, see Jeffrey Rosen, "The Unregulated Offensive," *New York Times Magazine,* April 17, 2005.
79. Monica Davey, "Concerns Grow as Court Races Draw Big Cash," *New York Times,* March 28, 2015, A1, 15; Sharon McCloskey, "Win the Courts, Win the War," in *Altered State,* 51. Koch grantee Clint Bolick offered another reason: "state constitutions . . . can be amended more easily than the U.S. Constitution"; Bolick, *Two-Fer: Electing a President and a Supreme Court* (Stanford, CA: Hoover Institution Press, 2012), 88–91. In January 2016, in what one smart journalist dubbed "the most chilling political appointment that you've probably never heard of," Arizona's Tea Party governor named Bolick to the state supreme court, after Bolick himself had advised that the cause required "judges willing to enforce [the new] constitutional provisions" coming from "skilled advocates" (Bolick, *Two-Fer,* 95, also 96). Bolick is no longer a bit player on the margins. Jeb Bush, then the expected establishment "moderate" frontrunner, who had just coauthored a book with Bolick, pronounced it a "fantastic" appointment. Ian Millhiser, "The Most Chilling Political Appointment That You've Probably Never Heard Of," *ThinkProgress,* January 6, 2016.
80. Jeffrey Toobin, "To Your Health," *The New Yorker,* July 9 and 16, 2012, 29–30. For deeper context, see Adam Liptak, "The Most Conservative Court in Decades," *New York Times,* July 25, 2010, A1, 20–21; and Adam Liptak, "Justices Offer Receptive Ear to Business Interests," *New York Times,* December 19, 2010, A1, 32.
81. Pamela S. Karlan, "No Respite for Liberals," *New York Times Sunday Review,* June 30, 2012.
82. Nicholas Fando, "University in Turmoil Over Scalia Tribute and Koch Role," *New York Times,* April 28, 2016; David E. Bernstein, *Rehabilitating Lochner: Defending Individual Rights Against Progressive Reform* (Chicago: University of Chicago Press); Michael S. Greve, *The Upside-Down Constitution* (Cambridge, MA: Harvard University Press, 2012). Also see the works of two Koch grantees not at the Scalia School of Law: Clint Bolick's *Death Grip: Loosening the Law's Stranglehold over Economic Liberty* (Stanford, CA: Hoover Institution Press, 2011); and Levin, *The Liberty Amendments,* which conveys the impression that altering the Constitution is the ultimate reason for the push to control a supermajority of states.
83. For the rationale today, see Clint Bolick, *Leviathan: The Growth of Local Government and the Erosion of Liberty* (Stanford, CA: Hoover Institution Press, 2004). North Carolina's General Assembly, for its part, has altered the rules of representation in specific local bodies; as one Democratic critic aptly noted, they aimed "to reshape the rules to dictate the outcomes so that they win at every level of government, whether or not the voters want them to win"; Richard Fausset, "With State Control, North Carolina Republicans Pursue Some Smaller Prizes," *New York Times,* April 7, 2015, A12.
84. Editorial, "G.O.P. Statehouse Shows the Locals Who's Boss," *New York Times,* February 21, 2017, A22; Alan Blinder, "When a State Balks at a City's Minimum Wage," *New York Times,* February 22, 2016; Kate Scanlon, "In Texas, State Leaders Attack Local Governments for Going Big on Regulations," *Daily Signal,* March 15, 2015; Shaila Dewan, "States Are Overturning Local Laws, Often at

this outcome signal, at minimum, the patient and ambitious reach of the strategic thinking that is transforming governance in America. Indeed, one of the early litigators who sought Supreme Court blessing for such practices was John G. Roberts Jr. Then a private attorney representing Discover Bank, he was appointed chief justice in 2005. See Silver-Greenberg and Gebeloff, "Arbitration Everywhere"; Jessica Silver-Greenberg and Michael Corkery, "In Arbitration, a 'Privatization of the Justice System,'" *New York Times,* November 2, 2015, A1, B4; Peter H. Stone, "Grass-Roots Group Rakes in the Green," *National Journal* 27 (March 11, 1995): 521; David D. Kirkpatrick, "Conservatives See Court Shift as Culmination," *New York Times,* January 30, 2006, A1, 18; FreedomWorks, "Citizens for a Sound Economy (CSE) and Empower America Merge to Form FreedomWorks," undated 2004 press release, http://web.archive.org/web/20040725031033/http://www.freedomworks.org/release.php.

73. Silver-Greenberg and Gebeloff, "Arbitration Everywhere"; Greenberg and Corkery, "In Arbitration, a 'Privatization of the Justice System,'" A1, B4. See also Noam Scheiber, "As Americans Take Up Populism, the Supreme Court Embraces Business," *New York Times,* March 11, 2016.
74. See, for example, Charles Murray, *By the People: Rebuilding Liberty Without Permission* (New York: Crown Forum, 2015).
75. James M. Buchanan and Gordon Tullock, *The Calculus of Consent: Logical Foundations of Constitutional Democracy* (Ann Arbor: University of Michigan Press, 1962), 289. One could also trace the cause's distorted notions further back, to the Anti-Federalists who opposed the Constitution; see Garry Wills, *A Necessary Evil: A History of American Distrust of Government* (New York: Doubleday, 2000).
76. Barry Friedman, *The Will of the People: How Public Opinion Has Influenced the Supreme Court and Shaped the Meaning of the Constitution* (New York: Farrar, Straus and Giroux, 2009), 168; Jane Dailey, *Before Jim Crow: The Politics of Race in Postemancipation Virginia* (Chapel Hill: University of North Carolina Press, 2000), 163; Nell Irvin Painter, *Standing at Armageddon: The United States, 1877–1919* (New York: W. W. Norton, 1987), Tarbell quote on 72. Painter's title captures the consensus of several generations of historians on the explosive divisions of this era; if the Koch cause continues to advance, we may again find ourselves "Standing at Armageddon."
77. Ira Katznelson, *Fear Itself: The New Deal and the Origins of Our Time* (New York: Liveright, 2013). For a stark contrast to Katznelson's cogent comparative analysis, see the Buchanan-influenced account by libertarian journalist Amity Shlaes, *The Forgotten Man: A New History of the Great Depression* (New York: HarperCollins, 2007). For the internal evolution of legal doctrine on the court, see Alan Brinkley, et al., "AHR Forum: The Debate over the Constitutional Revolution of 1937," *American Historical Review* 110 (October 2005): 1047. As the brilliant refugee economist Karl Polanyi observed in 1944, looking out on a world in flames, a self-adjusting market "could not exist for any length of time without annihilating the human and natural substance of society"; Karl Polanyi, *The Great Transformation: The Political and Economic Origins of Our Time* (Boston: Beacon Press, 1944), 3.

the States," *New York Times*, August 23, 2016, A1. The opening reads: "Taking advantage of almost a decade of political victories in state legislatures across the country, conservative advocacy groups are quietly marshaling support for an event unprecedented in the nation's history, a convention of the fifty states, summoned to consider amending the Constitution." Wines notes that the planning "is playing out largely beyond public notice" and, with control over more state legislatures, is gaining "a plausible chance of success." For a taste of the changes the cause would like, see the summary by Koch grantee Mark R. Levin, *The Liberty Amendments: Restoring the American Republic* (New York: Threshold Editions, 2013).

68. Alfred Stepan and Juan J. Linz, "Comparative Perspectives on Inequality and the Quality of Democracy in the United States," *Perspectives on Politics* 9 (December 2011): 844. Thanks to Jill Lepore for drawing public attention to this piece with her usual brilliance in her "Richer and Poorer: Accounting for Inequality," *The New Yorker,* March 16, 2015.
69. The U.S. Constitution appears so incapacitating to emerging nations with fully enfranchised adult populations that it no longer attracts emulators as it once did. Supreme Court Justice Ruth Bader Ginsburg rued, "I would not look to the United States Constitution if I were drafting a Constitution in the year 2012"; "'We the People' Loses Followers," *New York Times,* February 7, 2012, A1. See also Sanford Levinson, *Our Undemocratic Constitution: Where the Constitution Goes Wrong (and How We the People Can Correct It)* (New York: Oxford University Press, 2006).
70. Stepan and Linz, "Comparative Perspectives," 841–56, quote on 844.
71. Unless political means are found to serve as the equivalent of global war in righting inequality, the leading systemic account concludes, it will only get worse; Thomas Piketty, *Capital in the Twenty-First Century* (Cambridge, MA: Belknap Press of Harvard University Press, 2014). Summarizing the situation with stark accuracy, a leading philosopher concludes that capitalism is, again, destroying the social and political conditions for its own perpetuation; Nancy Fraser, "Legitimation Crisis: On the Political Contradictions of Financialized Capitalism," *Critical Historical Studies* 2, no. 2 (Fall 2015): 157–89. On the fiscal straitjacket that bodes ill for democracy, see Armin Schäfer and Wolfgang Streeck, eds. , *Politics in the Age of Austerity* (Cambridge, UK: Polity, 2013), especially authors' essays.
72. Jessica Silver-Greenberg and Robert Gebeloff, "Arbitration Everywhere, Stacking the Deck of Justice," *New York Times,* November 1, 2015, A1, 22–23. See also Katherine V. W. Stone, "Signing Away Our Rights," *American Prospect,* April 2011, 20–22. Here is some relevant GMU context: Near the time of Charles Koch's first big gift to George Mason, Citizens for a Sound Economy (CSE) "launched a grass-roots lobbying drive supporting a package of bills aimed at overhauling the U.S. civil litigation system." That multi-million-dollar effort was led by C. Boyden Gray, who had worked with Ed Meese to transform the judiciary, served on the board of CSE as its chair, and was a founding co-chair, with Dick Armey and Jack Kemp, of FreedomWorks. Gray has since been appointed a distinguished faculty member at GMU's Scalia School of Law. The circumstantial trail leaves many open questions, of course. But the ten-plus years of work that went into producing

unforeseen event," an event that would enable his team's project to "fill the vacuum"; Institute for Humane Studies, *The Institute's Story* (Menlo Park, CA: n.d., but early 1970s), 25, in box 26, Hayek Papers. There are many excellent books and articles on the Tea Party and the Koch apparatus's role in commandeering the energy on display in the grassroots groups for its own purposes. The most comprehensive and illuminating, to my reading, is Skocpol and Williamson, *The Tea Party and the Remaking of Republican Conservatism.* For Cato's exultation that "libertarians led the way for the tea party," which was pushing the GOP to become "functionally libertarian," see David Kirby and Emily Ekins, "Libertarian Roots of the Tea Party," *Policy Analysis* 705 (August 6, 2012): 1.

59. For research grants to fund the project from the Institute for Humane Studies, see Tyler Cowen and David Nott, memorandum, May 13, 1997, BHA. Charles Koch was initially Cowen's codirector; the CEO remains on the nine-member Mercatus board of directors, joined in that role by Fink and Edwin Meese III.
60. Tyler Cowen, "Why Does Freedom Wax and Wane?: Some Research Questions in Social Change and Big Government," Mercatus Center, George Mason University, 2000 (repr. online, 2015; the original has no page numbers, but all quotes are from this document).
61. Ibid. For Charles Koch's version of the same research agenda, see Charles G. Koch, "Koch Industries, Market Process Analysis, and the Science of Liberty," *Journal of Private Enterprise* 22 (Spring 2007): especially 4–6.
62. Cowen, "Why Does Freedom Wax and Wane?"
63. Ibid.
64. Economic transformation, Piñera earlier explained from his new post at Koch's Cato Institute, had to be done rapidly and "on all fronts simultaneously"; José Piñera, "Chile," in *The Political Economy of Policy Reform,* ed. John Williamson (Washington, DC: Institute for International Economics, 1994), 228. Although she was unaware of Buchanan and his writing before the Koch brothers were in the news, Naomi Klein brilliantly identified how neoliberal actors have exploited crisis situations in which public oversight is paralyzed in order to achieve their ends. See her groundbreaking work *The Shock Doctrine: The Rise of Disaster Capitalism* (New York: Metropolitan Books, 2007). Cowen was drawing out the lessons of such practice for application in the United States and other democracies, where change could not be imposed by brute force.
65. Cowen, "Why Does Freedom Wax and Wane?"
66. His own economics colleague at George Mason, the John M. Olin Distinguished Professor Walter E. Williams, became a fixture on right-wing radio. A mentee of Buchanan during the latter's brief sojourn at UCLA and a syndicated columnist, Williams has for more than twenty years been acting as a guest host for Rush Limbaugh's radio show; Colleen Kearney Rich, "The Wonderful World of Masonomics," *Mason Spirit,* November 1, 2010.
67. David Waldstreicher, *Slavery's Constitution: From Revolution to Ratification* (New York: Hill & Wang, 2009); Waldstreicher notes the design "favoring people who owned people" (5). For the Koch project's plan here, see the chilling report by Michael Wines, "Push to Alter Constitution, via

on the will of most voters; Scott Walker, *Unintimidated: A Governor's Story and a Nation's Challenge* (New York: Sentinel, 2013), 225.

50. Dan Kaufman, "Land of Cheese and Rancor," *New York Times Magazine,* May 27, 2012, 30, 32; Dan Kaufman, "Fate of the Union," *New York Times Magazine,* 55. Walker later bragged that the furor over the bill had enabled his team "to pass a raft of other measures" that usually would have set off "protests and controversy" but "went virtually unnoticed"; Walker, *Unintimidated,* 215.
51. Monica Davey, "Decline in Wisconsin Unions Calls Election Clout into Question," *New York Times,* February 28, 2016, 12, 20.
52. Patricia Cohen, "Public Sector Jobs Vanish, Hitting Blacks Hard," *New York Times,* May 25, 2015, B1, 5; Michael B. Katz, Mark J. Stern, and Jamie J. Fader, "The New African American Inequality," *Journal of American History* 92 (June 2005): 75–108, quote on 77; also Virginia Parks, "Revisiting Shibboleths of Race and Urban Economy: Black Employment in Manufacturing and the Public Sector Compared, Chicago 1950–2000," *International Journal of Urban and Regional Research* 35 (2011): 110–29.
53. Summarizing years of activism and scholarship, Ruth Rosen used that rubric in a lead article, "The Care Crisis: How Women Are Bearing the Burden of a National Emergency," *The Nation,* March 12, 2007, 11–16. For a case study that exposes the multi-sided impact, see Jane Berger, "'There Is Tragedy on Both Sides of the Layoffs': Public Sector Privatization and the Urban Crisis in Baltimore," *International Labor and Working-Class History* 71 (Spring 2007): 29–49. For a sample of the long tradition of women's activism on these issues, see Dorothy Sue Cobble, *The Other Women's Movement: Workplace Justices and Social Rights in Modern America* (Princeton, NJ: Princeton University Press, 2004); on addressing them in theory, see Nancy Folbre, *The Invisible Heart: Economics and Family Values* (New York: New Press, 2002).
54. Tyler Cowen and Veronique de Rugy, "Reframing the Debate," in *The Occupy Handbook,* ed. Janet Byrne (New York: Little, Brown, 2012), 414–15, 418, 421. See also Norquist, *Leave Us Alone,* 92. To win over young people to such public-choice-derived ideas, the apparatus is funding extensive efforts to organize college youth; see Lee Fang, "Generation Opportunity, New Koch-Funded Front, Says Youth Are Better Off Uninsured," *The Nation*, September 19, 2013.
55. Paul Krugman, "Republicans Against Retirement," *New York Times,* August 17, 2015.
56. Larry Rohter, "Chile Rethinks Its Privatized Pension System," *New York Times,* January 10, 2006; see also Eduardo Gallardo, "Chile's Private Pension System Adds Public Payouts for Poor," *New York Times,* March 10, 2008.
57. Nancy J. Altman and Eric R. Kinston, *Social Security Works: Why Social Security Isn't Going Broke and How Expanding It Will Help Us All* (New York: New Press, 2015), 55, 61, 65, 67; Jacob S. Hacker, *The Great Risk Shift: The New Economic Inequality and the Decline of the American Dream* (New York: Oxford University Press, 2006), 109–38.
58. Koch knew that sooner or later, as his mentor Baldy Harper taught, the day would arrive "when the bubble of illusion on which much of our current affluence floats is finally pricked by some

42. Stephen Moore and Stuart Butler, *Privatization: A Strategy for Taming the Federal Budget* (Washington, DC: Heritage Foundation, 1987), 1, 8, 10. For a critical empirical view of the impact of privatization, see Elliott D. Sclar, *You Don't Always Get What You Pay For: The Economics of Privatization* (Ithaca, NY: Cornell University Press, 2001).
43. Alex Friedman to Hon. Patrick Leahy, May 9, 2008, BHA. Just as in the days of Buchanan's grandfather, when convict labor helped generate income, so, too, prison corporations have managed to end New Deal–era restrictions that outlawed profiting from incarcerated workers; see Heather Ann Thompson, "Rethinking Working-Class Struggle Through the Lens of the Carceral State: Toward a Labor History of Inmates and Guards," *Labor* 8 (2011): 15–45, on CCA as a pioneer in such profiteering, 34.
44. Silja J. A. Talvi, "Cashing In on Cons," *In These Times,* February 28, 2005, 16–29.
45. Jon Hurdle and Sabrina Tavernise, "Former Judge Is on Trial in 'Cash for Kids' Scheme," *New York Times,* February 8, 2011, A20. See also Charles M. Blow, "Plantations, Prisons and Profits," *New York Times,* May 26, 2012, A17; and Talvi, "Cashing In on Cons," 16–29.
46. Detention Watch Network and Center for Constitutional Rights, "Banking on Detention: 2016 Update," www.detentionwatchnetwork.org/sites/default/files/reports/Banking%20on%20Detention%202016%20Update_DWN,%20CCR.pdf. See also In the Public Interest, "Criminal: How Lockup Quotas and 'Low-Crime Taxes' Guarantee Profits for Private Prison Corporations," September 2013, www.inthepublicinterest.org/wp-content/uploads/Criminal-Lockup-Quota-Report.pdf.
47. Sabrina Dewan and Gregory Randolph, "Unions Are Key to Tackling Inequality, Says Top Global Financial Institution," *Huffington Post,* March 5, 2015. Among the now dozens of scholarly expositions, I have found these to be among the most illuminating: Larry M. Bartels, *Unequal Democracy: The Political Economy of the New Gilded Age* (Princeton, NJ: Princeton University Press, 2008); Jacob S. Hacker and Paul Pierson, *Winner-Take-All Politics: How Washington Made the Rich Richer—and Turned Its Back on the Middle Class* (New York: Simon & Schuster, 2011); Joseph E. Stiglitz, *The Price of Inequality: How Today's Divided Society Endangers Our Future* (New York: W. W. Norton, 2012); Thomas Piketty, *Capital in the Twenty-First Century* (Cambridge, MA: Belknap Press of Harvard University Press, 2014), and, in a more prescriptive mode, Robert B. Reich, *Saving Capitalism: For the Many, Not the Few* (New York: Alfred A. Knopf, 2015); Anthony B. Atkinson, *Inequality: What Can Be Done?* (Cambridge, MA: Harvard University Press, 2015).
48. Lydia DePillis, "West Virginia House Passes Right-to-Work Bill after Harsh Debate," *Washington Post,* February 4, 2016. This made West Virginia the twenty-sixth state with such a law.
49. Michael Cooper and Megan Thee-Brenan, "Majority in Poll Back Employees in Public Unions," *New York Times,* March 1, 2011, A1, 16; "The Hollow Cry of Broke" (editorial), *New York Times,* March 3, 2011, A26; Roger Bybee, "After Proposing Draconian Anti-Union Laws, Wis. Gov. Walker Invokes National Guard," *In These Times,* February 15, 2011. Walker himself notes that his approval rating fell to 37 percent because the act was so unpopular, so he was clearly not acting

*tion* (Cambridge, MA: MIT Press, 2012), 185.

34. "Secession is, of course, the most dramatic form of exit," Buchanan noted, but was "only the end of a spectrum of institutional-constitutional rearrangements" the cause should promote, "all of which embody exit as a common element." The spectrum included elements that had become core to Republican practice: "decentralization, devolution, federalism, privatization, deregulation." They were all part of a continuum whereby wealthy minorities could evade "exploitation" by majorities, enlisting "the discipline of competition" to tame them. The core theory was simple. As Buchanan summarized: "If you have exit options, you are free—you have liberty." In constitutional terms, his vision was that "we have to have a genuine competitive federalism" among the states to discipline their policies and national power. Unveiling a major "new initiative on federalism" soon after this, Buchanan's Center invited officers of dozens of corporations, including Amoco, America Online, General Dynamics, Lockheed, and Philip Morris, alongside representatives of such leading right-wing foundations as Heritage, Scaife, Bradley, and, of course, Koch, to learn how to apply it. James M. Buchanan, "The Moral of the Market," typed interview transcript [c. 2004], BHA; James M. Buchanan, "Secession and the Economic Constitution," draft prepared for presentation, Berlin, October 1999, 2, 4, ibid. ; John H. Moore to William D. Witter, February 20, 1996, ibid. ; Ann Bader to Bob Tollison et al., May 3, 1996, ibid. ; Gordon Brady to Bob Tollison et al., February 12, 1997, ibid. ; Gordon Brady to Bob Tollison et al., February 5, 1997, ibid. "The only beneficiaries of federalism run amok are large corporations that can use a threat to relocate as leverage in bargaining with state legislatures," notes Michael Lind, *Up from Conservatism: Why the Right Is Wrong for America* (New York: Free Press, 1996), 218.
35. Julie Bosman, "Agency Bans Activism on Climate Change," *New York Times,* April 9, 2015.
36. Every single "environmentally skeptical" book published in the 1990s, one academic study found, was connected to one or more right-wing foundations; Oreskes and Conway, *Merchants of Doubt,* 234, 236.
37. Klein, *This Changes Everything,* 35. For the broader, devastating impact, see Layzer, *Open for Business,* 333–60. On the willful deception, see Ari Rabin-Havt and Media Matters for America, *Lies, Incorporated: The World of Post-Truth Politics* (New York: Anchor Books, 2016), 34–57.
38. Lindsay Wagner, "Starving the Schools," in *Altered State: How Five Years of Conservative Rule Have Redefined North Carolina* (NC Policy Watch, December 2015), 15–18. And for contrast, see Motoko Rich, et al., "In Schools Nationwide, Money Predicts Success," *New York Times,* May 3, 2016, A3.
39. Lindsay Wagner, "Paving the Way Toward Privatization," in *Altered State,* 26–27; see also Valerie Strauss, "The Assault on Public Education in North Carolina Just Keeps on Coming," *Washington Post,* May 18, 2016.
40. Wagner, "Starving the Schools," 15–19; Chris Fitzsimon, "The Wrecking Crew," in *Altered State,* 3.
41. Alexander Tabarrok, ed. , *Changing the Guard: Private Prisons and the Control of Crime* (Oakland, CA: Independent Institute, 2003), 1, 6.

'Emergency Managers,'" *The Nation*, February 17, 2016.

26. Robert D. Tollison and Richard E. Wagner, *The Economics of Smoking* (Boston: Kluwer Academic Publishers, 1992), ix–xi, 140–41, 142, 225. This was just one of several such studies from George Mason's Center for Study of Public Choice. As so often with this cause's allegations, projection seemed to be the order of the day for economists in a public university in a tobacco state whose leading corporations were losing their markets and eager to pay academics to combat well-established research findings.
27. Al Kamen, "Name That Tone," *Washington Post,* March 21, 1997, A25. One historically minded commentator has aptly compared the monetary scale of corporate-sunk investment in fossil fuels to the wealth invested in slaves, the defense of which set off the Civil War; Christopher Hayes, "The New Abolitionism," *The Nation*, April 22, 2014.
28. Donald J. Boudreaux, "The Missing Elements in the 'Science' of Global Warming," *Reason,* September 7, 2006.
29. Naomi Oreskes and Erik M. Conway, *Merchants of Doubt: How a Handful of Scientists Obscured the Truth on Issues from Tobacco Smoke to Global Warming* (New York: Bloomsbury, 2010), 234, 237, 249, quote on 243. More generally, see Naomi Klein, *This Changes Everything: Capitalism vs. the Climate* (New York: Simon & Schuster, 2014); and Jane Mayer, "Covert Operations: The Billionaire Brothers Who Are Waging a War on Obama," *The New Yorker,* August 30, 2010. See also Cato Institute, "Global Warming," www.cato.org/special/climatechange; and Climate Science & Policy Watch, "Americans for Prosperity: Distorting Climate Change Science and Economics in Well-Funded Campaign," www.climatesciencewatch.org/2010/03/18/americans-for-prosperity-distorting-climate-change-science-and-economics-in-well-funded-campaign; on CEI, see Competitive Enterprise Institute, "Cooler Heads Coalition News," https://cei.org/blog/cooler-heads-coalition-news.
30. Iain Murray, "All Aboard the Climate Gravy Train," *National Review,* March 11, 2011; "Christopher C. Horner, Senior Fellow," Competitive Enterprise Institute, https://cei.org/expert/christopher-c-horner. See also Michael S. Greve and Fred L. Smith Jr., eds. , *Environmental Politics: Public Costs, Private Rewards* (New York: Praeger, 1992). In a similar vein, see Tollison and Wagner, *Economics of Smoking,* 183–184, 225.
31. Eduardo Porter, "Bringing Republicans to the Talks on Climate," *New York Times,* October 14, 2015, B4.
32. Eric Holmberg and Alexia Fernandez Campbell, "Koch: Climate Pledge Strategy Continues to Grow," Investigative Reporting Workshop, American University School of Communication, July 1, 2013; Paul Krugman, "Climate Denial Denial," *New York Times,* December 4, 2015, A33; Porter, "Bringing Republicans to the Talks," *New York Times,* October 14, 2015, B1, 6.
33. Eric Lipton, "Working So Closely Their Roles Blur," *New York Times,* December 7, 2014, A1, 30–31. By the 1990s, the antienvironmental right was "making slow but steady inroads [in the courts], thanks to a carefully calculated effort to transform the judicial landscape," notes one authoritative study; Judith A. Layzer, *Open for Business: Conservatives' Opposition to Environmental Regula-*

his argument in a political setting where the demos had not yet been fully unchained," he mused privately. "With a limited franchise and elite control, governments might have been more readily amenable to rational persuasion" from advocates of economic liberty. The demos must be put back in chains, it seemed, for liberty to prevail. James M. Buchanan, "Notes Prompted by Telephone Conversation with And[rew] Ruttan on 15 February 2001," February 16, 2001, BHA.

14. F. A. Harper, *Liberty: A Path to Its Recovery* (Irvington on Hudson, NY: Foundation for Economic Education, 1949), 113.
15. James M. Buchanan, *Why I, Too, Am Not a Conservative: The Normative Vision of Classical Liberalism* (Northampton, MA: Edward Elgar, 2005), 8. See also James M. Buchanan, "Afraid to Be Free: Dependency as Desideratum," *Public Choice* 124 (July 2005): 19–31.
16. Tyler Cowen, *Average Is Over: Powering America Beyond the Age of the Great Stagnation* (New York: Dutton, 2013), 229–30, 236–39, 241.
17. Ibid. , 241–45, 247, 258.
18. Eliana Dockerman, "Paul Ryan Says Free School Lunches Give Kids 'An Empty Soul,'" *Time*, March 6, 2014. And that was after a group of Catholic nuns went on a much-publicized 2,700-mile bus tour to speak out against his contrarian version of Catholic values; Simone Campbell, "We 'Nuns on the Bus' Don't Like Paul Ryan's Idea of Catholic Values," *Guardian*, September 28, 2012.
19. Nicholas Kristof, "Congress to America: Drop Dead," *New York Times*, May 12, 2016, A27.
20. Sam Knight, "Freshman GOP Senator: I'm Okay with Not Forcing Restaurant Workers to Wash Up," *The District Sentinel*, February 2, 2015. See also Rebekah Wilce, "Spending for ALEC Member Tillis Breaks All Records in NC Senate Race," *PR Watch*, posted October, 21, 2014.
21. Gary M. Anderson, "Parasites, Profits, and Politicians: Public Health and Public Choice," *Cato Journal* 9 (Winter 1990): 576. See the Mercatus Web site for more such allegations.
22. Amity Shlaes, "James Buchanan, a Star Economist Who Understood Obamacare," *Bloomberg View*, January 10, 2013.
23. Mason Adams and Jesse Tuel, "They Did Nothing to Deserve This," *Virginia Tech Magazine*, Spring 2016, 41–50; also Elisha Anderson, "Legionnaires'-Associated Deaths Grow to 12 in Flint," *Detroit Free Press*, posted April 11, 2016.
24. For early hiring of the Mackinac Center staff from Koch's offices, see Kelly R. Young to Roy Childs, March 4, 1992, box 5, Roy A. Childs Papers, Hoover Library; Mackinac Center, "Accomplishments: 1988–2013," http://web.archive.org/web/20151013073304/https://www.mackinac.org/18315. For superb investigation and overview of SPN, see Center for Media and Democracy, "Exposed: The State Policy Network," November 2013, www.alecexposed.org/w/images/2/25/SPN_National_Report_FINAL.pdf.
25. Monica Davey, "A State Manager Takes Over and Cuts What a City Can't," *New York Times*, April 26, 2011, 1; Paul Rosenberg, "The Truth About Flint: Kids Drank Poisoned Water Because of the GOP's Radical, Anti-Democratic 'Reforms,'" *Salon*, January 23, 2016. For the deepest explanation, see John Conyers, "Flint Is the Predictable Outcome of Michigan's Long, Dangerous History with

Judicial Watch, and more; "Mont Pelerin Society Directory—2010," www.desmogblog.com/sites/beta.desmogblog.com/files/Mont%20Pelerin%20Society%20Directory%202010.pdf.

5. "Koch Versus Cato: Unraveling the Riddle," *Charles Rowley's Blog*, March 5, 2012; "Economist's View: Has the 'Kochtupus' Opened Libertarian Eyes?" *Charles Rowley's Blog*, March 6, 2012; Rowley reply, *Charles Rowley's Blog*, March 6, 2012; "Koch Brothers Force Ed Crane Out of Cato," *Charles Rowley's Blog*, June 26, 2012, printouts in author's possession. Since Rowley's death, the blog has come down; interested readers can consult the Wayback Machine archive, https://web.archive.org/web/*/charlesrowley.wordpress.com. See also Schulman, *Sons of Wichita*, 263–64.
6. "Koch Versus Cato."
7. James M. Buchanan, *Economics from the Outside In: "Better than Plowing" and Beyond* (College Station: Texas A&M University Press, 2007).
8. "Koch versus Cato"; "Death of William A. Niskanen Opens Door for Koch Takeover of Cato Institute," *Charles Rowley's Blog*, March 4, 2012; Catherine Probst, "University Mourns Passing of Economics Professor Charles Rowley," *News at Mason*, GMU.edu, August 5, 2013.
9. Dozens of print and online journalists have been following this story, in articles and posts too numerous for individual citation, even with my deep admiration for their work. Among the best book-length studies are Mayer, *Dark Money*; Fang, *The Machine*; Vogel, *Big Money*; and Schulman, *Sons of Wichita*.
10. For orientation to this extraordinary figure, see Jeffrey Rosen, "Why Brandeis Matters," *New Republic*, June 29, 2010, https://newrepublic.com/article/75902/why-brandeis-matters.
11. Theda Skocpol and Vanessa Williamson, *The Tea Party and the Remaking of Republican Conservatism* (New York: Oxford University Press, 2012), 66. As in the civil rights era, arch libertarians show no compunction about exploiting white racial animus to achieve their ends. On the distinctive feelings of lost racial dominance among "real Americans" that animates Tea Party activists, see Christopher S. Parker and Matt A. Barreto, *Change They* Can't *Believe In: The Tea Party and Reactionary Politics in America* (Princeton, NJ: Princeton University Press, 2013).
12. David Boaz, *The Libertarian Mind* (New York: Simon & Schuster, 2015), 252. America is "creating an underclass that votes rather than works for a living," says another in calculated demagogy; Grover G. Norquist, *Leave Us Alone: Getting the Government's Hands Off Our Money, Our Guns, and Our Lives* (New York: HarperCollins, 2008), 119.
13. Romney did not pull this claim from thin air, but from the cause's calculations, based on Buchanan's ideas; see William W. Beach, "An Overview of the Index of Dependency" (Washington, DC: Heritage Foundation, 2002); also Norquist, *Leave Us Alone*, 116–17. Buchanan himself had, of course, depicted modern democratic politics as a criminal conspiracy. "Modern rent seekers are under no delusion about the 'social good,'" he warned. "They do not abide by the precepts of honesty, fairness, respect for the rules of law, etc."; James M. Buchanan, "Hayek and the Forces of History" (typescript), BHA, later published in *Humane Studies Review* 6 (1988–1989). As the new century opened, the people had come to seem beastlike to him. "Adam Smith was presenting

Visitors with right-wing figures: in addition to Meese, Ed Feulner of the Heritage Foundation, the journalist William Kristol, and the utility player James Miller. Teles, *Rise of the Conservative Legal Movement,* 212. When Allen had to step down, Richie Fink contributed $50,000 to his Republican successor's campaign and inauguration fund; "A Grand Old Golf Party Rakes in Lots of Green for Republicans," *Washington Post,* August 12, 1998. On Kristol's work to drive the GOP to the right in the 1990s, see Nina Easton, *Gang of Five: Leaders at the Center of the Conservative Crusade* (New York: Simon & Schuster, 2000), 266–80. As she rightly notes of the late 1990s, "Never before had the Right's activists been so closely tied to the party hierarchy and its professionals" (280).

47. Author's observation at the memorial gathering, September 28–29, 1913.
48. James M. Buchanan, "Notes prompted by telephone conversation with And[rew] Ruttan on 15 February 2001," Feb. 16, 2001, BHA.

## 結論——做好準備

1. Charles K. Rowley, "The Calculus of Consent," in *Democracy and Public Choice: Essays in Honor of Gordon Tullock,* ed. Charles K. Rowley (Oxford, UK: Basil Blackwell, 1987), 55. He was no doubt gesturing to Jean-Jacques Rousseau, who had posed the question two centuries earlier.
2. Charles K. Rowley, "James M. Buchanan: A Short Biography," reprinted with permission from Rowley and A. Owens, "Buchanan, James McGill (1919–)," in *The Biographical Dictionary of American Economists,* vol. 1, ed. Ross B. Emmett (New York: Thoemmes Press/Continuum International, 2006), 98–108; distributed in pamphlet form at the George Mason memorial service for Buchanan in September 2013 (in author's possession). Rowley was working on a full-length biography when he died that summer. I expect that it would be as hagiographic as this shorter piece and another like it, but perhaps a bit more critical in light of what unfolded after he wrote it.
3. Charles K. Rowley to Dr. Edwin J. Feulner, November 11, 1997, BHA.
4. He was right about where things were headed. One can find the 2010 roster of this highly exclusive society online, and there the shift in dominance from thinkers to wealthy donors and their operatives is apparent. Alongside the many academic members' names can be found the leading cadre members of the Koch-funded revolution in the making. To mention only those most likely to be familiar to readers, they include, alongside Charles Koch himself: Richard Armey, once House majority leader, later cochair of Citizens for a Sound Economy and by then the chair of FreedomWorks; Edward Crane and David Boaz, then president and executive vice president, respectively, of the Cato Institute; Ed Feulner, then president of the Heritage Foundation; Reed Larson, president of the National Right to Work Committee; William H. Mellor, cofounder of the Institute for Justice; Morton Blackwell, president of the Leadership Institute; David Nott, president of the Reason Foundation; Charles Murray, the libertarian writer on long-term retainer at the American Enterprise Institute; and Edwin Meese III, a veteran of so many arms of the cause, who through his continuing board service connected the Mercatus Center with the Heritage Foundation, the Federalist Society,

92–93; Michael S. Rosenwald, "Tyler Cowen's Appetite for Ethnic Food—and Answers About His Life," *Washington Post,* May 13, 2010. Buchanan's longtime collaborator Geoffrey Brennan found Cowen a good choice for the "front-man role" of the new center. He was "totally smooth and presentable" and "smart," to boot, while being "young enough and ambitious enough to make the kind of longer-term investment" the project's success necessitated—rather akin to Buchanan, he noted, at the time of the Thomas Jefferson Center's launch; Geoffrey Brennan to Betty Tillman, August 19, 1998. Cowen's first book, *The Theory of Market Failure: A Critical Examination,* was a collection of essays copublished by the Cato Institute and designed to refute the key argument for government intervention: that markets often fail. Offering tribute to public choice economics, it showcased nonscholars on the payrolls of three different Koch-funded nonprofits. Tyler Cowen, ed. , *The Theory of Market Failure: A Critical Examination* (Fairfax, VA: George Mason University Press, 1988). The very season Buchanan was complaining to him, Cowen had published a new book, *In Praise of Commercial Culture,* which elaborated on old shibboleths from Ludwig von Mises. He thanked Richie Fink, Charles Koch, and David Koch for funding his work on it; Tyler Cowen, *In Praise of Commercial Culture* (Cambridge, MA: Harvard University Press, 1998), v; Ludwig von Mises, *The Anti-Capitalistic Mentality* (Princeton, NJ: D. Van Nostrand, 1956).

43. Tyler Cowen, "Memo on Restructuring the James Buchanan Center [n.d., but September 1998], BHA; James Buchanan to David Potter, August 13, 1998, BHA; Walter Williams to Economics Faculty, with Memo on Restructuring the James Buchanan Center, September 30, 1998, BHA; David Nott to Richard Fink, August 19, 1998, with attached "deactivated" Web pages. On Miller's run, see Center for Study of Public Choice, Annual Report, 1994, 2. Earlier, as the John M. Olin Distinguished Fellow at the center, Miller had served as chairman of Koch's Citizens for a Sound Economy; Center for Study of Public Choice, Annual Report, 1992, 2, BHA. Justice Scalia, an alumnus of Henry Manne's Law and Economics training for judges and the founding coeditor of the Cato Institute magazine, *Regulation,* had given the keynote address for the Buchanan Center's 1996 Chief of Staff Winter Retreat in Baltimore, at which the Institute for Justice's president, Chip Mellor, also spoke, as did representatives from Citizens for a Sound Economy, the Cato Institute, and the Reason Foundation, Koch causes all; Jason DeParle, "Debating the Sway of the Federalist Society," *Chicago Daily Law Bulletin,* August 2, 2005; James Buchanan Center, Chief of Staff Winter Retreat Agenda, January 19–21, 1995, BHA.
44. James Buchanan to David Potter, August 13, 1998, BHA; "Statement by James M. Buchanan to be circulated at meeting on 24 August 1998," BHA; Walter Williams to Economics Faculty, with Memo on Restructuring the James Buchanan Center, September 30, 1998, BHA; "Gift to GMU to Be Used for New Center," *Washington Post,* January 13, 1998.
45. David Potter to James Buchanan, August 5, 1998, BHA; see also Potter to Deans and Directors, August 5, 1998, BHA.
46. "Allen Makes Education Appointments," *Washington Post,* June 19, 1997, VAB4; Edwin Meese III to James M. Buchanan, January 24, 2000, BHA. Governor George Allen stacked the Board of

34. Wendy Lee Gramm to Robert E. Weissman, form letter, May 13, 1998, BHA. In his 1996 reelection bid, Gramm had been Congress's top recipient of campaign contributions from the oil-and-gas industry, garnering more than $800,000 from this sector alone, one in which Koch Industries was the fourth-largest corporate contributor. Alexia Fernandez Campbell, "Koch: 1996 Marks Beginning of National Efforts," July 1, 2013, Investigative Reporting Workshop, American University School of Communication, http://investigativereportingworkshop.org/investigations/the_koch_club/story/Koch-1996_marks_beginning; "Energy Sector Gave $22 Million to Campaigns," *Washington Post*, December 22, 1997.
35. Anonymous note accompanying the envelope containing the Gramm letter, BHA.
36. Robert D. Tollison to Charles Koch, November 23, 1998, BHA. Tollison also suggested putting the economics department into receivership if objections to the program continued to be raised, while leaving in anger for a position at the University of Mississippi.
37. James M. Buchanan to Richard Fink, September 17, 1998, BHA.
38. Buchanan had praised Fink's promise for "a role as an entrepreneur, organizer, and coordinator in the sometimes fuzzy intersections between the academic establishment, the business community, the established think tanks, and the foundations." He added, pointedly, that Fink appreciated "the concerns with the academy" that many in the movement "express (concerns that are, in my opinion, very well founded)." Buchanan to Charles Koch, May 24, 1984, BHA. On CSE, see Asra Q. Nomani, "Critics Say Antitariff Activists in Washington Have Grass-Roots Base That's Made of Astroturf," *Wall Street Journal*, March 17, 1995, A16; David Wessel and Jeanne Saddler, "Foes of Clinton's Tax-Boost Proposals Mislead Public and Firms on the Small-Business Aspects," *Wall Street Journal.* , July 20, 1993, A12.
39. Citizens for a Sound Economy (CSE) billed itself as "a grass-roots organization with 200,000 members across the country" (a number soon upped to 250,000, from which it has never deviated) who wanted "to build support for market-oriented policy initiatives and reduce government interference in private decision making." Fink was listed as "Founder, President, Chief Executive Officer"; Mari Maseng to Frederick J. Ryan Jr., January 5, 1987, White House Schedule Proposal, PR007: 471415, White House Office of Records Management, Ronald Reagan Presidential Library; White House press release, September 3, 1987, in Thomas G. Moore Papers, box 10, OA 18900, Ronald Reagan Presidential Library. On Miller, see "The Candidates," *Washington Post*, January 3, 1996, D1.
40. Buchanan to Fink, September 5, 1998, BHA. For his earlier appreciation for Koch's "confidence in my own efforts over the years" and enthusiasm about the effort's prospects and Fink's "entrepreneurial efforts in guaranteeing that these prospects will, in fact, be realized," see Buchanan to Fink, July 8, 1997, BHA.
41. "Statement by James M. Buchanan to be circulated at meeting on 24 August 1998," BHA; James Buchanan to Tyler Cowen, September 5, 1998, BHA.
42. Tyler Cowen, "A Short Intellectual Autobiography," in *I Chose Liberty: Autobiographies of Contemporary Libertarians*, compiled by Walter Block (Auburn, AL: Ludwig von Mises Institute, 2010),

ington, DC, September 1998," BHA.

22. Ibid.
23. Ibid.
24. Ibid.
25. Koch would help on that battlefront, too, not only by opportunistic cooperation with the religious right, the veritable antithesis of libertarianism by a dictionary definition, but also by direct funding of and staff support to the Independent Women's Forum. In 2001, Nancy Pfotenhauer, yet another GMU economics product, was appointed its president, after serving as director of the Washington Office of Koch Industries, a senior economist at the Republican National Committee, and executive vice president at Citizens for a Sound Economy (CSE). Biography on the website of the Koch-funded antifeminist organization, http://web.archive.org/web/20041214151602/www.iwf.org/about_iwf/pfoten hauer.asp.
26. James M. Buchanan, "Constitutions, Politics, and Markets," draft prepared for presentation, Porto Alegre, Brazil, April 1993, BHA. See also James M. Buchanan, "Socialism Is Dead; Leviathan Lives," *Wall Street Journal,* July 18, 1990, A8.
27. See, for example, David Rosenbaum, "From Guns to Butter," *New York Times,* December 14, 1989, A1.
28. Alexander Keyssar, *The Right to Vote: The Contested History of Democracy in the United States* (New York: Basic Books, 2000), 314–15. In the lead of the push for the law was ACORN, the community-organizing network later destroyed by two operatives trained by the Koch-funded Leadership Institute. On ACORN's work, see John Atlas, *Seeds of Change: The Story of ACORN, America's Most Controversial Antipoverty Community Organizing Group* (Nashville, TN: Vanderbilt University Press, 2010); and Robert Fisher, ed. , *The People Shall Rule: ACORN, Community Organizing, and the Struggle for Economic Justice* (Nashville, TN: Vanderbilt University Press, 2009).
29. James Buchanan, "Notes Prompted by Telephone Conversation with And[rew] Ruttan on 15 February 2001," February 16, 2001, BHA. He was also unnerved at "taxpayer apathy" in the 1990s as compared with the 1970s; James Buchanan, "Taxpayer Apathy, Institutional Inertia, and Economic Growth," March 15, 1999, BHA.
30. Buchanan to Richard H. Fink, July 8, 1997, BHA; Buchanan to Charles G. Koch, July 8, 1997, BHA; James Buchanan Center Affiliation Agreement, effective January 1, 1998, BHA.
31. Fink to Buchanan, August 18, 1998 (italics added). On Mark F. Grady, brought to GMU in 1997, see faculty profile, UCLA School of Law, https://law.ucla.edu/faculty/faculty-profiles/mark-f-grady.
32. Wendy Lee Gramm to Robert E. Weissman, form letter, May 13, 1998, BHA.
33. Ibid. ; also, touting the support of Republican Virginia governor Jim Gilmore, Robert N. Mottice to James Buchanan, form letter, August 13, 1998, BHA. On the programs for judges, see also Law and Economics Center, George Mason University School of Law, "The Advanced Institute for Federal Judges," Omni Tucson Golf Resort and Spa, April 25–May 1, 1998, headlined by Buchanan, in a twenty-five-year effort described as the "LEC's most important program."

10. John E. Owens, "The Republican Takeover in Context," in *The Republican Takeover of Congress*, eds. McSweeney and Owens, 1; public-choice-infused allegations of "corruption" proved critical to the campaign for the House; see 2. On the slippage of the House GOP's standing in the polls as it took on middle-class entitlements, see Owens, "Taking Power?," 59. On public choice influence on the Contract with America, see Nigel Ashford, "The Republican Policy Agenda and the Conservative Movement," in *Republican Takeover*, eds. McSweeney and Owens, 103–4.
11. On how Gingrich's ego, Clinton's interpersonal skills, and the talent of the president's team combined to block the attempted revolution, the remainder of *"Tell Newt to Shut Up!"* makes a rollicking good read. For Clinton's triangulation with Gingrich, see Micklethwait and Wooldridge, *The Right Nation*, 117–19. Clinton differed from many in the party on what would be permanently damaging, in particular the "welfare reform" bill he signed, over the objection of the staff most knowledgeable about the issues.
12. James M. Buchanan, *Why I, Too, Am Not a Conservative: The Normative Vision of Classical Liberalism* (Northampton, MA: Edward Elgar, 2005), 4.
13. Doherty, *Radicals for Capitalism*, 603–4.
14. Koch, *Creating a Science of Liberty*. The occasion was a speech at GMU in January 1997, later used in fund-raising for the center; Robert N. Mottice to James Buchanan, August 13, 1998.
15. Ernest Hemingway, *A Moveable Feast* (New York: Scribner, 1964).
16. Koch, *Creating a Science of Liberty*; "James Buchanan Center Funded with $10 Million Gift," *Mason Gazette*, March 1998. The gift came in installments; for the first $3 million, see Richard H. Fink to Alan G. Merten, June 27, 1997, BHA; for Buchanan's gratitude to Koch, see Buchanan to Koch, July 8, 1997, BHA.
17. Koch, *Creating a Science of Liberty*, 12, 13. Koch sounded like John C. Calhoun, who said of his own campaign to overwhelm the majority of his day, "I see with so much apparent clearness as not to leave me a choice to pursue any other course, which has always given me the impression that I acted with the force of destiny"; Richard Hofstadter, *The American Political Tradition and the Men Who Made It* (New York: Random House, 1948), 76.
18. Edwin McDowell, "Bringing Law Profs Up to Date on Economics," *Wall Street Journal*, July 23, 1973; Steven M. Teles, *The Rise of the Conservative Legal Movement* (Princeton, NJ: Princeton University Press, 2008), 122. See also Walter Guzzardi, "Judges Discover the World of Economics," *Fortune*, May 21, 1979, 58–66.
19. Henry Manne to Buchanan, "Draft Program Synopsis for Mont Pelerin Society Meeting in Washington, DC, September 1998," BHA.
20. Ibid. Reporting on the conference by the head of the Heritage Foundation, Ed Feulner, then the society's president, can be found in Lee Edwards, *Leading the Way: The Story of Ed Feulner and the Heritage Foundation* (New York: Crown Forum, 2013), 260–61. Feulner called Social Security "one of the largest barriers to freedom in America" (261).
21. Henry Manne to Buchanan, "Draft Program Synopsis for Mont Pelerin Society Meeting in Wash-

ment (Philadelphia, PA: PublicAffairs, 2007), 603.

2. Charles G. Koch, *Creating a Science of Liberty* (Fairfax, VA: Institute for Humane Studies, 1997), 9. Chief among the purists he once admired and subsidized but now deplored as obstacles to exercising the political power to achieve his ends was the prolific Murray Rothbard, who sounded off often about the betrayal of core elements of the libertarian creed after he was pushed out of the Cato Institute, which he had helped design. See, for example, Murray N. Rothbard, "Newt Gingrich Is No Libertarian," *Washington Post,* December 30, 1994, A17.
3. For the contract, see Patterson, *Restless Giant*, 343–45. For the surprising resiliency of the welfare state, owing to its political support and "the critical rules of the game" that had so far stymied the right, no doubt making a bolder plan seem necessary to break through, see Paul Pierson, *Dismantling the Welfare State?* : Reagan, Thatcher, and the Politics of Retrenchment (New York: Cambridge University Press, 1994), quote on 166.
4. Gordon Tullock, "Origins of Public Choice," in *The Makers of Modern Economics,* vol. 3, ed. Arnold Heertje (Cheltenham, UK: Edward Elgar, 1999), 134–36; John J. Fialka, "Cato Institute's Influence Grows in Washington as Republican-Dominated Congress Sets Up Shop," *Wall Street Journal,* December 14, 1994, A16; Luke Mullins, "Armey in Exile," *Washingtonian,* June 26, 2013; Richard Armey, "The Invisible Foot of Government," in *Moral Values in Liberalism and Conservatism,* ed. Andrew R. Cecil and W. Lawson Taitte (Dallas: University of Texas Press, 1995), 119; David Maraniss and Michael Weisskopf, *"Tell Newt to Shut Up!"* (New York: Simon & Schuster, 1996), 7–8, 34, 37, 59, 73–83; Kenneth S. Baer, *Reinventing Government: The Politics of Liberalism from Reagan to Clinton* (Lawrence: University Press of Kansas, 2000), 231, 236–37.
5. John E. Owens, "Taking Power? Institutional Change in the House and Senate," in *The Republican Takeover of Congress*, eds. Dean McSweeney and John E. Owens (New York: St. Martin's Press, 1998), 58; Baer, *Reinventing Government,* 239; Maraniss and Weisskopf, *"Tell Newt to Shut Up!"* 83, 86.
6. Patterson, *Restless Giant,* 343–45.
7. Elizabeth Drew, *Showdown: The Struggle Between the Gingrich Congress and the Clinton White House* (New York: Simon & Schuster, 1996), 97, 175. After a protest led by John L. Lewis, the portrait came down. On Smith's history, see Oberdorfer, "'Judge' Smith Rules with Deliberate Drag"; and Dierenfield, *Keeper of the Rules.*
8. Patterson, *Restless Giant*, 344–45; John Micklethwait and Adrian Wooldridge, *The Right Nation: Conservative Power in America* (New York: Penguin Press, 2004), 115–16. Dubbing Armey "the true ideologue," Elizabeth Drew also notes that he had on his staff Virginia Thomas, the wife of sitting Supreme Court Justice Clarence Thomas; see Elizabeth Drew, *Showdown: The Struggle Between the Gingrich Congress and the Clinton White House*, (New York: Touchstone, 1997), 56.
9. Elizabeth Drew, *Whatever It Takes: The Real Struggle for Power in America* (New York: Viking, 1997), 58; on zealotry, see 35, 121; Owens, "Taking Power?" 58; Baer, *Reinventing Government,* 239; Maraniss and Weisskopf, *"Tell Newt to Shut Up!"* 83, 86.

resulted from a clash between the president and the Democratic-controlled House over where to inflict cuts: the armed forces and foreign aid (their choice) or domestic education and welfare programs (his).

63. Robert D. Hershey Jr., "A Bias Toward Bad Government?" *New York Times,* January 19, 1986, F1, 27.
64. See the center's annual reports in BHA.
65. Gordon Tullock, "The Origins of Public Choice," in *The Makers of Modern Economics,* vol. 3, ed. Arnold Heertje (Cheltenham, UK: Edward Elgar, 1999), 127.
66. Buchanan to Gregory R. McDonald, February 25, 1980, BHA; Richard J. Seiden to Buchanan, June 26, 1981, BHA. For sample gatekeeping for Hoover, see Dennis L. Bark to Buchanan, June 5, 1978; for Mont Pelerin, see Buchanan to George J. Stigler, September 21, 1971, BHA; for the Scaife Family Charitable Trusts, see Buchanan to Richard M. Larry, March 16, 1973, BHA. His work with these groups was too abundant for citation, but files of correspondence can be found in BHA.
67. David J. Theroux and M. Bruce Johnson to Buchanan, December 5, 1986, BHA; Buchanan to David J. Theroux and M. Bruce Johnson, December 15, 1986, BHA; Buchanan to Milton Friedman, June 8, 1987, box 171, Friedman Papers.
68. Leonard P. Liggio to Buchanan, May 27, 1985, BHA. For a sense of what a central player Liggio was in linking individuals and organizations in the still-small transnational movement, see the dozens of tributes in *Born on the 5th of July: Letters on the Occasion of Leonard P. Liggio's 65th Birthday* (Fairfax, VA: Atlas Economic Foundation, 1998).
69. Soon after, the Charles G. Koch Foundation gave its first contribution to Buchanan's center. It was a modest gift of $5,000, but a statement of confidence; George Pearson to Robert D. Tollison, December 27, 1985, BHA. Listing of the alumni found on IHS Web site.
70. David R. Henderson, "Buchanan's Prize," *National Review,* December 31, 1986, 20. See also Chamberlain, "Another Nobel for Freedom," 36, 62.
71. Ronald Reagan to David J. Theroux, telegram, October 29, 1987, box 386, Institute of Economic Affairs Records, Hoover Institution Archives.
72. Leonard P. Liggio to Buchanan, December 29, 1986, BHA; Edwin Meese III, "The Attorney General's View of the Supreme Court: Toward a Jurisprudence of Original Intention," *Public Administrative Review* 45 (November 1985): 701–4; Gourse, "Restraining the Reagan Revolution." We need to know much more about the Federalist Society, as about so many other organizations in this story, but for an excellent start, see Jonathan Riehl, "The Federalist Society and Movement Conservatism: How a Fractious Coalition on the Right Is Changing Constitutional Law and the Way We Talk and Think About It" (PhD diss., University of North Carolina at Chapel Hill, 2007).

## 第12章——推動哥倫布的那種力量

1. Brian Doherty, *Radicals for Capitalism: A Freewheeling History of the Modern Libertarian Move-*

ing, see: http://premierespeakers.com/stephen_moore/bio; and Zach Beauchamp, "Why the Heritage Foundation Hired an Activist as Its Chief Economist," *ThinkProgress*, January 21, 2014.

53. James M. Buchanan, "Can Democracy Be Tamed?" confidential preliminary draft prepared for presentation at Mont Pelerin Society General Meeting, Cambridge, England, September 1984, in box 58, John Davenport Papers, Hoover Institution Archives, Stanford University, Palo Alto, CA; see also James M. Buchanan, et al., *The Economics of Politics* (London: Institute of Economic Affairs, 1978).
54. Steven M. Teles, *The Rise of the Conservative Legal Movement* (Princeton, NJ: Princeton University Press, 2008), 116, 122, 129–30, 207–16.
55. "A Nobel for James Buchanan" (editorial), *Washington Post,* October 17, 1986; Teles, *Rise of the Conservative Legal Movement,* 116, 122, 129–30, 207–16.
56. Henry G. Manne, "An Intellectual History of the George Mason University School of Law," George Mason University Law and Economics Center (1993), www.law.gmu.edu/about/history.
57. John S. Saloma, *Ominous Politics: The New Conservative Labyrinth* (New York: Hill & Wang, 1984), 75; *The Attack on Corporate America: The Corporate Issues Sourcebook,* ed. M. Bruce Johnson (New York: McGraw-Hill, 1978), xi–xv.
58. Ruth S. Intress, "Winner of Nobel Seen As Brilliant But Opinionated," *Richmond Times-Dispatch,* October 1986, reproduction without date or page numbers in Friedman Papers; Werner, "George Mason U.: 29."
59. Buchanan, *Better than Plowing,* 35–36; James M. Buchanan, "Notes on Nobelity," December 17, 2001, www.nobelprize.org/nobel_prizes/economic-sciences/laureates/1986/buchanan-article.html.
60. Royal Swedish Academy of Sciences, press release for Alfred Nobel Memorial Prize in Economic Sciences, October 16, 1986. The award produced some carping among top economists over the quality of the laureate's work, which irked Buchanan well into retirement, aggravating his bitterness. See Hobart Rowen, "Discreetly Lifted Eyebrows Over Buchanan's Nobel Prize," *Washington Post,* October 26, 1986. Challenged after the award to identify what would be said about public choice two decades hence, the committee's chair replied that it explained "how politicians and public administrators think." Jane Seaberry, "In Defense of Public Choice: Chairman of Nobel Panel Discusses Economics Winner," *Washington Post,* November 23, 1986.
61. Royal Swedish Academy of Sciences, press release; on Lindbeck, see Avner Offer and Gabriel Söderberg, *The Nobel Factor: The Prize in Economics, Social Democracy, and the Market Turn* (Princeton, NJ: Princeton University Press, 2016), 205–7. On the economics prize's difference from the other, more venerable Nobel Prizes created by Alfred Nobel, not least that it was added six decades after the others, in 1968, on the suggestion of and with funding by the Bank of Sweden, which in the view of some critics created an inbuilt bias, see the illuminating account by Thomas Karier, *Intellectual Capital: Forty Years of the Nobel Prize in Economics* (New York: Cambridge University Press, 2010).
62. "Prize Virginian" (editorial), *Richmond Times-Dispatch,* October 17, 1986. Actually, the shutdown

Presidential Commitment—and Back?" in *Conservatism and American Political Development*, ed. Brian J. Glenn and Steven M. Teles (New York: Oxford University Press, 2009), 261–90. For the systematic—yet so far failed—efforts of the corporate right to turn young people against Social Security, see Jill Quadagno, "Generational Equity and the Politics of the Welfare State," *Politics and Society* 17 (April 1989): 353–76.

39. Buchanan, "'Social Security Survival.'"
40. Ibid.
41. Stuart Butler and Peter Germanis, "Achieving a 'Leninist' Strategy," *Cato Journal* 3 (Fall 1983): 547–56.
42. Ibid.
43. Ibid.
44. Ibid.
45. Ibid.
46. Ibid. So that no one expected miracles overnight, the authors reminded that "as Lenin well knew, to be a successful revolutionary," the cadre "must be prepared for a long campaign."
47. Koch, *Good Profit*, 41.
48. Jeffrey R. Henig, "Privatization in the United States: Theory and Practice," *Political Science Quarterly* 104 (Winter 1989–90): 649–50; see also Jeffrey R. Henig, Chris Hammett, and Harvey B. Feigenbaum, "The Politics of Privatization: A Comparative Perspective," *Governance: An International Journal of Policy and Administration* 1 (October 1988): 442–68; and Monica Prasad, *The Politics of Free Markets: The Rise of Neoliberal Economic Policies in Britain, France, Germany, and the United States* (Chicago: University of Chicago Press, 2006), 3, 14, 22, 24, 27.
49. A case in point of underestimation: Jeff Faux, president of the Economic Policy Institute, quoted in Peter T. Kilborn, "Panel Urging Public-to-Private Shift," *New York Times*, March 7, 1988.
50. Butler thus applied Buchanan's approach to produce plans to sharply alter the political dynamics of budget growth in a manner that would be nearly impossible to reverse, becoming so deft at shaping measures that could be pushed by allies in Congress that Heritage promoted him to director of the Center for Policy Innovation. For his earlier career and his interest in public choice, see Richard Crockett, *Thinking the Unthinkable: Think-Tanks and the Economic Counter-Revolution, 1931–1983* (New York: HarperCollins, 1994), 281–82; for his detailed explanation of how privatization would alter the core dynamics of American popular politics, see Stuart M. Butler, *Privatizing Federal Spending: A Strategy to Eliminate the Deficit* (New York: Universe Books, 1985).
51. For Kemp's enthusiasm for the cause from the Goldwater campaign of 1964 onward (save for his belief that collective bargaining was "a sacred right"), see Morton Kondracke and Fred Barnes, *Jack Kemp: The Bleeding-Heart Conservative Who Changed America* (New York: Sentinel, 2015), 25, 27, 119.
52. For staff listing, see front matter of President's Commission on Privatization, *Privatization: Toward a More Effective Government* (Washington, DC: GPO, 1988). For Moore's career history and writ-

afford to be the arsenal of the free world and have our modest welfare state, too. The only thing we cannot afford to do is to continue pretending we do not have to finance it out of current taxation" (292).

29. Ibid. , 92, 222. For the chilling tale of "the fateful decision to cover up what we knew to be the true budget numbers" in October 1981, see 329–42, 344–45, 357, 362, 373. For the final tally, see James T. Patterson, *Restless Giant: The United States from Watergate to* Bush v. Gore (New York: Oxford University Press, 2005), 158–59.
30. James M. Buchanan, "Post-Reagan Political Economy," in *Constitutional Economics*, ed. James M. Buchanan (Cambridge, MA: Basil Blackwell, 1991), 1–2, 14; James M. Buchanan, *Why I, Too, Am Not a Conservative: The Normative Vision of Classical Liberalism* (Northampton, MA: Edward Elgar, 2005), 60.
31. Buchanan referred to Social Security as a "Bismarckian transplant onto hitherto alien ground" (in a nasty burst of nativism for someone busy importing onto alien ground the ideas of two Austrians). James M. Buchanan, "The Economic Constitution and the New Deal: Lessons for Late Learners," in *Regulatory Change in an Atmosphere of Crisis: Current Implications of the Roosevelt Years,* ed. Gary M. Walton (New York: Academic Press, 1979), 22. On the vast, homegrown, Depression-era struggle for old-age pensions, see Edwin Amenta, *When Movements Matter: The Townsend Plan and the Rise of Social Security* (Princeton, NJ : Princeton University Press, 2006).
32. Social Security was the centerpiece of James M. Buchanan, "Dismantling the Welfare State," notes prepared for presentation at 1981 European Regional Meeting, Mont Pelerin Society, Stockholm, August–September 1981, box 88, Hayek Papers. See also Daniel Orr, "Rent Seeking in an Aging Population," in *Toward a Theory of the Rent-Seeking Society,* ed. James M. Buchanan, et al. (College Station: Texas A&M University, 1980), 222–35.
33. Edward H. Crane to Buchanan, May 6, 1983, BHA; James M. Buchanan, "Social Security Survival: A Public-Choice Perspective," *Cato Journal* 3, no. 2 (Fall 1983): 339–41, 352–53; Mancur Olson, "'Social Security Survival': A Comment," ibid. , 355–56. On Cato's move to the capital, criticized by Murray Rothbard as an opportunistic move "toward the State and toward Respectability," see Schulman, *Sons of Wichita*, 116.
34. Buchanan, "'Social Security Survival,'" 339–41, 352–53. Earlier that year, Buchanan had joined the board of advisers for the pro-privatization Family Security Foundation; James M. Wootton to Buchanan, February 28, 1983, BHA.
35. Buchanan, "'Social Security Survival,'" 339–41, 352–53.
36. Ibid.
37. Ibid. For an illuminating discussion of the perceived and enduring differences between social insurance and means-tested programs in America's two-track welfare system, see Linda Gordon, *Pitied but Not Entitled: Single Mothers and the History of Welfare* (New York: Free Press, 1994).
38. Buchanan, "'Social Security Survival.'" On the long campaign that followed, and continues, see Steven M. Teles and Martha Derthick, "Social Security from 1980 to the Present: From Third Rail to

chanan, "Notes for Heritage Foundation reception," May 23, 1984, BHA; Vaughn, *Remembering Jim Buchanan*," 163.

19. James M. Buchanan, "Notes for Remarks to George Mason Economics Faculty," October 1, 1982.
20. Lawrence Mone, "Thinkers and Their Tanks Move on Washington," *Wall Street Journal,* March 19, 1988, 34.
21. David Shribman, "Academic Climber: University Creates a Niche, Aims to Reach Top Ranks," *Wall Street Journal,* September 30, 1985, 1. The Reason Foundation's head asserted that Buchanan's ideas had become the new "conventional wisdom" in Washington; Robert W. Poole Jr., "The Iron Law of Public Policy," *Wall Street Journal,* August 4, 1986, 13.
22. Miller, known for his advocacy of deregulation on the staff of the American Enterprise Institute, became executive director of the Presidential Task Force on Regulatory Relief, then chair of the Federal Trade Commission and later budget director for Reagan as head of the OMB. Tollison was named director of the Bureau of Economics at the FTC under Miller. Roberts, in the words of a contemporary reporter, "more than any other single player wrote the legislation that brought about the [Reagan-proposed] tax cuts in 1981." Tollison worked under Miller in the FTC. Jane Seaberry, "'Public Choice' Finds Allies in Top Places," *Washington Post,* April 6, 1986, F1; Robert D. Tollison, "Graduate Students in Virginia Political Economy, 1957–1991," occasional paper on Virginia political economy (Fairfax, VA: Center for Study of Public Choice, George Mason University, 1991), 3–4, 21; "Swearing-In Ceremony for Jim Miller," October 8, 1985, box 232, White House Office of Speechwriting, Reagan Library.
23. James M. Buchanan, "Democracy: Limited or Unlimited?" paper prepared for 1981 Viña del Mar regional meeting of the Mont Pelerin Society, BHA. Buchanan voted for Reagan in 1980 and 1984, yet did not himself identify as a Republican, but rather as "an independent"; Ken Singletary, "Nobel Prize Winner Explains Reasons for Leaving Tech," unidentified clipping, November 18, 1986, C1, in T. Marshall Hahn Papers, Virginia Polytechnic Institute and State University, Special Collections, Blacksburg, VA.
24. David A. Stockman, *The Triumph of Politics: Why the Reagan Revolution Failed* (New York: Harper & Row, 1986), quote on 2.
25. See, for example, Thomas Edsall, *Chain Reaction: The Impact of Race, Rights, and Taxes on American Politics* (New York: W. W. Norton, 1991), especially chapter 10, "Coded Language."
26. Stockman, *Triumph of Politics,* 8–9, 11, 92, 125.
27. Ibid. , 13, 181, 190–92, 204, 390–92. A recent synthesis by two leading historians bears out Stockman's case on the durability of popular programmatic liberalism; see Meg Jacobs and Julian E. Zelizer, *Conservatives in Power: The Reagan Years, 1981–1989: A Brief History with Documents* (Boston: Bedford/St. Martin's, 2010). For other versions of the same conclusion, see W. Elliot Brownlee and Hugh Davis Graham, eds. , *The Reagan Presidency: Pragmatic Conservatism and Its Legacies* (Lawrence: University Press of Kansas, 2003).
28. Stockman, *Triumph of Politics,* 14, 393, 391–92, 394. One full statement bears quoting: "We can

from Rivals," *Washington Post,* June 30, 1985; Philip Walzer, "Faculty Stars Seldom Shine for Undergraduates," unidentified AP clipping, n.d., BHA.

11. Vaughn, speech at Buchanan memorial service; Karen I. Vaughn, "How James Buchanan Came to George Mason University," *Journal of Private Enterprise* 30 (2015): 103–9; Karen I. Vaughn, "Remembering Jim Buchanan," *Review of Austrian Economics* 27 (2014), 160.
12. Buchanan to A. Neil McLeod, June 14, 1983, BHA; Latimer, "Nobel Seen as Milestone"; Cohn, "GMU Raids Faculty Stars"; Walzer, "Faculty Stars Seldom Shine." For recognition of the "symbiotic relationship" George Mason built with the business community, in which corporations and right-wing foundations supply it with money and it supplies them with "useful theories" such as those produced by Buchanan, see Michael Kinsley, "How to Succeed in Academia by Really Trying: Viewpoint," *Wall Street Journal,* October 30, 1986, 33.
13. On the changes in public higher education, see the illuminating ethnographic study by Gaye Tuchman, *Wannabe U: Inside the Corporate University* (Chicago: University of Chicago Press, 2009), and the engaging first-person political-economic analysis by Nancy Folbre, *Saving State U: Why We Must Fix Public Higher Education* (New York: New Press, 2010).
14. Wade J. Gilley, "Is GMU Big Enough for Buchanan?" in *Methods and Morals in Constitutional Economics: Essays in Honor of James M. Buchanan,* ed. Geoffrey Brennan, Hartmut Kliemt, and Robert D. Tollison (New York: Springer, 2002), 565–66. Notably, Gilley also took a swipe at the "liberal arts coterie" whose "misconceived" vision of the university emphasized teaching undergraduates "without having to measure up" (564).
15. Buchanan to George Pearson, October 16, 1980, BHA; Peter J. Boettke, David L. Prychitko, "Introduction: The Present Status of Austrian Economics: Some (Perhaps Biased) Institutional History Behind Market Process Theory," in *The Market Process: Essays in Contemporary Austrian Economics Introduction*, ed. Boettke and Prychitko (Northampton, MA: Edward Elgar, 1994), 10; Daniel Schulman, *Sons of Wichita*, 260–62 (also, on Hayek and von Mises, 55, 93, 105); Doherty, *Radicals for Capitalism,* 408. The chair of the American Enterprise Institute's Council of Economic Advisers wrote of Fink's academically undistinguished edited volume on supply-side economics: "It does move the cause along"; Paul W. McCracken, "Taking Supply-Side Economics Seriously," *Wall Street Journal,* January 28, 1983, 30.
16. Brian Doherty, *Radicals for Capitalism: A Freewheeling History of the Modern Libertarian Movement* (Philadelphia, PA: PublicAffairs, 2007), 407, Malcolm X story on 430; James M. Buchanan to Charles Koch, May 24, 1984, BHA; Vaughn, *Remembering Jim Buchanan*, 145.
17. Charles Koch, "The Business Community: Resisting Regulation," *Libertarian Review,* August 1978; Boettke and Prychitko, "Introduction," 11; Paul Craig Roberts quoted in David Warsh, *Economic Principals: Masters and Mavericks of Modern Economics* (New York: New Press), 96.
18. Buchanan to Richard M. Larry, June 14, 1982, BHA (same text sent to Michael S. Joyce, June 14, 1982, BHA); Buchanan to Martin F. Connor, June 15, 1982, BHA; Janet Nelson to Buchanan, September 22, 1983, BHA; Edward H. Crane to Buchanan, September 7, 1983, BHA; James M. Bu-

52. Center for Study of Public Choice, *Annual Report*, 1980, BHA; James M. Buchanan, "Reform in the Rent-Seeking Society," from *Toward a Theory of the Rent-Seeking Society*, ed. James M. Buchanan, et al. (College Station: Texas A&M University, 1980), 361–62, 367.

## 第11章——「民主戰勝了教義。」

1. Leslie Maitland Werner, "George Mason U.: 29 and Growing Fast," *New York Times*, December 31, 1986.
2. The developers commissioned their own storyteller, on whose account my own depends heavily: Russ Banham, *The Fight for Fairfax: A Struggle for a Great American County* (Fairfax, VA: GMU Press, 2009), xiii–xv, 30, 94. On the flagship postwar university-linked metropolitan development strategy and its features, see Margaret Pugh O'Mara, *Cities of Knowledge: Cold War Science and the Search for the Next Silicon Valley* (Princeton, NJ: Princeton University Press, 2004).
3. Banham, *Fight for Fairfax*, 184; see also the discussion of Johnson's "almost daily" conversations with the developers in Paul E. Ceruzzi, *Internet Alley: High Technology in Tysons Corner 1945–2005* (Cambridge, MA: MIT Press, 2008), 125, also 132; notably, federal proximity, defense department contracts, and RAND Corporation connections made it all possible. On Buchanan and RAND, see Amadae, *Rationalizing Capitalist Democracy*, 76, 78, 145. For early local usage of the term "Beltway bandits," see "Fairfax County Bandit Gets 30 Years," *Washington Post*, August 20, 1968, B3.
4. Buchanan, *Better than Plowing and Other Personal Essays* (Chicago: University of Chicago Press, 1992), 45.
5. Ruth S. Intress, "Winner of Nobel Seen As Brilliant but Opinionated," *Richmond Times-Dispatch*, October 1986, reproduction without date or page numbers in Friedman Papers; Eric Randall, "Philosophical Differences Led Nobel Prize Winner Away from Tech," October 22, 1986, *Richmond Times-Dispatch*, clipping in RG 15/8, College of Arts and Sciences Printed Material, Special Collections, Virginia Polytechnic Institute and State University.
6. Intress, "Winner of Nobel"; Randall, "Philosophical Differences."
7. Intress, "Winner of Nobel."
8. Ibid. ; Randall, "Philosophical Differences." At Buchanan's memorial service in 2013, friends made references to these explosive rages. For the corporate analogue, see James M. Buchanan and Roger L. Faith, "Secession and the Limits of Taxation: Toward a Theory of Internal Exit," *American Economic Review* 77 (December 1987): 1023–31.
9. Buchanan, *Better than Plowing*, 16; Buchanan and Faith, "Secession and the Limits of Taxation," 1023–31.
10. Leah Y. Latimer, "Nobel Seen as Milestone of Mason's Growing Stature," *Washington Post*, October 17, 1986; Karen I. Vaughn to James Buchanan, August 6, 1978, BHA; Karen I. Vaughn, speech at Buchanan memorial service, September 29, 2013, GMU; D'Vera Cohn, "GMU Raids Faculty Stars

"Purging the Legacy."

45. Daniel J. Mitchell and Julia Morriss, "The Remarkable Story of Chile's Economic Renaissance," *Daily Caller,* July 18, 2012, www.cato.org/publications/commentary/remarkable-story-chiles-economic-renaissance; Jonah Goldberg, "Iraq Needs a Pinochet," *Los Angeles Times,* December 14, 2006, cited in Muñoz, *The Dictator's Shadow,* 30; "Chile," 2016 Index of Economic Freedom, Heritage Foundation, www.heritage.org/index/country/chile; Koch, *Good Profit,* 59. For similar trumpeting by Buchanan allies, see Paul Craig Roberts and Karen LaFollette Araujo, *The Capitalist Revolution in Latin America* (New York: Oxford University Press, 1997), especially the preface by his close friend Peter Bauer. It is notable that not one of these glowing accounts acknowledges the U.S. role in "making the economy scream," as Nixon instructed the CIA, under Allende, whom they excoriate for exactly the kinds of problems U.S. policy exacerbated, if it did not wholly cause.
46. Reuters in Santiago, "Chilean Student Leader Camila Vallejo Elected to Congress," *Guardian,* November 18, 2013.
47. Miguel Urquiola, "The Effects of Generalized School Choice on Achievement and Stratification: Evidence from Chile's Voucher Program," *Journal of Public Economics* 90 (2006): 1477, 1479; Pamela Sepúlveda, "Student Protests Spread Throughout Region," Inter Press Service, November 25, 2011; William Moss Wilson, "Just Don't Call Her Che," *New York Times,* January 29, 2012, 5; Francisco Goldman, "They Made Her an Icon, Which Is Impossible to Live Up To," *New York Times Magazine,* April 8, 2012, 25.
48. Pascale Bonnefoy, "Executives Are Jailed in Chile Finance Scandal," *New York Times,* March 8, 2015, 9: Pascale Bonnefoy, "As Graft Cases in Chile Multiply, a 'Gag Law' Angers Journalists," *New York Times,* April 7, 2016. On the problems of the private pension accounts, see Silvia Borzutsky, "Cooperation or Confrontation Between the State and the Market? Social Security and Health Policies," in *After Pinochet: The Chilean Road to Democracy and the Market,* ed. Silvia Borzutsky and Lois Hecht Oppenheim (Gainesville: University Press of Florida, 2006), 142–66.
49. Linz and Stepan, *Problems of Democratic Transition and Consolidation,* 200.
50. Reuters, "Chile Election Victor Michelle Bachelet Pledges Major Reforms," *Guardian,* December 16, 2013; Muñoz, *The Dictator's Shadow,* 128–29; Barros, *Constitutionalism and Dictatorship,* 298; Bruno Sommer Catalan, "Chile's Journey Towards a Constituent Assembly," *Equal Times,* November 17, 2014.
51. "If the authoritarian features of the Constitution of 1980 are not removed sometime soon, the crisis of representation," worries one leading Chilean constitutional scholar, "could end in another violent struggle"; Javier Couso, "Trying Democracy in the Shadow of an Authoritarian Legality: Chile's Transition to Democracy and Pinochet's Constitution of 1980," *Wisconsin International Law Journal* 29 (2011): 415; also Aldo C. Vacs, "Coping with the General's Long Shadow on Chilean Democracy," in *After Pinochet,* ed. Borzutsky and Oppenheim, 167–73. See also Brianna Lee, "Chile's President Michelle Bachelet Approval Sinks over Economic Malaise, Corruption, and Stalled Reforms," *International Business Times,* September 16, 2015.

29. Center for Study of Public Choice, *Annual Report,* 1980, Virginia Polytechnic Institute and State University, 61–62, BHA.
30. Pedro Ibáñez, Mont Pelerin Society, "Announcement," December 1980, box 88, Hayek Papers; James M. Buchanan, "Democracy: Limited or Unlimited?" paper prepared for 1981 Viña del Mar regional meeting of the Mont Pelerin Society, BHA; Marcus Taylor, *From Pinochet to the 'Third Way': Neoliberalism and Social Transformation in Chile* (London: Pluto Press, 2006), 199–200. On the grave, see Constable and Valenzuela, *A Nation of Enemies,* 140.
31. Taylor, *From Pinochet to the 'Third Way'*, 199–200.
32. Center for Study of Public Choice, *Annual Report,* 1980, 60–61.
33. William A. Link, *Righteous Warrior: Jesse Helms and the Rise of Modern Conservatism* (New York: St. Martin's Press, 2008), 331.
34. James M. Buchanan, *Politics by Principle, Not Interest: Toward Nondiscriminatory Democracy* (New York: Cambridge University Press, 1998).
35. "Pinochet's Web of Bank Accounts Exposed," *Guardian,* March 16, 2005; Eric Dash, "Pinochet Held 125 Accounts in U.S. Banks, Report Says," *New York Times,* March 16, 2005; Muñoz, *The Dictator's Shadow,* 289, 292; Buchanan, *Economics from the Outside In: "Better than Plowing" and Beyond* (College Station: Texas A&M Press, 2007), 201. I thank my Brazilianist colleague John French for his incisive reading of this chapter and for alerting me to Pinochet's self-enrichment.
36. See, for example, the detailed case by the Union of Radical Economics, *The Economics of Milton Friedman and the Chilean Junta* (New York: URPE, 1997), for distribution at an American Enterprise Institute luncheon to honor his Nobel Prize, copy in box 138, Friedman Papers.
37. Constable and Valenzuela, *A Nation of Enemies,* 194–96.
38. Ibid. , 196–98, also 212, on loss of retirement savings.
39. Jorge Contesse, quoted in Alisa Solomon, "Purging the Legacy of Dictatorship from Chile's Constitution," *The Nation,* January 21, 2014; Alfred Stepan, "The Last Days of Pinochet?" *New York Review of Books,* June 2, 1988.
40. Constable and Valenzuela, *A Nation of Enemies,* 310; Barros, *Constitutionalism and Dictatorship,* 306, 310.
41. Oppenheim, *Politics in Chile,* 190.
42. Constable and Valenzuela, *A Nation of Enemies,* 143, 229, 237 (quote), 245; Taylor, *From Pinochet to the 'Third Way,'* 188–89, 237.
43. Ariel Dorfman, "9/11: The Day Everything Changed in Chile," *New York Times,* September 8, 2013, 6–7.
44. Constable and Valenzuela, *A Nation of Enemies,* 312–13; Alfred Stepan, ed. , *Democracies in Danger* (Baltimore: Johns Hopkins University Press, 2009), 62–63; Mark Ensalaco, "In with the New, Out with the Old? The Democratizing Impact of Constitutional Reform in Chile," *Journal of Latin American Studies* 26 (May 1994): 418, 420. On the recent push for a constituent assembly to overhaul the constitution, not least by ending the binomial system of representation, see Solomon,

in Chile," *El Mercurio*, May 6, 1980, C4; "Minister de Castro with Economist James Buchanan," *El Mercurio*, May 8, 1980, C3; Constable and Valenzuela, *A Nation of Enemies*, 171, 186. I am grateful to Eladio Bobadilla for translating all the *El Mercurio* articles for me.

16. Carlos Francisco Cáceres to Buchanan, February 12, 1980, BHA; Buchanan to Hernan Cortes Douglas, May 5, 1981, BHA; Jorge Cauas to F. A. Hayek, June 5, 1980, box 15, Hayek Papers; list of attendees, Foundation for Research in Economics and Education conference, October 4–5, 1973, BHA. On Cáceres and Pedro Ibáñez, Buchanan's official hosts, as the most anxious to contain popular power through suffrage restrictions and limits on what elections could control in the new constitution, see Barros, *Constitutionalism and Dictatorship*, 221–22.
17. Government Interventionism Is Simply Inefficient," *El Mercurio*, May 9, 1980, C1.
18. "Government Interventionism," C1; "Economic Liberty: The Basis for Political Liberty," *El Mercurio*, May 7, 1980, C1.
19. Jorge Cauas to Friedrich Hayek, March 26, 1980, box 15, Hayek Papers.
20. Stern, *Battling for Hearts and Minds*, 170–71.
21. Ibid. , 167–78; "Chile's New Constitution: Untying the Knot," *The Economist*, October 21, 2004; "Chile: Democratic at Last—Cleaning Up the Constitution," *The Economist*, September 15, 2005; Carlos Huneeus, "Chile: A System Frozen by Elite Interests," International Institute for Democracy and Electoral Assistance (2005). Link no longer functional, but hard copy in author's possession.
22. Oppenheim, *Politics in Chile*, 118, 137; Constable and Valenzuela, *A Nation of Enemies*, 137–38.
23. Barros, *Constitutionalism and Dictatorship*, 172; Stern, *Battling for Hearts and Minds*, 171–73, 178; Cynthia Gorney, "Pinochet, with Disputed Constitutional Mantle, Moves into Palace," *Washington Post*, March 12, 1981; "Chile's New Constitution: Untying the Knot," *The Economist*, October 21, 2004.
24. Edward Schumacher, "Chile Votes on Charter That Tightens Pinochet's Rule," *New York Times*, September 11, 1980, A2; Heraldo Muñoz, *The Dictator's Shadow: Life Under Augusto Pinochet* (New York: Basic Books, 2008), 128–29; Barros, *Constitutionalism and Dictatorship*, 173n10; Stern, *Battling for Hearts and Minds*, 171–73, 178; Gorney, "Pinochet, with Disputed Constitutional Mantle"; "Chile's New Constitution."
25. Buchanan to Sergio de Castro, May 22, 1980, BHA; similarly, Buchanan to Carlos Francisco Cáceres, May 17, 1980, BHA.
26. Rolf J. Luders, "The Chilean Economic Experiment," paper presented to the 1980 General Meeting of the Mont Pelerin Society, box 24, Mont Pelerin Society Records, Hoover Institution Archives, Stanford University, Palo Alto, CA.
27. Constable and Valenzuela, *A Nation of Enemies*, 311, 313.
28. Hayek, too, was pleased. "A dictatorship which is deliberately restricting itself," he said in defense of the new constitution, "can be more liberal in its policies [presumably, its economic policies] than a democratic society which has no limits"; Fischer, "Influence of Neoliberals in Chile," 328, also 339n2.

Press, 2003).

5. To my knowledge, the only other scholars who have highlighted Buchanan's impact are Alfred Stepan, the distinguished comparative political scientist whose footnote on Buchanan deepened my interest in the Virginia school, and Karin Fischer, now head of the Institute of Sociology at the University of Linz: Stepan, "State Power and the Strength of Civil Society in the Southern Cone of Latin America," in *Bringing the State Back In,* ed. Peter B. Evans, et al. (New York: Oxford University Press, 1985), 341n13; Fischer, "The Influence of Neoliberals in Chile," 321–26. While both wrote with keen insight, neither had the primary sources used in this chapter. Buchanan had explicitly taken issue with Hayek for assuming change in the desired direction could be "evolutionary"; granted, "reform may, indeed, be difficult," Buchanan argued, but it must be tried to achieve their desired world; Buchanan, *The Limits of Liberty: Between Anarchy and Leviathan* (1975; repr., with new pagination, Indianapolis: Liberty Fund, 2000), 211n1.
6. Later president Michelle Bachelet, quoted in Bruno Sommer Catalan, "Chile's Journey Towards a Constituent Assembly," *Equal Times,* November 17, 2014.
7. Klein, *Shock Doctrine,* 78, 133–37.
8. Fischer, "Influence of Neoliberals in Chile," 325–26; Oppenheim, *Politics in Chile,* 133–37.
9. José Piñera, "Chile," in *The Political Economy of Policy Reform,* ed. John Williamson (Washington, DC: Institute for International Economics, 1994), 228–30; Fischer, "Influence of Neoliberals in Chile," 325–26; Klein, *Shock Doctrine,* 78; Oppenheim, *Politics in Chile,* 133–37; Constable and Valenzuela, *A Nation of Enemies,* 155, 191. On Piñera's ongoing Cato position, see www.cato.org/people/jose-pinera.
10. Oppenheim, *Politics in Chile,* 115; Ramon Iván Nuñez Prieto, *Las Transformaciones de la Educación Bajo el Régimen Militar,* vol. 1 (Santiago, Chile: CIAN, 1984), 50–53. I thank Anthony Abata for translating for me.
11. Carlos Francisco Cáceres to James Buchanan, November 27, 1979, BHA.
12. James M. Buchanan, "From Private Preferences to Public Philosophy: The Development of Public Choice," in *The Economics of Politics,* by James Buchanan, et al. (London: Institute of Economic Affairs, 1978), reprinted as "De las Preferencias Privadas a Una Filosofía del Sector Público," *Estudios Públicos* 1 (1980). On CEP, see Sergio de Castro to Buchanan, June 25, 1980, BHA.
13. Juan de Onis, "Purge Is Underway in Chile's Universities," *New York Times,* February 5, 1980, 6. Among those terminated was the director of an economic research center at the University of Chile who headed a group of attorneys and former legislators who opposed the dictatorship's plan to draft a new constitution without involving an "elected constituent assembly."
14. Juan de Onis, "New Crackdown in Chile Greets Appeals for Changes," *New York Times,* July 10, 1980, A2.
15. Vanessa Walker, "At the End of Influence: The Letelier Assassination, Human Rights, and Rethinking Intervention in US-Latin American Relations," *Journal of Contemporary History* 46 (2011); Carlos Francisco Cáceres to Buchanan, November 27, 1979, BHA; "Accomplished U.S. Economist

93. George J. Stigler, "Why Have the Socialists Been Winning?" presidential address to the Mont Pelerin Society in Hong Kong, 1978, included in Festschrift for Hayek's eightieth birthday, *Ordo,* Band 30 (Stuttgart, Germany: Gustav Fisher Verlag, 1979), 66–68. I am grateful to Eduardo Canedo for bringing this speech to my attention. Hayek had come to similar conclusions. "So long as the present form of democracy persists," he wrote, "decent government cannot exist." F. A. Hayek, *The Political Order of a Free People,* vol. 3 of *Law, Legislation and Liberty* (Chicago: University of Chicago Press, 1979), 135, 150–51.
94. James M. Buchanan, "America's Third Century," *Atlantic Economic Journal* 1 (Nov. 1973), 9-12; James M. Buchanan to Milton Friedman, Sept. 26, 1972, box22, Friedman Papers.

## 第10章——困住民主的智利憲法

1. Orlando Letelier, "Economic 'Freedom's' Awful Toll: The 'Chicago Boys' in Chile," *The Nation,* August 28, 1976; Naomi Klein, *The Shock Doctrine: The Rise of Disaster Capitalism* (New York: Metropolitan Books, 2007), 98–99. Chile has a complex tradition of naming, with an official second last name not ordinarily used (in Pinochet's case, Ugarte); for the sake of clarity for non-Chilean readers, I have omitted the less used additional name with each Chilean named in this chapter.
2. Chile's tortured history in this period has been the subject of a vast and excellent international literature. Among the English-language works I have found most helpful for this chapter are, in order of publication, Pamela Constable and Arturo Valenzuela, *A Nation of Enemies: Chile Under Pinochet* (New York: W. W. Norton, 1993); Robert Barros, *Constitutionalism and Dictatorship: Pinochet, the Junta, and the 1980 Constitution* (Chicago: University of Chicago Press, 2002); Steve J. Stern, *Battling for Hearts and Minds: Memory Struggles in Pinochet's Chile* (Durham, NC: Duke University Press, 2006); Klein, *Shock Doctrine;* Lois Hecht Oppenheim, *Politics in Chile: Socialism, Authoritarianism and Market Democracy*, 3rd ed. (Boulder, CO: Westview, 2007); and Karin Fischer, "The Influence of Neoliberals in Chile Before, During, and After Pinochet," in *The Road from Mont Pelerin: The Making of the Neoliberal Thought Collective,* ed. Philip Mirowski and Dieter Plehwe (Cambridge, MA: Harvard University Press, 2009).
3. Jeffrey Rubin, *Sustaining Activism: A Brazilian Women's Movement and a Father-Daughter Collaboration* (Durham, NC: Duke University Press, 2013), 50, 52–53. I am grateful to Rubin for his extremely helpful reading of an early draft, including his pointing out how the Pinochet regime was also abrogating reforms made under the anti-Communist Christian Democrat Frei. For a brief summary, see Lewis H. Diuguid, "Eduardo Frei Dies," *Washington Post,* January 23, 1982.
4. On Friedman's input, see Constable and Valenzuela, *A Nation of Enemies,* 166–67; and Klein, *Shock Doctrine,* 75–128; on Hayek's visit, too, Fischer, "The Influence of Neoliberals in Chile," 310, 316, 328, 339n2. On the human rights campaign in the United States, see Van Gosse, "Unpacking the Vietnam Syndrome: The Coup in Chile and the Rise of Popular Anti-Interventionism," in *The World the Sixties Made,* ed. Van Gosse and Richard Moser (Philadelphia, PA: Temple University

*Liberty: Between Anarchy and Leviathan* (1975; repr., with new pagination, Indianapolis: Liberty Fund, 2000), 209, 212.

78. Buchanan, *Limits of Liberty,* 5, 220.
79. Ibid. , 117, 11, 19–20, also 116. On the antidemocratic impact of these "fortuitous circumstances" on national legislation, see Ira Katznelson, Kim Geiger, and Daniel Kryder, "Limiting Liberalism: The Southern Veto in Congress, 1933–1950," *Political Science Quarterly* 108 (Summer 1993): 283–306.
80. Buchanan, *Limits of Liberty,* 223, 186, also 209.
81. James O'Connor, *The Fiscal Crisis of the State* (New York: St. Martin's, 1973). On the city as an early laboratory for neoliberal policies, see Alice O'Connor, "The Privatized City: The Manhattan Institute, the Urban Crisis, and the Conservative Counterrevolution in New York," *Journal of Urban History* (January 2008); Kimberly K. Phillips-Fein, *Fear City: The New York City Fiscal Crisis and the Rise of the Age of Austerity* (New York: Metropolitan Books, 2017). Inflation-produced "bracket creep" in tax rates, moreover, led many middle-class taxpayers to see the tax code as unfair.
82. See Holly Sklar, ed. , *Trilateralism: The Trilateral Commission and Elite Planning for World Management* (Boston: South End Press, 1980); and Niall Ferguson, et al., *The Shock of the Global: The 1970s in Perspective* (Cambridge, MA: Belknap Press of Harvard University Press, 2010).
83. James M. Buchanan and G. Brennan, "Tax Reform Without Tears: Why Must the Rich Be Made to Suffer?" *The Economics of Taxation,* ed. Henry J. Aaron and Michael Boskin (Washington, DC: Brookings Institution, 1980), 35–54.
84. Buchanan, *Limits of Liberty,* 56, 108, 187.
85. Ibid. , 188, 191, 196, 202, 219. See also another version of his case from this era in James M. Buchanan and Richard G. Wagner, *Democracy in Deficit: The Political Legacy of Lord Keynes* (New York: Academic Press, 1977).
86. Buchanan, *Limits of Liberty,* 188, 191, 196, 202, 219. On such coalitions, which many others took to be a sign of progress, see Paul Johnston, *Success While Others Fail: Social Movement Unionism and the Public Workplace* (Ithaca, NY: ILR Press Books, 1994); Marjorie Murphy, *Blackboard Unions: The AFT and the NEA, 1900–1980* (Ithaca, NY: Cornell University Press, 1992), 252–73; and Eileen Boris and Jennifer Klein, *Caring for America: Home Health Care Workers in the Shadow of the Welfare State* (New York: Oxford University Press, 2012), 94–148.
87. Amadae, *Prisoners of Reason,* 175–76, 182, 187, and 191. The entire section she devotes to *Limits of Liberty* deserves close reading (175–92).
88. Buchanan, *Limits of Liberty,* 205.
89. Ibid. , 224–25.
90. Ibid. , xvi, 208, 212, 215, 220–21.
91. Warren J. Samuels, "The Myths of Economic Liberty and the Realities of the Corporate State: A Review Article," *Journal of Economic Issues* 10 (December 1976), quotes on 937 and 939.
92. "Buchanan Awarded Economic Prize," VPI *News Messenger,* January 27, 1977.

"Interview with Robert Poole," *Full Context* 11 (May/June 1999), www.fullcontext.info/people/poole_intx.htm.

62. Robert W. Poole Jr., *Cut Local Taxes—Without Reducing Essential Services* (Santa Barbara, CA: Reason Press, 1976); Doherty, *Radicals for Capitalism,* 376–77; Minto and Minto, "Interview with Robert Poole."
63. Poole, *Cut Local Taxes*; Minto and Minto, "Interview with Robert Poole." Proxmire began giving monthly Golden Fleece Awards in 1975 to embarrass government agencies, in one case being successfully sued by a scientist for defamation, though he, unlike Buchanan, often targeted military spending.
64. Doherty, *Radicals for Capitalism,* 441–43; Minto and Minto, "Interview with Robert Poole."
65. Doherty, *Radicals for Capitalism,* 441–43.
66. Smith, *The Idea Brokers,* 221–22.
67. Robert W. Poole Jr. to F. A. Hayek, August 3, 1979, box 101, Hayek Papers, Hoover Institution; Reason Press Release, April 20, 1981; Tibor Machan to F. A. Hayek, September 14, 1981, ibid. ; Minto and Minto, "Interview with Robert Poole"; Robert W. Poole, *Cutting Back City Hall* (New York: Universe Books, 1980).
68. The Liberty Fund, kindred to the Institute for Humane Studies, aimed to revive the tradition of the Volker Fund conferences, which had yielded so many hard-core libertarian scholars in the late 1950s, including Buchanan and Nutter. A. Neil McLeod to Buchanan, June 3, 1976, BHA.
69. See, for example, Buchanan to A. Neil McLeod, June 15, 1981, BHA.
70. Buchanan to A. Neil McLeod, July 26, 1976, BHA; the wine listing was in Buchanan's hand. McLeod had been chairman of the Council of Advisors of the IHS in the 1960s.
71. Schulman, *Sons of Wichita,* 107.
72. Ed Clark to Charles G. Koch, February 16, 1978, box 1, Ed Clark Papers, Hoover Institution Archives; Schulman, *Sons of Wichita,* 109.
73. Charles G. Koch to Robert D. Love, March 2, 1978, box 1, Clark Papers. California was indeed promising terrain for an arch-capitalist cause; see Lisa McGirr, *Suburban Warriors: The Origins of the New American Right* (Princeton, NJ: Princeton University Press, 2001).
74. Doherty, *Radicals for Capitalism,* 406, 408. On the tax revolt, see Schulman, *The Seventies,* 205–217, and James M. Buchanan, "The Potential for Taxpayer Revolt in American Democracy," *Social Science Quarterly* 59 (March 1979): 691–96.
75. Doherty, *Radicals for Capitalism,* 414–17, 421; Schulman, *Sons of Wichita,* 114–15.
76. Doherty, *Radicals for Capitalism,* 416, 421; Schulman, *Sons of Wichita,* 116. As it happened, Rothbard was but the first of several loyal players dumped by their patron when they failed to follow his cues; Crane would eventually be shown the door, and others, too, as time went on, usually with enough of a severance to keep them quiet.
77. James M. Buchanan, "Heraclitian Vespers," *American Journal of Economics and Sociology* 63 (January 2004): 269; Buchanan, *Better than Plowing,* 12, 101, 106; James M. Buchanan, *The Limits of*

40. Raimondo, *Enemy of the State,* 23, 28, 179; Doherty, *Radicals for Capitalism*, 45, 59–60, 243–45; Murray N. Rothbard, *The Betrayal of the American Right* (Auburn, AL: Ludwig von Mises Institute, 2007), 69, 73–77.
41. Raimondo, *Enemy of the State,* 211–17.
42. Rothbard, *The Betrayal of the American Right*, 202; also Raimondo, *Enemy of the State,* 224–39.
43. Ibid. , 214–17.
44. Koch, "The Business Community."
45. Raimondo, *Enemy of the State,* 217.
46. Doherty, *Radicals for Capitalism,* 392–96; Hazlett, *Libertarian Party*, 84–89.
47. Edward H. Crane III, "Libertarianism," in *Emerging Political Coalitions in American Politics,* ed. Seymour Martin Lipset (San Francisco: Institute for Contemporary Studies, 1978), 353–55.
48. Raimondo, *Enemy of the State,* 218. Buchanan worked with Cato from its founding to his death; see obituary at www.cato.org/people/james-buchanan.
49. Murray N. Rothbard, *Left and Right: The Prospects for Liberty*, Cato Paper No. 1 (Washington, DC: Cato Institute, 1979), 1, 11, 19, 20.
50. Raimondo, *Enemy of the State,* 220–23. "Suddenly," writes Rothbard's devoted biographer, "with the help of one of the wealthiest families in the United States, if not the world, the number and quality of these practically nonexistent creatures would be increased a hundred-fold."
51. Rothbard, *Betrayal of the American Right,* 202; also Raimondo, *Enemy of the State,* 224–39.
52. Raimondo, *Enemy of the State,* 224. That usage of "ruling class" is now common on the Koch-backed right, as a fund-raising letter from the Heritage Foundation illustrates, crediting the 2016 election with "saving the republic from the ruling class," Jim DeMint to mailing list, n.d., but mid-December 2016, copy in author's possession.
53. Rothbard, *Left and Right,* 25.
54. Raimondo, *Enemy of the State,* 224; James Allen Smith, *The Idea Brokers: Think Tanks and the Rise of the New Policy Elite* (New York: New Press, 1991), 221.
55. Doherty, *Radicals for Capitalism,* 16, 394, 409–13; Raimondo, *Enemy of the State,* 218–24.
56. Raimondo, *Enemy of the State,* 239.
57. James M. Buchanan, "The Samaritan's Dilemma," in *Altruism, Morality, and Economic Theory,* ed. Edmund S. Phelps (New York: Russell Sage Foundation, 1975), 71, 74–76, 84.
58. Buchanan, "Samaritan's Dilemma," 71, 74. Without credit to Buchanan, an ally on the libertarian right applied such ideas in a critique of liberal social policy as influential as it was empirically empty and analytically flawed: Charles Murray, *Losing Ground: American Social Policy, 1950–1980* (New York: Basic Books, 1984). Cato brought Buchanan's ethics into policy discussion. See, for example, Doug Brandow, "Right On, Gov. Allen," *Washington Post,* January 29, 1995, C8.
59. Buchanan, "Samaritan's Dilemma," 74–75, 84.
60. Margalit Fox, "Lanny Friedlander, 63, of *Reason* Magazine, Dies," *New York Times,* May 7, 2011.
61. "*Reason* Profile" of editor Robert Poole Jr., *Reason,* October 1972; William Minto and Karen Minto,

*Austrian Economics* (Northampton, MA: Edward Elgar, 1994), 16n7.

29. James Glassman, "Market-Based Man," *Philanthropy Roundtable* (2011), www.philanthropyroundtable.org/topic/excellence_in_philanthropy/market_based_man.
30. John Blundell, "IHS and the Rebirth of Austrian Economics: Some Reflections on 1974–1976," *Quarterly Journal of Austrian Economics* 17 (Spring 2014): 93.
31. Ibid. , 101–2.
32. There is an excellent literature on the recession of the 1970s as the prompt for a determined corporate mobilization to affect the political process. The works that have most shaped my understanding include Thomas Ferguson and Joel Rogers, *Right Turn: The Decline of the Democrats and the Future of American Politics* (New York: Hill & Wang, 1986); David Vogel, *Fluctuating Fortunes: The Political Power of Business in America* (1989; repr., Washington, DC: Beard Books, 2003); Bruce Schulman, *The Seventies: The Great Shift in American Culture, Society, and Politics* (New York: Free Press, 2001); Kim Phillips-Fein, *Invisible Hands: The Making of the Conservative Movement from the New Deal to Reagan* (New York: W. W. Norton, 2009); Judith Stein, *Pivotal Decade: How the United States Traded Factories for Finance in the Seventies* (New Haven, CT: Yale University Press, 2010); Benjamin C. Waterhouse, *Lobbying America: The Politics of Business from Nixon to NAFTA* (Princeton, NJ: Princeton University Press, 2015); and Meg Jacobs, *Panic at the Pump: The Energy Crisis and the Transformation of American Politics in the 1970s* (New York: Hill & Wang, 2016).
33. On the fracturing of the "business movement" into a state of "every man his own lobbyist," see Waterhouse, *Lobbying America*, quote on 232, also 250–51.
34. Charles Koch, "The Business Community: Resisting Regulation," *Libertarian Review*, August 1978, reprint found in box 5, Roy A. Childs Papers, Hoover Institution Archives, Stanford University.
35. George H. Pearson to Buchanan, December 31, 1975, BHA; "Austrian Economic Theory & Analysis," program, Virginia Seminar, October 18–19, 1975, box 26, Hayek Papers; Buchanan to George H. Pearson, March 22, 1976, BHA, with attached schedule; Buchanan to Edward H. Crane III, November 30, 1977, BHA; Buchanan to Gordon Tullock, February 25, 1971, box 11, Tullock Papers; Tullock to Buchanan, March 2, 1971, box 11, Tullock Papers; George Pearson to Buchanan, October 22, 1975, and March 25, 1976, BHA; James M. Buchanan, *Better than Plowing and Other Personal Essays* (Chicago: University of Chicago Press, 1992), 71–72.
36. George H. Pearson to Buchanan, January 8, 1971, October 22, 1975, and March 25, 1976, BHA. Among the Koch-funded center's other publications on the subject was Murray N. Rothbard, *Education, Free and Compulsory: The Individual's Education* (Wichita, KS: Center for Independent Education, 1972).
37. Charles G. Koch to Buchanan, February 19, 1977, BHA; also Pearson to Buchanan, October 22, 1975, BHA.
38. William E. Simon, *A Time for Truth* (New York: McGraw-Hill, 1978), 230.
39. In his most recent book, Koch includes Lenin among the thinkers who "made tremendous impressions on me." Charles G. Koch, *Good Profit* (New York: Crown Business, 2015), 13.

nection, see John Blundell to Buchanan, October 30, 1986, BHA; and Doherty, *Radicals for Capitalism,* 407. The Koch-funded Center for Independent Education from its start worked with the IHS, formally affiliating in 1973; see Everett Dean Martin, *Liberal Education vs. Propaganda* (Menlo Park, CA: Institute for Humane Studies, n.d.), 17. Documentation of the IHS's work can be found in box 26 of the Hayek Papers, Hoover Institution Archives.

22. Mont Pelerin Society, "By-Laws," rev. ed. , February 1966, box 122, Tullock Papers; *Newsletter of the Mont Pelerin Society* 4 (October 1973): 11, also no. 7 (March 1975): 15, and no. 10 (March 1976): 13, all box 122, Tullock Papers. The Charles Koch Foundation's seminars on Austrian economics, the Institute for Humane Studies' conferences on property law and union power, and the Center for Independent Education's cases against public schools, not to mention Henry Manne's Law and Economics program, all built their followings through the society's newsletter's pages.
23. See, for example, Ludwig von Mises, *The Anti-Capitalistic Mentality* (New York: D. Van Nostrand, 1956).
24. Schulman, *Sons of Wichita,* 77, 106. Murray Rothbard explained, in one of his Koch-funded treatises, that some corporations benefited from government-granted privileges and therefore should be considered the enemy as much as organized labor or government itself, but businesses that were crimped by cartels and rejected regulation, "especially those remote from the privileged 'Eastern Establishment,'" were "potentially receptive to free-market and libertarian ideas"; Justin Raimondo, *An Enemy of the State: The Life of Murray N. Rothbard* (Amherst, NY: Prometheus Books, 2000), 203. Such entrepreneurs were, in fact, remaking America's model of capitalism in this era, as shown in the formative case of Walmart by Bethany E. Moreton, *To Serve God and Wal-Mart: The Making of Christian Free Enterprise* (Cambridge, MA: Harvard University Press, 2009).
25. Koch, *Science of Success,* 80.
26. Schulman, *Sons of Wichita,* 94. Koch's idol, Ludwig von Mises, applauded Ayn Rand for having "the courage to tell the masses what no politician told them: you are inferior and all the improvements in your conditions which you simply take for granted you owe to the efforts of men who are better than you." Jennifer Burns, *Goddess of the Market: Ayn Rand and the American Right* (New York: Oxford University Press, 2009), 177.
27. Wenzl and Wilson, "Charles Koch Relentless."
28. Doherty, *Radicals for Capitalism,* 442–43. James Buchanan likewise complained that Friedman pronounced on policy "as if he has a direct line to God." James Buchanan to Rutledge Vining, March 8, 1974, BHA. He also disassociated himself from the Chicago School under Friedman's leadership. James Buchanan to Warren J. Samuels, December 13, 1974, BHA. Those in the Austrian economics program funded by Koch at George Mason argued that Chicago School economics was incapable of adequately refuting the support for "interventionist policy" coming from such leaders of the discipline as Joseph Stiglitz, Paul Krugman, and Lawrence Summers. Peter J. Boettke and David L. Prychitko, "Introduction: The Present Status of Austrian Economics: Some (Perhaps Biased) Institutional History Behind Market Process Theory," in *The Market Process: Essays in Contemporary*

Beacon Press, 1964), 49, 58.

8. Schulman, *Sons of Wichita,* 21–22; Roy Wenzl and Bill Wilson, "Charles Koch Relentless in Pursuing His Goals," *Wichita Eagle*, October 14, 2012.
9. Koch, *The Science of Success*, 5–12; Wenzl and Wilson, "Charles Koch Relentless"; Mayer, "Covert Operations"; Glassman, "Market-Based Man."
10. "America's Richest Families," *U.S. News & World Report,* August 14, 1978; I came across this clipping because a young libertarian had circled Koch's standing and saved the listing in his papers. He got on the payroll. Roy A. Childs Papers, box 5, Hoover Institution Archives.
11. Charles G. Koch, "Tribute," preface to *The Writings of F. A. Harper,* vol. 1: *The Major Works* (Menlo Park, CA: Institute for Humane Studies, 1978), 1–3; Charles G. Koch, *Creating a Science of Liberty* (Fairfax, VA: Institute for Humane Studies, 1997), 2.
12. F. A. Harper, *Why Wages Rise* (Irvington on Hudson, NY: Foundation for Economic Education, 1957), 6–7, 71, 81–83, 94, 113, 119.
13. F. A. Harper, "Shall the Needy Inherit Our Colleges?" *The Freeman*, July 1957, 31.
14. Harper, *Why Wages Rise,* 6–7, 71, 81–83, 94, 113, 119.
15. F. A. Harper, *Liberty: A Path to Its Recovery* (Irvington on Hudson, NY: Foundation for Economic Education, 1949), 108–10, 124.
16. Koch, "Tribute," 1–3.
17. Robert LeFevre to Jack Kilpatrick, April 23, 1956, with attachments, box 54, LeFevre Papers; Kilpatrick to LeFevre, April 26, 1956, ibid. ; LeFevre to Kilpatrick, July 1, 1954, and July 6, 1954, ibid. ; LeFevre to Kilpatrick, July 6, 1954, with attachment, ibid. On LeFevre and the school, see Doherty, *Radicals for Capitalism,* 312–22.
18. Doherty, *Radicals for Capitalism,* 318; Schulman, *Sons of Wichita*, 89–96.
19. See "Wichita Collegiate School," Wikipedia, http://en.wikipedia.org/wiki/Wichita_Collegiate_School. On the founder's manifesto, see Robert Love, *How to Start Your Own School: A Guide for the Radical Right, the Radical Left, and Everybody In-Between Who's Fed Up with Public Education* (New York: Macmillan, 1973), especially 9, 31. On Love, see J. Allen Broyles, *The John Birch Society: Anatomy of a Protest* (Boston: Beacon Press, 1964), 40, 49, 59–60. Robert Welch, the Birch Society's founder, argued in 1963, with the Civil Rights Act pending, that segregation was "surely but slowly breaking down" naturally "wherever Negroes *earned the right* by sanitation, education, and a sense of responsibility, to share such facilities" (italics added); Claire Conner, *Wrapped in the Flag: A Personal History of America's Radical Right* (Boston: Beacon Press, 2013), 101.
20. For the bizarre tale, which led to the theocratic Christian right and an early iteration of today's racist and anti-Semitic "alt-right," see Michael McVicar, "Aggressive Philanthropy: Progressivism, Conservatism, and the William Volker Charities Fund," *Missouri Historical Review* 105, no. 4 (2011), 201.
21. Glassman, "Market-Based Man"; Institute for Humane Studies, *The Institute's Story* (Menlo Park, CA: Institute for Humane Studies, n.d., but pre-1975), 7, 15, 23. On the IHS-Volker-Buchanan con-

cgi-bin/legp604.exe? 041+ful+HJ208; "Sydnor Recalls Birth of Constitution Agency," *Richmond News Leader,* February 5, 1966; Kim Phillips-Fein, *Invisible Hands: The Making of the Conservative Movement from the New Deal to Reagan* (New York: W. W. Norton, 2009), 156–62. The memorandum can be found in Powell's papers and online. For Powell's early antiunionism, see Lewis Powell to James J. Kilpatrick, February 14, 1961, Powell Papers. For his delight when Kilpatrick became nationally syndicated, "help[ing] to right the imbalance in national editorial comment which has existed for far too long," see Powell to Kilpatrick, March 7, 1965, Powell Papers.

36. Teles, *Rise of the Conservative Legal Movement,* 3; see also Benjamin C. Waterhouse, *Lobbying America: The Politics of Business from Nixon to NAFTA* (Princeton, NJ: Princeton University Press, 2015).
37. Alliance for Justice, *Justice for Sale: Shortchanging the Public Interest for Private Gain* (Washington, DC: Alliance for Justice, 1993), 6; see also ICS, minutes of special meeting, December 4, 1974, box GO97, Reagan Papers.
38. Project on the Legal Framework of a Free Society, *Law and Liberty* 2, no. 3 (Winter 1976), BHA.
39. McDowell, "Bringing Law Profs Up to Date," 8; Henry G. Manne to Robert LeFevre, May 2, 1974, box 7, LeFevre Papers, University of Oregon. Most "financiers of libertarian causes have been big businessmen" with a deep "personal interest in these ideas," notes an insider's history of the movement. Charles Koch and, later, his brother David became the "biggest financiers"; Brian Doherty, *Radicals for Capitalism: A Freewheeling History of the Modern Libertarian Movement* (Philadelphia, PA: PublicAffairs, 2007), 16.

## 第9章——永不妥協

1. See the discussion of his long quest in Charles G. Koch, *Creating a Science of Liberty* (Fairfax, VA: Institute for Humane Studies, 1997), 2–7.
2. The story of the long legal fight, central to family lore, is best told in Schulman, *Sons of Wichita,* 27–35.
3. Ibid. , quote on 33.
4. Gordon Tullock, "The Welfare Costs of Tariffs, Monopolies and Theft," *Western Economic Journal* 5 (1967): 224–32; for elaboration, Tullock, *Rent Seeking* (Brookfield, VT: Edward Elgar, 1993).
5. Ironically, Schulman believes Koch would have lost in a fair trial because he and his partner had learned about the process as employees of Universal Oil before setting off on their own. Schulman, *Sons of Wichita,* 31, 34.
6. Charles G. Koch, *The Science of Success: How Market-Based Management Built the World's Largest Private Company* (Hoboken, NJ: John Wiley & Sons, 2007), 12; Mayer, "Covert Operations"; Schulman, *Sons of Wichita,* 42, 48.
7. Fred C. Koch to James J. Kilpatrick, November 4, 1957, box 29, acc. 6626-b, JJK Papers; Schulman, *Sons of Wichita,* 21–22; J. Allen Broyles, *The John Birch Society: Anatomy of a Protest* (Boston:

[typescript prospectus, n.d.]; A. Lawrence Chickering to Don Livingston, September 11, 1973; ICS, minutes of special meeting, December 4, 1973; ICS, minutes of special meeting, May 14, 1974. Indeed, a focus on economics enabled the rise of the right, finds Mark A. Smith, *The Right Talk: How Conservatives Transformed the Great Society into the Economic Society* (Princeton, NJ: Princeton University Press, 2007).

23. Peschek, *Policy-Planning Organizations,* 35.
24. Buchanan to Donald A. Collins, April 15, 1970, BHA; Institute for Contemporary Studies, introductory brochure, c. 1974, box GO97, Reagan Papers; ICS, minutes of special meeting, May 14, 1974, box GO97, Reagan Papers. On California Rural Legal Assistance and the wider OEO-backed legal challenge Reagan and his corporate allies faced, see Gourse, "Restraining the Reagan Revolution."
25. The effort was run through the Foundation for Research in Economics and Education (FREE), a nonprofit set up by Buchanan during his brief time at UCLA. On FREE, see Armen A. Alchian, "Well Kept Secrets of Jim's Contributions to Economic Ph.D.s of the University of California, Los Angeles"; http://publicchoice.info/Buchanan/files/alchian.htm; a Buchanan CV from 1980 lists him as an ongoing vice president and board member; BHA.
26. Steven M. Teles, *The Rise of the Conservative Legal Movement: The Battle for Control of the Law* (Princeton, NJ: Princeton University Press, 2008), 90, 102.
27. Buchanan to J. Clayton La Force, May 9, 1973, BHA; Manne to Buchanan, May 17, 1971, BHA.
28. Edwin McDowell, "Bringing Law Profs Up to Date on Economics," *Wall Street Journal,* July 23, 1971, 8.
29. Teles, *Rise of the Conservative Legal Movement,* 106–7, 110–11, 121, 124; Walter Guzzardi Jr., "Judges Discover the World of Economics," *Fortune,* May 21, 1979, 62; O'Connor, "Financing the Counterrevolution," 166–67.
30. Henry G. Manne to Buchanan, March 26, 1976, BHA; Teles, *Rise of the Conservative Legal Movement,* 103–7.
31. Saloma, *Ominous Politics,* 75; Teles, *Rise of the Conservative Legal Movement,* 103–7, 110–15, 121, 124; O'Connor, "Financing the Counterrevolution," 166–67.
32. Teles, *Rise of the Conservative Legal Movement,* 107–8, 114, 116–17. As *Fortune* magazine noted, "the lessons [Manne's program taught] could make a big difference when business cases come to the courtroom"; Guzzardi, "Judges Discover," 58.
33. Saloma, *Ominous Politics,* 75; Henry G. Manne, preface to *The Attack on Corporate America,* by University of Miami Law School, Law and Economics Center (New York: McGraw-Hill, 1978), xi–xv; Teles, *Rise of the Conservative Legal Movement,* 100. "Manne is solely interested in raising money," Buchanan grumbled to Tullock while visiting Manne's program, such that good conversation was rare; Buchanan to Tullock, February 13, 1976, box 11, Tullock Papers.
34. Teles, *Rise of the Conservative Legal Movement,* 104–5.
35. Eugene B. Sydnor Jr. obituary, Virginia House of Delegates, January 14, 2004, http://lis.virginia.gov/

that of the Nixon strategist Kevin Phillips's 1969 *Emerging Republican Majority.*

13. Buchanan, "America's Third Century," 11–12. It is not clear from the sources whether anyone at the Richmond conference became involved, but Buchanan used his published speech as an organizing tool. Buchanan to Clay La Force, May 9, 1973, BHA.
14. Buchanan to Richard M. Larry, January 14, 1972, February 22, 1972, and May 8, 1972, BHA; Buchanan, "Notes for discussion with Richard M. Larry on 4/26/73," April 25, 1973, BHA; C. E. Ford to Buchanan, March 25, 1971, BHA. For Scaife's multimillion-dollar strategic contributions in this formative decade, see John S. Saloma, *Ominous Politics: The New Conservative Labyrinth* (New York: Hill & Wang, 1984), 27–28, 30–31. For the broader push by right-wing donors to change the debate in this era, see Alice O'Connor, "Financing the Counterrevolution," in *Rightward Bound: Making America Conservative in the 1970s,* ed. Bruce J. Schulman and Julian E. Zelizer (Cambridge, MA: Harvard University Press, 2008).
15. C. E. Ford to Buchanan, March 25, 1971, BHA; Buchanan to Richard M. Larry, January 14, 1972, February 22, 1972, and May 8, 1972, BHA; Buchanan, "Notes for discussion with Richard M. Larry on 4/26/73," April 25, 1973, BHA. For the wider corporate right's recruitment in cash-strapped Sunbelt colleges, see Bethany Moreton and Pamela Voekel, "Learning from the Right: A New Operation Dixie?" in Daniel Katz, ed. , *Labor Rising: The Past and Future of Working People in America* (New York: New Press, 2012).
16. Buchanan, "Third Century Movement" document; Buchanan, "Private, Preliminary, and Confidential" document; Buchanan, "Plans, Steps, and Projections" post, March 3, 1973, BHA.
17. Buchanan, "Third Century Movement" document; Buchanan, "Private, Preliminary, and Confidential" document; Buchanan, "Plans, Steps, and Projections" post. Whether from whimsy or knowledge of the original, Buchanan was enlisting John Birch Society language in planning the mission.
18. Buchanan, "Third Century Movement" document.
19. List of attendees, Foundation for Research in Economics and Education Conference, October 4–5, 1973, BHA; Buchanan, "Notes for LA Meeting," October 5, 1973, BHA; see also Edwin Meese III, *With Reagan: The Inside Story* (Washington, DC: Regnery Gateway, 1992), 32–33.
20. Buchanan, "Notes for LA meeting." Corporations' failure to grasp what the men of the right took to be their real interests was a cause of private anger. "The one thing I am looking forward to in the Communist takeover of America, is the liquidation to the American businessman," the architect of the GOP right said that year, furious at their "timid, herd-like" conduct; William A. Rusher to Jack Kilpatrick, August 3, 1973, box 48, Rusher Papers.
21. Joseph G. Peschek, *Policy-Planning Organizations: Elite Agendas and America's Rightward Turn* (Philadelphia, PA: Temple University Press, 1987), 35. A wealth of ICS material, including participants and activities, can be found in box GO97, Program and Policy Unit, series V, Ronald Reagan: Governor's Papers, Ronald Reagan Presidential Library, Simi Valley, CA.
22. Institute for Contemporary Studies, *Letter* 1, no. 1 (December 1974), a newsletter in box GO97, Reagan Papers, as are all the other items in this note; ICS, introductory brochure, c. 1974; ICS

Fiscal Crisis, the Pocketbook Squeeze, and the Roots of the Tax Revolt" (PhD diss., University of Michigan, 2015).

3. Buchanan, "America's Third Century," 9. Gordon Tullock, *Toward a Mathematics of Politics* (Ann Arbor: University of Michigan Press, 1967).
4. James M. Buchanan to Nicos Devletoglou, February 27, 1973, BHA; Buchanan, "The Third Century Movement," typescript planning document, [mid-February] 1973; Buchanan, "Plans, Steps, and Projections—Provisional," March 3, 1973, BHA; Wilson Schmidt to Buchanan, May 26, 1972, BHA; Buchanan to Schmidt, May 1, 1973; BHA.
5. Buchanan to Nicos Devletoglou, February 27, 1973, BHA; Buchanan, "Private, Preliminary, and Confidential" document, February 16, 1973, BHA; Buchanan, "Third Century Movement" document. The term "counter-intelligentsia" entered public discussion five years later when William E. Simon published *A Time for Truth,* a book commonly cited as the origin of the push to convene a counterestablishment. That makes some sense, because Simon, secretary of the Treasury under Nixon, went on to do yeoman labor for the cause as head of the John M. Olin Foundation, exposing and stopping "the injustices to businessmen" at the hands of "a redistributionist state" that obstructed capital accumulation. But in point of fact, Buchanan used the term first, shared it with Simon's undersecretary at Treasury, and had his own distinctive ideas about how to coax the desired entity into action, which are reflected in Simon's text; William E. Simon, *A Time for Truth* (New York: McGraw-Hill, 1978), 191, 210. Simon's diagnosis and prescription also built, in part, on public choice economics (216, 219, 221) and Buchanan's Third Century project (222–31).
6. Buchanan, "Third Century Movement" document.
7. Buchanan, "America's Third Century," 4, 6–7.
8. Ibid. , 7–8.
9. For acute analysis of the ingrained, and lately inflamed, stereotypes in play, see Lisa Levenstein, *A Movement Without Marches: African American Women and the Politics of Poverty in Postwar Philadelphia* (Chapel Hill: University of North Carolina Press, 2009); and Marisa Chappell, *The War on Welfare: Family, Poverty, and Politics in Modern America* (Philadelphia: University of Pennsylvania Press, 2009).
10. The literature on the original Populism is vast, but for the best recent overview and interpretation, see Charles Postel, *The Populist Vision* (New York: Oxford University Press, 2007); for organized farmers' leadership in an alliance of "producers versus plutocrats" that shaped the early American regulatory state, see Elizabeth Sanders, *Roots of Reform: Farmers, Workers, and the American Regulatory State, 1877–1917* (Chicago: University of Chicago Press, 1999).
11. Bruce Palmer, *"Man over Money": The Southern Populist Critique of American Capitalism* (Chapel Hill: University of North Carolina Press, 1980), 170. On Buchanan's desk when I visited GMU was a copy of *Social Darwinism: Selected Essays of William Graham Sumner,* ed. Stow Persons (Englewood Cliffs, NJ: Prentice-Hall, 1963); Spencer was in the bookcase.
12. Buchanan, "America's Third Century," 9–12. Whether or not he had read it, his delineation echoed

23. Buchanan to Hahn, June 8, 1971, box 57, Hahn Papers.
24. Ibid.
25. William F. Upshaw to Buchanan, May 25, 1970, BHA; Buchanan to Benjamin Woodbridge, May 8, 1970, BHA; T. Marshall Hahn Jr. to Charles J. Goetz, May 11, 1970, Hahn Papers; Buchanan to Roy Smith, May 14, 1970, BHA; Buchanan to Senator Garland Gray, May 15, 1970, BHA; Buchanan to Richard M. Larry, June 3, 1971, BHA.
26. C. E. Ford to Buchanan, March 25, 1971, BHA; Buchanan to Richard M. Larry, January 14, 1972, BHA; Buchanan to Larry, February 22, 1972, and May 8, 1972, BHA; Buchanan, "Notes for discussion with Richard M. Larry on 4/26/73," April 25, 1973, BHA. For Scaife's multimillion-dollar strategic contributions in this formative decade, see John S. Saloma, *Ominous Politics: The New Conservative Labyrinth* (New York: Hill & Wang, 1984), 27–28, 30–31.
27. Mancur Olson and Christopher K. Clague, "Dissent in Economics: The Convergence of Extremes," *Social Research* 38 (Winter 1971): 751, 764, included by Buchanan with correspondence to Richard A. Ware (director of the Earhart Foundation), March 7, 1972, BHA.
28. J. D. Tuller to Buchanan, October 20, 1970, BHA; Tuller to Buchanan, September 25, 1970, with attachment; Buchanan to Donald A. Collins, June 9, 1970, BHA. For an overview of Olin's work, see Jason DeParle, "Goals Reached, Donor on the Right Closes Up Shop," *New York Times,* May 29, 2005, A1, 21.
29. James M. Buchanan, "The 'Social' Efficiency of Education," for 1970 Munich meeting of the Mont Pelerin Society; later version published in *Il Politico* 25 (Fall 1970), BHA. He turned this line of thought into a theoretical intervention he called "The Samaritan's Dilemma": that the help charity might provide someone in getting back on their feet might be overwhelmed by the harm it could do in enabling sloth (essentially, reinventing Gilded Age "scientific charity"); James M. Buchanan, "The Samaritan's Dilemma," in *Altruism, Morality and Economic Theory,* ed. Edmund S. Phelps (New York: Russell Sage Foundation, 1975), 71–85.

## 第8章——萬丈高樓平地起

1. John M. Virgo, "A New Forum on the Economic Horizon," *Atlantic Economic Journal* 1 (November 1973): 1–2; James M. Buchanan, "America's Third Century," *Atlantic Economic Journal* 1 (November 1973): 3. I am grateful to Alexander Gourse for bringing this piece to my attention through his fascinating study of the California origins of the conservative legal movement, which shows how Buchanan's approach influenced Governor Ronald Reagan's administration in its fight against Legal Services and the state legislature; see Alexander Gourse, "Restraining the Reagan Revolution: The Lawyers' War on Poverty and the Durable Liberal State, 1964–1989" (PhD diss., Northwestern University, 2015).
2. James Buchanan to Emerson P. Schmidt, May 1, 1973, BHA; Buchanan to Clay La Force, May 9, 1973, BHA. On the push for tax justice, see Joshua M. Mound, "Inflated Hopes, Taxing Times: The

15. Predictable opposition came from Virginia's own James J. Kilpatrick, by then a national columnist: "The States Are Being Extorted into Ratifying the Twenty-Sixth Amendment," in *Amendment XXVI: Lowering the Voting Age,* ed. Sylvia Engdahl (New York: Greenhaven Press, 2010), 123–27. On the Army's unraveling, see Scovill Currin, "An Army of the Willing: Fayette'Nam, Soldier Dissent, and the Untold Story of the All-Volunteer Force" (PhD diss., Duke University, 2015). For how the president whom Buchanan loathed saved the day through dialogue and reform, see Jan Gaylord Owen, "Shannon's University: A History of the University of Virginia, 1959 to 1974" (PhD diss., Columbia University, 1993), 140, 212–13, 218–19; and Gaston, *Coming of Age,* 289. For Buchanan's attempt to have Shannon fired, see Buchanan to David Tennant Bryan, May 18, 1970, BHA.
16. A more consistent libertarian of the era was Murray Rothbard. He reviled the public sector and democracy, but he also opposed the Cold War and its offspring, the war in Indochina, as an imperial contest; Murray N. Rothbard, *The Betrayal of the American Right* (Auburn, AL: Ludwig von Mises Institute, 2007), 186, 196.
17. Meghnad Desai concluded, presciently, that the book's "analysis is a search for an easy panacea—*Homo Oeconomicus* on horseback"; Meghnad Desai, "Economics v. Anarchy," *Higher Education Review* 3 (Summer 1971): 78. Too numerous for individual citation, the other reviews can be found in a simple library search.
18. Steven G. Medema, "'Related Disciplines': The Professionalization of Public Choice Analysis," *History of Political Economy Annual Supplement* 32 (2000): 305–23; James M. Buchanan, "Heraclitian Vespers," *American Journal of Economics and Sociology* 63 (January 2004): 266; Center for Study of Public Choice, introductory brochure, Virginia Polytechnic Institute and State University, Blacksburg, VA, c. 1979; Loren Lomasky, "When Hard Heads Collide: A Philosopher Encounters Public Choice," *American Journal of Economics and Sociology* 63 (January 2004): 192. On the Smith ties, see Buchanan to Douglas Mason, September 23, 1971, BHA.
19. Geoffrey Brennan, "Life in the Putty-Knife Factory," *American Journal of Economics and Sociology* 63 (January 2004): 86, 87.
20. Frank B. Atkinson, *Dynamic Dominion: Realignment and the Rise of Virginia's Republican Party Since 1945* (Fairfax, VA: George Mason University Press, 1992), especially 200, 227–28, 231–54; Martin Koepenick, "T. Marshall Hahn Jr. on the New Georgia Pacific," *PIMA Magazine* 72 (May 1990): 35; James H. Hershman Jr., personal communication to author, May 2, 2015; Brennan, "Life in the Putty-Knife Factory," 85, 87.
21. Center for Economic Education, "Economic Issues Facing Virginia," seminar, November 15, 1972, BHA; James Buchanan to Gordon Tullock, "Five-Year Plan," October 9, 1973, BHA.
22. Buchanan to G. Warren Nutter, May 7, 1970, BHA. For his team's call for harsh measures, see Gordon Tullock to T. Marshall Hahn, May 7, 1970, box 47, T. Marshall Hahn Papers, 1962–1974, Special Collections, Virginia Polytechnic Institute and State University, Blacksburg, VA. See also Charles J. Goetz to Hahn, May 6, 1970, box 47, Hahn Papers; Hahn to Goetz, May 11, 1970, box 47, Hahn Papers.

2. Angela Davis et al., *If They Come in the Morning: Voices of Resistance* (New York: New American Library, 1971), 185–86; J. Clay La Force to James M. Buchanan, May 19, 1970, BHA.
3. James M. Buchanan, *Better than Plowing and Other Personal Essays* (Chicago: University of Chicago Press, 1992), 114. For his praise of President S. I. Hayakawa at San Francisco State University, see James M. Buchanan, notes for Charlottesville talk. The global unrest was significant enough to move the United States and the USSR to détente, according to historian Jeremy Suri, in *Power and Protest: Global Revolution and the Rise of Détente* (Cambridge, MA: Harvard University Press, 2003).
4. See, for example, Andrew Burstein and Nancy Isenberg, "GOP's Anti-School Insanity: How Scott Walker and Bobby Jindal Declared War on Education," *Salon,* February 9, 2015; Richard Fausset, "Ideology Seen as Factor in Closings at University," *New York Times,* February 20, 2015; and the superb 2016 documentary *Starving the Beast,* directed by Steve Mims, www.starvingthebeast.net.
5. James M. Buchanan and Nicos E. Devletoglou, *Academia in Anarchy: An Economic Diagnosis* (New York: Basic Books, 1970), x–xi.
6. Ibid., 8.
7. Ibid., 48–50.
8. Ibid., 76, 78.
9. Ibid., 78–79.
10. Ibid., 80, 86.
11. Buchanan to Glenn Campbell, April 24, 1969, BHA; Buchanan to Bertram H. Davis, May 5, 1969, BHA; Buchanan to Arthur Seldon, [late June] 1969, BHA; Thomas Medvetz, *Think Tanks in America* (Chapel Hill: University of North Carolina Press, 2012), 104. Kristol soon came to Buchanan's center as a visiting lecturer, in a long relationship nurtured also by shared membership in the Mont Pelerin Society (1971 Annual Report). On Kristol and the affirmative action conflict, see Nancy MacLean, *Freedom Is Not Enough: The Opening of the American Workplace* (Cambridge, MA: Harvard University Press, 2006).
12. Buchanan and Devletoglou, *Academia in Anarchy,* x, 128–29. Their analysis echoes that of the John Birch Society leader Fred C. Koch, who alleged Communists' "use [of] the colored people" in *A Business Man Looks at Communism* (Farmville, VA: Farmville Herald, n.d.). Challenged in South Carolina about the firing of Angela Davis, Buchanan similarly said that "her hiring was part of a conspiracy to get a Communist on the faculty"; Winthrop College *Herald,* clipping, October 7, 1971, BHA.
13. William Breit, "Supply and Demand of Violence," *National Review,* June 30, 1970, 684–85.
14. Gordon Tullock to James Buchanan, January 22, 1969, box 11, Tullock Papers. An appreciative reviewer drew out the implied alternative: "the bifurcation of the university system into professional training schools supported and strictly controlled by the state; and culture-consumption colleges privately supported and publicly scorned"; Harry G. Johnson, review of *Academia in Anarchy* in *Journal of Political Economy* 79 (January–February 1971), 204–5.

1960s," *Economic Inquiry* 25 (October 1987): 650; John J. Miller, "The Non-Nobelist," *National Review,* September 25, 2006, 32–33; Gordon Tullock, "The Origins of Public Choice," in *The Makers of Modern Economics*, vol. 3, ed. Arnold Heertje (Cheltenham, UK: Edward Elgar, 1999), 1123; "Chronology of Significant Events," April 1976, box 80, Baroody Papers; Warren Nutter to Edgar F. Shannon Jr., January 29, 1968, box 80, Baroody Papers.

48. James M. Buchanan to President Edgar F. Shannon Jr., April 4, 1968, box 80, Baroody Papers.
49. Richard A. Ware to Milton Friedman, July 22, 1966, box 26, Friedman Papers.
50. James Buchanan to Gordon Tullock, July 8, 1965, BHA; Buchanan to Tullock, April 28, 1968, box 11, Tullock Papers. Buchanan admitted to the Relm Foundation that he "should have been more careful about building internal bridges earlier" to stave off "trouble"; Buchanan to Otto A. Davis, January 19, 1968, BHA; Buchanan to Richard A. Ware, April 23, 1968, BHA.
51. Steven G. Medema, "'Related Disciplines': The Professionalization of Public Choice Analysis," *History of Political Economy Annual Supplement* 32 (2000): 289–323.
52. James C. Miller to the Rector and Board of Visitors, September 23, 1976, box 80, Baroody Papers.
53. Buchanan to Frank Knight, July 7, 1967, box 3, Knight Papers.
54. Virginius Dabney, *Mr.* Jefferson's University: A History (Charlottesville: University of Virginia Press, 1981), 347–48; Jan Gaylord Owen, "Shannon's University: A History of the University of Virginia, 1959 to 1974" (PhD diss., Columbia University, 1993), 18, 25–26, 30, 32.
55. James M. Buchanan, "The Virginia Renaissance in Political Economy: The 1960s Revisited," in *Money and Markets: Essays in Honor of Leland B. Yeager,* ed. Roger Koppl (New York: Routledge, 2006), 35; on Tullock, even Nutter had misgivings (37).
56. James M. Buchanan, *Better than Plowing and Other Personal Essays* (Chicago: University of Chicago Press, 1992), 177.

## 第7章——瘋狂世界

1. James M. Buchanan, "Public Finance and Academic Freedom," Center Policy Paper No. 226-30-7073, Center for Public Choice, Virginia Polytechnic Institute and State University, Fall 1971, 4; James M. Buchanan, notes for Charlotte talk to VPI alumni, January 19, 1970, BHA; "Potent Unexploded Bomb Found at UCLA," *Los Angeles Times,* November 12, 1968. On the killings, see Curtis J. Austin, *Up Against the Wall: Violence in the Making and Unmaking of the Black Panther Party* (Fayetteville: University of Arkansas Press, 2008), 224–26; Martha Biondi, *The Black Revolution on Campus* (Berkeley: University of California Press, 2012), 68–71; and Elaine Browne, *A Taste of Power: A Black Woman's Story* (New York: Pantheon, 1992), 160–67. On how provocateurs in the FBI's COINTELPRO program had been stirring conflict between the two organizations to undermine the Black Panther Party, see Joshua Bloom and Waldon E. Martin Jr., *Black Against Empire: The History and Politics of the Black Panther Party* (Berkeley: University of California Press, 2013), 218–29.

of the University of Virginia, Office Administrative Files.

39. [University of Virginia] Department of Economics, "Excerpt from Self-Study Report," and Stocking to Harris, November 14, 1964.
40. James M. Buchanan, "What Economists Should Do," *Southern Economic Journal* 30 (January 1964): 215–21; Ely quoted in Richard Hofstadter, *Social Darwinism in American Thought* (Boston: Beacon Press, 1955), 146.
41. For a classic, unsurpassed exposition of the devastation inflicted by the "stark utopia" of the allegedly "self-adjusting market," see Karl Polanyi, *The Great Transformation: The Political and Economic Origins of Our Time* (1944; repr., Boston: Beacon Press, 1957), 3. On the tradition of legal realism, conceived in refutation of the kinds of claims Buchanan was reviving, see Morton J. Horwitz, *The Transformation of American Law, 1870–1960: The Crisis of Legal Orthodoxy* (New York: Oxford University Press, 1992), especially 194–98, for the realist scholars' critique of the notion of a natural market, as opposed to markets socially and historically constructed through the policy choices of actors. They demonstrated that property itself was, per Oliver Wendell Holmes Jr., "a creation of law" (197).
42. For a luminous, and quite chilling, explication, see S. M. Amadae, *Prisoners of Reason: Game Theory and Neoliberal Political Economy* (New York: Cambridge University Press, 2016), especially 175–92, on Buchanan.
43. Gordon Tullock, "Welfare for Whom?" paper for a session on "The Role of Government," Mont Pelerin Society, Aviemore Conference, 1968, BHA.
44. In fact, the U.S. Chamber of Commerce's Virginia-based research director, a veteran of the fight for private school vouchers, approached kindred economists seeking just such analysis in 1960. Emerson P. Schmidt to Milton Friedman, December 7, 1960, box 32, Friedman Papers. Friedman agreed on the "importance" of such analysis and suggested he contact two scholars then at the University of Virginia; Friedman to Schmidt, January 24, 1961, box 32, Friedman Papers.
45. The scholarship is so voluminous as to defy citation, but a review of those elected to the presidency of the Organization of American Historians, beginning in 1968, with the don of southern history C. Vann Woodward, and continuing to the present, reveals the overarching consensus on such matters, www.oah.org/about/past-officers. For the historian Paul Gaston's growing influence on campus at UVA, see his memoir *Coming of Age in Utopia.*
46. G. Warren Nutter to President Edgar F. Shannon Jr., January 29, 1968, box 80, Baroody Papers; Warren Nutter to James Buchanan, May 6, 1965, BHA. There is no evidence that any center faculty belonged to the society or shared its conspiracy theories about Communist infiltration of the U.S. government. Yet the Birch Society's economic thought was largely indistinguishable from theirs. The JBS was a significant presence in the state in 1965, moreover, as William J. Story, a JBS member and the Conservative Party of Virginia candidate for governor, attracted more than 13 percent of the vote in a four-way race; Atkinson, *Dynamic Dominion,* 155–56.
47. William Breit, "Creating the 'Virginia School': Charlottesville as an Academic Environment in the

cial, 1994), 120–33. I am grateful to James H. Hershman Jr. for this understanding and source. On southern development efforts, see Bruce J. Schulman, *From Cotton Belt to Sunbelt: Federal Policy, Economic Development, and the Transformation of the South, 1938–1980* (New York: Oxford University Press, 1991).

24. Alexander S. Leidholdt, "Showdown on Mr. Jefferson's Lawn: Contesting Jim Crow During the University of Virginia's Protodesegregation," *Virginia Magazine of History and Biography* 122 (2014): 243, 245, 248.
25. Bryan Kay, "The History of Desegregation at the University of Virginia, 1950–1969" (unpublished MA thesis, August 1979), held by University Archives, University of Virginia, 66–70.
26. Some of his former YAF mentees at the University of South Carolina were, reported one, "picketing the newly de-segregated lunch counters"—for having conceded to violation of their liberty; John Warfield to Gordon Tullock, April 26, 1965, box 84, Tullock Papers.
27. Kay, "History of Desegregation," 107, 117, 120; Paul M. Gaston, *Coming of Age in Utopia: The Odyssey of an Idea* (Montgomery, AL: New South Books, 2010), 271. On center use, see James Buchanan to Frank Knight, October 14, 1957, box 3, Knight Papers.
28. Kay, "History of Desegregation," 107, 117, 120; Gaston, *Coming of Age*, 271.
29. James Buchanan to Gordon Tullock, July 12, 1965, BHA.
30. Buchanan to Warren Nutter, June 2, 1965, BHA; also Gordon Tullock to Milton Friedman, April 21, 1965, box 116, Tullock Papers.
31. "$225,000 Given for New Institute," *Washington Post*, December 9, 1965, A16; "Study Slated on Potential of Virginia," *Washington Post*, April 14, 1967, C6. Thanks to James H. Hershman Jr. for alerting me to the institute and sending the sources.
32. The new vision and its application is captured well in Klingaman, *J.* Harvie Wilkinson, 83, 87, 125, 127–30, 133.
33. Warren Nutter to Milton Friedman, July 15, 1961, box 31, Friedman Papers.
34. Nutter to James Buchanan, October 28, 1960, BHA.
35. Ibid. The revealing documentation, with the Ford program officer raising reasonable concerns and Buchanan defending the dogmatic approach, is in Folder D-234 (University of Virginia, Educational Program of Thomas Jefferson Center for Studies in Political Economy), Ford Foundation Records, Rockefeller Archive Center, Sleepy Hollow, NY.
36. Buchanan to Edgar F. Shannon Jr., January 9, 1961, box 79, Baroody Papers. More extensive documentation can be found in this box.
37. Rowland Egger to Weldon Cooper, administrative assistant to the president, June 17, 1963, box 6, RG-2/1/2.635, series I, Papers of the President of the University of Virginia, Office Administrative Files, Manuscripts Division, Alderman Library, University of Virginia.
38. Gordon Tullock to James Buchanan, February 2, 1962, BHA; [University of Virginia] Department of Economics, "Excerpt from Self-Study Report," 1963, box 80, Baroody Papers; George W. Stocking to Robert J. Harris, November 14, 1964, box 12, RG-2/1/2.635, series I, Papers of the President

cago Press, 1998), 367–70; "U.C. Economic Experts Advise Goldwater," *Chicago Tribune*, April 12, 1964, 8; "Right Face," *Newsweek*, January 13, 1964, 73; Robert D. Novak, *The Agony of the G.O.P., 1964*, 334; "Friedman Cautions Against [Civil] Rights Bill," *Harvard Crimson*, May 5, 1964.

11. Perlstein, *Before the Storm*, 462; Lowndes, *From the New Deal*, 105. William Rusher, the publisher of *National Review* and an early Goldwater backer, also argued for "freedom of association" as the best possible conservative frame for opposition to civil rights enforcement; Rusher to William F. Buckley Jr., June 18, 1963, box 40, Buckley Papers.
12. Nicol C. Rae, *The Decline and Fall of the Liberal Republicans: From 1952 to the Present* (New York: Oxford University Press, 1989), 74; on Birch Society influence, see 53, 57. See also Perlstein, *Before the Storm;* Andrew, *Other Side of the Sixties*, 175–76.
13. Ayn Rand, "'Extremism,' or the Art of Smearing," reprinted in Ayn Rand, *Capitalism: The Unknown Ideal* (New York: Signet, 1967), 176, 178.
14. Friedman and Friedman, *Two Lucky People*, 368.
15. Nick Kotz, *Judgment Days: Lyndon Baines Johnson, Martin Luther King Jr. and the Laws That Changed America* (Boston: Houghton Mifflin, 2005), 261.
16. On Virginia, see Frank B. Atkinson, *The Dynamic Dominion: Realignment and the Rise of Virginia's Republican Party Since 1945* (Fairfax, VA: George Mason University Press, 1992), 30–31; Rae, *Decline and Fall*, 76. For astute analysis of the politics of the growing suburbs as anti-Goldwater, see Matthew D. Lassiter, *The Silent Majority: Suburban Politics in the Sunbelt South* (Princeton, NJ: Princeton University Press, 2006).
17. "Days Ahead" (editorial), *Farmville Herald*, November 6, 1964; "Record Vote Goes to Goldwater," *Farmville Herald*, November 6, 1964. For the statewide vote, see Atkinson, *Dynamic Dominion*, 30–31; Rae, *Decline and Fall*, 76. My thanks to Chris Bonastia for sharing the *Farmville Herald* articles from his own research.
18. Ronald L. Heinemann, *Harry Byrd of Virginia* (Charlottesville: University Press of Virginia, 1996), 106, 412. On how the Fourteenth Amendment forever connected civil rights and federal power in law, a connection that enabled *Brown v. Board of Education* and much later legal reform, see Laura F. Edwards, *A Legal History of the Civil War and Reconstruction: A Nation of Rights* (New York: Cambridge University Press, 2015).
19. Ebenstein, *Milton Friedman*, 169–71, 181.
20. Kotz, *Judgment Days*, 261.
21. For an excellent summary of the legislative achievements, see Calvin G. MacKenzie and Robert Weisbrot, *The Liberal Hour: Washington and the Politics of Change in the 1960s* (New York: Penguin Press, 2008).
22. Bruce J. Dierenfield, *Keeper of the Rules: Congressman Howard W. Smith of Virginia* (Charlottesville: University of Virginia Press, 1987), 209, 218. In an omen of the future, however, a very conservative Republican won the general election for Smith's former seat.
23. William K. Klingaman, *J.* Harvie Wilkinson Jr.: Banker, Visionary (Richmond, VA: Crestar Finan-

Papers, Manuscripts and Archives, Yale University, New Haven, CT.

2. John A. Andrew III, *The Other Side of the Sixties: Young Americans for Freedom and the Rise of Conservative Politics* (New Brunswick, NJ: Rutgers University Press, 1997), 203–4. Buckley had been a doubter from the outset; see Rick Perlstein, *Before the Storm: Barry Goldwater and the Unmaking of the American Consensus* (New York: Hill & Wang, 2001), 471–73.
3. Goldwater had no qualms, for example, in calling for what today is known as a flat tax, as Andrews had before him. Reporter Stewart Alsop put it to him to confirm: did he really believe "a man with five million a year should pay the same rate as a man with five thousand?" "Yes. Yes, I do," Goldwater replied. He added, as today's advocates of capital formation would, that "the poor man would benefit from the rich man's investments"; Stewart Alsop, "Can Goldwater Win in 64?" *Saturday Evening Post,* August 24, 1963.
4. Reminiscences of William J. Baroody Sr. of the American Enterprise Institute to Barry Goldwater, January 7, 1970, box 11, Baroody Papers; Don Oberdorfer, "Nixon Eyes Ex-CIA Official," *Washington Post,* February 28, 1969, clipping in box 80, Baroody Papers; James Buchanan to Warren Nutter, November 4, 1964, box 80, Baroody Papers; Karl A. Lamb, "Under One Roof: Barry Goldwater's Campaign Staff," in *Republican Politics: The 1964 Campaign and Its Aftermath for the Party,* ed. Bernard Cosman and Robert J. Huckshorn (New York: Praeger, 1968), 31.
5. Hobart Rowen and Peter Landau, "Goldwater's Economists," *Newsweek*, August 31, 1964, 62–64; Warren Nutter to Gordon Tullock, July 10, 1964, box 95, Tullock Papers; Perlstein, *Before the Storm,* 462; Robert D. Novak, *The Agony of the G.O.P., 1964* (New York: MacMillan, 1965), 439–64; Katherine K. Neuberger to Charlton H. Lyons Sr., January 4, 1963, box 155, Rusher Papers.
6. Joseph E. Lowndes, *From the New Deal to the New Right: Race and the Southern Origins of Modern Conservatism* (New Haven, CT: Yale University Press, 2008), 68; Kim Phillips-Fein, *Invisible Hands: The Making of the Conservative Movement from the New Deal to Reagan* (New York: W. W. Norton, 2009), 65–66; Robert Alan Goldberg, *Barry Goldwater* (New Haven, CT: Yale University Press, 1995), 177.
7. Republican National Committee, "Senator Goldwater Speaks Out on the Issues," advertising reprint from *Reader's Digest,* 1964. Goldwater was not the first to make this case; neither libertarian intellectuals nor the business right had ever accepted Social Security as legitimate. See Phillips-Fein, *Invisible Hands,* 12, 21, 114, 147; Perlstein, *Before the Storm,* 260, 500–502; Goldberg, *Barry Goldwater,* 184, 188; David W. Reinhard, *The Republican Right Since 1945* (Lexington: University of Kentucky Press, 1983), 8, 49.
8. Dennis W. Johnson, *The Laws That Shaped America: Fifteen Acts of Congress and Their Lasting Impact* (New York: Routledge, 2009), 347; Perlstein, *Before the Storm*, 169.
9. Milton Friedman, "The Goldwater View of Economics," *New York Times Magazine,* October 11, 1964; see also Alan O. Ebenstein, *Milton Friedman: A Biography* (New York: Palgrave Macmillan, 2007), 367–69.
10. Milton Friedman and Rose D. Friedman, *Two Lucky People: Memoirs* (Chicago: University of Chi-

build the authority of the enterprise, see Amadae, *Rationalizing Capitalist Democracy*.

36. Review of *Calculus of Consent* by Mancur Olson Jr., *American Economic Review* 52 (December 1962): 1217. Too numerous for individual citation, the other reviews, most positive, can be found in a simple library search.
37. Bruno Leoni to Gordon Tullock, January 25, 1963, box 4, Tullock Papers.
38. Medema, "'Related Disciplines,'" 309. Unfortunately, the journal has since disappeared. On the society, see also Amadae, *Rationalizing Capitalist Democracy*, 145–49.
39. See, for example, the recent book by Obama's regulation adviser, the legal scholar Cass R. Sunstein, *Why Nudge?* The Politics of Libertarian Paternalism (New Haven, CT: Yale University Press, 2014).
40. Buchanan, *Better than Plowing*, 106–7.
41. James J. Kilpatrick, "Goldwater Country," *National Review*, April 9, 1963, 281–82; see also James J. Kilpatrick, "Crossroads in Dixie," *National Review*, November 19, 1963, 433–35.
42. On the class, see Richard E. Wagner at Buchanan memorial conference, 2013 (author's notes). The literature on Goldwater's candidacy and the right turn of the Republican Party is quite large. The works I have found most illuminating for this book's themes are Rick Perlstein, *Before the Storm: Barry Goldwater and the Unmaking of the American Consensus* (New York: Hill & Wang, 2001) and Kim Phillips-Fein, *Invisible Hands: The Making of the Modern Conservative Movement from the New Deal to Reagan* (New York: W. W. Norton, 2009).
43. Gordon Tullock to Kenneth Templeton, May 1, 1959, box 88, Tullock Papers; Tullock to Ivan Bierly, March 27 [1959], box 86, Tullock Papers; Tullock to Bierly, May 6, 1959, box 86, Tullock Papers.
44. Tullock to William F. Buckley Jr., August 8, 1961, series I, box 37, William F. Buckley Jr. Papers, Manuscripts and Archives, Yale University, New Haven, CT; Tullock to Buckley, September 19, 1961, series 1, box 37, Buckley Papers; Tullock to Douglas Cady, January 16, 1963, box 84, Tullock Papers; Joseph Crespino, *Strom Thurmond's America* (New York: Hill & Wang, 2012), 132, 159. For Tullock's later advice on how the Republican Party might exploit racism to promote realignment, see his "The Heredity Southerner and the 1968 Election," *The Exchange* 29 (January 1969), box 111, William A. Rusher Papers, Library of Congress, Washington, D.C.
45. Tullock to Buckley, October 14, 1964, part I, box 33, Buckley Papers; Tullock to Buckley, November 19, 1965, part I, box 37, Buckley Papers; Buckley to Tullock, December 22, 1965, Buckley Papers.
46. Tullock to G. Warren Nutter, September 1964, box 95, Tullock Papers.
47. James Buchanan to F. A. Hayek, January 10, 1963, BHA.
48. "Colloquium on the Welfare State," Occasional Paper 3, December 1965, 25, Thomas Jefferson Center for Studies in Political Economy, University of Virginia, Charlottesville.

## 第6章——反革命尚未成功

1. Gordon Tullock to William F. Buckley Jr., October 14, 1964, part 1, box 33, William F. Buckley Jr.

Dure, September 25, 1961, box 3, Dure Papers. On the IEA's shaping role in Thatcher's agenda, see Richard Crockett, *Thinking the Unthinkable: Think-Tanks and the Economic Counter-Revolution, 1931–1983* (New York: HarperCollins, 1994). On Dure's successful effort to destroy the union, see Robert Rodgers Korstad, *Civil Rights Unionism: Tobacco Works and the Struggle for Democracy in the Mid-Twentieth-Century South* (Chapel Hill: University of North Carolina Press, 2004), 321–27.

26. Amadae, *Rationalizing Capitalist Democracy*, 144.
27. Murray Rothbard to F. A. Harper, "What Is to Be Done," known as "Rothbard's Confidential Memorandum to the Volker Fund," July 1961, https://mises.org/library/rothbard's-confidential-memorandum-volker-fund-what-be-done". On Rothbard's stature in the cause, see Brian Doherty, *Radicals for Capitalism: A Freewheeling History of the Modern Libertarian Movement* (Philadelphia, PA: PublicAffairs, 2007), 247.
28. Rothbard to Gordon Tullock, November 4, 1958, box 88, Tullock Papers.
29. Buchanan, *Better than Plowing,* 89, 95; James Buchanan, "The Sayer of Truth: A Personal Tribute to Peter Bauer," *Public Choice* 112 (September 2002): 233.
30. Volker Fund announcement, 1961, box 58, Hayek Papers.
31. Janet W. Miller to Leon Dure, September 25, 1961, box 3, Dure Papers; Kenneth S. Templeton to Dure, July 7, 1960, ibid. For the foundation's post-1955 project to promote private schooling, see William Volker Fund Records, 1953–1961, boxes 1 and 2, David R. Rubenstein Rare Book and Manuscript Library, Duke University. Anyone who sought Volker funding, one ally quipped, "should make it clear that he does not believe in public schools, highways, police departments, and other evil statist enterprises." Doherty, *Radicals for Capitalism,* 187.
32. See, for example, Milton Friedman to G. Warren Nutter, May 4, 1960, box 31, Friedman Papers; Nutter to Dure, February 24, 1960, box 1, Dure Papers; Dure to Francis P. Miller, May 8, 1960, box 1, Dure Papers; Milton Friedman, *Capitalism and Freedom* (1962; repr., Chicago: University of Chicago Press, 2002), 6, 31, 35–36, 116.
33. Friedman reported that he had "been told" that the vouchers were a success. That was no doubt true, because Nutter and Buchanan arranged for him to have cocktails with their friend Leon Dure, the chief advocate of the freedom-of-choice vouchers (and fund-raiser for two segregation academies). "The appropriate solution of the school segregation problem," Friedman then instructed Chicagoans, in their own fight over school integration, "is to eliminate the public schools and permit parents to send their children to the schools of their choice, as Virginia has done"; Nutter to Dure, February 24, 1960, box 1, Dure Papers; Friedman to Nutter, May 4, 1960, box 31, Friedman Papers; "U.C. Economic Experts Advise Goldwater," *Chicago Tribune,* April 12, 1964, 8.
34. F. A. Hayek to Ivan Bierly, February 2, 1961, box 58, Hayek Papers; Dure to Segar Gravatt, June 4, 1964, box 2, Gravatt Papers.
35. Review of *Calculus of Consent* by Anthony Downs, *Journal of Political Economy* 72 (February 1964): 88; in a similar vein, review of *Calculus of Consent* by J. E. Meade, *Economic Journal* 73 (March 1963): 101. On Buchanan's ties to RAND thinkers and how they reviewed one another's work to

*Capitalist Democracy*, 143.

13. George J. Stigler, "Proof of the Pudding?" *National Review,* November 10, 1972, 1258; see also Steven G. Medema, "'Related Disciplines': The Professionalization of Public Choice Analysis," *History of Political Economy Annual Supplement* 32 (2000): 313.
14. Buchanan and Tullock, *Calculus of Consent,* 96, 284.
15. Ibid. , 286, 289, 303. On the legal history, Barry Friedman, *The Will of the People: How Public Opinion Has Influenced the Supreme Court and Shaped the Meaning of the Constitution* (New York: Farrar, Straus and Giroux, 2009), 141–94.
16. On the social and political history, Nell Irvin Painter, *Standing at Armageddon: The United States, 1877–1919* (New York: W. W. Norton, 1987).
17. Buchanan, *Better than Plowing,* 9. James M. Buchanan, *Better than Plowing and Other Personal Essays* (Chicago: University of Chicago Press, 1992).
18. James Madison to Edward Everett, August 1830, Constitution Society, www.constitution.org/rf/jm_18300801.htm. For the economist's claim that his program was "indigenous" to Virginia whereas his "antagonists" were "aliens," see Buchanan, *Better than Plowing,* 106.
19. Dwight R. Lee, "*The Calculus of Consent* and the Constitution of Capitalism," *Cato Journal* 7 (Fall 1987): 332.
20. Ira Katznelson, *Fear Itself: The New Deal and the Origins of Our Time* (New York: Liveright, 2013), 249.
21. Eugene B. Sydnor Jr. obituary, Virginia House of Delegates, January 14, 2004, http://lis.virginia.gov/cgi-bin/legp604.exe? 041+ful+HJ208; "Sydnor Recalls Birth of Constitution Agency," *Richmond News Leader,* February 5, 1966. My thanks to James Sweeney for this research and to James H. Hershman Jr. for bringing it to my attention. See also George Lewis, "Virginia's Northern Strategy: Southern Segregationists and the Route to National Conservatism," *Journal of Southern History* 72 (February 2006).
22. Lewis, "Virginia's Northern Strategy," 122; Hustwit, *Salesman for Segregation,* 170–72, 181, 184; for a sampling, see the pamphlets R. Carter Glass, *Equality v. Liberty: The Eternal Conflict* (Richmond: Virginia Commission on Constitutional Government, 1960); and Virginia Commission on Constitutional Government, *Did the Court Interpret or Amend?* (Richmond: Virginia Commission on Constitutional Government, 1960).
23. James R. Sweeney, ed. , *Race, Reason, and Massive Resistance: The Diary of David J. Mays, 1954–1959* (Athens: University of Georgia Press, 2008), 248, 251, 260–61.
24. Sweeney, *Race, Reason,* 219, 220, also 224, 261, on the strategy of avoiding the southern schools conflict and showcasing constitutional concerns shared by right-leaning northerners.
25. Ralph Harris to James M. Buchanan, October 21, 1965, BHA; Ralph Harris and Arthur Seldon, "Offering a Choice by Voucher," attached undated clipping from the London *Times;* Buchanan to Arthur Seldon, November 4, 1965, BHA; Edwin West to Gordon Tullock, January 14, 1966, box 84, Tullock Papers. The Volker Fund helped subsidize the study; see Arthur D. Little to Leon

sic by Taylor Branch, *Parting the Waters: America in the King Years, 1954–1963* (New York: Simon & Schuster, 1988).

3. Keyssar, *Right to Vote*, 236–37, 262, 269, 271. Virginia charged $1.50 per year, on a cumulative basis (about $12 in 2016 dollars), and required that the taxes be paid in full six months prior to Election Day, thus before campaigns began. On the poll tax as "the cornerstone" of its "electoral controls," see Frank B. Atkinson, *The Dynamic Dominion: Realignment and the Rise of Virginia's Republican Party Since 1945* (Fairfax, VA: George Mason University Press, 1992), 15, also chapter 12, "Suddenly, an Expanded Electorate," on the Byrd machine's demise. Buchanan had earlier argued that "a uniform per-head poll tax would be appropriate as a major revenue source," with the additional value that it would "encourage continued out-migration of unskilled agricultural labor"; undated manuscript [c. early 1960s], "Optimum Fiscal Policy for Southern States," in BHA.
4. See especially J. Douglas Smith, *On Democracy's Doorstep: The Inside Story of How the Supreme Court Brought "One Person, One Vote" to the United States* (New York: Basic Books, 2014). Referring to concerns about property rights and taxation, James Buchanan worried about "dangers . . . [becoming] more urgent since the reapportionment decision"; James M. Buchanan to Colgate Darden Jr., June 24, 1965, BHA.
5. While not writing about the same figures as I am, the political theorist Corey Robin has captured this relational dynamic with keen insight in his book *The Reactionary Mind: From Edmund Burke to Sarah Palin* (New York: Oxford University Press, 2011), 3–28.
6. Gordon Tullock, "How I Didn't Become a Libertarian," August 7, 2003, LewRockwell.com; Gordon Tullock to James Buchanan, February 12, 1962, BHA.
7. J. E. Moes to James Buchanan, January 21, 1962, BHA; Richard E. Wagner, "Public Choice as Academic Enterprise," *American Journal of Economics and Sociology* 63 (January 2004): 64, 66. "Your absence from Charlottesville makes it hard to get good criticism of anything," Gordon Tullock once complained; Tullock to Buchanan, May 21, 1965, BHA.
8. Tullock to Richard C. Cornuelle, July 28, 1956, box 88, Tullock Papers. For Volker's interest in legal theory, training, and practice, see Ivan Bierly to Tullock, March 21, 1958, box 86, Tullock Papers.
9. James M. Buchanan and Gordon Tullock, *The Calculus of Consent: Logical Foundations of Constitutional Democracy* (1962; reprinted as vol. 3 of *The Collected Works of James M. Buchanan* [Indianapolis: Liberty Fund, 1990]), 286. My understanding in this chapter and beyond is indebted to the pathbreaking work of S. M. Amadae, *Rationalizing Capitalist Democracy: The Cold War Origins of Rational Choice Theory* (Chicago: University of Chicago Press, 2003), 133–55. No other scholar outside the public choice fold has studied Buchanan's thought as deeply, or identified as acutely the damage it augers for collective action and democracy.
10. Buchanan and Tullock, *Calculus of Consent*, 21, 286.
11. Ibid. , 123, 158–61, 234.
12. Ibid. , 166–68, 171. As S. M. Amadae notes, the analysis of the work "obliterates the concept of the public" in political theory, a sharp distinction from classical liberalism. See Amadae, *Rationalizing*

*merce Power: How the Struggle Against the Interstate Slave Trade Led to the Civil War* (New Haven, CT: Yale University Press, 2006); Laura F. Edwards, *A Legal History of the Civil War and Reconstruction: A Nation of Rights* (New York: Cambridge University Press, 2015); and "AHR Forum: The Debate over the Constitutional Revolution of 1937," *American Historical Review* 110, no. 4 (2005): 1046–51.

34. For astute analysis of the politics of Republican moderates in the growing suburbs of the South, see Lassiter, *The Silent Majority.*
35. J. Douglas Smith, *On Democracy's Doorstep: The Inside Story of How the Supreme Court Brought "One Person, One Vote" to the United States* (New York: Hill & Wang, 2014), 19.
36. "Constitutional Roadblocks" (editorial), *Richmond News Leader,* April 9, 1959, 12; G. Warren Nutter and James M. Buchanan, "Different School Systems Are Reviewed," *Richmond Times-Dispatch,* April 12, 1959, D3; G. Warren Nutter and James M. Buchanan, "Many Fallacies Surround School Problem," *Richmond Times-Dispatch,* April 13, 1959, 7. See also, for explanation of the Hobson's choice facing moderates, Robert D. Baker, "The Perrow Report: Virginia Faces 2nd Dilemma," *Washington Post,* April 5, 1959, B3. My thanks to James H. Hershman Jr. for hunting down this sequel and sending these sources.
37. Benjamin Muse, "Some Sounds and Signs of the Times," *Washington Post,* April 12, 1959; "Segregation Bill Loses in Virginia," *New York Times,* April 21, 1959, 25.
38. Robert D. Baker, "Serious Blow to Byrd Machine," *Washington Post,* April 25, 1959, A1.
39. Jack Kilpatrick egged on the closures in a speech in Prince Edward County, praising its imminent stand for the "old liberties" against the "tyrannous aggrandizement of the central state," while other Americans dozed "under the narcotic illusions of a welfare state." The "battle" against "this monster," he told his white audience, "cannot be won without occasional acts of unyielding resistance," such as "courageous action" to close the schools rather than submit to "federal dictation"; "Farmville High School Commencement Speech," June 4, 1959, box 2, series C, JJKP.
40. Paul Duke, "Dixie Eyes a Virginia County, First to Shut All Its Public Schools," *Wall Street Journal*, December 1, 1959. The chilling story has received extensive coverage. Among the most illuminating recent scholarly works are Bonastia, *Southern Stalemate* and Titus, *Brown's Battleground*. For a more memoir-like treatment, see Green, *Something Must Be Done About Prince Edward County*.
41. Broadus Mitchell to James Buchanan, November 15, 1960, BHA; Buchanan to Mitchell, November 28, 1960, ibid. ; Buchanan to Edgar F. Shannon Jr., November 21, 1960, ibid. ; Joan Cook, "Broadus Mitchell, 95, Professor, Historian and Hamilton Authority," *New York Times*, April 30, 1988.

## 第5章——保護資本主義不受政府干預

1. Alexander Keyssar, *The Right to Vote: The Contested History of Democracy in the United States* (New York: Basic Books, 2000), 256.
2. Harry F. Byrd to T. Coleman Andrews, August 7, 1957, box 2, TCAP; on Montgomery, see the clas-

cial Collections Department, University of Virginia Library; "Virginia's Economic Advancement Will Come to an End If Public School System Is Completely Abandoned," *Cavalier Daily,* January 8, 1959; "Abandonment of Public Schools Seen as Threat to Virginia's Economic Growth," Charlottesville *Daily Progress,* January 7, 1959.

26. Milton Friedman, "The Role of Government in Education," in *Economics and the Public Interest,* ed. Robert A. Solo (New Brunswick, NJ: Rutgers University Press, 1955), 123–44. Friedman's manifesto had proved helpful to some massive resisters in the trenches in the fall run-up to the January 1956 tuition grant referendum, particularly in the expanding suburbs of Northern Virginia, where they had to contend with the moderate "save the public schools" movement. One organization in Fairfax County repeated his arguments almost to the letter and held a public forum featuring a local Chicago-trained economist to urge that the state subsidize private schools to enable true school "choice." Harley M. Williams, "Virginia School Proposal," *Washington Post and Times Herald,* October 16, 1955, E4; Mollie Ray Carroll to JJK, March 21, 1956, Series 6626-B, JJKP. I thank James H. Hershman Jr. for this material.
27. Friedman, "The Role of Government in Education," 123–44. While telling the legislators that their brief was pure science, Nutter told Friedman it was "a mixture of persuasion and analysis"; Nutter to Friedman, February 18, 1959, and attached reply, box 31, Friedman Papers.
28. Roger A. Freeman, *Federal Aid to Education—Boon or Bane?* (Washington, DC: American Enterprise Association, 1955). For their joint work, see membership roster, National Tax Association's Committee on Financing of Public Education, December 11, 1958, box 346, Roger Freeman Papers, Hoover Institution Archives, Stanford University, Palo Alto, CA. "Several corporation" members, along with Freeman, complained that the tax group was "swinging left" and abetting "brainwashing" by "the 'liberal' side" on the need for higher taxes. Roger A. Freeman to Alvin Burger, November 21, 1958, and December 30, 1958, box 346, Roger Freeman Papers.
29. Freeman to Burger, November 21, 1958, and December 30, 1958, box 346, Roger Freeman Papers; Freeman, *Federal Aid to Education.*
30. Roger A. Freeman, "Unmet Needs in Education," typescript report for the Volker Fund, July 15, 1959, 2, 16, 25, 28, in box 311, Roger Freeman Papers. On the efficacy of contemporary women's groups on such matters, see, for example, Susan Lynn, *Progressive Women in Conservative Times: Racial Justice, Peace, and Feminism, 1945 to the 1960s* (New Brunswick, NJ: Rutgers University Press).
31. Hill quoted in Hershman, "Massive Resistance Meets Its Match," 129.
32. James M. Buchanan to Frank Hyneman Knight, October 24, 1957, box 3, Frank Hyneman Knight Papers, Special Collections Research Center, University of Chicago Library. His was the kind of rebuttal Jack Kilpatrick regularly made to northern critics of southern segregation. On Kilpatrick's rhetorical strategy, shared by other segregationist editors, see Roberts and Klibanoff, *The Race Beat,* 216–220.
33. For lucid introductions to the relevant legal history, see David L. Lightner, *Slavery and the Com-*

14. Robert E. Baker, "Protest Vote Is Heavy, but Byrd Wins Easily," *Washington Post,* November 5, 1958.
15. Kristin Norling, "Joel's in by a Nose," *Staunton Daily News,* November 5, 1958, 5; "The Election" (editorial), Norfolk *Journal and Guide,* November 8, 1958; Lewis, "'Any Old Joe,'" 316; "Dr. Wensel Says Byrd Win Is No Indication School Closings Have Full Favor," unidentified clipping, November 5, 1958, LOWP.
16. James H. Hershman Jr., "Massive Resistance Meets Its Match: The Emergence of a Pro–Public Education Majority," in *The Moderates' Dilemma,* ed. Lassiter and Lewis, 104–5, 109.
17. Lewis, "Emergency Mothers," 92, 217n59.
18. Stuart Saunders, Memo on Virginia Industrialization Group, 6, in section 1.2, box 1, Lewis F. Powell Jr. Papers, Washington and Lee University School of Law, Lexington, VA; Charles H. Ford and Jeffrey L. Littlejohn, "Reconstructing the Old Dominion: Lewis F. Powell, Stuart T. Saunders, and the Virginia Industrialization Group, 1958–1965," *Virginia Magazine of History and Biography* 121 (2013): 146–72.
19. Lewis, "Emergency Mothers," 96.
20. James M. Buchanan and G. Warren Nutter, "The Economics of Universal Education," Report of the Thomas Jefferson Center for Studies in Political Economy, February 10, 1959, C. Harrison Mann Papers, Special Collections and Archives, George Mason University (also in BHA); James M. Buchanan and G. Warren Nutter to Leon Dure, April 1, 1959, box 1, Leon Dure Papers, Manuscripts Division, Alderman Library, University of Virginia. They could see the consequences of letting the chips fall where they may right in Charlottesville. See Lewis, "Emergency Mothers" in *The Moderates' Dilemma*, 72, 102.
21. Buchanan and Nutter, "Economics of Universal Education."
22. Ibid. Their recklessness went deeper, in that they never recognized that to sell off school facilities, as they proposed, someone would have to come up with "money from somewhere to pay off $200 million of bonded indebtedness." Benjamin Muse, "It Is Also a Matter of Principal," *Washington Post,* February 22, 1959, E2. Thanks to James H. Hershman Jr. for this.
23. See Lorin A. Thompson, "Some Economic Aspects of Virginia's Current Educational Crisis," typescript report, September 1958, original in Special Collections Department, University of Virginia Library; "Virginia's Economic Advancement Will Come to an End If Public School System Is Completely Abandoned," *Cavalier Daily,* January 8, 1959; "Abandonment of Public Schools Seen as Threat to Virginia's Economic Growth," Charlottesville *Daily Progress,* January 7, 1959.
24. Buchanan and Nutter, "Economics of Universal Education"; Ford and Littlejohn, "Reconstructing the Old Dominion."
25 "Faculty Statement Supports Schools," *Daily Progress,* January 31, 1959. Faculty from ten other campuses across the state followed a few days later. "College Instructors Urge Open Schools," *Daily Progress*, February 6, 1959. Buchanan and Nutter were also, implicitly, seeking to refute the influential report of a UVA business school faculty member: Lorin A. Thompson, "Some Economic Aspects of Virginia's Current Educational Crisis," typescript report, September 1958, original in Spe-

beyond; see Edward H. Peeples Jr. Collection, James Branch Cabell Library, Special Collections and Archives, Virginia Commonwealth University, Richmond, VA.

3. For more detail and illuminating analysis, see the excellent essays in *The Moderates' Dilemma.*
4. Dr. Louise Wensel, press release, July 25, 1958, Louise O. Wensel Papers, Special Collections Department, Manuscript Division, University of Virginia Library, Charlottesville (hereafter cited as LOWP); George Lewis, "'Any Old Joe Named Zilch'? The Senatorial Campaign of Dr. Louise Oftedal Wensel," *Virginia Magazine of History and Biography* 107 (Summer 1999). The *New York Times Magazine* featured Wensel in a 1958 article six months before her run. Margaret and William Meacham, "The Country Doctor Is Now a Lady," *New York Times Magazine,* January 19, 1958, unpaginated offprint in LOWP.
5. Peter Montague, "Senatorial Candidate Wensel Blasts Byrd Organization, School Closures," *Cavalier Daily,* November 4, 1958; Louise O. Wensel, typescript editorial for *Northern Virginia Sun,* November 1958, LOWP. Full—and very moving—documentation of this extraordinary and largely unrecognized campaign can be found in Wensel's papers, including her own narrative, Louise Oftedal Wensel, "Running for the United States Senate in 1958," typescript, LOWP.
6. Wensel, press release, July 25, 1958.
7. The state AFL-CIO leader had long condemned Byrd's practice of barring would-be voters from the polls to maintain elite control. In fact, at the same time the Virginia General Assembly was passing the massive resistance package, it also authorized ordinances to require labor organizers to register with county clerks—pure and simple intimidation. "Union Organizer Freed in Virginia," *Washington Post,* August 25, 1956. Thanks to James H. Hershman Jr. for this; also, "Dr. Wensel Is Backed by Virginia AFL-CIO," unidentified clipping, September 7, 1958, LOWP.
8. See, for example, Mark Newman, "The Baptist General Association of Virginia and Desegregation," *Virginia Magazine of History and Biography* 105 (Summer 1997): 268. Hershman notes that "the few white voices speaking publicly in favor of the *Brown* decision" after its issue "came almost entirely from religious organizations" (34–35, 49, 51, 56, 64–67, 133, 280).
9. Matthew D. Lassiter, "A 'Fighting Moderate': Benjamin Muse's Search for the Submerged South," in *The Moderates' Dilemma: Massive Resistance to School Desegregation in Virginia,* ed. Matthew D. Lassiter and Andrew B. Lewis (Charlottesville: University Press of Virginia, 1998), 182.
10. "The Changing Scene" (editorial), University of Virginia *Cavalier Daily,* September 19, 1958; Andrew B. Lewis, "Emergency Mothers: Basement Schools and the Preservation of Public Education in Charlottesville," in *The Moderates' Dilemma,* ed. Lassiter and Lewis, 72–102.
11. "Rally of Citizens Calls for Schools," *Virginian-Pilot,* October 14, 1958.
12. Gene Roberts and Hank Klibanoff, *The Race Beat: The Press, the Civil Rights Struggle, and the Awakening of a Nation* (New York: Random House, 2006), 210; Lewis, "Emergency Mothers," 80–81, 85–86, 216n37.
13. Editorial, "Political Lethargy Dispelled as David Faces Goliath," Waynesboro *News-Virginian,* July 28, 1958.

ment in the mainstream national press for being run by a southern CEO who was, in the words of one legal historian, "fresh from a bitter but successful fight against unionization"; Sophia Z. Lee, *The Workplace Constitution, from the New Deal to the New Right* (New York: Cambridge University Press, 2014), 123.

51. Philip D. Bradley, ed. , *The Public Stake in Union Power* (Charlottesville: University of Virginia Press, 1959), quote on 168; Friedrich A. Hayek to James Buchanan, November 15, 1957, and March 8, 1958, box 72, Hayek Papers; H. W. Luhnow to Hayek, December 7, 1956, box 58, ibid. The Austrian summarized Hutt's case as showing that when federal legislation and union power managed to "win for some groups of workers higher compensation than they would have collected on an unhampered market, they victimize other groups." The right way to reduce unemployment and lift wages was "the progressive accumulation of capital"; Ludwig von Mises, preface to *The Theory of Collective Bargaining,* by W. H. Hutt (Glencoe, IL: Free Press, 1954), 9–10; Lawrence Fertig to James M. Buchanan, August [1961], BHA. On Relm Foundation and Lilly Endowment subsidies, see H. W. Hutt to Henry Regnery, January 3, 1962, box 33, Regnery Papers; Regnery to Hutt, December 26, 1962, Regnery Papers; and Warren Nutter to James Buchanan, May 6, 1965, BHA.
52. James M. Buchanan, lecture notes, Introductory Economics, Spring 1959, BHA. The notion of union monopoly was another of the Mont Pelerin Society's departures from classical liberalism. Some of its thinkers averred that early free-market economists such as Adam Smith were wrong to worry so much about corporate monopoly; that came about only when government meddled. For workers to join together in collective organizations enabled by law, they said, was the real danger. See Yves Steiner, "The Neoliberals Confront the Trade Unions," in *The Road from Mont Pelerin: The Making of the Neoliberal Thought Collective*, eds. Philip Mirowski and Dieter Plehwe (Cambridge, MA: Harvard University Press, 2009), 181–203.
53. James Buchanan to Gordon Tullock, June 13, 1965, BHA; Roger Koppl, ed. , *Money and Markets: Essays in Honor of Leland B. Yeager* (New York: Routledge, 2006), 38. There is extensive correspondence with donors in the Buchanan House Archives, George Mason University.

## 第4章——盡人事、聽天命

1. For the premier published account of the moderates' mobilization to save the schools, see Hershman Jr., "Massive Resistance Meets Its Match," in *The Moderates' Dilemma*. For a fuller account, with notable resonance for today, see, also by Hershman Jr., "A Rumbling in the Museum." On the pivotal role of southern white moderates more broadly, see David L. Chappell, *Inside Agitators: White Southerners in the Civil Rights Movement* (Baltimore: Johns Hopkins University Press, 1994).
2. For a first-person account of how effective that culture was at indoctrination from someone who managed to get free eventually, see Edward H. Peeples, *Scalawag: A White Southerner's Journey Through Segregation to Human Rights Activism* (Charlottesville: University of Virginia Press, 2014). His archived records contain abundant riches on Virginia social and political history in this era and

34. Roberts and Klibanoff, *The Race Beat*, 159–65; editorial, *Richmond News Leader*, September 12, 1957, 12.
35. Roberts and Klibanoff, *The Race Beat*, 151, 158, 171.
36. Ibid. , 172, 175–80; Bartley, *Rise of Massive Resistance*, 266.
37. James Jackson Kilpatrick, "Right and Power in Arkansas," *National Review*, September 28, 1957, 273–75.
38. "The Lie to Mr. Eisenhower" (editorial), *National Review*, October 5, 1957, 292–93; "The Court Views Its Handiwork" (editorial), *National Review*, September 21, 1957, 244. Government "weeps over the civil rights of certain minorities," concurred industrialist E. F. Hutton in the leading libertarian journal, "but punishes no one when labor union monopolies" cause disruptions; E. F. Hutton, "Contempt for Law," *The Freeman*, April 1957, 20. For Faubus's action as issuing from Kilpatrick's theory, see Garrett Epps, "The Littlest Rebel: James J. Kilpatrick and the Second Civil War," *Constitutional Commentary* 10 (1993): 26–27; and Benjamin Muse, *Virginia's Massive Resistance* (Bloomington: Indiana University Press, 1961), 172.
39. "Bayonets and the Law" (editorial), *National Review*, October 12, 1957, 316–17.
40. James M. Buchanan to Frank H. Knight, October 24, 1957, box 3, Frank Hyneman Knight Papers, Special Collections Research Center, University of Chicago Library.
41. Breit, "Creating the 'Virginia School,'" 645–47, 652; Richard E. Wagner, speech at memorial program for James Buchanan, September 29, 2013, George Mason University, Fairfax, VA. For one of the many references to the "boys," see Buchanan to Gordon Tullock, July 19, 1965, BHA.
42. Buchanan, *Better than Plowing*, 97.
43. Breit, "Creating the 'Virginia School,'" 645–47, 652; James M. Buchanan to David Tennant Bryan, May 18, 1970, BHA.
44. Breit, "Creating the 'Virginia School'"; Carl Noller to James Buchanan, March 16, 1971, BHA.
45. "Everyday Hero," *Mason Gazette*, June 16, 2005; Fabio Padavano, remarks at Buchanan memorial conference; Betty Tillman to Gordon Tullock, July 12, 1965, box 95, Gordon Tullock Papers, Hoover Institution Archives, Stanford University.
46. Alexander S. Leidholdt, "Showdown on Mr. Jefferson's Lawn: Contesting Jim Crow During the University of Virginia's Protodesegregation," *Virginia Magazine of History and Biography* 122 (2014): 236, 237.
47. Ibid. , 241, 256.
48. Friedrich A. Hayek to James Buchanan, November 15, 1957, and March 8, 1958, box 72, Friedrich A. von Hayek Papers, 1906–1992, Hoover Institution Archives; H. W. Luhnow to Hayek, December 7, 1956, box 58, ibid.
49. William J. Baroody Jr., foreword to James M. Buchanan, ed. , *Political Economy, 1957–1982: The G. Warren Nutter Lectures in Political Economy* (Washington, DC: American Enterprise Institute for Public Policy Research, 1982).
50. Indeed, the National Right to Work Committee, founded in 1954, suffered immediate embarrass-

Milliken, January 23, 1957, box 51, Regnery Papers.

25. Ivan R. Bierly to Jack Kilpatrick, July 8, 1959, box 26, series B, JJKP; Bierly to Kilpatrick, October 2, 1959, box 26, series B, JJKP; David Greenberg, "The Idea of 'the Liberal Media' and Its Roots in the Civil Rights Movement," *The Sixties* 2, no. 1 (Winter 2008–2009). On the plan by segregationist editors to fight what today would be called "the liberal media," see Gene Roberts and Hank Klibanoff, *The Race Beat: The Press, the Civil Rights Struggle, and the Awakening of a Nation* (New York: Alfred A. Knopf, 2006), 214–20. For interest from the Volker Fund in helping, see Bierly to Kilpatrick, October 2, 1959, box 4, series B, JJKP.
26. For an overview, see Robert Griffith, "Dwight D. Eisenhower and the Corporate Commonwealth," *American Historical Review* 87 (February 1982): 87–122, quote on 102. For the wider right's anger at Eisenhower, see Nash, *Conservative Intellectual Movement;* and Rick Perlstein, *Before the Storm: Barry Goldwater and the Unmaking of the American Consensus* (New York: Hill & Wang, 2001).
27. Francis Crafts Williams to Kilpatrick, [nd. but 1956], box 55, series B JJKP.
28. T. Coleman Andrews to Leonard E. Reed, January 30, 1956, box 4, TCAP; Andrews to Harry F. Byrd, December 5, 1947, box 2, TCAP; Andrews to Byrd, October 10, 1950, box 18, TCAP; Andrews to Byrd, May 16, 1952, TCAP; Andrews to Byrd, July 17, 1952, TCAP; Andrews to Byrd, July 27, 1952, TCAP.
29. "Andrews Files for President," *Washington Post,* September 18, 1956, 24; "Andrews Says Fight Is Against Socialism," *Washington Post,* October 28, 1958, B5.
30. "Tax Rebellion Leader: Thomas Coleman Andrews," *New York Times*, October 16, 1956, 26; "Why the Income Tax Is Bad: Exclusive Interview with T. Coleman Andrews," *U.S. News & World Report,* May 25, 1956. Andrews's revolt against the Democratic Party had begun with anger over FDR's support of labor and corporate regulation and his involvement in Europe's "troubles"; Harry F. Byrd to T. Coleman Andrews, July 2, 1935, box 2, TCAP; Andrews to Byrd, October 13, 1939, TCAP.
31. J. Addison Hagan to Harry F. Byrd, October 18, 1956, box 2, TCAP; Numan V. Bartley, *The Rise of Massive Resistance: Race and Politics During the 1950s* (1969; repr., Baton Rouge: Louisiana State University Press, 1997), 161–65; Joseph Crespino, *In Search of Another Country: Mississippi and the Conservative Counterrevolution* (Princeton, NJ: Princeton University Press, 2007).
32. Jonathan M. Schoenwald, *A Time for Choosing: The Rise of Modern American Conservatism* (New York: Oxford University Press, 2002), 65, 68; Claire Conner, *Wrapped in the Flag: A Personal History of America's Radical Right* (Boston: Beacon Press, 2013), 26–27. For others' backing, see Doherty, *Radicals,* 179, 258; T. Coleman Andrews to Leonard E. Reed, November 23, 1956, box 4, TCAP; Perlstein, *Before the Storm,* 10–12; Bartley, *Rise of Massive Resistance,* 149, 163.
33. For his opposition to "every extension of socialistic philosophy" as Richmond chamber president, see text of his testimony in box 5, TCAP. Statewide, he got 6 percent of the vote, doing better in Virginia than anywhere else in the nation.

the rural South; the Social Security Act, which provided old-age pensions; the Fair Labor Standards Act, which regulated working conditions; and the Fair Employment Practices Committee, which barred discrimination in wartime industries. Robert Caro, *The Passage of Power* (New York: Alfred A. Knopf, 2012), 466, 468–69.

18. "The idea has interesting possibilities altogether separate from segregation," Chodorov suggested, and could bring welcome new "competition" to schooling; "All Men Are Created Equal" (editorial), *The Freeman,* June 14, 1954, 655–66. Kilpatrick had recommended Chodorov for editor, so it is possible that they discussed his ideas for private schooling; James Kilpatrick to Florence Norton, June 17, 1954, box 18, series B, JJKP. On Chodorov's foundational role, see George H. Nash, *The Conservative Intellectual Movement in America Since 1945* (1976; repr., Wilmington, DE: Intercollegiate Studies Institute, 1998), 22–25.
19. Robert LeFevre to Jack Kilpatrick, July 1, 1954, series B, box 31, JJKP; LeFevre to Kilpatrick, July 6, 1954, with attachment, series B, box 31, JJKP. LeFevre proved to be too extreme even for Kilpatrick, as their correspondence shows, but he became something of a guru among libertarians, not least among them Charles Koch.
20. Doherty, *Radicals for Capitalism,* 200, 203, 205; F. A. Hayek, "Postscript: Why I Am Not a Conservative," *The Constitution of Liberty* (1960; repr., Chicago: Regnery, 1972); James M. Buchanan, *Why I, Too, Am Not a Conservative: The Normative Vision of Classical Liberalism* (Northampton, MA: Edward Elgar, 2005); Ralph Harris, *Radical Reaction: Essays in Competition and Affluence* (London: Institute of Economic Affairs, 1961).
21. Nash, *Conservative Intellectual Movement,* 15; "Regnery Publishing," in *American Conservatism: An Encyclopedia,* ed. Bruce Frohnen, et al. (Wilmington, DE: ISI Books, 206), 722–23.
22. Henry Regnery to Kilpatrick, May 19, 1955, box 39, Henry Regnery Papers, Hoover Institution Archives, Stanford University.
23. Hilts, "Saga of James J. Kilpatrick," 72; Henry Regnery to Kilpatrick, March 14, 1956, box 66, series B, JJKP; James Jackson Kilpatrick, *The Sovereign States: Notes of a Citizen of Virginia* (Chicago: Henry Regnery, 1957), 234–51. "When we published it," Regnery gushed to Kilpatrick years later, "I was so convinced by the lucidity and persuasiveness of your argument that I fully expected to see the 14th Amendment repealed momentarily and the Doctrine of Interposition recognized by the Supreme Court. The fact that these things didn't happen is merely an indication of how deeply we have allowed ourselves to be taken in by the lure of centralized power"; Regnery to Kilpatrick, April 17, 1972, box 39, Regnery Papers.
24. Kilpatrick called those comments "the greatest single boost the book has had"; Kilpatrick to Donald Davidson, April 29, 1957, box 8, Donald Grady Davidson Papers, Special Collections, Jean and Alexander Heard Library, Vanderbilt University, Nashville, TN. See also John Chamberlain, "The Duty to Interpose," *The Freeman,* July 1957, 55. Henry Regnery solicited corporate subsidies to put Kilpatrick's book in the "hands of every Governor, every U.S. Senator and every member of Congress"; Henry Regnery to Kilpatrick, January 10, 1957, box 39, Regnery Papers; Regnery to Roger

*and the Struggle for Civil Rights* (Philadelphia: University of Pennsylvania Press, 1983); Jonathan Scott Holloway, *Confronting the Veil: Abram Harris, Jr., E. Franklin Frazier, and Ralph Bunche, 1919–1941* (Chapel Hill: University of North Carolina Press, 2002).

10. "Working Papers for Internal Discussion Only"; see also James M. Buchanan, "The Thomas Jefferson Center for Studies in Political Economy," *University of Virginia News Letter* 35, no. 2 (October 15, 1958): 1, 6. The last three words in the center's name ("and Social Philosophy") were later dropped for brevity's sake.
11. Buchanan, "Thomas Jefferson Center," 7; Buchanan, *Better than Plowing,* 95.
12. Brian Doherty, *Radicals for Capitalism: A Freewheeling History of the Modern Libertarian Movement* (Philadelphia, PA: PublicAffairs, 2007), 182–83; Phillips-Fein, *Invisible Hands,* 42, 51; H. W. Luhnow to Colgate Darden [1957], record group 2/1/2.635, series 1, box 11, Office of the President, Papers of the President of the University of Virginia, Office Administrative Files, Manuscripts Division, Alderman Library, University of Virginia. On Volker's earlier interest in UVA, T. Coleman Andrews to President Colgate W. Darden, February 4, 1952, box 3, T. Coleman Andrews Papers, Division of Special Collections, University of Oregon Libraries (hereafter cited as TCAP); also, Andrews to Darden, June 8, 1950, TCAP. The Volker Fund invested well: six of its early grantees went on to win the Nobel Prize in economics: F. A. Hayek, James Buchanan, Milton Friedman, Ronald Coase, Gary Becker, and George Stigler (Doherty, *Radicals,* 183).
13. Record group 2/1/2, Board of Visitors files for 1956, 1957, and 1958, Office of the President, Papers of the President of the University of Virginia, Office Administrative Files. On Smith, see Don Oberdorfer, "'Judge' Smith Rules with Deliberate Drag," *New York Times Magazine,* January 12, 1964; and Bruce J. Dierenfield, *Keeper of the Rules: Congressman Howard W. Smith of Virginia* (Charlottesville: University of Virginia Press, 1987).
14. Record group 2/1/2, Board of Visitors files for 1956 and 1957, Office of the President, Papers of the President of the University of Virginia, Office Administrative Files.
15. On Garrett's appointment, see J. Kenneth Morland, *The Tragedy of Public Schools: Prince Edward County, Virginia,* report for the Virginia Advisory Committee to the United States Commission on Civil Rights (Lynchburg, VA: unpublished report, 1964), 22. For Garrett's testimony as the "backbone" of the state's case, see Taylor Branch, *Parting the Waters: America in the King Years, 1954–1963* (New York: Simon & Schuster, 1988), 484; and "Henry E. Garrett, Psychologist, Dies," *New York Times,* June 28, 1973.
16. William R. Duren Jr. to Edgar F. Shannon Jr., June 29, 1962, box 9, Office of the President, Papers of the President of the University of Virginia.
17. Ronald L. Heinemann, *Harry Byrd of Virginia* (Charlottesville: University Press of Virginia, 1996), 246, 290, 454n63. I am grateful to James Hershman for alerting me to Byrd's interest in Hayek. "Old Harry," as some in Washington called him, also fought passage of every law that violated his conception of liberty, among them the progressive income tax; the Wagner Act, which empowered workers to join unions; the Tennessee Valley Authority, which supplied electricity to so much of

43. Quoted and discussed in James M. Buchanan, "The Constitution of Economic Policy," Nobel Prize lecture, December 8, 1986, www.nobelprize.org/nobel_prizes/economic-sciences/laureates/1986/buchanan-lecture.html.
44. Buchanan, "Constitution of Economic Policy."
45. Buchanan, *Better than Plowing,* 6. For illuminating analysis of Buchanan's departure from Wicksell, essentially turning the Swede's purpose on its head, see Amadae, *Prisoners of Reason*, 193–200.
46. Buchanan, *Better Than Plowing,* 8–9, 83–88; James M. Buchanan, *Public Principles of Public Debt: A Defense and Restatement* (Homewood, IL: Richard D. Irwin, 1958), vi, vii.

## 第3章——別有用心的計畫

1. James M. Buchanan, *Better than Plowing and Other Personal Essays* (Chicago: University of Chicago Press, 1992), 16, 94–95.
2. "Working Papers for Internal Discussion Only" (December 1956), record group 2/1/2.634, box 9, Office of the President, Papers of the President of the University of Virginia, Office Administrative Files, Manuscripts Division, Alderman Library, University of Virginia.
3. Warren Nutter, typescript reminiscences, 1975, box 80, William J. Baroody Papers, Manuscript Division, Library of Congress, Washington, DC.
4. Buchanan, *Better than Plowing,* 6–7, 8–9, 97, 100; James M. Buchanan, ed. , *Political Economy, 1957–1982: The G. Warren Nutter Lectures in Political Economy* (Washington, DC: American Enterprise Institute for Public Policy Research, 1982), 4, 7, 11; John Kenneth Galbraith, *American Capitalism: The Theory of Countervailing Power* (Boston: Houghton Mifflin, 1952).
5. Kim Phillips-Fein, *Invisible Hands: The Making of the Conservative Movement from the New Deal to Reagan* (New York: W. W. Norton, 2009), 3–12, quote on 13; Guy Friddell, *Colgate Darden: Conversations with Guy Friddell* (Charlottesville: University Press of Virginia, 1978), 129–30.
6. Friddell, *Colgate Darden,* 57.
7. Ibid. , 129. On right-wing businessmen more generally in these years, see Elizabeth Fones-Wolf, *Selling Free Enterprise: The Business Assault on Labor and Liberalism, 1945–1960* (Urbana: University of Illinois Press, 1994).
8. For the classic history of legal realism, see Morton J. Horwitz, *The Transformation of American Law, 1870–1960: The Crisis of Legal Orthodoxy* (New York: Oxford University Press, 1992), quote on 197; see also, for the legal context of *Brown,* Horwitz's *The Warren Court and the Pursuit of Justice* (New York: Hill & Wang, 1998).
9. For a small sample of a deep and rich literature, see Morton White, *Social Thought in America: The Revolt Against Formalism* (Boston: Beacon Press, 1947); Ellen Fitzpatrick, *Endless Crusade: Women Social Scientists and Progressive Reform* (New York: Oxford University Press, 1990); Daniel T. Rodgers, *Atlantic Crossings: Social Politics in a Progressive Era* (Cambridge, MA: Belknap Press of Harvard University Press, 1998); Genna Rae McNeil, *Groundwork: Charles Hamilton Houston*

27. Cockett, *Thinking the Unthinkable,* 4, 28, 31, 97; Alan Ebenstein, *Friedrich Hayek: A Biography* (New York: Palgrave Macmillan, 2001), 231.
28. Quotes from Kim Phillips-Fein, *Invisible Hands: The Making of the Conservative Movement from the New Deal to Reagan* (New York: W. W. Norton, 2009), 41; George H. Nash, *The Conservative Intellectual Movement in America, Since 1945* (1976; repr., Wilmington, DE: Intercollegiate Studies Institute, 1996), 5; Cockett, *Thinking the Unthinkable,* 100–101; Angus Burgin, *The Great Persuasion: Reinventing Free Markets Since the Depression* (Cambridge, MA: Harvard University Press, 2012), 89. See also van Horn and Mirowski, "The Rise of the Chicago School," 147, 150–51.
29. Friedrich A. Hayek, *The Road to Serfdom* (Chicago: University of Chicago, 1944); Cockett, *Thinking the Unthinkable*, 5.
30. Hayek, *Road to Serfdom*, 4–6.
31. Ibid. , 7, 35.
32. Ibid. , 13, 16, 17, 19.
33. Phillips-Fein, *Invisible Hands, 5,* 322.
34. Ibid. , 41–42; van Horn and Mirowski, "The Rise of the Chicago School," 139–68; Alan O. Ebenstein, *Milton Friedman: A Biography* (New York: Palgrave Macmillan, 2007), 139. For the ironic evolution of the fund, see Michael J. McVicar, "Aggressive Philanthropy: Progressivism, Conservatism, and the William Volker Charities Fund," *Missouri Historical Review* 105 (2011): 191–212.
35. Hayek, *Road to Serfdom,* 262; Cockett, *Thinking the Unthinkable,* 89; Burgin, *Great Persuasion*, 103, 107–8; for Keynes's full comment, see Stedman Jones, *Masters of the Universe,* 67. Burgin's book deftly charts the society's change over time to more full-throated, unequivocal advocacy.
36. Friedman and Friedman, *Two Lucky People,* 158–61; Dieter Plehwe, introduction to *Road from Mont Pelerin*, 3–25.
37. R. M. Hartwell, *History of the Mont Pelerin Society* (Indianapolis: Liberty Fund, 1995), xii; Friedman and Friedman, *Two Lucky People*, 161.
38. Buchanan, *Better than Plowing,* 75; Stigler, tribute to Knight. For an excellent overview, see the collection edited by Robert van Horn, Philip Mirowski, and Thomas A. Stapleford, *Building Chicago Economics: New Perspectives on the History of America's Most Powerful Economics Program* (New York: Cambridge University Press, 2011).
39. Buchanan, *Better than Plowing,* 16, 94–95. On Nutter, see John H. Moore, "Gilbert Warren Nutter," *American National Biography Online,* February 2000; William Breit, "Creating the 'Virginia School': Charlottesville as an Academic Environment in the 1960s," *Economic Inquiry* 25 (October 1987): 648–49.
40. Buchanan, *Better than Plowing*, 5, 70, 72.
41. James M. Buchanan, *Economics from the Outside In: "Better than Plowing" and Beyond* (College Station: Texas A&M Press, 2007), 195.
42. For the relationship today, see Marc J. Hetherington, *Why Trust Matters: Declining Political Trust and the Demise of American Liberalism* (Princeton, NJ: Princeton University Press, 2005).

*ing,* 126. See also Paul V. Murphy, *The Rebuke of History: The Southern Agrarians and American Conservative Thought* (Chapel Hill: University of North Carolina Press, 2001).

13. Donald Davidson, *The Attack on Leviathan: Regionalism and Nationalism in the United States* (1938; repr., Gloucester, MA: Peter Smith, 1962), 5, 10, 12, 26. For illuminating discussion, see Murphy, *Rebuke of History*, 92–113.
14. Buchanan, *Better than Plowing,* 25, 171; Jane Seaberry, "GMU Teacher Wins Nobel in Economics," *Washington Post,* October 17, 1986.
15. Davidson, *Attack on Leviathan,* 163, 168.
16. Buchanan, *Better than Plowing,* 49.
17. Ibid. , 4, 49–50. For contrast with a white working-class southerner whose experience of prejudice in the North led him to identify with the black freedom struggle, see Edward H. Peeples with Nancy MacLean, *Scalawag: A White Southerner's Journey Through Segregation to Human Rights Activism* (Charlottesville: University of Virginia Press, 2014).
18. James M. Buchanan, "Afraid to Be Free: Dependency as Desideratum," first draft, Buchanan House Archives, Center for Study of Public Choice, George Mason University, Fairfax, VA (hereafter cited as BHA), 9, later published in *Public Choice* 120, no. 3 (September 2004). For contrast, see W. E. B. Du Bois, *Black Reconstruction in America: An Essay toward a History of the Part which Black Folk Played in the Attempt to Reconstruct Democracy in America, 1860–1880* (New York: Oxford University Press, 1935), quote on 726—and just about any reputable work on Reconstruction published since the 1960s.
19. Rob van Horn and Philip Mirowski, "The Rise of the Chicago School of Economics and the Birth of Neoliberalism," in *The Road from Mont Pelerin: The Making of the Neoliberal Thought Collective,* ed. Philip Mirowski and Dieter Plehwe (Cambridge, MA: Harvard University Press, 2009), 169n5.
20. Buchanan, *Better than Plowing,* 1–4, 66.
21. Ibid. , 68.
22. Ibid. , 24, 77, 79; George J. Stigler, typescript tribute to Frank Knight, May 24, 1972, BHA.
23. Buchanan, *Better than Plowing,* 5, 70, 72. On Chicago social history in these years, see Meg Jacobs, *Pocketbook Politics: Economic Citizenship in Twentieth-Century America* (Princeton, NJ: Princeton University Press, 2005); Laura McEnaney, *World War II's "Postwar": A Social and Policy History of Peace, 1944–1953* (Philadelphia: University of Pennsylvania Press, forthcoming, 2017).
24. Jacobs, *Pocketbook Politics,* 221–37; Patricia Sullivan, *Days of Hope: Race and Democracy in the New Deal Era* (Chapel Hill: University of North Carolina Press, 1996).
25. Milton Friedman and Rose D. Friedman, *Two Lucky People: Memoirs* (Chicago: University of Chicago Press, 1998), 158–61; Richard Cockett, *Thinking the Unthinkable: Think-Tanks and the Economic Counter-Revolution, 1931–1983* (London: HarperCollins, 1995), 110; additional description from www.du-parc.ch/en/heritage.
26. Daniel Stedman Jones, *Masters of the Universe: Hayek, Friedman, and the Birth of Neoliberal Politics* (Princeton, NJ: Princeton University Press, 2012), 57.

sity of Virginia, Office Administrative Files, Manuscripts Division, Alderman Library, University of Virginia; *Colgate Darden: Conversations with Guy Friddell* (Charlottesville: University of Virginia Press, 1978), 103–5, also 175.

## 第2章——鄉村男孩進軍風城芝加哥

1. James M. Buchanan, *Better than Plowing and Other Personal Essays* (Chicago: University of Chicago Press, 1992), 1, 19, 25. My depiction of Middle Tennessee comes from a gem of national heritage enabled by the New Deal: the Federal Writers' Project collection of state studies. I used *The WPA Guide to Tennessee* (1939; repr., Knoxville: University of Tennessee Press, 1986).
2. Buchanan, *Better than Plowing,* 1; Wilma Dykeman, *Tennessee: A Bicentennial History* (New York: W. W. Norton, 1975), 167–68; Carlton C. Sims, *A History of Rutherford County* (Murfreesboro, TN: privately published), 210; Manuscript Census, 1920, 1940 (accessed online), and additional information courtesy of the Rutherford County Archives and Kelley Lawton of Duke Libraries. For a very different view of an African American journalist who grew up just down the road in Middle Tennessee, see the tellingly titled work by Carl Rowan, *South of Freedom* (New York: Alfred A. Knopf, 1952).
3. Buchanan, *Better than Plowing,* 2; Sims, *History of Rutherford County,* 210; Manuscript Census, 1920, 1940 (accessed online), and additional information courtesy of the Rutherford County Archives and Kelley Lawton.
4. Buchanan, *Better than Plowing,* 1; Karin A. Shapiro, *A New South Rebellion: The Battle Against Convict Labor in the Tennessee Coalfields, 1871–1896* (Chapel Hill: University of North Carolina Press, 1998), 8, 108, 246.
5. Buchanan, *Better than Plowing,* 1, 5, 26–27.
6. Shapiro, *New South Rebellion,* 2, 47, 109, 139, 235, 242, 243.
7. Buchanan, *Better than Plowing,* 21, 30.
8. Shapiro, *New South Rebellion*, 8–9, 11, 90, 93, 133, 186, 196.
9. Dykeman, *Tennessee,* 133–34, 148; Buchanan, *Better than Plowing,* 1, 2, 5, 19, 21, 37.
10. Buchanan, *Better than Plowing,* 1–3, 75, 126; Robert D. Hershey Jr., "An Austere Scholar: James McGill Buchanan," *New York Times,* October 17, 1986; Hartmut Kliemt remarks at James M. Buchanan Memorial Conference, George Mason University, September 28, 2013 (author's notes).
11. Twelve Southerners, *I'll Take My Stand: The South and the Agrarian Tradition* (1930; repr., Baton Rouge: Louisiana State University Press, 1977); R. Blakeslee Gilpin, *John Brown Still Lives!* America's Long Reckoning with Violence, Equality, & Change (Chapel Hill: University of North Carolina Press, 2011), 120; Dykeman, *Tennessee*, 177. For the rich and varied internal dissent, see Glenda Elizabeth Gilmore, *Defying Dixie: The Radical Roots of Civil Rights, 1919–1950* (New York: W. W. Norton, 2009).
12. Gilpin, *John Brown Still Lives!* , quotes on 123, 124, 127, 141, 143; Buchanan, *Better than Plow-*

*dees of Government: The Origins and Persistence of Undemocratic Politics in Virginia* (Charlottesville: University of Virginia Press, 2013), 281–304; James H. Hershman Jr., private communication to author, August 2, 2013.

37. Nick Kotz, *Judgment Days: Lyndon Baines Johnson, Martin Luther King Jr., and the Laws That Changed America* (New York: Houghton Mifflin, 2003), 36; Robert Caro, *The Passage of Power* (New York: Alfred A. Knopf, 2012), 466, 468–69.
38. Steven F. Lawson, *Black Ballots: Voting Rights in the South, 1944–1969* (1976; repr., Lanham, MD: Lexington Books, 1999), 14–15; C. Vann Woodward, *Origins of the New South, 1877–1913* (Baton Rouge: Louisiana State University Press, 1951), 345; James H. Hershman Jr., "Massive Resistance Meets Its Match: The Emergence of a Pro-Public Education Majority," in *The Moderates' Dilemma,* 104–5, 109; J. Douglas Smith, *On Democracy's Doorstep: The Inside Story of How the Supreme Court Brought "One Person, One Vote" to the United States* (New York: Hill & Wang, 2014), 19.
39. Frank B. Atkinson, *The Dynamic Dominion: Realignment and the Rise of Virginia's Republican Party Since 1945* (Fairfax, VA: George Mason University Press, 1992), 4; Key, *Southern Politics in State and Nation,* 19–20.
40. See Smith, *Managing White Supremacy.*
41. Tarter, *Grandees of Government.*
42. "Virginia Outlaws Closed-Shop Pacts," *New York Times,* January 19, 1947, 4. Thanks to James H. Hershman Jr. for sending me this story.
43. This practice is captured well in Edward H. Peeples, *Scalawag: A White Southerner's Journey Through Segregation to Human Rights Activism* (Charlottesville: University of Virginia Press, 2014).
44. Harry F. Byrd to James Kilpatrick, November 8, 1957, box 245, Harry Flood Byrd Sr. Papers; Byrd to Kilpatrick, July 26, 1957, box 413, ibid. ; Byrd to Kilpatrick, December 23, 1955, box 7, series B, James J. Kilpatrick Papers, Special Collections Department, University of Virginia Library (hereafter cited as JJKP).
45. James Kilpatrick to Harry Flood Byrd, December 26, 1955, box 7, series B, JJKP; Roberts and Klibanoff, *The Race Beat,* 109, 111, 116–19; Joseph Crespino, *Strom Thurmond's America* (New York: Hill & Wang, 2012), 105–7.
46. Hershman, "A Rumbling in the Museum," 188, 189–90, 208–9, 214, 263; American Jewish Congress, *Assault upon Freedom of Association: A Study of the Southern Attack on the National Association for the Advancement of Colored People* (New York: American Jewish Congress, 1957), 27–29. For fuller discussion, see the classic treatment by Benjamin Muse, *Virginia's Massive Resistance* (Bloomington: Indiana University Press, 1961).
47. Among other sources, see the reports in James R. Sweeney, ed. , *Race, Reason, and Massive Resistance: The Diary of David J. Mays, 1954–1959* (Athens: University of Georgia Press, 2008), 167, 168, 178, 190.
48. Smith, *Managing White Supremacy,* 278, 285–88, 294–95; record group 2/1/2, Board of Visitors Files for 1956, 1957, and 1958, box 9, Office of the President, Papers of the President of the Univer-

vative Virginia: The Byrd Organization and the Politics of Massive Resistance* (Knoxville: University of Tennessee Press, 1996), to newer works such as Smith, *Managing White Supremacy.* To my reading, Hershman's "A Rumbling in the Museum" best captures the contingency of the moment and the dynamics of the moderate challenge that was assembling by the 1950s. See also Matthew D. Lassiter and Andrew B. Lewis, eds. , *The Moderates' Dilemma: Massive Resistance to School Desegregation in Virginia* (Charlottesville: University Press of Virginia, 1998).

25. Philip J. Hilts, "The Saga of James J. Kilpatrick," *Potomac Magazine (Washington Post),* September 16, 1973, 15, 69; Robert Gaines Corley, "James Jackson Kilpatrick: The Evolution of a Southern Conservative, 1955–1965" (unpublished MA thesis, University of Virginia, 1970), 7; William P. Hustwit, *James J. Kilpatrick: Salesman for Segregation* (Chapel Hill: University of North Carolina Press, 2013), 29–31, 39–40; donkey quote from Hollinger F. Barnard, ed. , *Outside the Magic Circle: The Autobiography of Virginia Foster Durr* (Tuscaloosa: University of Alabama Press, 1985), 314.
26. Editorial, *Richmond News Leader,* May 7, 1951.
27. Gene Roberts and Hank Klibanoff, *The Race Beat: The Press, the Civil Rights Struggle, and the Awakening of a Nation* (New York: Alfred A. Knopf, 2006), 70–72.
28. Bartley, *Rise of Massive Resistance*, 128–29. For the original arguments, see H. Lee Cheek Jr., ed. , *John C. Calhoun: Selected Writings and Speeches* (Washington, DC: Regnery, 2003); for a classic explication that holds up well, see Richard N. Current, "John C. Calhoun, Philosopher of Reaction," *Antioch Review* 3 (1943).
29. Joseph J. Thorndike, "'The Sometimes Sordid Level of Race and Segregation': James J. Kilpatrick and the Virginia Campaign Against *Brown*," in *The Moderates' Dilemma*, 51–71.
30. James J. Kilpatrick, *The Southern Case for School Segregation* (New York: Crowell-Collier Press, 1962), 8; Hilts, "Saga of James J. Kilpatrick," 69; Garrett Epps, "The Littlest Rebel: James J. Kilpatrick and the Second Civil War," *Constitutional Commentary* 10 (1993): 19.
31. James J. Kilpatrick, "Nine Men, or 36 States?" in *Interposition: Editorials and Editorial Page Presentations, 1955–1956* (Richmond, VA: Richmond News Leader, 1956); Hilts, "Saga of James J. Kilpatrick," 72.
32. Thorndike, "'The Sometimes Sordid Level,'" 51–59; Hustwit, *James J. Kilpatrick,* 45–49.
33. Hershman, "A Rumbling in the Museum," 46–47, 88–89, 115–17.
34. "Virginia's Senator Harry Byrd," *Time,* August 17, 1962, 11–15; *Edward P. Morgan and the News,* transcript, American Broadcasting Network, October 9, 1958, Louise O. Wensel Papers, Special Collections Department, Manuscript Division, University of Virginia Library, Charlottesville; see also October 27, 1958, transcript.
35. Edward P. Morgan and the News, transcript, October 9, 1958; "Virginia's Senator Harry Byrd." For the stark exploitation allowed by such programs, see the pathbreaking study by Cindy Hahamovitch, *No Man's Land: Jamaican Guestworkers in America and the Global History of Deportable Labor* (Princeton, NJ: Princeton University Press, 2013).
36. For a recent, hard-hitting summary of "the Byrdocracy," see chapter 11 of Brent Tarter, *The Gran-*

University, 2001), 197n159. Textile workers were just then gearing up for a general strike, with Virginia's Dan River Mills as the epicenter; see Timothy J. Minchin, *What Do We Need a Union For?* The TWUA in the South, 1945–1955 (Chapel Hill: University of North Carolina Press, 2000).

8. Kara Miles Turner, "'Liberating Lifescripts': Prince Edward County, Virginia, and the Roots of *Brown v. Board of Education*," in *From the Grassroots to the Supreme Court: Prince Edward County, Virginia, and the Roots of Brown v. Board of Education*, ed. Peter F. Lau (Durham, NC: Duke University Press, 2004), 95; John Stokes with Lois Wolfe and Herman J. Viola, *Students on Strike: Jim Crow, Civil Rights,* Brown, *and Me: A Memoir* (Washington, DC: National Geographic, 2008), 54–62; Smith, *They Closed Our Schools*, 32–33.
9. Barbara Rose Johns Powell, handwritten account held by the Robert Russa Moton Museum, Farmville, VA; Stokes, *Students on Strike*, 71.
10. Stokes, *Students on Strike*, 54–62; Smith, *They Closed Our Schools*, 32–33.
11. Stokes, *Students on Strike*, 63–68; Davenport Jones, speech in *Above the Storm*, 90.
12. Stokes, *Students on Strike*, 63–68, 75, 78; Richard Wormser, *The Rise and Fall of Jim Crow* (New York: St. Martin's, 2003), 180; Smith, *They Closed Our Schools*, 40–42.
13. "The Lonely Hero of Virginia School Fight," *Jet*, May 18, 1961, 20–24; "The Shame and the Glory," *Christian Century*, August 15, 1962, 977; Smith, *They Closed Our Schools*, 7, 11–13.
14. Smith, *They Closed Our Schools*, 43, 45–46; Richard Kluger, *Simple Justice: The History of* Brown v. Board of Education *and Black America's Struggle for Equality* (New York: Random House, 1975), 473; and, more generally, Genna Rae McNeil, *Groundwork: Charles Hamilton Houston and the Struggle for Civil Rights* (Philadelphia: University of Pennsylvania Press, 1983); and Kenneth Mack, "Law and Mass Politics in the Making of the Civil Rights Lawyer, 1931–1941," *Journal of American History* 93, no. 1 (June 2006): 60.
15. Smith, *They Closed Our Schools*, 47–48.
16. Ibid. , 51–54.
17. Smith, *They Closed Our Schools*, 9, 58–59; Branch, *Parting the Waters*, 470–79.
18. Stokes, *Students on Strike*, 106.
19. Orth, "Going Public," C1; Smith, *They Closed Our Schools*, 75–76; Stokes, *Students on Strike*, 102–3, 107.
20. Smith, *Managing White Supremacy*.
21. James H. Hershman Jr., "A Rumbling in the Museum: The Opponents of Virginia's Massive Resistance" (PhD diss., University of Virginia, 1978), 28.
22. Mark Whitman, *Brown v. Board of Education: A Documentary History* (Princeton, NJ: Markus Wiener, 2004), 80–81; Kluger, *Simple Justice*, 482–84. Kenneth Clark thought Garrett "a model of mediocrity" as a professor (Kluger, 502).
23. Numan V. Bartley, *The Rise of Massive Resistance: Race and Politics During the 1950s* (1969; repr., Baton Rouge: Louisiana State University Press, 1997), 114–15.
24. The literature here is voluminous, from older classics such as James T. Ely Jr., *The Crisis of Conser-*

*the One-Party South* (New Haven, CT: Yale University Press, 1974). The scholarly work on the role of race in American political development and on the fusion of race and class motives and appeals in politics since the nineteenth century is so extensive as to defy individual citation, but for concise discussion of the narrower point made here, see Rogers M. Smith, *Civic Ideals: Conflicting Visions of Citizenship in U.S. History* (New Haven: Yale University Press, 1997).

## 第1章——勢不可當

1. For the most memorable treatment of the Reverend Vernon Johns as a liberation theologian, "forerunner" to Dr. King, and mentor to his niece, see Taylor Branch, *Parting the Waters: America in the King Years, 1954–1963* (New York: Simon & Schuster, 1988), 7–26.
2. Kathryn Orth, "Going Public: Teacher Says She Encouraged 1951 Student Strike," *Richmond Times-Dispatch*, May 30, 1999, C1; Inez Davenport Jones, "Students Went on Strike to Challenge Jim Crow," *Virginian-Pilot*, August 20, 2007, A15; Robert C. Smith, *They Closed Our Schools: Prince Edward County, Virginia 1951–1964* (Chapel Hill: University of North Carolina Press, 1965), 34. The strike and all that followed have been the subject of three recent and rich explorations, by a historian, a historical sociologist, and a white journalist who grew up in Prince Edward County: Jill Ogline Titus, *Brown's Battleground: Students, Segregationists, and the Struggle for Justice in Prince Edward County* (Chapel Hill: University of North Carolina Press, 2011); Christopher Bonastia, *Southern Stalemate: Five Years Without Public Education in Prince Edward County, Virginia* (Chicago: University of Chicago Press, 2011); and Kristen Green, *Something Must Be Done About Prince Edward County: A Family, a Virginia Town, a Civil Rights Battle* (New York: HarperCollins, 2015).
3. On the equalization campaign, see Doxey A. Wilkerson, "The Negro School Movement in Virginia: From 'Equalization' to 'Integration,'" *Journal of Negro Education* 29 (Winter 1960): 17–29; and J. Douglas Smith, *Managing White Supremacy: Race, Politics, and Citizenship in Jim Crow Virginia* (Chapel Hill: University of North Carolina Press, 2002). I thank James H. Hershman Jr. for alerting me to the import of this campaign.
4. For the best short treatment of Virginia's poll tax, see Brent Tarter, "Poll Tax," *Encyclopedia Virginia*, www.encyclopediavirginia.org/poll_tax#start_entry; see also the classic V. O. Key Jr., *Southern Politics in State and Nation* (New York: Alfred A. Knopf, 1949), especially 580, 594.
5. Smith, *They Closed Our Schools*, 42, 61–62.
6. Smith, *They Closed Our Schools*, 15–17, 19, 24.
7. Inez Davenport Jones, speech in Farmville, VA, 1999, in *Above the Storm*, ed. Charles Gray and John Arthur Stokes (n.p.: Four-G Publishing, 2004), 91–93. She did not confess her role to her future husband until two days into the strike (Orth, "Going Public," C1). For uncovering of her role and resolution of questions about it, see Kara Miles Turner, "'It Is Not at Present a Very Successful School': Prince Edward County and the Black Educational Struggle, 1865–1995" (PhD diss., Duke

17. Hofstadter, *American Political Tradition*, 71, 78, 84.
18. Robin L. Einhorn, *American Slavery, American Taxation* (Chicago: University of Chicago Press, 2006), 3, 5, 7–8.
19. Ibid. , 7. For the related case that the tradition the right now upholds is that of the Anti-Federalist opponents of the Constitution, not of its authors, see Garry Wills, *A Necessary Evil: A History of American Distrust of Government* (New York: Doubleday, 2000). For how that original alchemy continues to do its work in our own time, relying on assumptions of racial difference to justify inequality of all kinds and refusal of public policy solutions to address it, see Karen E. Fields and Barbara J. Fields, *Racecraft: The Soul of Inequality in American Life* (New York: Verso, 2014). For deeper roots in the tradition of political theory from which James Buchanan drew, see Charles W. Mills, *The Racial Contract* (Ithaca, NY: Cornell University Press, 1997).
20. Waldstreicher, *Slavery's Constitution*. Madison believed that the more slavery existed in a state, the more "aristocratic in fact" it would become, "however democratic in name." "The power lies in a part instead of the whole" in such states, he explained, "in the hands of property, not of numbers"; Lacy Ford Jr., "Inventing the Concurrent Majority: Madison, Calhoun, and the Problem of Majoritarianism in American Political Thought," *Journal of Southern History* 60 (February 1994): 41–42.
21. Current, "John C. Calhoun," 230. Recent important works on slavery and capitalism include Sven Beckert, *Empire of Cotton: A Global History* (New York: Alfred A. Knopf, 2014); Edward E. Baptist, *The Half Has Never Been Told: Slavery and the Making of American Capitalism* (New York: Basic Books, 2014); and Johnson, *River of Dark Dreams*.
22. Hofstadter, *American Political Tradition*, 78–80.
23. Ibid. , 80.
24. Calhoun to Dumas, August 1, 1847, 21, 23.
25. Eric Foner, *Free Soil, Free Labor, Free Men: The Ideology of the Republican Party Before the Civil War* (New York: Oxford University Press, 1970).
26. Hofstadter, *American Political Tradition*, 77.
27. William J. Novak, *The People's Welfare: Law and Regulation in Nineteenth-Century America* (Chapel Hill: University of North Carolina Press, 1996); Brian Balogh, *A Government Out of Sight: The Mystery of National Authority in Nineteenth-Century America* (Cambridge, UK: Cambridge University Press, 2009).
28. Ford, "Inventing the Concurrent Majority," 49.
29. For a similar point on mobilizations in the century since the income tax took effect, see Isaac William Martin, *Rich People's Movements: Grassroots Campaigns to Untax the One Percent* (New York: Oxford University Press, 2013).
30. On the long shadow of the South's "regime of racial capitalism," see James L. Leloudis and Robert Korstad, *To Right These Wrongs: The North Carolina Fund and the Battle to End Poverty and Inequality in 1960s America* (Chapel Hill: University of North Carolina Press, 2010).
31. J. Morgan Kousser, *The Shaping of Southern Politics: Suffrage Restriction and the Establishment of*

6. Murray N. Rothbard, *Power & Market: Government and the Economy* (Menlo Park, CA: Institute for Humane Studies, 1970), 12–13. Rothbard credits the "devoted interest" of Charles Koch in the acknowledgments, saying that his "dedication to inquiry into the field of liberty is all too rare in the present day." Calhoun's analysis also appeared in the successive Libertarian Party platforms that divide the citizenry into "an entrenched privileged class" that benefits from tax funds and "an exploited class—those who are the net taxpayers"; Joseph M. Hazlett II, *The Libertarian Party and Other Minor Parties in the United States* (Jefferson, NC: McFarland & Co., 1992), 86.
7. Walter Johnson, *River of Dark Dreams: Slavery and Empire in the Cotton Kingdom* (Cambridge, MA: Belknap Press of Harvard University Press, 2013), 5.
8. Louis Hartz, *The Liberal Tradition in America* (New York: Harcourt, Brace, 1955), 158–59, 163.
9. Hofstadter, *American Political Tradition*, 69–70, 72–76. On Calhoun's resolute anti-liberalism, see Minisha Sinha, *The Counter-Revolution of Slavery: Politics and Ideology in Antebellum South Carolina* (Chapel Hill: University of North Carolina Press, 2000).
10. See Jacob S. Hacker and Paul Pierson, *American Amnesia: How the War on Government Led Us to Forget What Made America Prosper* (New York: Simon & Schuster, 2016).
11. David L. Lightner, *Slavery and the Commerce Power: How the Struggle Against the Interstate Slave Trade Led to the Civil War* (New Haven, CT: Yale University Press, 2006), 99–100. On the extensive protections Calhoun considered inadequate, see David Waldstreicher, *Slavery's Constitution, from Revolution to Ratification* (New York: Hill & Wang, 2009), and Paul Finkelman, "The Proslavery Origins of the Electoral College," *Cardozo Law Review* 23 (2002): 1500–1519. Both authors, and many others, have published extensively on these themes.
12. Sinha, *Counter-Revolution of Slavery*, 64, 74, 77.
13. John C. Calhoun to Alexandre Dumas, August 1, 1847, reprinted in *The Friend: A Religious and Literary Journal*, February 26, 1848, and cited in Hofstadter, *American Political Tradition*, 77.
14. Laura F. Edwards, *The People and Their Peace: Legal Culture and the Transformation of Inequality in the Post-Revolutionary South* (Chapel Hill: University of North Carolina Press, 2009), 9, 12, 259, 278; William W. Freehling, *Secessionists at Bay, 1776–1854*, vol. 1 of *The Road to Disunion* (New York: Oxford University Press, 1991), 37.
15. For recognition by seasoned commentators of a kinship between the antebellum southerner and the obstructionism pushed by the post-2010 radicals in Congress, see Sam Tanenhaus, "Original Sin: Why the GOP Is and Will Continue to Be the Party of White People," *New Republic*, February 10, 2013; Bruce Schulman, "Boehner Resurrects the Antebellum South," *Great Debate* (blog), Reuters, January 17, 2013, http://blogs.reuters.com/great-debate/tag/john-c-calhoun; and Stephen Mihm, "Tea Party Tactics Lead Back to Secession," *Bloomberg View*, October 8, 2013, www.bloomberg.com/news/articles/2013-10-08/tea-party-tactics-lead-straight-back-to-secession.
16. Hofstadter, *American Political Tradition*, 68–92. See also the astute analysis on which Hofstadter built his argument, Richard N. Current, "John C. Calhoun, Philosopher of Reaction," *Antioch Review* 3 (1943), especially 225, 227 for quotes.

single grassroots Tea Party supporter we encountered argued for privatization of Social Security or Medicare along the lines being pushed by ultra-free-market politicians like Representative Paul Ryan (R-WI) and advocacy groups like FreedomWorks and Americans for Prosperity," Skocpol and coauthor Vanessa Williamson reported in an earlier work, *The Tea Party and the Remaking of Republican Conservatism* (New York: Oxford University Press, 2012), 61.

36. James M. Buchanan, "Saving the Soul of Classical Liberalism," reprinted in *Cato Policy Report*, March/April 2013, after his death, www.scribd.com/document/197800481/Saving-the-Soul-of-Classical-Liberalism-Cato-Institute-pdf. The same operative who spoke of ginning up hostility in Washington similarly portrays the cause's goals in appealing language to attract the numbers needed to move the unstated antidemocratic agenda; Matt Kibbe, *Don't Hurt People and Don't Take Their Stuff: A Libertarian Manifesto* (New York: William Morrow, 2014).
37. For a recent claim to the Madisonian mantle by a cause insider in the course of encouraging thoroughly un-Madisonian mass right-wing civil disobedience, backed by donor-funded legal defense funds, "to open a new front" in the "war" on the federal government in order to obtain what ordinary democratic politics has blocked, see Charles Murray, *By the People: Rebuilding Liberty Without Permission* (New York: Crown Forum, 2015), quote on 8.

## 序章——奴隸主階級的馬克思

1. Richard Hofstadter, *The American Political Tradition and the Men Who Made It* (New York: Random House, 1948), 68.
2. Alexander Tabarrok and Tyler Cowen, "The Public Choice Theory of John C. Calhoun," *Journal of Institutional and Theoretical Economics* 148 (1992): 655, 661, 665.
3. Ibid. , 661, 665. For more appreciation from the public choice fold, see Peter H. Aranson, "Calhoun's Constitutional Economics," *Constitutional Political Economy* 2 (1991): 31–52. Cowen and Tabarrok are chaired professors of economics and leaders of George Mason University's Mercatus Center, which has been heavily funded by Charles Koch since at least 1997. Cowen has served as general director of the center since then and was originally a codirector with Koch, who remains on the governing board. "The strategy of Mercatus is to integrate theory and practice," supplying what in today's parlance are called "deliverables" to policy-makers, think tanks, foundations, and media; Tyler Cowen, "Why Does Freedom Wax and Wane: Some Research Questions in Social Change and Big Government," Mercatus Center, GMU, 2000. The piece was reprinted online in 2015.
4. Cowen, "Why Does Freedom Wax and Wane."
5. A venerable publishing house on the right recently republished both in H. Lee Cheek Jr., ed. , *John C. Calhoun: Selected Writings and Speeches* (Washington, DC: Regnery, 2003). For a case that "the southern states' rights theory has become the constitutional orthodoxy of the conservative movement," see Michael Lind, *Up from Conservatism: Why the Right Is Wrong for America* (New York: Free Press, 1996), 208–34.

of Justice. See Jane Mayer and Jill Abramson, *Strange Justice: The Selling of Clarence Thomas* (New York: Houghton Mifflin, 1994), quotes on 179–80, 186, 198; Nina J. Easton, *Gang of Five: Leaders at the Center of the Conservative Crusade* (New York: Simon & Schuster, 2000), 89–110, 260–65; Clint Bolick, "Clinton's Quota Queens," *Wall Street Journal*, April 30, 1993, A1.

29. For a masterful exposition of this, see Ira Katznelson, *Fear Itself: The New Deal and the Origins of Our Time* (New York: Liveright, 2013). For stark contrast, see the Buchanan-influenced revisionist quest by a popular libertarian financial reporter to prove that FDR was acting in his personal self-interest, a skewed case that neglects not only the global context but also the mass popular demand for a new political economy; Amity Shlaes, *The Forgotten Man: A New History of the Great Depression* (New York: Harper, 2007). For the signal achievements of active government, see Jacob S. Hacker and Paul Pierson, *American Amnesia: How the War on Government Led Us to Forget What Made America Prosper* (New York: Simon & Schuster, 2016). For a superb accounting of the bipartisan move away from Keynesianism in the 1970s, see Judith Stein, *Pivotal Decade: How the United States Traded Factories for Finance in the Seventies* (New Haven, CT: Yale University Press, 2010).
30. The historical literature on Friedman and Hayek is vast, yet it typically pays far less, if any, attention to Buchanan. The works I have learned most from include Philip Mirowski and Dieter Plehwe, eds. , *The Road from Mont Pelerin: The Making of the Neoliberal Thought Collective* (Cambridge, MA: Harvard University Press, 2009); Angus Burgin, *The Great Persuasion: Reinventing Free Markets Since the Depression* (Cambridge, MA: Harvard University Press, 2012); Daniel Stedman Jones, *Masters of the Universe: Hayek, Friedman, and the Birth of Neoliberal Economics* (Princeton, NJ: Princeton University Press, 2012); and Daniel T. Rodgers, *Age of Fracture* (Cambridge, MA: Harvard University Press, 2011).
31. For an early incisive critique of how Buchanan's ideas "threaten to become self-fulfilling," in that, by discrediting the aspirational behavioral norm of public spirit, "our society would look bleaker and our lives as individuals would be more impoverished," see Steven Kelman, "'Public Choice' and Public Spirit," *The Public Interest* 87 (March 1987): 80–94. In the light of the 2016 election, Kelman's analysis reads like prophecy.
32. William P. Carney, "Madrid Rounds Up Suspected Rebels," *New York Times*, October 16, 1936, 2.
33. On the "Brown Scare," see Leo Ribuffo, *The Old Christian Right: The Protestant Far Right from the Depression to the Cold War* (Philadelphia, PA: Temple University Press), 178–224. The literature on the Red Scare is voluminous.
34. Matt Kibbe, *Hostile Takeover: Resisting Centralized Government's Stranglehold on America* (New York: HarperCollins, 2012), 342.
35. Theda Skocpol and Alexander Hertel-Fernandez, "The Koch Effect: The Impact of a Cadre-Led Network on American Politics" (paper presented at the Inequality Mini-Conference, Southern Political Science Association, San Juan, Puerto Rico, January 8, 2016), www.scholarsstrategynetwork.org/sites/default/files/the_koch_effect_for_spsa_w_apps_skocpol_and_hertel-fernandez-corrected_1-4-16_1.pdf, quote on 8. I am grateful to Nancy Cott for alerting me to this paper. "Not a

ics, see, for example, Michael Lienesch, *Redeeming America: Piety and Politics in the New Christian Right* (Chapel Hill: University of North Carolina Press, 1993), 94–138; Linda Kintz, *Between Jesus and the Market: The Emotions That Matter in Right-Wing America* (Durham, NC: Duke University Press, 1997); Bethany E. Moreton, *To Serve God and Wal-Mart: The Making of Christian Free Enterprise* (Cambridge, MA: Harvard University Press, 2009). Feminist scholars such as Moreton have long pointed out that when government sheds functions, women lose twice: as public sector workers who lose good jobs and as unpaid workers in the home, on whose shoulders the additional burdens tend to fall.

23. For an early alert, see Jacob M. Schlesinger, "As Opponents of 'Corporate Welfare' Mobilize on Left and Right, Business Has Reason to Worry," *Wall Street Journal*, December 18, 1996, A22.
24. Arlen Specter, *Life Among the Cannibals: A Political Career, a Tea Party Uprising, and the End of Governing as We Know It* (New York: Thomas Dunne, 2012); Howard Berkes, "GOP-on-GOP Attacks Leave Orrin Hatch Fighting Mad," National Public Radio, April 12, 2012, www.npr.org/sections/itsallpolitics/2012/04/12/150506733/tea-party-again-targets-a-utah-gop-senator-and-orrin-hatch-is-fighting-mad; Alan Rappeport and Matt Flegenheimer, "John Boehner Describes Ted Cruz as 'Lucifer in the Flesh,'" *First Draft* (blog), *New York Times*, April 28, 2016.
25. See, for example, the illuminating work of Thomas E. Mann and Norman Ornstein, *It's Even Worse than It Looks: How the American Constitutional System Collided with the New Politics of Extremism* (New York: Basic Books, 2012); Geoffrey Kabaservice, *Rule and Ruin: The Downfall of Moderation and the Destruction of the Republican Party, from Eisenhower to the Tea Party* (New York: Oxford University Press, 2012); David Daley, *Ratf**ked: The True Story Behind the Secret Plan to Steal America's Democracy* (New York: Liveright, 2016); and E. J. Dionne Jr., *Why the Right Went Wrong: Conservatism—From Goldwater to Trump* (New York: Simon & Schuster, 2016).
26. For a very readable early sounding of the alarm about privatization, without the Buchanan angle but with a good sense of the effects, see Si Kahn and Elizabeth Minnich, *The Fox in the Henhouse: How Privatization Threatens Democracy* (San Francisco: Berrett-Koehler, 2005).
27. Mark Holden, the head of Koch Industries' government and public affairs operation, told an invitation-only audience of billionaire and multimillionaire donors that those who are worried about what is happening to American politics are "afraid of us," but ineffectual in stopping the assembled donors and operatives. "We're close to winning. I don't know how close, but we should be," he told them, because "they [the critics] don't have the real path"; Kenneth P. Vogel, "The Koch Intelligence Agency," *Politico*, November 18, 2015, www.politico.com/story/2015/11/the-koch-brothers-intelligence-agency-215943#ixzz47cZ8Bqci.
28. Jeb Bush and Clint Bolick, *Immigration Wars: Forging an American Solution* (New York: Threshold Editions, 2013). Bolick, a libertarian attorney who cofounded the Koch-funded Institute for Justice to litigate for the restoration of the pre–New Deal Constitution, helped the Cato Institute's Roger Pilon get Clarence Thomas nominated to and approved for the U.S. Supreme Court, and derailed the nomination of law professor Lani Guinier to head the Civil Rights Division of the Department

Barry Goldwater and the Unmaking of the American Consensus (New York: Hill & Wang, 2001).

18. Koch, *Creating a Science of Liberty.*
19. For his first invocation of constitutional revolution in print, see James M. Buchanan, "America's Third Century," *Atlantic Economic Journal* 1 (November 1973): 9–12. Scholars and journalists in many nations are now grappling with how numerous democracies have been, in effect, losing sovereignty and responsiveness to voters, and hence popularity. Yet most write in the passive voice, focusing on impact more than sources, and attributing the action to abstract nouns rather than human agents. See, for example, the powerful indictment of "democracy's conceptual unmooring and substantive disembowelment" by political theorist Wendy Brown, *Undoing the Demos: Neoliberalism's Stealth Revolution* (New York: Zone Books, 2015); and the bracing exploration of the fiscal crisis that is undermining the legitimacy of Western democracies by Wolfgang Streeck, *Buying Time: The Delayed Crisis of Democratic Government* (London: Verso, 2014). What no one has identified with adequate clarity is the individuals and institutions that are intentionally insulating the economy from intervention, in what has become a bipartisan and transnational project. It is beyond the scope of this book, but I anticipate that when others become familiar with Buchanan's ideas and their transnational transmission in the wake of his Nobel Prize, they will gain a better knowledge of where many of the troubling practices came from. See also Stephen Gill and A. Claire Cutler, eds. , *New Constitutionalism and World Order* (Cambridge, UK: Cambridge University Press, 2015); also, Jeffrey Rubin and Vivienne Bennett, *Enduring Reform: Progressive Activism and Private Sector Responses in Latin America's Democracies* (Pittsburgh: University of Pittsburgh Press). The Koch-funded Atlas Network now has 457 partner organization members operating in 95 nations, https://www.atlasnetwork.org. For more on the global libertarian network, see Steven Teles and Daniel A. Kenney, "Spreading the Word: The Diffusion of American Conservatism in Europe and Beyond," in *Growing Apart?* America and Europe in the Twenty-First Century, ed. Jeffrey Kopstein and Sven Steinmo (Cambridge, UK: Cambridge University Press, 2008), 136–69.
20. James M. Buchanan, "Constitutions, Politics, and Markets," draft prepared for presentation, Porto Allegre, Brazil, April 1993, Buchanan House Archives.
21. For a sense of how the addition worked, see Grover G. Norquist, *Leave Us Alone: Getting the Government's Hands Off Our Money, Our Guns, and Our Lives* (New York: HarperCollins, 2008).
22. Already in the late 1980s, the Cato Institute was showing nervousness about the potential impact on alliance building of the long history of libertarian "denunciations of religion, specifically targeting Christianity as deleterious to individual liberty," and so hired a fellow who could make the case in terms evangelicals could accept; Ben Hart, "When Government Replaces God," *Wall Street Journal*, December 30, 1988, A5. Because the religious right has been the subject of its own extensive literature and because it had virtually no connection to Buchanan's project until the organizations funded by Charles Koch began looking for partners that could help them gather the numbers they needed to prevail, I say little about this vast part of the modern American right. But for the canny ideological affinity of white evangelical Protestant political entrepreneurs and libertarian econom-

*of the Ultra-Rich Hijacking American Politics* (New York: Public Affairs, 2014), and Daniel Schulman, *Sons of Wichita: How the Koch Brothers Became America's Most Powerful and Private Dynasty* (New York: Grand Central Publishing, 2014).

9. Numerous journalists pointed to Rand and/or Friedman. Among scholarly accounts that focus on Hayek and Friedman, see, for example, the astute work of Philip Mirowski, *Never Let a Serious Crisis Go to Waste: How Neoliberalism Survived the Financial Meltdown* (New York: Verso, 2013). A brilliant historian of neoliberal thought, Mirowski is in plentiful company in paying only passing attention to Buchanan, though he says more than most. The one notable exception is S. M. Amadae, *Prisoners of Reason: Game Theory and Neoliberal Political Economy* (New York: Cambridge University Press, 2016). Her luminous explication of Buchanan's thought reveals the falsity of his claim of being a classical liberal and the chilling will to power driving his intellectual program.
10. James H. Hershman Jr., "Massive Resistance Meets Its Match: The Emergence of a Pro-Public School Majority," in *The Moderates' Dilemma: Massive Resistance to School Desegregation in Virginia,* ed. Matthew D. Lassiter and Andrew B. Lewis (Charlottesville: University of Virginia Press, 1998), 222n49; Alfred Stepan, "State Power and the Strength of Civil Society in the Southern Cone of Latin America," in *Bringing the State Back In,* ed. Peter B. Evans, et al. (Cambridge, UK: Cambridge University Press, 1985), 341n13.
11. I learned of the archive from the pathbreaking work of S. M. Amadae, *Rationalizing Capitalist Democracy: The Cold War Origins of Rational Choice Liberalism* (Chicago: University of Chicago Press, 2003), whose emphasis here was on his early involvement with the RAND Corporation. Her work has been a beacon to me.
12. George Zornick, "Vice President Mike Pence Would Be a Dream for the Koch Brothers," *The Nation,* July 14, 2016. To take but one index of his reliability, Pence was one of only four governors awarded a grade of A by the Cato Institute; *Fiscal Policy Report Card on America's Governors* (Washington, DC: Cato Institute, 2014), 2–3, https://object.cato.org/sites/cato.org/files/pubs/pdf/fprc-on-americas-governors_1.pdf.
13. Charles G. Koch, *Creating a Science of Liberty* (Fairfax, VA: Institute for Humane Studies, 1997). The occasion was a speech to a Fellows Research Colloquium addressed also by James Buchanan in January 1997 at GMU.
14. Richard Austin Smith, "The Fifty-Million-Dollar Man," *Fortune,* November 1957, 177.
15. Thomas Frank identified the spread of this novel understanding of corruption on the right in *The Wrecking Crew: How Conservatives Ruined Government, Enriched Themselves, and Beggared the Nation* (New York: Metropolitan Books, 2008), and brilliantly conveyed the scale of the damage prior to 2008, without quite pinpointing the ideas driving it. He discovered a second-generation public choice scholar, Fred S. McChesney, but missed the long lineage that produced him, which began with Buchanan (245–49).
16. "Working Papers for Internal Discussion Only."
17. For the premier treatment of that campaign and its import, see Rick Perlstein, *Before the Storm:*

# 註釋

## 題辭

1. Pierre Lemieux, "The Public Choice Revolution," *Regulation,* Fall 2004, 29. Lemieux was writing for one Koch-funded organization, the Cato Institute, as a fellow of another, the Independent Institute.

## 前言——狄克西祕密協議

1. "Working Papers for Internal Discussion Only" (December 1956), record group 2/1/2.634, box 9, Office of the President, Papers of the President of the University of Virginia, Office Administrative Files, Manuscripts Division, Alderman Library, University of Virginia. The best introduction to Darden's thought is Guy Friddell, *Colgate Darden: Conversations with Guy Friddell* (Charlottesville: University Press of Virginia, 1978). See chapters 2 and 3 for the full story of the center's founding.
2. "Working Papers for Internal Discussion Only."
3. Trip Gabriel, "Teachers Wonder, Why the Heapings of Scorn?" *New York Times*, March 3, 2011, A1, 18.
4. See, for example, Andrew Burstein and Nancy Isenberg, "GOP's Anti-School Insanity: How Scott Walker and Bobby Jindal Declared War on Education," *Salon,* February 9, 2015; Richard Fausset, "Ideology Seen as Factor in Closings at University," *New York Times,* February 20, 2015; and the superb documentary *Starving the Beast,* directed by Steve Mims, www.starvingthebeast.net.
5. Ari Berman, *Give Us the Ballot: The Modern Struggle for Voting Rights in America* (New York: Farrar, Straus and Giroux, 2015), 260, 263.
6. Elizabeth Koh, "Justice Clarence Thomas: 'We Are Destroying Our Institutions,'" *News & Observer,* October 27, 2016, 1.
7. William Cronon, "Who's Really Behind Recent Republican Legislation in Wisconsin and Elsewhere? (Hint: It Didn't Start Here)," *Scholar as Citizen* (blog), March 15, 2011, http://scholarcitizen.williamcronon.net/tag/wpri. The Wisconsin Republican Party became so nervous that it demanded his e-mails: David Walsh, "GOP Files FOIA Request for UW Madison Professor William Cronon's Emails," History News Network, March 25, 2011, http://historynewsnetwork.org/article/137911.
8. Jane Mayer, "Covert Operations: The Billionaire Brothers Who Are Waging a War Against Obama," *The New Yorker*, August 30, 2010; and, more recently, Jane Mayer, *Dark Money: The Hidden History of the Billionaires Behind the Rise of the Radical Right* (New York: Doubleday, 2016). See also Lee Fang, *The Machine: A Field Guide to the Resurgent Right* (New York: New Press, 2013); Kenneth P. Vogel, *Big Money: 2.5 Billion Dollars, One Suspicious Vehicle, and a Pimp—On the Trail*

## 結論——做好準備

〈為何自由陰晴不定？〉"Why Does Freedom Wax and Wane?"
《兌現囚犯》*Cashing In on Cons*
《被遺忘的人》*The Forgotten Man*
《衛兵交接》*Changing the Guard*
《積極司法案例集》*the Case for an Activist Judiciary*
大衛・伯阿茲 David Boaz
大衛・戴利 David Daley
公共誠信中心 Center for Public Integrity
巴瑞・傅利曼 Barry Friedman
米特・羅姆尼 Mitt Romney
佛林特 Flint
里約熱內盧 Rio de Janeiro
肯尼斯・沃格爾 Kenneth Vogel
保羅・克魯曼 Paul Krugman
保羅・萊恩 Paul Ryan
查爾斯・羅利 Charles K. Rowley
紀思道 Nicholas Kristof
約瑟夫・戈培爾 Joseph Goebbels
約翰・恩戈勒 John Engler
約翰・馬侃 John McCain
約翰・霍普・富蘭克林 John Hope Franklin
美國矯正公司 the Corrections Corporation of America (CCA)
胡安・林茲 Juan J. Linz
唐納德・布德羅 Donald J. Boudreaux
埃德溫・佛訥 Edwin J. Feulner
格羅弗・諾奎斯特 Grover Norquist
麥基諾公共政策研究中心 the Mackinac Center
傑弗瑞・圖賓 Jeffrey Toobin
湯姆・提里斯 Thom Tillis
雅米蒂・薛蕾斯 Amity Shlaes
路易士・布朗岱斯 Louis Brandeis
賽巴斯提安・皮捏拉 Sebastián Piñera
翻紅計畫 the Redistricting Majority Project (REDMAP)
羅絲・貝德・金斯伯 Justice Ruth Bader Ginsburg
露絲・羅森 Ruth Rosen

*Públicos*
比納薩瑪 Viña del Mar
卡洛斯・法蘭西斯科・卡塞雷斯 Carlos Francisco Cáceres
卡蜜拉・巴耶荷 Camila Vallejo
史迪夫・史登 Steve Stern
民主政黨聯盟（智利） Coalition of Parties for Democracy
艾弗瑞・史德本 Alfred Stepan
帕羅奧圖 Palo Alto
阿列爾・多夫曼 Ariel Dorfman
阿道夫・伊瓦涅斯基金會 Adolfo Ibáñez Foundation
胡佛研究所 Hoover Institution
庫札特拉瑞恩集團 Cruzat-Larrain
國家政務委員會（智利） the Council of State
荷西・皮捏拉 José Piñera
傑西・赫姆斯 Jesse Helms
喬納・戈德堡 Jonah Goldberg
彭塔集團 Penta Group
智利抵押銀行 BHC Group
奧古斯圖・皮諾契特 Augusto Pinochet
奧蘭多・雷特利 Orlando Letelier
愛德華多・傅雷 Eduardo Frei
蜜雪兒・巴舍萊 Michelle Bachelet
賽吉奧・德卡斯楚 Sergio de Castro
薩爾瓦多・阿燕德 Salvador Allende

## 第11章——「民主戰勝了教義。」

大衛・史托克曼 David A. Stockman
丹尼爾・奧爾 Daniel Orr
史都華・巴特勒 Stuart Butler
史蒂芬・摩爾 Stephen Moore
自由企業防衛中心 Center for the Defense of Free Enterprise
自由放任主義研究中心 Center for Libertarian Studies
坎普—羅斯減稅法案 Kemp-Roth tax cut
李納德・利吉歐 Leonard P. Liggio
亞當斯密研究所 Adam Smith Institute
阿薩・林德貝克 Assar Lindbeck
保羅・克雷格・羅伯茲 Paul Craig Roberts
拯救我們的安全 Save Our Security fight
科氏章魚 Kochtopus
理查・芬克 Richard H. Fink
傑克・坎普 Jack Kemp
凱倫・馮恩 Karen Vaughn
喬治・強生 George W. Johnson
菲沙研究所 Fraser Institute
經濟事務研究所 Institute of Economic Affairs
獨立研究所 the Independent Institute
聯邦黨人學會 the Federalist Society
羅伯・托利森 Robert D. Tollison

## 第12章——推動哥倫布的那種力量

〈與美國簽約〉 Contract with America
《標準週刊》 *Weekly Standard*
《機動選民法案》 *the Motor Voter Act*
大衛・波特 David Potter
市場流程研究中心 Center for the Study of Market Processes
艾倫・默騰 Alan Merten
艾德溫・佛訥 Ed Feulner
亞歷斯・凱薩 Alex Keyssar
威廉・克里斯托 William Kristol
約翰・凱西克 John Kasich
紐特・金瑞契 Newt Gingrich
馬丁・路德 Martin Luther
基督教聯盟 the Christian Coalition
理查・「迪克」・阿彌 Richard "Dick" Armey
傑瑞・艾利格 Jerry Ellig
勞森・貝德 Lawson Bader
溫蒂・李・葛蘭姆 Wendy Lee Gramm

威爾森・施密特 Wilson E. Schmidt
約翰・奧林基金會 the Olin
美孚公司 Mobil
美國公民自由聯盟 American Civil Liberties Union (ACLU)
美國全國商會 U.S. Chamber of Commerce
美國律師基金會 American Bar Foundation
美國鋼鐵公司 U.S. Steel
埃克森公司 Exxon
埃德文・米斯三世 Edwin Meese III
國際大西洋經濟學會 International Atlantic Economic Society
國際商業機器公司 IBM
通用汽車 General Motors
喬治・丹東 Georges Danton
殼牌公司 Shell
當代研究所 Institute for Contemporary Studies(ICS)
福特汽車 Ford
德士古公司 Texaco

## 第9章——永不妥協

〈撒馬利亞人的困境〉"The Samaritan's Dilemma"
《工資為何上漲》*Why Wages Rise*
《加圖來信》*Cato's Letters*
《如何在不減少必要服務的前提下削減地方稅》*Cut Local Taxes—Without Reducing Essential Services*
《自由的界限》*The Limits of Liberty*
《孤雛淚》*Oliver Twist*
《削減市政廳》*Cutting Back City Hall*
《國家財政危機》*The Fiscal Crisis of the State*
《理性》*Reason*
《邁向自由放任主義社會變革的戰略》*Toward a Strategy for Libertarian Social Change*
人文研究所 Institute for Humane Studies
三邊委員會 Trilateral Commission
小羅伯特・普爾 Robert W. Poole Jr.
丹尼爾・韋布斯特 Daniel Webster
丹尼爾・舒爾曼 Daniel Schulman
吉米・卡特 Jimmy Carter
自由美國平台 Platform for a Free America
自由基金會 Liberty Fund
艾倫・葛林斯潘 Alan Greenspan
艾德・克拉克 Ed Clark
佛瑞德・查斯・科克 Fred Chase Koch
金羊毛獎 Golden Fleece Awards
弗洛依德・哈珀 Floyd Arthur Harper
威廉・西蒙 William E. Simon
威廉・波斯邁爾 William Proxmire
約瑟夫・熊彼德 Joseph Schumpeter
約翰・馬歇爾 John Marshall
朗・保羅 Ron Paul
麥卡洛克訴馬里蘭州案 *McCulloch v. Maryland*
喬治・史提格勒 George Stigler
華倫・山謬斯 Warren J. Samuels
愛德華・克蘭三世 Edward Crane III
詹姆斯・奧康納 James O'Connor
維吉尼亞・吳爾芙 Virginia Woolf
標準石油 Standard Oil
獨立教育中心 Center for Independent Education
蕭伯納 George Bernard Shaw
環球油品公司 Universal Oil Products
羅伯・洛夫 Robert Love

## 第10章——困住民主的智利憲法

《自由的憲章》*The Constitution of Liberty*
《自由憲法》*The Constitution of Liberty*
《原則政治，而非利益政治》*Politics by Principle, Not Interest*
《羅里時報》*Raleigh Times*
公共研究中心（智利） *the Centro de Estudios*

學生爭取民主社會聯盟 the Students for a Democratic Society
聯邦俱樂部 the Commonwealth Club
羅納德・寇斯 Ronald H. Coase
蘭德公司 Rand Corporation

## 第6章——反革命尚未成功

《新聞週刊》*Newsweek*
小艾德格・香儂 Edgar F. Shannon Jr.
小哈維・威爾金森 J. Harvie Wilkinson Jr.
小劉易斯・鮑威爾 Lewis F. Powell Jr.
田納西河流域管理局 Tennessee Valley Authority (TVA)
向貧窮宣戰計畫 War on Poverty
亞伯拉罕・林肯 Abraham Lincoln
林登・詹森 Lyndon Johnson
法明頓鄉村俱樂部 Farmington Country Club
保羅・加斯頓 Paul M. Gaston
查塔諾加 Chattanooga
約翰・康芒斯 John R. Commons
美國經濟學會 American Economic Association
理查・伊黎 Richard T. Ely
詹姆斯・米勒三世 James C. Miller III
福特基金會 Ford Foundation
赫伯特・史賓塞 Herbert Spencer
歐巴馬健保 Obamacare
選舉權法 *the Voting Rights Act*
霍華・史密斯 Howard Smith

## 第7章——瘋狂世界

《無政府的學術界》*Academia in Anarchy*
小馬歇爾・韓 T. Marshall Hahn Jr
史凱菲家族慈善信託基金 Scaife Family Charitable Trusts
尼可斯・戴維圖 Nicos Devletoglou
安吉拉・戴維斯 Angela Davis
克里斯托夫・克拉 Christopher K. Clague
貝西克圖書公司 Basic Books
里奇蒙聯邦準備銀行 Federal Reserve Bank of Richmond
肯特州立大學 Kent State University
約翰・歐林 John M. Olin
查爾斯・果次 Charles Goetz
康乃爾大學均衡教育校友會 Cornell Alumni Committee for Balanced Education
曼瑟爾・奧爾森 Mancur Olson
梅隆銀行 Mellon & Sons
理查・梅隆・史凱菲 Richard Mellon Scaife
理查・賴瑞 Richard Larry
黑人學生聯盟 Black Student Union
黑豹黨 Black Panther Party
維吉尼亞銀行家協會 Virginia Bankers Association
歐文・克里斯托 Irving Kristol

## 第8章——萬丈高樓平地起

《襲擊企業美國》*The Attack on Corporate America*
大通銀行 Chase Manhattan Bank
小尤金・西德諾 Eugene B. Sydnor Jr.
小克雷本・拉福斯 Clayburn La Force Jr.
太平洋法律基金會 Pacific Legal Foundation
加州農業事務聯合會 California Farm Bureau Federation
史密斯・理察森基金會 Smith Richardson
布魯金斯研究院 Brookings Institution
皮耶・古德瑞契 Pierre Goodrich
安東尼・甘迺迪 Anthony M. Kennedy
艾爾哈特基金會 Earhart Foundation
亨利・曼尼 Henry G. Manne
拉爾夫・納德 Ralph Nader
法律經濟學 Law and economics
威廉・葛萊罕・薩姆納 William Graham Sumner

威廉・伯烈特 William Breit
柯爾曼・安德魯斯 T. Coleman Andrews
約翰・史都華・彌爾 John Stuart Mill
約翰・肯尼斯・高伯瑞 John Kenneth Galbraith
約翰伯奇協會 John Birch Society
美國企業研究院 American Enterprise Institute
美國自由聯盟 American Liberty League
美國汽車工人聯合會 United Auto Workers Union
美國礦工聯合會 United Mine Workers of America
唐納・戴維森 Donald Davidson
國稅局 Internal Revenue Service(IRS)
深南部白人公民委員會 the white Citizens' Councils of the Deep South
勞動公平標準法 *the Fair Labor Standards Act*
勞資關係法 *the Wagner Act*
斯韋特訴佩因特案 *Sweatt v. Painter*
湯瑪斯・傑佛遜 Thomas Jefferson
華特・魯瑟 Walter Reuther
華盛頓郵報 *Washington Post*
瑞爾姆基金會 Relm Foundation
葛果里・史旺森 Gregory Swanson
歐威爾・法柏斯 Orval Faubus
霍華德・史密斯 Howard W. Smith
羅伯特・威爾許 Robert Welch
羅伯特・勒斐勒 Robert LeFevre

## 第4章——盡人事、聽天命

《里奇蒙每日快報》*Richmond Times-Dispatch*
《華爾街日報》*Wall Street Journal*
小林賽・阿爾蒙德 J. Lindsay Almond Jr.
布洛卓斯・米契爾 Broadus Mitchell
弗蘭特羅亞爾 Front Royal
全國租稅協會 National Tax Association
阿爾伯馬爾郡 Albemarle County
哈羅德・博伊德 Harold M. Boyd
美國勞工聯盟及工會組織 AFL-CIO
班傑明・謬思 Benjamin Muse
維吉尼亞工業化團體 Virginia Industrialization Group (VIG)
諾福克 Norfolk
羅傑・費里曼 Roger A. Freeman
露易絲・溫佐 Louise Wensel

## 第5章——保護資本主義不受政府干預

〈休倫港宣言〉"The 1962 Port Hurson Statement"
《一襲灰衣萬縷情》*The Man in the Gray Flannel Suit*
《同意的計算》*Calculus of Consent*
公共選擇學會 Public Choice Society
史托姆・塞蒙德 Strom Thurmond
布雷西訴弗格森案 *Plessy v. Ferguson*
安東尼・唐斯 Anthony Downs
貝克訴卡爾案 *Baker v. Carr*
里昂・杜爾 Leon Dure
亞歷山大・凱薩 Alexander Keyssar
林肯・斯蒂芬斯 Lincoln Steffens
索尼婭・阿瑪德 S. M. Amadae
哈珀訴維吉尼亞州選舉委員會案 *Harper v. Virginia Board of Elections*
威廉・道格拉斯 William O. Douglas
洛克納訴紐約案 *Lochner v. New York*
美國青年自由促進會 Young Americans for Freedom (YAF)
美國南方經濟學會 Southern Economic Association
柴契爾夫人 Margaret Thatcher
高登・杜洛克 Gordon Tullock
雷諾茲訴辛氏案 *Reynolds v. Sims*
維吉尼亞憲政委員會 the Virginia Commission on Constitutional Government (VCCG)

Stand
《到奴役之路》*The Road to Serfdom*
《讀者文摘》*Reader's Digest*
中田納西州立師範學院 Middle Tennessee State Teachers College
弗斯特·嘉納 Foster Garner
田納西河谷管理局 Tennessee Valley Authority
田納西煤炭、鋼鐵和鐵路公司 Tennessee Coal, Iron and Railroad Company (TCIR)
田納西農民聯盟與勞動工會 Tennessee Farmers' Alliance and Laborers' Union
安·貝克 Ann Bakke
艾克頓勳爵 Lord Acton
艾朗·戴維德 Aaron Director
克努特·維克塞爾 Knut Wicksell
沃爾克基金會 Volker Fund
狄克西 Dixie
佩魯加 Perugia
孟斐斯 Memphis
拉瑟福德郡 Rutherford County
法蘭克·海克曼·奈特 Frank Hyneman Knight
阿勒克西·德·托克維爾 Alexis de Tocqueville
哈利·杜魯門 Harry Truman
哈羅德·盧諾 Harold Luhnow
威廉·沃爾克基金會 William Volker Fund
約翰·洛克斐勒 John D. Rockefeller
美好年代 Belle Époque
美國軍人權利法案 G.I. Bill
美國聯合礦工聯合會 United Mine Workers of America
范德堡大學 Vanderbilt University
唐納·戴維森 Donald Davidson
納希維爾 Nashville
培勒林山學會 Mont Pelerin Society
崗 GUM
產業工會聯合會 Congress of Industrial Organizations (CIO)
莉拉·史考特·布坎南 Lila Scott Buchanan
莫夫里斯波羅 Murfreesboro
湯瑪斯·霍布斯 Thomas Hobbes
華倫·納特 Warren Nutter
進步時代 Progressive Era
路德維希·馮·米塞斯 Ludwig von Mises
諾克斯維 Knoxville
隨收隨付制 Pay as you go
鍍金時期 Gilded Age

## 第3章——別有用心的計畫

《主權在州》*The Sovereign States*
《自由人》*The Freeman*
《每日進步報》*Daily Progress*
《社會安全法》*t he Social Security Act*
《美國新聞與世界報導》*U.S. News and World Report*
《國家評論》*National Review*
小威廉·巴克利 William F. Buckley Jr.
中央中學 Central High School
厄爾·華倫 Earl Warren
布魯諾·李奧尼 Bruno Leoni
伊莉莎白·艾珂福特 Elizabeth Eckford
老威廉·巴魯迪 William Baroody Sr.
艾倫尼·杜邦 Irénée du Pont
艾維·路易斯 Ivey Lewis
亨利·雷格納里 Henry Regnery
自由學校 the Freedom School
克萊倫斯·曼寧 Clarence Manion
杜邦公司 DuPont Company
杜懷特·艾森豪 Dwight Eisenhower
沙洛茲維爾 Charlottesville
貝蒂·海爾·蒂爾曼 Betty Hall Tillman
里奇蒙商會 Richmond Chamber of Commerce
狄克西民主黨 Dixiecrats
奇異公司 General Electric
彼得·鮑爾 Peter T. Bauer
法蘭克·丘多洛夫 Frank Chodorov

穩定經濟公民基金會 Citizens for a Sound Economy
羅納德·雷根 Ronald Reagan
競爭企業研究所 the Competitive Enterprise Institute

## 序章——奴隸主階級的馬克思

《政府專題》*Disquisition on Government*
《論美國憲法及美國政府》*A Discourse on the Constitution and Government of the United States*
《獨立宣言》*the Declaration of Independence*
小奧利弗·溫德爾·霍姆斯 Oliver Wendell Holmes Jr.
安德魯·傑克森 Andrew Jackson
李將軍 Robert E. Lee
亞歷山大·塔巴羅克 Alexander Tabarrok
阿波馬托克斯 Appomattox
南方邦聯 Confederates
哈利·伯德 Harry Byrd
查爾斯頓 Charleston
約翰·布朗 John Brown
泰勒·柯文 Tyler Cowen
茶黨 the Tea Party
理查·霍夫士達特 Richard Hofstadter
莫瑞·羅斯巴德 Murray Rothbard
富蘭克林·羅斯福 Franklin Roosevelt
羅賓·安霍恩 Robin Einhorn
蘿拉·愛德華斯 Laura Edwards

## 第1章——勢不可當

《里奇蒙新聞領導報》*Richmond News Leader*
《法姆威爾先驅報》*Farmville Herald*
《塔虎脫－哈特來法》*Taft-Hartley Act*
加蘭·格雷 Garland Gray
弗農·約翰斯 Vernon Johns
伊涅斯·戴文波特 Inez Davenport
全國有色人種協會 National Association for the Advancement of Colored People(NAACP)
亨利·蓋瑞特 Henry Garrett
法蘭西斯·格里芬 L. Francis Griffin
肯尼斯·克拉克 Kenneth Clark
芭芭拉·羅斯·約翰斯 Barbara Rose Johns
阿靈頓郡 Arlington County
查爾斯·漢密爾頓·休斯頓 Charles Hamilton Houston
約翰·斯托克斯 John Stokes
約翰·戴那·懷思 John Dana Wise
約翰·蘭道夫 John Randolph
馬丁·路德·金恩 Martin Luther King
馬米·菲利浦斯·克拉克 Mamie Phipps Clark
凱伊 V. O. Key Jr.
凱莉·斯托克斯 Carrie Stokes
博伊·瓊斯 Boyd Jones
斯伯茲伍德·羅賓森 Spottswood W. Robinson
奧利弗·希爾 Oliver Hill
愛德華王子郡 Prince Edward County
詹姆斯·伊斯特蘭 James Eastland
詹姆斯·傑克遜·克派屈克 James Jackson Kilpatrick
詹姆斯·赫斯曼 James H. Hershman Jr
道格拉斯·史密斯 J. Douglas Smith
蒙哥馬利 Montgomery
蒙提瑟洛 Monticello
霍華大學 Howard University
戴維斯訴愛德華王子郡學校委員會案 *Davis v. County School Board of Prince Edward County*
羅伯特羅莎莫頓高中 Robert Russa Moton High School

## 第2章——鄉村男孩進軍風城芝加哥

《我的立場：南方與農業傳統》*I'll Take My*

# 譯名對照表

## 題辭

皮埃爾・萊米厄 Pierre Lemieux

## 前言——狄克西祕密協議

大抵制 massive resistance
大衛・科克 David Koch
公共選擇研究中心 Center for Study of Public Choice
比爾・柯林頓 Bill Clinton
加圖研究所 Cato Institute
史考特・華克 Scott Walker
布朗訴教育委員會案 *Brown v. Board of Education*
平價醫療法案 *Affordable Care Act*
弗里德里希・海耶克 Friedrich A. Hayek
民權法案 *Civil Rights Act*
全國投票人登記法 *National Voter Registration Act*
列寧 Vladimir Lenin
安・蘭德 Ayn Rand
安東寧・史卡利亞 Antonin Scalia
州政策網絡 the State Policy Network
成長俱樂部 the Club for Growth
米特・羅姆尼 Mitt Romney
米爾頓・傅利曼 Milton Friedman
自由人黨 The Libertarian Party
自由工廠 FreedomWorks
克里斯・克里斯蒂 Chris Christie
克拉倫斯・托馬斯 Clarence Thomas
克林特・柏力克 Clint Bolick
貝利・高華德 Barry Goldwater
亞當・斯密 Adam Smith
拉爾夫・里德 Ralph Reed
阿倫・史派克特 Arlen Specter
保羅・蓋堤 Paul Getty
威廉・葛隆納 William Cronon
查爾斯・科克 Charles Koch
查爾斯・科克基金會 Charles Koch Foundation
科氏工業 Koch Industries
科爾蓋特・懷特海德・達登 Colgate Whitehead Darden Jr.
約翰・貝納 John Boehner
約翰・梅納德・凱因斯 John Maynard Keynes
約翰・凱爾宏 John C. Calhoun
重建時期 Reconstruction
泰德・克魯茲 Ted Cruz
理性基金會 the Reason Foundation
理查・尼克森 Richard Nixon
第五縱隊 fifth-column
莫卡特斯中心 Mercatus Center
傑布・布希 Jeb Bush
傑瑞・法威爾 Jerry Falwell
喬治・華萊士 George Wallace
喬治梅森大學 George Mason University
提姆・菲利普斯 Tim Phillips
稅賦基金會 the Tax Foundation
傳統基金會 Heritage Foundation
詹姆斯・麥迪遜 James Madison Jr.
詹姆斯・麥基爾・布坎南 James McGill Buchanan
領袖學院 the Leadership Institute
歐林・海契 Orrin Hatch
繁榮美國人協會 Americans for Prosperity
邁克・彭斯 Mike Pence
簡・梅耶爾 Jane Mayer

左岸歷史 361

# 以自由之名

## 諾貝爾經濟學獎得主如何與右翼大亨聯手囚禁美國的民主？

Democracy in Chains

The Deep History of the Radical Right's Stealth Plan for America

作　　者　南西・麥克林（Nancy MacLean）
譯　　者　劉家安
審　　訂　林向愷
翻譯協力　廖珮杏、劉維人
總 編 輯　黃秀如
責任編輯　蔡竣宇
封面設計　黃暐鵬
內頁排版　張瑜卿

出　　版　左岸文化／遠足文化事業股份有限公司
發　　行　遠足文化事業股份有限公司（讀書共和國出版集團）
　　　　　231新北市新店區民權路108-2號9樓
電　　話　02-2218-1417
傳　　真　02-2218-8057
客服專線　0800-221-029
電子郵件　rivegauche2002@gmail.com
左岸臉書　facebook.com/RiveGauchePublishingHouse
法律顧問　華洋法律事務所　蘇文生律師

印　　刷　呈靖彩藝有限公司
初版一刷　2024年9月
定　　價　650元
I S B N　978-626-7209-54-7（平裝）
　　　　　978-626-7209-50-9（PDF）
　　　　　978-626-7209-51-6（EPUB）



以自由之名：諾貝爾經濟學獎得主如何與右翼大亨聯手囚禁美國的民主？／南西・麥克林（Nancy MacLean）著；劉家安譯
--初版--新北市：左岸文化出版：2024.9
--面；公分--（左岸歷史；361）
譯自：Democracy in chains : the deep history of the radical right's stealth plan for America
ISBN 978-626-7209-54-7（平裝）
1.CST: 布坎南（Buchanan, James M.）
2.CST: 政治經濟　3.CST: 激進主義　4.CST: 美國
574.52　112013906